# 荷塘年鉴

# HE TANG NIAN JIAN

## 2017

荷 塘 区 人 民 政 府 主办
荷塘年鉴编辑委员会 承编

方志出版社
Publishing House of Local Records

**图书在版编目（CIP）数据**

荷塘年鉴 .2017/《荷塘年鉴》编辑委员会编 .-- 北京：方志出版社，2017.9

ISBN 978—7—5144—2544—4

Ⅰ. ①荷… Ⅱ. ①荷… Ⅲ. ①区（城市）—株洲—2017—年鉴 Ⅳ. ① Z526. 44

中国版本图书馆 CIP 数据核字（2017）第 234026 号

**荷塘年鉴（2017）**

编　　者：《荷塘年鉴》编辑委员会

责任编辑：齐　笑

出 版 人：冀祥德

出 版 者：方志出版社

地址　北京市朝阳区潘家园东里 9 号（国家方志馆 4 层）

邮编　100021

网址　http://www.fzph.org

发　　行：方志出版社图书经销中心

电话（010）67110500

经　　销：各地新华书店

印　　刷：株洲美彩印务中心

开　　本：889×1194　　1/16

印　　张：21

字　　数：502 千字

版　　次：2017 年 9 月第 1 版　　2017 年 9 月第 1 次印刷

印　　数：001 ~ 800 册

ISBN　978-7-5144-2544-4　　定价：238.00 元

# 序

**株洲市荷塘区人民政府区长　王利波**

首部《荷塘年鉴》付梓出版了。这是荷塘区文化建设的一项重要成果，也是荷塘区社会主义精神文明建设的一件可喜盛事。

荷塘区于1997年7月在原株洲市东区基础上扩展而成，2016年全区面积142.7 平方公里，人口29.64万人，是株洲市的东大门，拥有十分优越的自然地理环境，京广、湘黔、浙赣三大铁路干线交汇于西南，320国道和长沙株洲湘潭城际铁路纵贯南北，工业实力雄厚，城市化进程快速推进。

党的十八大以来，在市委、市政府的坚强领导下，荷塘区委、区政府认真贯彻中共十八大精神和习近平总书记系列重要讲话精神，全区经济建设和社会发展进入新的历史阶段。2016年是极不平凡的一年，为加快建成实力荷塘、活力荷塘、宜居荷塘，我们始终紧扣产业发展这个总抓手，全力推进项目攻坚、招商引资和企业帮扶，创新设立区项目办、企业服务中心，主导产业更加壮大；我们坚始终持建设服务型政府这个总方向，深入推进一门式改革，建成一中心、八平台的企业服务体系，服务群众、服务发展的水平更上层次；我们始终瞄准改善和服务民生这个总目标，稳步推进科教文卫事业发展，社会更加和谐。年内顺利通过省委、省政府全面建成小康社会达标认定，提前实现全面建成小康社会的宏伟目标。

为记录史实、留存资料、传承精神、总结经验、开创未来，在区委、区政府的领导下，在株洲市地方志办公室的精心指导下，区档案区志局编辑出版《荷塘年鉴(2017)》，全面、系统、真实地记录全区2016年政治、经济、文化、社会等各方面取得的辉煌成就，从内容到结构、从文字到形式都具有鲜明的特色，是很有价值的一部好书。希望《荷塘年鉴》能够坚持办下去，一年一本，办出特色。更希望全区各级党组织和广大党员干部，各个单位和职工群众认真阅读使用年鉴，从历史的回顾中提炼精髓，从实践的探索中总结经验，自觉执行党的路线方针政策，弘扬党的优良传统和作风，不断开创全区各项工作的新局面，谱写荷塘人民美好生活的新篇章，为实现中华民族伟大复兴的中国梦做出更大的贡献！

是为序。

# 《荷塘年鉴》编辑委员会

| | |
|---|---|
| 张苏龙 | 区财政局局长 |
| 周湘雄 | 区人力资源和社会保障局局长 |
| 朱福兴 | 区城乡建设局局长 |
| 赵文喜 | 区城市管理行政执法局局长 |
| 刘骞晖 | 区农村工作局局长 |
| 邓吏辛 | 区商务和粮食局局长 |
| 黄国初 | 区卫生和计划生育局局长 |
| 王　虎 | 区审计局局长 |
| 刘石平 | 区统计局局长 |
| 刘志勇 | 区人防办主任 |
| 唐　斌 | 区文化体育和旅游局局长 |
| 何爱辉 | 区档案区志局副局长 |
| 谭洪勇 | 合泰管理办公室党工委书记、管委办主任 |
| 钟　杨 | 仙庾镇人民政府镇长 |
| 许太相 | 月塘街道办事处主任 |
| 邓思思 | 茨菇塘街道办事处主任 |
| 王　荣 | 金山街道办事处主任 |
| 彭治凯 | 桂花街道办事处主任 |
| 汤　灿 | 荷塘月色示范区管委会主任 |
| 汤思源 | 宋家桥街道办事处副主任 |
| 张志祥 | 市公安局荷塘分局常务副局长 |
| 肖国平 | 市国税局荷塘分局局长 |
| 熊　昕 | 市国土局荷塘分局局长 |
| 杨　智 | 市规划局荷塘分局局长 |
| 王　磊 | 市地税局荷塘分局局长 |
| 罗炽威 | 市工商局荷塘分局局长 |
| 龙　潭 | 市食药监局荷塘分局局长 |
| 易广志 | 市环保局荷塘分局局长 |

# 荷塘年鉴编辑部

# 编 辑 说 明

一、《荷塘年鉴》坚持以马克思列宁主义、毛泽东思想、邓小平理论、“三个代表”重要思想、科学发展观为指导，贯彻落实习近平总书记系列重要讲话精神和治国理政新理念新思想新战略，坚持辩证唯物主义和历史唯物主义的立场观点和方法，全面、系统、真实地记载2016年荷塘区政治、经济、军事、文化和社会生活的基本情况和重大事件。

二、本年鉴采用条目式记事，分类编纂，基本结构为类目、分目、条目3个层次。设特载、大事记、综述、中共荷塘区委员会、荷塘区人大常委会、荷塘区人民政府、政协荷塘区委员会、群团·工商联、 法治、国防、经济社会管理、农业、工业、商贸·金融、财政税务审计、城市建设与环境保护、园区建设、社会事业、镇·街道办事处、人物、荣誉谱、重要文件选登、统计资料23个部类，共50万字。

三、本年鉴记述内容为2016年1月1日至2016年12月31日，个别内容记述时间有所突破。

四、本年鉴文稿均由各部门、各单位专人指定撰写，领导审核、签字，单位盖章，年鉴编辑部编辑人员加工整理和编辑。领导简介、荷塘区党政及各部门、各单位负责人名单由区委组织部提供，“双管”单位、军事、金融等部门负责人名单由各单位提供，所收录领导简介及各单位负责人名单均以2016年12月31日在职为准。统计资料由区统计部门提供。

五、本年鉴照片多数为区委宣传部提供，其余为各有关单位提供。为防疏漏错误，照片一律不署作者姓名。

# 目　录

## 特　载



## 大　事　记



## 综　述



## 中共荷塘区委员会

## 荷塘区人大常委会



## 荷塘区人民政府

## 政协荷塘区委员会



## 群团·工商联

## 法 治

## 国　防

## 经济社会管理

## 农　业



## 工　业

## 商贸・金融

## 财政税务审计



## 城市建设与环境保护

## 园区建设

## 社会事业

## 镇·街道办事处

# 人 物

## 荣 誉 谱



## 重要文件选登



## 统计资料



## 索 引

# Catalogue

## Features



## Major Events Summary



## Summary



## The Committee of the Communist Party of China in Hetang District



## People's Congress Standing Committee of Hetang District & People's Government in Hetang District

## Hetang District Committee of The CPPCC Community & Federation of Industry and Commerce



## Rule of Law



## National Defense



## Economic and Social Management



## Agriculture

## Industry

## Trade and Business & Attract investment & Finance



## Finance and Taxation Audit



## Urban Construction and Environmental Protection



## Garden Area Construction



## Social Undertakings

## Town and Street Office



## Character

## Honor List

## Selected Important Documents

## Statistical Information

## Index

RONGYU HETANG

# 荣誉荷塘

◇ 全国义务教育发展基本均衡先进县区

◇ 全国和谐社区建设示范城区

◇ 全国全民健身活动先进城区

◇ 全国计划生育优质服务单位

◇ 全国科技进步先进城区

◇ 全国残疾人工作先进单位

◇ 全国残疾人社区康复示范区

◇ 全国人民调解工作先进单位

◇ 全国群众体育先进单位

◇ 湖南省全面小康推进工作“十快进县（区）”

◇ 湖南省文明城区

◇ 湖南省平安县市区

◇ 湖南省教育强区

◇ 湖南省动物疫病防控绩效考核先进县

◇ 湖南省教育信息化创新应用示范县

◇ 湖南省青少年校园足球试点县（市、区）

HUIHUANG HETANG
辉煌荷塘

荷塘区地区生产总值

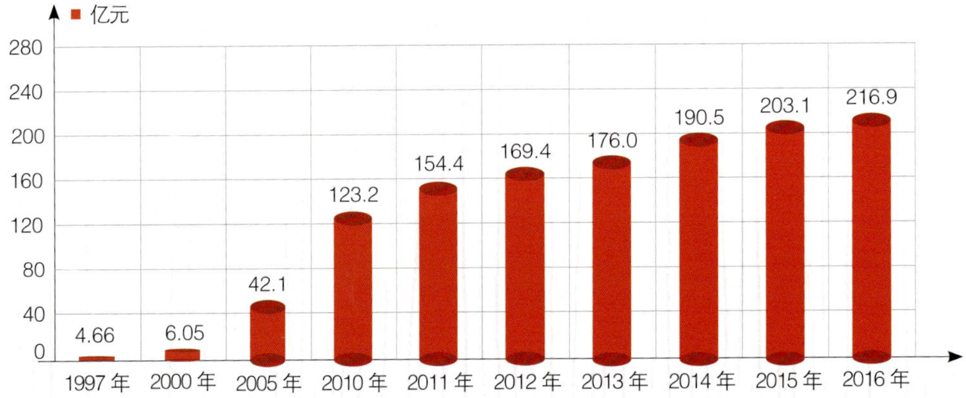


荷塘区社会消费品零售总额

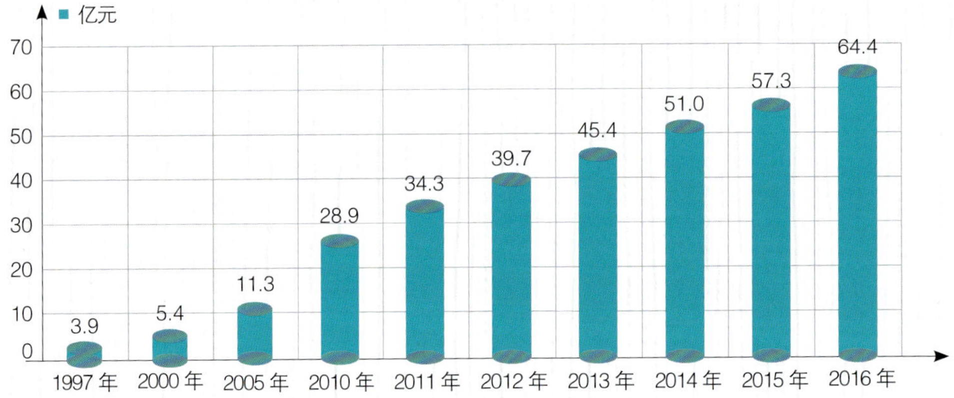


荷塘区财政总收入

## 荷塘区规模以上工业总产值

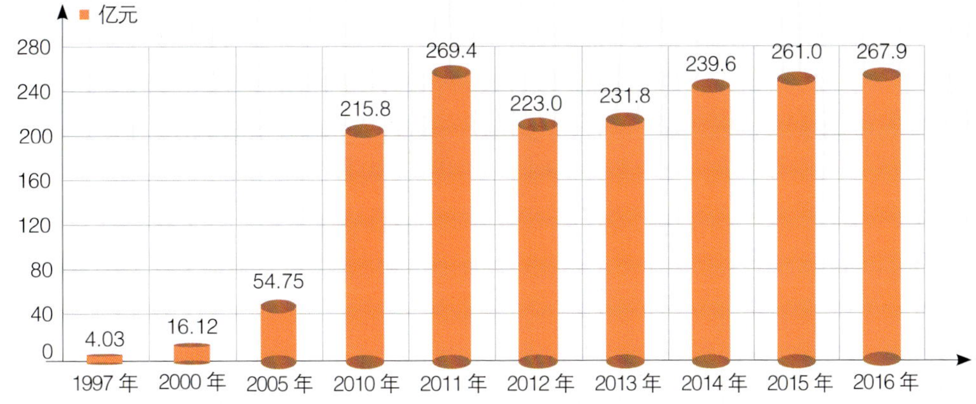


## 荷塘区城镇居民人均收入

## 荷塘区农村居民人均收入

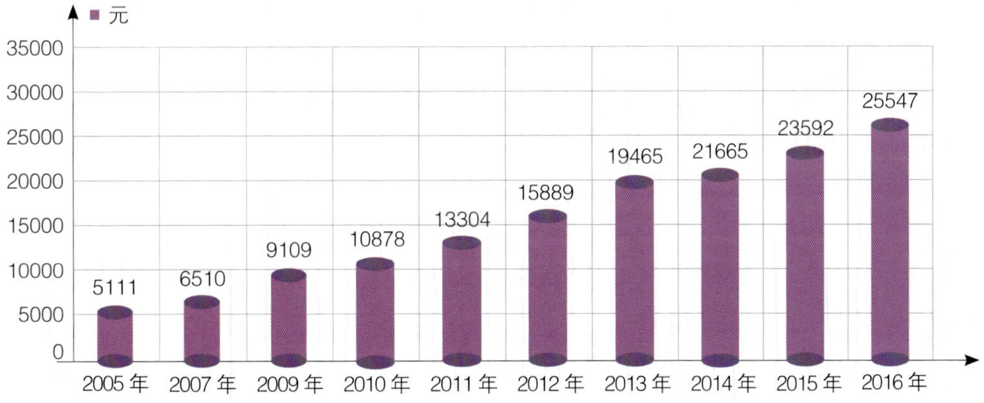

# LINGDAO GUANHUAI 领导关怀

6 月 20 日，省委常委、组织部部长郭开朗到嘉德工业园考察调研

4 月 19 日，省委常委、省军区司令员黄跃进率省军区机关工作组到区检查指导武装工作

5月22日，副省长张剑飞考察调研区新型城镇化、新型工业化等工作

11月3日，中央编办三司副司长魏刚到区调研“互联网政务服务”改革工作

5月22日，国家水利部财务司副司长赫崇成到区开展促进民间投资专项督查

3月30日，省地税局党组成员、副局长周巧艺到区考察调研

3月15日，省委老干部局纪检组长李龙到区调研老干部工作

2 月 23 日，湖南省机构编制会议人员考察区政务服务中心

9 月 24 日，省电子政务中心巡视员杨志新到区考察“一门式”改革工作

7月7日，省政协驻省卫计委民主监督小组到区调研

10月16日，市委书记毛腾飞考察株洲市农副产品批发交易物流中心项目

10月12日，市委副书记、市长阳卫国到袁家湾社区调研“一门式”改革和自治家园工作

11月7日，市委副书记雷绍业一行到区考察调研集中换届工作

10月21日，市委常委、纪委书记赖馨正到桂花街道调研指导纪检监察工作

12 月 1 日，市委常委、组织部部长彭爱华考察区养老服务工作

3月31日，市委常委、株洲军分区政委胡鹏飞到区检查民兵整组工作

12月26日，市委常委、常务副市长何剑波到荷塘区企业服务中心考察

11月29日，市委常委、宣传部部长聂方红到区考察创文工作

12 月 30 日，市委常委、统战部部长羊贵平到区考察宗教场所

12 月 14 日，副市长黄芳到区调研

12 月 27 日，副市长谭可敏到太阳村考察调研

12 月 12 日，副市长何朝晖到湘江制药厂考察调研

ZHONGDA SHIJIAN YUHUODONG

# 重大事件与活动

9月20—22日,中共荷塘区第五次代表大会召开。9月22日,举行第一次全体会议,选举邬凌云、王利波、赖晓智、王顺安、崔家盛、刘国梁、郑志富、欧阳权、陈三龙、刘政凯、文韶松为新一届区委常委,邬凌云为区委书记,王利波、赖晓智为区委副书记

9月22日,中共荷塘区第五届委员会一次全体会议选举产生的常务委员会委员

11 月 28 — 30 日，荷塘区第五届人民代表大会召开。会议选举陈友元为荷塘区第五届人民代表大会常务委员会主任，王利波为荷塘区第五届人民政府区长，张赐华、刘湘林、彭物明、喻秋良、郭莉为荷塘区第五届人民代表大会常务委员会副主任，刘国梁、程轶辉、王冬、成良池、陈柏文、刘必林、余鹏为荷塘区第五届人民政府副区长

11 月 30 日，荷塘区第五届人大一次会议选举产生的人大常委会主任、副主任

11 月 30 日，荷塘区第五届人大一次会议选举产生的区长、副区长

11 月 28—29 日，政协荷塘区第五届委员会会议召开。会议选举何恒仁为政协荷塘区第五届委员会主席，朱兴来、廖山、肖宏琳、冯晓、方芳为政协荷塘区第五届委员会副主席

11 月 29 日，政协荷塘区第五届一次会议选举产生的委员会主席、副主席、秘书长

7月1日，荷塘区隆重举行庆祝中国共产党成立95周年大会

8月3日，召开区委常委扩大会议暨区委经济工作会议

8月8日，荷塘区召开精神文明建设总结表彰暨文明城市建设动员大会

9月14日，召开中共荷塘区第四届委员会第十次全体（扩大）会议

9月23日，召开区镇两级人大换届选举工作动员会议

3月20日，召开荷塘区经济工作暨项目建设总结、动员大会

9月21日，召开中共荷塘区第四届纪委第五次全体会议

6月8日，召开区卫计工作总结表彰暨计生创“国优”动员大会

9月5日，召开“一门式”政务服务改革暨智慧荷塘APP上线新闻发布会

10月26日，召开区工商业联合会第五次会员代表大会

12月26日，企业服务大楼挂牌对外服务

9月5日，召开区征地拆迁和房屋征收工作调度会

11月28日，区委书记邬凌云看望政协委员

11月3日，区委副书记、区长王利波调研建宁港路建设情况

10月20日，区委副书记赖晓智到企业开展帮扶活动

11 月 22 日,区人大常委会主任陈友元与新当选代表视察区重点项目建设

11 月 22 日，区政协主席何恒仁率政协委员考察金山工业园企业

12 月 23 日,区委常委、统战部部长王顺安到前进社区慰问困难群众

9月7日，区委常委、政法委书记崔家盛到农村调研平安创建工作

9月29日，区委常委、常务副区长刘国梁陪同市重点办欧阳昱督查重点工程

11月20日，区委常委、纪委书记郑志富到月塘街道东环社区督查党风廉政建设工作情况

10月18日，区委常委、宣传部部长陈三龙到荷塘月色调研

12 月 28 日，区委常委、组织部部长刘政凯走访慰问老党员

12 月 21 日，区委常委、区委办主任文韶松走访慰问复转军人

12月1日，副区长程轶辉陪同市教育局副局长吴春雪调研博雅小学过渡校区教育教学情况

10 月 14 日，副区长王冬调研全区征地拆迁工作

11 月 22 日，副区长、公安荷塘分局党委书记、局长成良池调研治安岗亭建设和勤务模式运行情况

12 月 28 日，副区长陈柏文到金山科技工业园考察调研

12 月 5 日，副区长刘必林调研南郊垃圾场安置搬迁项目

12 月 16 日，副区长余鹏调研指导金山街道湘华社区居家养老服务中心建设

12月6日，召开区民营企业家恳谈会

5月1日，荷塘区营业税改征增值税正式启动

5月19日，荷塘区书法家、美术家、戏剧家、曲艺家等4个文艺协会成立授牌

10 月 14 日，美的荷塘小学开工

9 月 28 日，湖南千金湘江药业高端药物制剂研发产业基地启动建设

12 月 9 日，亚和家居广场一期提质改造工程竣工

12 月 30 日，湖南（株洲）职业教育科技园项目开工

# ZUIMEI HETANG 最美荷塘

逸都花园

嘉德工业园

绿色家园

城轨到我家

东环路

路路通

红旗广场

钟楼广场

蓝天白云下的流芳园

仙女湖

美丽的天鹅湖

十里荷塘

茶元村水果种植基地

千金湘江药业

繁荣的蔬菜大市场

劳动的音符

金山科技工业园

HUOLI HETANG

# 活力荷塘

2 月 21 日，举办区首届舞龙舞狮大赛

7 月 22 日，举办荷塘区艺术节大型群众文艺汇演

4 月 22 日，荷塘区校园足球节开幕

11 月 18 日，荷塘区中小学第二十届阳光运动会暨“区长杯”校园足球联赛在株洲市第十九中学东校区举行

11 月 4 日，举行“激情工作 · 健康生活”——荷塘区第二届职工健步行活动

9 月 13 日，区卫计局宣传计生新政策

1 月 23 日，区文联开展送春联系列惠民活动

8 月 24 日，开展“润苗助学”主题活动

6 月 1 日，在金山新城开展“相聚金城 欢度六一”亲子趣味活动

10 月 9 日，仙庾庙会在仙庾岭村举行

2 月 25 日，举办“春风行动”送岗进社区大型公益招聘会

12 月 29 日，全国第三次农业普查入户调查

10 月 14 日，举办“反家庭暴力法”知识讲座

11 月 4 日，在金山新城开展税收知识有奖答题活动

11 月 15 日，开展新型职业农民培训

3 月 15 日，开展“消费者权益日”宣传活动

5 月 30 日，组织开展爱国主义档案教育

6 月 26 日，举行“珍爱生命远离毒品”6·26 国际禁毒日宣传活动

7 月 22 日，举办区劳模事迹巡回报告会

9 月 30 日，区“两型”办到樟霞村进行生态补偿抽检工作

8 月 2 日，开展 2016 年夏季“送清凉”活动

8 月 3 日，国土荷塘分局在仙庾镇政府办公楼前坪开展行政审批进乡镇活动，现场为村民办理建房审批和发放用地批准书

9 月 20 日，荷塘消防大队组织消防演练

# 特　　载

## 激情实干　创新作为
## 为建设实力荷塘、活力荷塘、宜居荷塘而努力奋斗

### 在中国共产党株洲市荷塘区第五次代表大会上的报告

2016年9月21日

### 凝心聚力，创先争优
### 过去的五年是奋发有为的五年

第四次党代会以来，区委团结和带领全区人民，着力稳增长、调结构、促改革、惠民生、强党建，各项事业实现跨越发展。

——致力于创业升级，综合实力大幅跃升。坚持把发展作为第一要务，全区经济保持平稳较快增长。经济实力迈上新台阶。全区地区生产总值达到203亿元，是2010年的1.7倍；财政总收入迈上10亿元台阶，是2010年的2.2倍；累计完成全社会固定资产投资584亿元，是前五年的3.1倍，年均增长率达20.5%；社会消费品零售总额五年累计226亿元，年均增长率达13.7%。每年安排1000万元产业扶持专项基金，扶持企业做大做强。新增规模工业企业26家，新增产值过亿元企业24家，连续3年荣获全省推进新型工业化考核先进单位；"株洲荷花节"、仙庾岭农家休闲等旅游品牌逐步形成；农业产业化、市场化水平不断提升，各类农村合作经济组织达到72家，跻身全省新农村建设先进县市区。发展质量实现新提升。产业结构比由2010年1.9∶63.9∶34.2优化为2015年的1.8∶56∶42.2，逐步形成了二、三产业共同支撑的发展新格局。规模工业增加值总量达到78亿元，其中高新技术产品增加值所占比达到65.6%，比2010年提升30.6个百分点，连续2次荣获全国科技进步先进城区；第三产业增加值达到81.2亿元，是2010年的2倍；2015年全区城乡居民收入分别达到35857元和23592元，是2010年的1.8倍和2.2倍，均高于GDP增速；小康整体实现程度达到87.2%。园区建设取得新跨越。完成园区城市发展规划、产业发展规划和五个专项规划，园区发展方向日渐清晰；先后投入30余亿元加强基础设施建设，园区道路景观、功能配套日趋完善；引进成都置信等工业地产开发商，建成标准厂房26万平方米，完成招商20.9万平方米；引进千金湘药等产业项目39个，园区现有企业达到60家，医学健康、复合新材料和轨道交通配套三大主导产业逐步形成；园区2013年晋级为省级工业集中区，2015年获评省

级复合新材料特色产业园。

——致力于区域统筹，城乡面貌焕然一新。坚持城市扩容与提质并重，城乡一体化迈出新步伐。发展空间不断拓展。大力推进旧城改造，南岳岭、上月塘片区棚改的顺利推进，开辟了核心城区建设的新空间，32 个棚改项目的全面完成，推动了一批大型超市、高档楼盘的先后建成，城区面貌发生了深刻变化；东环北路、新塘路三期的建成通车，有力带动了核心城区向近郊拓展，太阳片区建设迅速盘活，水竹湖片区开发拉开序幕；新华路与荷塘大道的全线贯通，推动了城市向东的快速发展，金山新城片区的城市框架基本成形；荷塘月色示范区的稳步推进，构建了城乡建设的新形态。基础设施明显改善。完成金龙路、向阳北路等 32 条城市主干道路建设，通车里程达 44.7 公里，新增道路数量和通车里程均创历史新高，城区骨干路网逐步联网成环；新建和提质改造社区道路 35 条，农村公路基本实现通村到组，群众出行更加便利；全面完成 14 座水库除险加固，建设"五小水利"工程 300 余处，衬砌渠道 40 公里，城乡基础设施薄弱局面得到根本改变。城乡管理持续创新。构建"权责对等、管理有序、考核到位、重奖重罚"的"大城管"体系，城市管理水平显著提升；建立完善治违网格化巡查和月度考评机制，累计依法拆除违法建设 105 万平方米，基本实现"零增长"目标，治违工作连续 3 年排名全市第一。城乡环境大为改观。城乡同治连续 5 年排名全市第一，农村生产生活环境极大改善；大力推进湘江保护治理"一号工程"，关停、搬迁工业污染企业 14 家，空气质量持续改善，达标率始终位居城区前列，森林资源蓄积量增长率达到 4.8%，城镇建成区绿化覆盖率达到 42%。

——致力于项目带动，发展后劲显著增强。坚持把项目建设作为经济发展的支撑和引领，以大项目带动大投入，以大投入推动大发展。项目建设成效显著。实施各类项目 600 余个，其中 10 亿元以上项目 79 个，5—10 亿元项目 226 个；争取上级各类项目资金近 15 亿元，策划、包装、争取和引进项目 100 余个，重点项目履约率、开工率、竣工率连续 3 年排在全市前列，年度重点项目投资增幅始终位居全市前列，连续 5 年保持全市红旗单位。要素保障日益完善。坚持阳光征拆，推行"重心下移"，征地拆迁工作在全市树立品牌，累计实施征拆项目 194 个，完成征地 1.5 万亩，征收国有土地上房屋 50 余万平方米，连续 3 年获评全市征地拆迁和房屋征收考核一类单位，在南岳岭、上月塘棚改征收工作中，创造了"荷塘模式"、"株洲速度"。组建发展了金城集团和金科公司，金城集团资产总规模达到 59.9 亿元，金科公司资产总规模达到 48 亿元；通过运用信贷、债券、基金等方式，五年来两个平台公司累计融资到位 58.9 亿元，达到了前所未有的历史新高度，为经济社会发展注入了强大的动力。发展环境不断优化。持续开展项目攻坚，建立重大项目"绿色通道"，及时协调解决项目建设中的各类矛盾问题，有力促进了一大批项目开工建设和竣工投产；深入开展"优化环境、服务企业"工作，大力开展建设环境专项整治行动，严厉打击强买强卖、强揽工程、阻工闹事等不法行为，项目建设环境持续改善。

——致力于深化改革，创新活力竞相迸发。自觉把改革作为规范管理、激发活力的重要推手，大刀阔斧推动各项改革。政务服务改革走在全省前列。大力推进服务型政府建设，率先开展以"一门式"服务、"自治家园"建设为重点的"互联网 + 政务服务"改革，实现了"一门多办、一窗通办"，老百姓在任意一级的政务（便民）服务中心的任意一个窗口，都能办理所有事项，较好地解决了服务群众"最后一公里"的问题，得到了省、市的高度认可和大力推广。统筹推进其他各项改革。全面完成政府机构改革，稳妥推进事业单位分类改革，机构设置更加科学；

圆满完成乡镇合并任务，顺利完成15个建制村的撤并工作；在全市率先出台政府性投资项目管理办法，工程建设、项目管理更加规范；积极稳妥推行聘用人员劳务派遣，用工制度更加合理；启动了“一中心、八平台”为核心的荷塘区企业服务体系建设，企业帮扶更加高效；探索建立了“分合有度”的园区管理体制，进一步理顺了园区管委会和平台公司的职能；深化土地管理制度改革，全面完成农村集体建设用地和宅基地使用权确权颁证工作。

——致力于发展为民，民生福祉全面提升。坚持共享发展，让群众拥有更多获得感和幸福感。民生保障更加有力。深入实施保障改善民生三年行动计划，五年来累计民生支出约30亿元。不断完善社会保障制度体系，实现社保政策全覆盖；城乡低保补助标准逐年提高，医疗救助、临时救助力度持续加大；新增城镇就业5万余人次，新转移农村劳动力3562人次，城镇登记失业率控制在3.5%以内；实施“八个一批”精准扶贫，完成整体脱贫目标；建成安置房2314套、公租房2586套，改造农村危房470栋，高标准建成新市新村安置小区，城乡居民住房条件进一步改善。社会治理显著加强。全面落实安全生产责任制，大力开展道路交通安全、消防安全、食品安全等重点领域专项整治，获评全省安全生产先进县区；依法严厉打击各类犯罪行为，发案率显著下降，公众安全感和满意度稳步上升；健全包案化解、听证化解等信访工作机制，一批企业改制、征地拆迁、涉法涉诉等历史遗留问题得到妥善解决；成立了全市唯一的创新社会管理机构，深入推进“贴心解难”大走访等活动；建立了县区唯一的志愿者联合会，培育了一批志愿服务精品项目；全力推进和谐社区建设，先后获评全国、全省和谐社区建设示范区；综治工作连续三年荣获省先进，连续五年保持“湖南省平安县市区”的荣誉称号，全区社会大局始终保持和谐稳定。社会事业全面发展。大力发展教育事业，新建、改扩建学校6所，增加学位4500个，“大班额”问题得到有效缓解；大力实施“未来教育家成长工程”，教师队伍的整体素质不断提高；积极推进教育领域综合改革，全面完成省合格学校建设，建成全国义务教育基本均衡县区、省级教育强区，成功创建全国信息化教育试点示范区、湖南省校园足球示范区；大力推行文化惠民，在全市率先开展电影“进社区、下乡村”，建成基层文化站、村（社区）文化活动室、居民健身点等场所91个，荣获全国全民健身活动先进单位；全面推行基本药物制度和新农合政策，完善了区、镇（街道）、村（社区）三级卫生服务网络，公共卫生服务和基本医疗服务水平不断提升；积极稳妥实施“单独二孩”和“全面二孩”政策，计生工作连续两年获评全省模范（优秀）单位；妇幼保健工作荣获全国先进，残联工作获评“十二五”全国先进，区档案馆成功创建国家二级综合馆。民族、宗教、人防、统计、科协、老干部、老年人等工作也取得新的进步。

——致力于党的建设，发展合力空前凝聚。始终坚持党要管党、从严治党，全面加强党的思想、组织、作风、制度和反腐倡廉建设，党的执政能力不断提升，党员先锋模范作用有效发挥。思想建设扎实推进。党的群众路线教育实践活动成果丰硕，“三严三实”专题教育有效开展，“两学一做”学习教育全面铺开，党性锤炼形成常态，党员干部理想信念更加坚定。高度重视精神文明建设，大力弘扬“忠孝”文化，荣获全市唯一“创建全国文明城市突出贡献城区奖”。全面落实意识形态工作责任，率先建立新闻发布制度，注重舆情研判和引导，意识形态阵地建设更加巩固，宣传思想工作的引领力、感召力、覆盖力和吸引力显著增强。干部活力全面激发。大力倡导雷厉风行、敢于担当的工作作风，始终坚持凭发展评价干部、凭实绩使用干部的用人导向，全力营造激情干事、实干兴区的良好氛围。五年来提拔重用的干部超过70%来自基层、项目一线；深入开展干部教育培训，干部精气神全面提升，谋发展、抓发展的能力不断增强；切实规范干部人事工作，开展“三超两乱”治理，逐步消化超配职数，完成消超任务的89%。基层基础不断夯实。出台《加强基层党组织建设的决定》，制定三年党建工作规划，投入2700万元先后完成2个镇（街道）、11个村（社区）的便民服务中心建设，增加基层村（社区）运转经费和党建经费2000余万元。深入推行党建“四化”标准，切实提升基层党组织规范管理水平。认真抓好基层党组织“三会一课”等制度落实，村（社区）基本实现组织生活正常化；选优配强村（社区）支部书记，大力整顿软弱涣散党组织，支部作用核心化显著增强；在全市率先试行乡镇党代会年会制，建立83个基层党代表工作室，积极开展无职党员设岗定责、党员积分管理等工作，坚持落实每月8、9日群众工作日，创新“在职党员进社区”等载体，党员作用常态化、服务群众实效化水平明显提升。作风建设扎实有效。着力开展正风肃纪、“纠‘四风’、治陋习”等专项整治行动，党员干部违规收送红包礼金、违规发放津补贴、公车私用、公款吃喝、公款旅游、“庸懒散”、为官不为等问题得到有效整治；完善了重大事项报告等40多项规章制度，逐步健全了作风建设长效机制。五年来，因作风问题问责有关单位59次、干部348人次。廉政建设深入推进。在全市率先出台“两个责任”的考核办法，全面落实党风廉政建设“两个责任”；坚决支持纪委深化“三转”，配齐配强了基层纪检力量，集中力量加强作风建设、执纪监督和纪律审查；积极践行“四种形态”，始终把纪律和规矩挺在前面，切实抓好省委巡视组反馈意见的整改落实，深入开展“雁过拔毛”式腐败专项整治。五年来，全区给予诫勉谈话、组织处理634人次，党纪政纪立案80件，处分80人，纪律审查数同比增长近4倍，形成了从严惩治腐败的高压态势，党风廉政建设工作连续4年被评为全市先进单位。政治生态更加优化。始终坚持区委核心领导，健全权力规范运行机制，大力推进民主法治建设，全区上下始终同心同德、同向同行。区委始终支持人大、政协依法依章履职，人大工作制度化、规范化和法制化水平不断提升，政协工作协商质量和水平不断提高；高度重视党管武装工作，国防动员、国防教育扎实有效；深入实施“同心工程”，统战基础不断夯实；区工商联荣获全国全省“五好”县级工商联；健全司法保障体系，始终保障审判权、检察权依法独立公正行使；机关党建不断加强，工会、共青团、妇联、文联和其他群团组织联系群众的桥梁纽带作用进一步增强。

各位代表，同志们，“功崇惟志，业广惟勤”，过去五年，我们坚持一张蓝图绘到底，坚持一任接着一任干，在改革发展的征程上砥砺前行。今天成绩的取得，得益于市委、市政府的正确领导，得益于历届区委打下的坚实基础，得益于社会各界的大力支持，凝聚了全区人民特别是广大党员干部的责任与担当、勤劳与智慧，在此，我谨代表中共荷塘区委，向奋战在全区经济社会发展一线的各级党组织和广大党员干部群众，向给予我们真诚理解和鼎力支持的全体老干部和社会各界人士，表示衷心的感谢并致以崇高的敬意！

各位代表，同志们，“问渠哪得清如许，为有源头活水来”，回顾过去，我们深深地体会到：

*坚持激情干事不懈怠，是我们事业发展进步的不竭动力。*有激情才有干劲，有激情才有担当，有激情才有作为。五年来，面对各种压力、挑战和困难，全区党员干部敢于担当负责、勇于迎难而上，不断焕发新风貌、展现新作为，以忠诚干净担当的良好形象，以真抓实干、马上就办的工作作风，以一往无前的进取精神把各项事业不断推向前进。可以自豪地说，激情干事已成为我们的一种可贵的工作

状态和工作品质，发挥着我们的创造潜能，汇成了荷塘事业发展的强大精神气场。

*坚持造福百姓不忘本，是我们事业发展进步的根本宗旨。*95年建党兴业，67年励精图治，昭示着党是人民的必然选择，人民是党的血脉根基。五年来，我们始终不忘初心，把造福人民作为最大职责，把改革发展的成果更多更公平地惠及全区人民。积极落实改善民生各项举措，把帮助困难群众脱贫作为应尽职责，确保全面小康路上“一个不少、一户不落”，真正做到与群众同呼吸、共命运、心连心，真正让全区人民共建共享平安幸福荷塘。

*坚持改革创新不停步，是我们事业发展进步的活力之源。*发展需要改革提供不断前进的动力。五年来，我们始终把改革创新视为最大的政治任务来推进，把改革创新作为最大的历史责任来担当，把改革创新作为撬动发展的杠杆，用改革创新来回应现实需求和群众呼声，勇立潮头，以自我革命的气魄和坚韧不拔的毅力，推动全面深化改革各项部署落实，不断提升党委政府的服务水平，为全区经济社会发展注入新的强大动力。

*坚持从严治党不放松，是我们事业发展进步的坚强保障。*回顾荷塘改革发展的生动实践，坚持从严治党，坚持讲政治、顾大局、守纪律，坚决维护中央权威，确保中央和各级党委政令畅通，是我们事业发展进步的坚强保障。我们持之以恒改进作风，严明党纪、反腐倡廉、完善制度、强化责任，环环相扣、全面发力，坚决同一切弱化先进性、损害纯洁性的问题作斗争，自觉践行群众路线，坚守“三严三实”、践行“四讲四有”，全区各级党组织建设更加坚强有力，进一步巩固和发展了荷塘风清气正的良好政治生态环境，为全区经济社会发展提供了坚强的组织保障。

各位代表，同志们，回顾五年发展的历程，我们也清醒地认识到还存在着一些问题和不足，主要是：经济实力还不强，城乡基础设施仍然相对薄弱；维护社会稳定和改善民生的压力依然较大，社会发展与群众期盼还有一定差距；党的建设还存在薄弱环节，从严治党仍需常抓不懈等等。这些问题我们必须要高度重视，采取切实有效的措施加以解决。

## 激情实干，创新作为<br>未来的五年是大有可为的五年

当前，我国经济发展进入速度换挡、结构优化和动力转换的新常态，经济下行压力逐步增大，稳定经济增长的关键在于供给侧结构性改革。如何有效推进供给侧结构性改革，不仅是完成今年经济社会发展目标的关键，也是未来五年乃至更长时期经济持续稳定发展的一个核心问题。从外部环境看，中央明确了推进供给侧结构性改革“宏观政策要稳、产业政策要准、微观政策要活、改革政策要实、社会政策要托底”的五大政策支柱，提出了“三去一降一补”的五项重要任务，省、市相继制定了具体实施方案，为我们指明了路径方向，提供了基本遵循。从我们自身来看，落实供给侧结构性改革，重点要在“降成本、补短板”上发力，关键要在“优化存量、引导增量”下功夫，切实降低企业生产经营成本，补齐旧城改造、基础设施建设、民生事业的短板，不断改善政府服务供给和市场环境供给，才能减少无效和低端供给，扩大有效和中高端供给。但我们强调供给侧结构性改革，并不是说不要需求，更不是说不要投资，无论是从供给侧结构性改革的内涵来看，还是从我们自身发展的现实需求来看，我们的投资不是多了而是少了，我们的投资效益不是高了而是低了。当前和今后一个时期，狠抓项目建设，扩大有效投资，适当扩大总需求，依然是我们抓经济工作的重中之重。只要我们把改善供给结构作为主攻方向，协同推进供给侧改革与需求侧管

理，强供给、促需求，在供给和需求侧两端同时发力，促进供给和需求有效对接、两轮同转、两翼齐飞，形成共同推动经济发展的新动力，未来五年，必将是大有可为的五年，也必将是经济社会的持续健康发展的五年。

“谋定而后动，知止而有得”，准确把握未来形势，科学描绘美好蓝图，推进荷塘经济社会又好又快发展，是我们的责任与担当。未来五年，我们要高举中国特色社会主义伟大旗帜，全面贯彻党的十八大和十八届三中、四中、五中全会精神，认真学习贯彻习近平总书记系列重要讲话精神，深入践行“五大发展理念”，紧紧围绕中央“四个全面”战略布局，认真贯彻落实省委、市委决策部署，突出党建引领，始终坚持改革推动、项目带动、片区联动，着力聚焦产业升级、城乡协调、民生改善三个重点，加快推进“五大片区”开发，着力打造实力荷塘、活力荷塘、宜居荷塘，努力让人民群众过上幸福生活。

未来五年，我们的奋斗目标是，努力建设：

——*实力荷塘*。全面完成“十三五”规划目标任务，到2020年，地区生产总值和固定资产投资力争突破300亿元，年均增长8%和11%以上；公共财政收入和城乡居民可支配收入力争实现翻一番，年均增长9%和10%以上，实现经济总量、发展质量稳步提升。

——*活力荷塘*。政府服务水平明显提升，土地、资金等资源要素有效供给显著增强，与供给侧结构性改革相适应的政策体系不断健全；企业服务体系更加完善，企业内生动力全面迸发，民间投资潜力和创新活力有效激发，大企业“顶天立地”，中小企业“铺天盖地”；创业广泛深入，自主创业、全民创业蔚然成风。

——*宜居荷塘*。环境更加优美，森林覆盖率达到45%、城区绿化覆盖率达到50%、空气质量优良天数比例保持在85%以上；文化底蕴不断增强，荷文化、忠孝文化深入人心，社会文明程度和公民道德素质普遍提升；城乡公共配套更加完善，公共服务和社会保障水平明显提高，公共安全满意度稳步上升，人民群众的幸福感、归属感和满意度显著增强。

未来五年，我们要集中精力抓好以下四个方面的工作。

**（一）坚持创新驱动，着力打造产业发展新高地。**大力推进“工业兴区、商贸强区、旅游活区”，深入实施项目带动，以推进供给侧结构性改革为主线，有力有度有效落实“三去一降一补”，全力构建以创新为引领的现代产业体系。

*坚持工业兴区，加快新型工业化步伐*。深入实施改造提升传统产业与培育战略性新兴产业“双轮驱动”，深挖工业潜力，提升工业效益，增强工业实力。做强产业实体。以千金湘江药业为龙头，在金山新城沪昆沿线重点发展生物医药、医疗器械、健康养老产业，打造医学健康产业基地。充分发挥省级复合新材料特色产业园的优势，积极对接株硬集团本部搬迁，推动现有中小新材料企业集聚发展，在金山工业园一期重点发展硬质合金、住宅、电子新材料产业，打造复合新材料产业基地。紧紧抓住株洲千亿轨道交通产业的发展机遇，以中车长江株洲分公司、株洲车辆段等企业为龙头，积极对接中车集团及其延伸与配套产业，在金山新城南部打造轨道交通装备配套产业基地。壮大园区载体。全力建好日月湖公园，加快日月湖核心商住片区建设，尽快建成金山新城的学校和医院，引导金融机构、大型商业、高档酒店和商务楼宇布局其中，完善金山新城城市配套功能；建成山园西路、金泉路和金精路、罗湾路等8条道路，构建金山新城“四纵四横”小环网，建成金荷大道、金塘大道和金桥路、金城路等8条主干道，完善金山新城“四纵四横”大环网；加快园区一期道路路面提质，建成枫丹路、丽舍路、香榭路等道路，统一标示标牌，改善一期环境。突出

企业主体。引导企业家坚守实业、创业创新，鼓励企业积极向高新技术领域拓展和转型，激发企业内生动力。全面落实国家、省市取消、降标和放开的一批涉企经营服务性收费政策，着力构建企业配套服务体系，切实为企业降低经营成本。创造零障碍、低成本、高效率的政务环境，营造良好的企业发展环境，让一切投资者、创业者安心创业、放手发展。

坚持商贸强区，大力发展现代服务业。现代服务业既是我们的“短板”，也是最大的发展机遇之一。要以扩大总量、优化结构、丰富业态、完善布局为导向，坚持生产性服务业、现代商贸业和高端房地产业三大板块并重，着力发展总部经济、金融服务等现代服务业，推动服务业发展提速、比重提高、水平提升。大力发展生产性服务业。依托荷塘工业集中区，注重发展现代物流、技术研发、工业设计、信息咨询、商务外包等生产性服务业，推动生产性服务业与先进制造业融合发展。大力发展现代商贸业。紧紧抓住全市加快服务业集聚区发展的机遇，坚持大型商圈、特色街区、社区商业互促互生，推动商圈主题化、街区精品化、社区商业便民化发展。大力发展高端房地产业。依托区位、土地、自然生态等优势，抓住旧城改造和片区开发机遇，重点围绕新塘路、向阳北路沿线，着力打造高档次、高品质的新型楼盘和城市综合体，大力培养高端商务楼宇、商业街市。

坚持旅游活区，做优做精生态休闲农业。整合历史文化、人文景观、田园风光等资源优势，深入挖掘荷文化、忠孝文化内涵，加快推进孝文化园建设，高标准完成流芳园扩园建馆，全力打造荷塘文化旅游品牌。加速仙庾岭周边农家乐提质改造升级，建设一批农业产业景观带和休闲农业观光点，全力打造长株潭市民休闲旅游目的地。加快现代农业发展升级，大力发展家庭农场、农民专业合作社等新型经营主体，做好蔬菜、花果、苗木等特色农产品基地发展规划，让荷塘的农业更强、农村更美、农民更富。

坚持项目带动，持续扩大有效投资。加大项目推进力度，推动项目提质提效，持续扩大有效投入，充分发挥投资拉动经济增长的关键作用。加强项目包装策划。围绕产业发展重点，盯紧重大政策走向，分区分块做好园区项目包装策划工作，着力提高项目计划编制水平，加强项目可研评审论证，健全项目储备库，建立“成熟一批、推出一批、建设一批”的梯次滚动机制。创新项目招商方式。组建专业招商队伍，明确工作责任、量化考核目标，实行“全脱产”式招商，以“三大主导产业”、现代服务业、总部经济为主攻方向，主动对接长三角和珠三角，充分利用敲门招商、驻点招商、以商招商等多元化手段，着力引进一批科技含量高、带动能力强、经济效益好、辐射面广的大项目、好项目。全力攻坚项目落地。设立区项目办，抽调精干人员集中办公，加强与市级平台公司和市直部门的对接，统筹协调各职能部门、业主单位同步推进项目建设的各个环节，及时协调解决项目建设中遇到的矛盾和问题，定期督办政府性投资项目按时间节点推进，督促和指导社会投资项目做好项目前期工作，确保项目快落地、快开工、快投产、快见效。突出抓好用地保障。加大土地调规力度，加快推进用地报批工作，优化指标统筹分配机制，重点保障基础设施建设和产业布局用地；加大征地拆迁和房屋征收工作力度，落实镇办拆迁执行主体责任，健全“统一指挥、分线分块、部门配合”的工作机制，探索项目提前进场施工模式，全力做好扫尾清场工作，确保实现干净交地，力促项目无障碍快速推进。

**(二)突出城乡协调，着力建设生态宜居新家园。** 紧跟全市新型城镇化的步伐，强化规划引领，全面推进两型社会建设，不断优化城乡形态、城乡环境和城乡管理，努力让我们的家园功能更优、形象更美、生态更佳。

优化城乡空间布局。着力打造“五大片区”，推动各片区协调联动发展。一是中央商务区。加快推进南岳岭、上月塘片区棚改征收，依托长株潭城际铁路株洲站，打造集国铁、城铁、地铁、长途客运、公交、出租车等“六站合一”的综合交通枢纽，重塑荷塘区中心城区地位；大力推进株硬集团本部“退二进三”，加快601钻石商务区、上月塘商住综合体、新华西路商务综合体建设，以铁东路为轴大力发展高端商务、总部经济等业态，打造核心城区中央商务区。二是水竹湖科教新区。加快水竹湖片区综合开发建设，重点推进东部·美的城等高端房地产开发，不断完善学校、医院、路网等公共配套服务，依托湖南汽车工程职业学院、市工业学校、市幼师学校等职业学校建设，主动对接青年创客，建立集教育、科研、培训、实习、创业于一体化的综合服务体系，着力打造以职业教育、创业孵化、现代商务、高端住宅为核心的科教新区。三是太阳商贸集聚区。抓住莲易高等级公路城市化改造的机遇，不断完善太阳村片区的基础设施建设，加快建宁港湿地公园建设，有序引导太阳村土地开发高端生态地产项目，大力发展现代商贸、现代物流、专业市场等业态，构建辐射全市的生态型现代商贸集聚区。四是金山新城产城示范区。加快完善金山新城城市配套功能，促进医学健康、轨道交通、复合新材料等产业集聚发展，实现产业发展与城市建设相互促进、相得益彰，打造华中地区生态环境最美、产城融合最佳、综合配套最全的“产城一体”新城。五是荷塘月色康养休闲区。充分利用仙庾岭和婆仙岭的自然资源和人文资源，大力发展健康养生、休闲度假和文化旅游等产业，将荷塘月色示范区打造成长株潭地区独具湘东文化特色的城乡统筹样板区、生态文明示范区、乡村旅游文化区、低碳经济先导区。

完善城区路网建设。对内，着力构建“五纵七横”的路网格局。加快推进新华路沿荷塘大道跨越沪昆高速，建成新塘路、东环北路、升龙路和金塘路，全面加快纵贯东西的五条主干道路建设；打通向阳路、金龙路与云龙大道的连接，建成铁东路、北环路、金桥路和金瑞路，改善红旗路交通环境，大力推进横贯南北的七条主干道路的建设。对外，着力打通与周边地区的快速通道。全力推进长株潭城际铁路建设，积极对接株洲有轨电车、城市地铁建设，完善多功能、多形态的综合交通体系，深度融入长株潭城市群。

提升城市功能品质。强化现代城市管理理念，推进数字化城管扩容升级，健全责权明晰、运行有序的区、街道、社区三级城市网格化管理体系，不断提升城市精细化、人性化管理水平；大力实施交通畅通工程，积极推进小街区规划建设，增强封闭社区和大院的通达性，完善城市“毛细血管”、打通城市微循环，缓解城市交通拥堵；深化全国文明城市建设，合理布局小游园、绿化景观和生态廊道，为居民营造舒适惬意的绿色空间，巩固提升安全有序、整洁美观的城市环境；大力推进棚户区改造，加大老旧小区和小街小巷提质改造力度，切实改善居民生活环境和出行条件；加强治违控违力度，对违规违法建设，坚决遏制新增，积极消除存量。

全面建设美丽乡村。继续推进“五小”水利建设工程，夯实农业发展基础；加大农村饮水安全工程建设力度，着力解决农村人口饮水安全问题；继续完善农村电网建设，满足广大农民用电需求；全面提高乡村公路等级，推进公共交通向农村全覆盖；改善农村通讯、电视、信息网络，加快农村信息化建设；加强村庄整体规划，加大农村危房改造力度，引导农村人口集中居住；深入推进城乡环境治理工作，广泛开展美丽乡村创建活动，推动文明观念进村入户，树立文明乡风。

加强生态环境保护。认真抓好生态绿心保护工作，深入推进绿心及周边地区两型标准化建设工作，坚决守住4.4平方公里生态绿心面积；推进城乡绿化建设，加大仙庾岭风景名胜区、婆仙岭省级森林公园资源保护力度，逐步提高森林覆盖率和城区绿化覆盖率；深化建宁港、白石港流域综合治理，落实湘江保护与治理各项任务，消灭城区范围内的劣Ⅴ类水体，切实保障水生态环境安全；深入开展大气污染防治，持续抓好燃煤锅炉淘汰、企业烟尘排放、施工扬尘监管、清洁能源推广等工作，不断巩固和提升空气质量优势；坚守生态红线，严密防控和严厉打击环境违法行为，确保生态环境安全。

**（三）保障和改善民生，努力满足群众生活新期待。**坚持把关注民生、保障民生、改善民生放在更加突出的位置，努力让人民群众分享更多的发展成果，感受更多的公平正义，体会更多的和谐幸福。

完善社会保障体系。加大就业创业帮扶力度，努力扩大城乡居民就业机会；大力推进全民参保登记工作，稳步落实机关事业单位养老保险制度改革，实现社保惠民全覆盖；整合城镇居民基本医疗保险制度与新型农村合作医疗制度，健全覆盖城乡居民的基本医疗体系；积极构建以居家为基础、社区为依托、机构为补充的多层次养老服务体系，推进医养结合，满足城乡养老服务需求；加强低保对象的动态管理，做到应保尽保；积极发展红十字、慈善和社会福利事业，广泛开展扶贫帮困、助学、医疗救助等社会救助活动，提升社会救助水平。

优化公共服务供给。着力提高科技服务水平，大力扶持一批工程（技术）研究中心、企业技术中心和重点实验室，培育一批名牌产品和驰名商标；建成美的·荷塘小学、金山新城学校、新戴家岭小学和博雅小学，鼓励社会力量兴办教育，深化教育强区建设成果，加快推进教育人才队伍建设、教育内涵发展和教育品牌特色创建，努力办好人民满意的教育；大力推进健康荷塘建设，进一步提升公共卫生服务均等化水平；深化医药卫生体制改革，推进镇医院、社区卫生服务中心和村卫生室规范化建设，落实分级诊疗制度，提高基本医疗服务水平；坚持计划生育基本国策不动摇，着力提高人口素质；以创建国家公共文化服务体系示范区为抓手，建成区文化体育活动中心，建立区、镇（街道）、村（社区）三级公共文化服务体系，推动基层文化建设和群众性文化体育活动蓬勃开展。

提升社会治理能力。深化社区“一体三化”的治理模式，加快推进“自治家园”建设，探索建立政府公共服务、志愿互助服务和社会有偿服务相衔接的社区服务体系；落实“七五”普法工作，切实增强全民法治意识，更加注重运用法治思维和法治方式化解矛盾、维护稳定；加强和改进信访工作，统筹人民调解、行政调解、司法调解资源，着力预防化解社会矛盾，切实维护群众合法权益；牢牢守住食品药品安全底线，严格落实安全生产责任制，加强消防、交通、危化品等安全隐患排查整治，严防各类安全事故发生，确保人民群众生命财产安全；积极推进司法体制改革，保障审判权、检察权依法独立公正行使，健全与公平正义要求相适应的司法保障体系；扎实推进“平安荷塘”建设，完善社会治安防控体系，依法防范和惩治违法犯罪活动，不断提升市民群众安全感。

**（四）深化改革攻坚，着力激发跨越前行新动力。**坚持向改革要效益，以敢闯敢试的勇气和魄力，统筹推进重点领域和关键环节的改革攻坚，积极破解发展难题，激发内部活力，积蓄发展后劲。

全面提升政府服务水平。大力推进政务服务和企业服务改革，完善自然人和企业法人服务体系，着力打造现代服务型政府。深入推进“互联网+政务服务”，实现政务数据资源跨层级、跨区域、跨部门交换和共享，逐步建立实体政务大厅、网上服务大厅、移动客户端、自助终端等多形式相结合的政务服务平台，实现行政审批服务事项的精准高效；加快企业服务中心建设，建立咨询服务、融资贷款、代理服务、项目申报、创业孵化、企业信息化、人才服务、企业家协会八个平台，全面构建“一中心、八平台”的荷塘区企业服务体系，为全区各类企业提供全方位、系统化的精准服务。

深化投融资体制改革。加强政府债务管理，妥善处理存量债务的置换，优化政府债务结构；积极探索建立平台公司投融资新机制，做大平台公司规模、做实平台公司资产、做强平台资本实力，提升直接融资能力；探索践行政府与社会资本合作（PPP）模式，合理引导和吸纳社会资本参与城市建设、公共服务等领域；进一步完善荷塘区中小微企业信贷风险补偿资金管理办法，搭建银企合作桥梁，着力扶持全区中小微企业，促进区域经济结构转型升级。

统筹推进各项改革任务。深化经济体制改革，支持非公经济企业健康发展，鼓励个体经营户转为企业、小微企业升级为规模企业，不断激发各类市场主体的能动性和创造力；深化商事制度、价格体制、土地制度改革，强化社会诚信建设，保护自主经营和公平竞争，加快形成统一开放、竞争有序的现代市场体系；深化财税体制改革，完善收入征管机制，推进财政科学管理，强化财政资金绩效，进一步激活财政在优化资源配置、改善公共服务等方面的引导功能；深化农村改革，完善农村土地管理制度，积极引导农村土地经营权有序流转；推进节能减排和治污市场化改革，建立资源环境承载能力监管预警机制。

## 加强和改进党的建设

事业发展，关键在党。我们必须把管党治党的责任放在心上、抓在手上、扛在肩上，为加快荷塘发展提供坚强保证。

突出区委核心领导。认真贯彻落实《中国共产党地方党委工作条例》、《关于进一步完善区委领导工作体制机制的实施意见》，充分发挥区委统揽全局、协调各方的领导核心作用。强化全会职能发挥和重大事项决策把关作用，完善常委会议事规则和决策程序，规范党委权力运行，优化权力结构和配置。坚持党委领导和支持保证各级各部门依法履行职责相结合，严格落实党委听取人大、政府、政协、法院、检察院党组工作汇报制度，切实加强党委对党组的领导，认真落实党管武装各项制度，最大限度地凝聚共识、凝聚人心、凝聚智慧、凝聚力量，擦亮政治生态品牌。

突出思想政治引领。坚持不懈加强思想政治建设，引导党员干部牢固树立政治意识、大局意识、核心意识、看齐意识。加强意识形态工作，落实好党委（党组）主体责任，持之以恒强化理论武装，抓好区委中心组学习和党校建设，深入推进“两学一做”学习教育，引导广大党员坚定理想信念，加强党性修养，践行“四讲四有”；牢牢把握正确舆论导向，积极学习和运用新媒体，不断提高新闻舆论的工作水平，全力传播荷塘好声音，讲述荷塘好故事，传递荷塘正能量；践行社会主义核心价值观，净化社会风气、倡导文明新风，大力弘扬“火车头”精神和“工匠精神”，进一步激发全区上下投身荷塘经济社会建设、创造美好幸福生活的热情，凝聚推进新一轮跨越发展的强大合力。

突出选贤用能导向。严格执行干部选拔任用制度，全面落实“信念坚定、为民服务、勤政务实、敢于担当、清正廉洁”好干部20字标准，打造一支忠诚干净担当的干部队伍。树立崇尚实干、突出实绩、群众公认的用人导向，坚持德才兼备、以德为先。对那些想干事的，给机会；对那些会干事的，给平台；对那些干成事的，给地位。更加注重在招商引资、项目建设、征地拆迁等重点工作和急难险重任务中锻炼干部、检验干部、选拔干部。大力实施“百名人才”引进计划，着力引进一批高学历、高素质的专业人才，改进人才选拔考核评价方式，完善人才培养、流动、引进、评价相配套的政策体系，打造人才发展的良好环境。

*突出强化基层基础*。党的工作重心在基层，执政基础在基层，活力源泉在基层。始终坚持党的群众路线，把抓基层、打基础放到更加突出的位置，全面落实基层党建工作责任制，健全考核奖惩配套机制，构筑坚强有力、充满活力的战斗堡垒。提升“四化”水平。深化“组织生活正常化、支部作用核心化、党员作用常态化、服务群众实效化”的党建“四化”建设，实现全域覆盖，着力提升基层党组织规范管理水平。提升保障水平。坚持重心下移、资源下沉，确保基层党组织工作有力量、办事有经费、活动有阵地。着力加强队伍建设，配齐配强基层党建工作力量，建设坚强有力的领导班子，打造本领过硬的骨干队伍。持续加大资金支持力度，确保基层组织正常运转，确保基层服务经费、基层党建经费、基层干部报酬待遇保障到位。提升服务能力。围绕增强基层党组织服务功能，创新形式多样的活动载体，加快建设便捷服务、便利活动、便于议事的综合阵地，形成完善的制度机制，培育打造一批党建品牌，提升基层组织服务群众、服务社会的能力。

*突出管党治党主责*。权力意味着责任，责任必须担当。各级党组织要落实好从严治党主体责任。坚持挺纪在前。加强党章和党纪条规教育，强化党员干部的党纪意识、“红线”意识和“底线”意识。准确把握“四种形态”要求，把教育提醒、组织处理贯穿日常监督、管理全过程。加强对纪律执行情况的监督检查，着力强化纪律刚性约束。认真执行《中国共产党问责条例》，做到失责必问、问责必严。强化责任担当。党组织书记要履行好第一责任人的职责，把该抓的工作抓好，该担的责任担起来。各级纪检组织要切实履行监督责任，聚焦主责主业，敢于较真碰硬，勇于执纪问责。同时，遵循习总书记提出的“三个区分开来”，建立容错机制，倡导和维护激情干事、敢于担当、改革创新的工作氛围，着力营造绿水青山的政治生态。持续正风肃纪。坚持再坚持，严格再严格，紧盯重要节点，抓住具体问题，推动明察暗访、作风检查常态化，继续加大查处、通报、曝光力度，深化“纠‘四风’、治陋习”、“雁过拔毛”式腐败问题的专项整治，促进党风政风的持续好转。规范权力运行。围绕“管人、管财、管权、管工程”，加强对重点领域、重点人员、重点岗位的审计和监管；依托“一门式”政务服务平台，创新“互联网＋监督”的权力运行监督机制，实现对权力运行的动态、全程、公开监控；坚持问题导向，聚焦中心，着力开展廉政巡察，切实提升制度的刚性和监督的权威性。高压惩治腐败。坚持无禁区、全覆盖、零容忍，严肃查处违反“六大纪律”和中央八项规定精神的问题，重点查处“三类人”；着力解决群众身边的“四风”和腐败问题，增强群众对党风廉政建设和反腐败工作的“获得感”；支持和保障执纪执法机关依纪依法惩治腐败。

百舸争流，破浪者领航；千帆竞发，奋勇者当先。同志们，再过五年，我们即将迎来建党100周年，谱写中国梦荷塘篇章的冲锋号角已经吹响，任务无比艰巨，使命无尚光荣。让我们紧密团结在以习近平同志为总书记的党中央周围，在省委、市委的坚强领导下，以乘势而上、意气风发的豪情壮志，以义不容辞、责无旁贷的责任担当，以马上就办、真抓实干的工作作风，为建设实力荷塘、活力荷塘、宜居荷塘而努力奋斗！

部分名词解释：

1. *四个全面*：全面建成小康社会、全面深化改革、全面依法治国、全面从严治党。

2. *五大发展理念*：创新、协调、绿色、开放、共享。

3. *三去一补一降*：去产能、去库存、去杠杆、降成本、补短板。

4. 四讲四有：讲政治、有信念，讲规矩、有纪律，讲道德、有品行，讲奉献、有作为。

5. 四种形态：党内关系要正常化，批评和自我批评要经常开展，让咬耳扯袖、红脸出汗成为常态；党纪轻处分和组织处理要成为大多数；对严重违纪的重处分、作出重大职务调整应当是少数；严重违纪涉嫌违法立案审查的只能是极极少数。

6. 三类人：即十八大后不收敛、不收手，问题线索反映集中、群众反映强烈，现在重要岗位且可能还要提拔使用的领导干部。

7. 五大片区：中央商务区、水竹湖科教新区、太阳商贸集聚区、金山新城产城示范区、荷塘月色康养休闲区。

8. 五纵七横："五纵"即升龙路、新塘路、新华路、东环北路、金塘路；"七横"即铁东路、红旗路、向阳路、北环路、金桥路、金龙路、金瑞路。

9. 八个一批：低保扩面一批、低保提标一批、大病救助一批、危房改造一批、助学一批、助残一批、就业一批、新农合保障一批。

10. 党建"四化"：组织生活正常化，支部作用核心化，党员作用常态化，服务群众实效化。

# 株洲市荷塘区人民代表大会常务委员会工作报告

*在株洲市荷塘区第五届人民代表大会第一次会议上的报告*

2016年11月29日

## 本届以来工作回顾

本届以来，在区委的坚强领导下，区人大常委会高举中国特色社会主义伟大旗帜，深入贯彻习近平总书记系列重要讲话精神，始终坚持党的领导、人民当家作主和依法治国的有机统一，牢牢把握人大工作方向，认真履行宪法和法律赋予的各项职权，议大事，办实事，求实效，彰显了新时期人大工作新作为，大力增强了荷塘区经济社会发展实力，有效提升了老百姓的获得感和幸福感，为推动我区民主法治建设和经济社会发展作出了积极贡献。

### 一、围绕中心，服务大局，依法履职有作为

依法决定重大事项。常委会自觉维护区委领导核心地位，发挥自身的政治优势，把区委的意图通过法定形式转变为人民意志。紧紧抓住事关全局的根本性、长远性问题，适时进行讨论、审议和决定，共举行常委会会议28次，主任会议42次，听取和审议“一府两院”工作报告73项，作出决议、决定92项。按照省、市、区委关于乡镇行政区划调整改革指示精神，依法依程序审议批准了《荷塘区乡镇区划调整改革工作方案》以及《荷塘区建制村合并建议方案》，确保了撤乡并镇和建制村合并工作平稳有序推进。支持政府破解征地拆迁、土地报批、项目建设等融资难题，及时审议批准新增23亿元政府性融资额度和相关项目贷款议案。坚持党管干部和人大依法任免的有机统一，依法任免和决定任免有关人员及接受辞职261人次，确保了区委意图的圆满实现，为全区各项事业顺利推进提供了强有力的组织保障。

*强力助推经济发展。*常委会坚持把支持和服务发展作为第一要务，高度关注全区经济运行情况，在全市范围内率先建立预算审查咨询专家库，依法审查和批准年度区级财政决算，定期听取和审议区《政府工作报告》以及国民经济和社会发展计划执行情况、预算执行及审计报告反映问题的整改情况汇报，并限时要求审计发现问题的单位向常委会报告整改情况。着重就新型工业化推进、产业结构调整、园区提档升级、惠民政策落实等全局性问题进行视察调研。通过各级人大代表积极努力，园区建设取得新跨越，2013年晋级为省级工业集中区，2015年获评省级复合新材料特色产业园。

*积极参与中心工作。*紧密围绕全区工作大局，常委会领导班子成员牵头参与城际铁路、荷塘大道、征地拆迁、城乡同治、荷塘商贸城等中心工作，有力推动了重点工程建设。尤其是牵头组织开展环境卫生城乡同治工作，促成了分路口、黄塘等集镇马路市场搬迁和整治，使农村面貌和农民生活环境有了明显改观，在城市管理农村环境卫生考评排名中连续五年获得全市第一的好成绩。南岳岭、上

月塘片区棚户区改造作为全市的重点项目，常委会高度关注，全力支持，人大机关征收组连续两年在全区率先完成签约任务。同时，组织20余名市、区人大代表视察了长株潭城际铁路和铁东路项目征收现场，并与被征收户代表坦诚沟通，使部分居民打消了思想顾虑，主动配合征拆，支持帮助区政府创造了国有土地上房屋征收的“株洲速度”。

**二、以人为本，创新方式，改善民生有成效**

*督办实事实打实*。常委会坚持把实事项目作为监督重点，针对政府每年工作目标，跟踪办理工作进度，分类进行监督。为维护荷塘教育品牌，多次就教育基础设施进行调研，督促完成实验小学、陡岭坡小学、荷塘小学的改扩建及景弘中学整体搬迁，高标准建成文化路小学；为缓解“就医难、看病贵”问题，督促政府扎实推进社区卫生服务各项综合改革，在全市率先建成“一街道一医卫中心、一村(居)一卫生室”，公共卫生服务和基本医疗服务水平不断提升；经常性深入食品生产、流通和餐饮经营企业、农贸市场、校园及周边明察暗访，督促推进“校园食品安全”、“食品经营诚信示范街”等创建活动，确保市民吃到安全放心食品。积极组织开展环保世纪行、农民健康行和“群众喜爱的村(社区)医生”评选等活动，维护了群众的合法权益，实现了发展成果由人民共享。

*专题询问真碰真*。常委会结合群众普遍关注的“养老钱”、“吃饭钱”、“救命钱”，针对全区社保、低保、医保等热点问题开展专题询问。会前分成3个调查组，深入到街道、乡村、社区和居民家中，摸清情况，找准问题。在询问过程中摆事实，列现象，并将需要整改问题全部“打包”给政府职能部门办理。常委会坚持问题“回头看”，两个月后听取了政府及相关部门整改情况，对交办的问题逐个“销号”。据统计，通过此次专题询问，全区共清理出瞒报、漏报、冒领等违法行为88起，追回养老金40.74万元；清退不符合条件的“错保”、“赖保”157户278人；农民重大疾病住院补偿标准从12万元提高至15万元，整改效果明显，有效促进了政府工作整改和惠民政策落实。

*建议督办面对面*。本届以来，代表们从经济社会发展大局出发，围绕区委、政府中心工作和群众切身利益，共提出建议、批评和意见412件。常委会每年确定10—15件重点建议，采取重点办、集中办、巡回办等多种方式予以落实。年初在常委会会议上现场进行交办，年底又专门听取政府相关部门办理情况汇报，并对建议办理质量由常委会组成人员采取无记名投票方式进行表决。2015年，区建设局、区财政局、区人社局、交警荷塘大队等八个单位满意率均在76%以上，被评为年度代表建议办理工作先进单位，并给予通报表彰。

**三、强化监督，注重实效，依法治区有进步**

*开展执法检查*。本届内重点就道路交通安全法、安全生产法、城乡规划法、传染病防治法、消防法等30余部法律法规进行了执法检查，纠正了一些部门有法不依、执法不严的现象，推动了“一府两院”执法水平的提高；对劳动法、未成年人保护法、义务教育法等法律法规贯彻执行情况进行了检查调研，督促国家相关政策的落实，维护了弱势群体的合法权益。根据《湖南省规范性文件备案审查条例》的要求，对政府近五年来的规范性文件进行全面清理，并就规范性文件管理、审查质量、报备程序、保障机制等方面存在的问题，提出了整改意见和要求，促进了政府及职能部门依法依规行政。

*推进司法公正*。常委会采取组织代表视察、听评、回访等方式加强对法、检两院的工作监督。组织190余名市、区人大代表听审评议民、商、刑事类案件28件，听评案件的范围进一步扩大，效果进一步提升，促进了法院审判质量的进一步提高。常委会还定期听取两院工作情况汇报，要求两院充分发

挥职能作用，着力加强队伍建设，不断规范司法行为，积极化解矛盾纠纷。在全市率先开展对两院副职分管工作情况进行评议，组织“人民满意的好民警、好法官、好检察官”评选活动，以先进典型引路，弘扬公平正义。任期内，我们还研究制定了《关于加强对司法机关办理案件的监督试行办法》，抓住涉及影响社会稳定、司法不公等问题进行重点督办，以点带面，切实维护司法公正、公平、公开。

*维护社会稳定。*常委会注重运用法治思维和法治方式化解社会矛盾，积极配合全区维稳工作，严格执行领导值班制度，热情接待和妥善处理各类上访事件。出台了《信访工作制度》，及时对信访形势、信访动态进行归纳分析，本届以来，共接待群众来信来访210余件580余人次，其中主要涉及征地拆迁、“三农”、劳动和社会保障、物业纠纷、涉法涉诉等问题。对每一信访件都认真回复、转办，督促解决了群众关注的一些实际困难和问题，有效地化解了社会矛盾，促进了社会和谐。

**四、密切联系，加强指导，代表工作有突破**

*注重拓宽履职渠道。*常委会积极引导、支持、督促各级代表加强学习、依法履职。组织开展市代表述职评议活动，在全市首创对区代表履职实行积分制管理，并将评议情况和考核结果作为年度评先推荐和换届连任提名人选的重要依据。积极探索代表活动的有效形式，坚持邀请代表列席常委会会议、主任会议，参加常委会重大活动，督促政府建立健全政务公开和政情通报制度。组织来自辖区各行各业的代表围绕“为争做株洲发展升级版先遣团”、“喜迎党代会，共谋新发展”等主题进行座谈交流、献智献策，代表们所提出的加快旧城改造步伐、做好新塘路沿线商业规划、支持中小企业做大做强、搭建电子商务平台等建议均得到政府的重视和采纳。强化代表培训，分批次组织各级代表外出考察学习，定期召开代表履职座谈会，交流履职体会，使代表们的法律素养和履职水平得到明显提高。

*注重搭建履职平台。*通过探索和实践，指导全区各镇、街道逐一建立了标准化的代表联系群众工作室，持续深入开展“代表走访群众、联系选民”活动，广泛听取和了解社情民意，收集和整理人民群众对我区各项事业发展的意见和建议700余条，帮助并督促解决了老百姓普遍关注的企业搬迁、市场升级、道路修缮、社区亮灯、居民用水难等热点难点问题450余个，筹措扶贫、帮困、助学、助残等资金300余万元。省人大、上海、西藏扎囊、湖北恩施、娄底等地市及五县四区人大相关领导多次亲临现场观摩指导，市人大常委会专门发文推广荷塘模式，并在全省代表联系群众平台建设推进会上作了典型经验介绍。

*注重增强履职活力。*常委会认真贯彻中央关于加强县乡人大工作和建设的若干意见精神，在街道设立了人大工作委员会，作为常委会派出机构，使街道人大工作基础得到进一步夯实。适时组织驻区省、市代表围绕园区发展及项目推进、道路基础设施建设、向阳商圈打造、教育学位扩容、民生财政及财税体制改革等议题开展视察调研，提出合理化意见和建议。大力支持和有效指导镇、街道根据年初工作安排，认真组织各代表小组开展视察、调研、评议等活动，形成了《关于硬质合金行业发展的调研与思考》、《关于合泰地区学前教育发展情况的调查报告》等50余篇高质量的调研报告，代表小组活动的针对性和实效性得到进一步增强，有力推动了人大工作的创新发展。

*注重搞好代表换届。*在区委、区换届选举领导小组的统一部署下，常委会切实强化对区、镇选举委员会的领导，不断加强对代表换届选举过程中宣传发动、名额分配、选区划分、选民登记、代表候选人提名推荐考察、投票选举等环节的组织、指导和监督工作。2016年10月28日至30日，全区123

个选区依法依规选举产生了160名区人大代表和56名镇人大代表，全面实现区委提出的“四确保”要求。整个代表换届选举工作依法依规、平稳有序、风清气正，选民民主政治热情高涨，参选率和得票率均实现双过半，从当选结果来看，代表的整体素质得到了进一步提高，人员结构比例进一步优化，圆满实现了组织意图。

**五、加强学习，改进作风，队伍素质有提高**

*扎实开展学习教育。*严格按照中央、省、市、区委的统一部署和要求，常委会扎实开展党的群众路线教育实践活动、“三严三实”专题教育和“两学一做”学习教育，认真落实“三会一课”制度，始终坚持问题导向，组织开好党组民主生活会、支部组织生活会和专题研讨会，在抓好群众路线教育实践活动中反映问题整改的基础上，对照正反两方面典型，围绕“四讲四有”、“做合格党员”标准，认真查摆各自存在的“不严不实”、“责任心不强、管理不规范、精神状态不佳、不敢担当”等问题，严肃开展批评和自我批评，有针对性地提出具体措施并抓好整改落实，达到了转变作风、促进工作的良好效果。

*着力改进机关作风。*始终坚持民主集中制原则，凡重大问题均通过会议讨论，确保了集体行使权力，科学民主决策。严格落实“两个法规”和廉洁自律各项规定，带头执行公务用车配备、公务接待、办公用房等方面的规定。围绕建设学习型、服务型、廉洁型机关，坚持办好“人大讲堂”，先后组织落实“两个责任”解读和预算法、立法法等专题辅导讲座20余次，形成了领导带头理论联系实际、机关干部爱学乐学善学的浓厚氛围。健全和完善常委会组成人员联系代表、联系群众制度，大兴调查研究之风，到问题反映较多、矛盾较为突出的地方，着力解决企业和群众生产生活中的实际困难。认真落实精准扶贫要求，深入对口帮扶的茶陵县秩堂镇黄草村帮助指导脱贫攻坚，确保该村两年内全面实现脱贫任务。

*切实加强人大宣传。*注重加强制度宣传与理论研究，精心策划，编辑了《回眸 · 荷塘区第四届人大履职风采录》，再现了本届人大及其常委会、人大代表和人大工作者依法履职的足迹。《做好新形势下人大工作的探索与思考》一文获得全省人大系统理论研讨会优秀论文。《搭建“连心桥”，共圆“荷塘梦”》等40余篇理论文章被《湖南日报》、《人民之友》、《株洲人大》等刊物发表，380余篇信息被新闻媒体采用并报道。坚持办好《公报》、《人大工作》等内刊，及时通报工作情况，交流工作经验，宣传代表先进事迹，为人大工作开展营造了良好的社会舆论氛围。

各位代表，本届以来的实践，使我们对坚持和完善人民代表大会制度，做好新形势下我区人大工作有了更加深刻的认识和体会：第一，必须坚持党的领导。始终坚定不移地走中国特色社会主义政治发展道路，切实把党的路线方针政策贯穿于依法履职全过程，把党委的决策部署落实到人大工作的各个方面。第二，必须坚持民生为重。始终保持与人民群众的密切联系，发挥人大代表的主体作用，切实解决群众最关心最直接最现实的利益问题。第三，必须坚持服务大局。始终围绕实现经济社会发展目标、完成中心任务开展工作，积极推动科学发展，努力促进社会和谐。第四，必须坚持民主集中制。始终做到集体行使权力，依法按程序办事，充分发挥人民代表大会制度的特点和优势。第五，必须坚持创新作为。始终立足荷塘实际，在法律允许范围内先行先试，积极探索有利于提高工作质量、增强工作实效的新形式、新做法。这些经验和体会，是我区人大工作的宝贵精神财富，我们要长期坚持，并不断丰富发展。

各位代表，区四届人大常委会所取得的成绩，是区委正确领导的结果，是全体人大代表、常委会组成人员和人大工作者共同努力的结果，也是全区人民大力支持、“一府两院”及各部门密切配合的结果。在此，我谨代表区四届人大常委会向重视、关心、支持人大工作的各级领导、全体代表、社会各界和全区人民表示衷心的感谢和崇高的敬意！

同时，我们也清醒看到，常委会工作与宪法和法律赋予的职责、与人大代表和人民群众的期望还有差距，比如监督的刚性、力度和实效有待进一步增强；监督的方法有待进一步创新；跟踪督办的问效机制还需进一步完善，尤其在重大民生问题方面还需作出更大努力等。我们将自觉接受人大代表和人民群众的监督，虚心听取各方面意见和建议，不断加强和改进常委会工作。

## 未来五年工作建议

各位代表，区第五次党代会确立了“努力建设实力荷塘、活力荷塘、宜居荷塘”的奋斗目标，对我区今后五年的主要任务作出了全面部署安排，开启了谱写中国梦荷塘篇章的新的历史征程。面对今后五年的新形势、新任务、新要求，区人大及其常委会肩负的责任十分重大。为此，建议新一届区人大及其常委会要高举中国特色社会主义伟大旗帜，全面贯彻党的十八大和十八届三中、四中、五中、六中全会精神，认真学习贯彻习近平总书记系列重要讲话精神，紧紧围绕“四个全面”战略布局和区第五次党代会提出的目标任务，深入践行“五大发展理念”，坚持以人为本、关注民生，全面履职、增强实效，真抓实干、敢为善为，充分发挥地方国家权力机关的作用，为全面建成小康开启迈向基本现代化新征程，让人民群众过上更加美好幸福生活，不断开创人大工作新局面作出新的更大贡献。

**第一，在决定重大事项上力求新作为。**要善于使党的主张通过法定程序成为国家意志、人民意愿，始终坚持围绕中心、服务大局，紧紧抓住经济社会发展中的重大问题和人民群众迫切需要解决的突出问题，抓住有利时机依法决定重大事项。进一步完善依法决定重大事项的规则和程序，建立健全社情民意反映机制、与群众利益密切相关的重大事项公示和社会听证等各项制度，不断提高决策的民主化和科学化水平，确保作出的各项决议、决定符合时代要求、符合人民意愿、符合荷塘实际。

**第二，在依法开展监督上迈出新步伐。**要更加自觉地坚持依法行使监督职权，把推动中央和省、市、区委重大决策部署的贯彻落实作为人大监督工作的重中之重，紧扣区第五次党代会确定的“建设实力荷塘、活力荷塘、宜居荷塘”目标任务，充分运用听取专项工作报告，开展执法检查、专题询问、专项工作评议和代表视察、调研等多种监督方式，加强和改进人大常委会对“一府两院”工作的监督。围绕改革推动、项目带动、片区联动，适时对产业升级、城乡协调、民生改善和“五大片区”开发情况进行专项审议，重点抓好金山新城、荷塘月色、荷塘商贸城的规划落实，尤其是加强对政府全口径预算决算的审查和监督，推动我区经济社会全面、协调、可持续发展。围绕保障和改善民生，把完善社会保障体系、优化公共服务供给、提升社会治理能力等作为监督重点，努力推动一批群众反映强烈问题的解决。围绕公正司法，以化解社会矛盾、推进社会管理创新、公正廉洁司法作为监督重点，促进区人民法院、区人民检察院更好地为我区经济社会又好又快发展提供有力的司法保障。同时，进一步增强人大工作的透明度，及时向社会公开人大监督工作情况和依法履职的全过程，注意收集各方面的意见和建议，营造民主、法治、稳定、和谐的社会环境。

第三，在发挥代表作用上见到新成效。要自觉坚持代表的主体地位，保障和促进代表依法行使权利，积极履行义务。进一步拓宽代表知情知政渠道，积极组织代表培训，创新代表活动的形式与载体，扩大代表对常委会活动的参与，加强代表与选民的联系，积极引导代表问政于民、问需于民、问计于民、服务于民。不断提高代表议案及建议批评意见的提出和办理质量，进一步加强和改进议案及建议批评意见的交办、督办工作。认真落实代表法的规定，切实强化服务意识，规范和完善代表工作，为代表依法执行职务提供全面有力的支持和保障。

**第四，在树立自身形象上取得新进展。**要坚持以制度建设为主线，与时俱进推进组织制度和工作制度建设，完善适合国家权力机关特点的、充满活力的运行机制。加强常委会自身建设，完善常委会议事决策规则和程序，深入贯彻执行民主集中制原则。加强各专门委员会和工作机构建设，推进委室之间的协作与配合，提高委室工作的规范化、专业化水平。加强常委会机关建设，完善符合常委会机关实际的长效管理机制，加强对机关干部的教育、管理、交流和培养，全面提高机关工作质量和水平。

各位代表，荷塘发展前景灿烂、催人奋进，人大代表责任重大、使命光荣。做好新形势下的人大工作，既是区委和全区人民的要求和期望，也是法律赋予的神圣职责。让我们在区委的坚强领导下，不忘初心，依靠人民，认真履职，奋发作为，为建设实力荷塘、活力荷塘、宜居荷塘而努力奋斗！

# 政 府 工 作 报 告

## 在株洲市荷塘区第五届人民代表大会第一次会议上的报告

2016年11月29日

### 真抓实干，实现发展新跨越

荷塘区第四届人民政府履职以来，面对经济下行的巨大考验，在区委的坚强领导下，在区人大、区政协的监督支持下，我们紧紧团结和依靠全区人民，主动适应经济发展新常态，勇于担当，积极作为，砥砺前行，开创了荷塘跨越发展的新局面。

全力稳增长、调结构，综合实力显著提升。预计2016年全区地区生产总值达到220亿元，年均增长9.8%；一般公共财政预算总收入达到11.18亿元，年均增长9.5%；固定资产投资完成180亿元，年均增长18.1%；社会消费品零售总额完成64.4亿元，年均增长12.5%；城乡居民收入分别达到38905元和25668元，年均增长8.5%和9.7%；规模工业增加值达到83.2亿元，年均增长8.3%，其中高新技术产品增加值占比71%。产业结构不断优化，三次产业结构比由2012年的1.7:66.3:32优化为2016年的1.6:48.7:49.7。以医学健康、复合新材料、轨道交通配套为支柱的新型工业化快速推进，新增产值过亿元企业24家、税收过亿元企业3家，小型企业升格为规模工业36家，个体工商户转型为企业1526家，连续5年获评省、市推进新型工业化考核先进单位。以房地产、商贸物流和休闲旅游为代表的第三产业蓬勃发展，恒大集团、美的地产等57家房企抢滩荷塘，新桂广场、东方时代广场等一批大型地产项目顺利完工，华润万家、大润发等一批优质商业项目相继开业，“株洲荷花节”“乡村美食节”等旅游品牌深入人心。以特色瓜果、蔬菜、花木基地为依托的现代都市农业加快发展，逐步实现土地规模化、集约化利用，各类农村合作经济组织增至74家，休闲农业经营实体增至140家，跻身全省新农村建设先进县市区。

全力夯基础、兴园区，发展平台日趋完备。强力推进金山新城整体开发战略，编制完成金山新城控制性详规，园区规划面积由6.96平方千米拓展至62平方千米。累计投入30亿元，建设园区道路14条，竣工通车10条，金山新城骨干路网基本形成。投资4000万元的运动公园开园迎客，投资7.2亿元的日月湖生态公园即将动工，园区城市配套功能不断完善。扎实推进创新创业园区“146”工程，建成标准厂房26万平方米，签约入驻企业33家，标准厂房建设取得实质性突破。复合新材料产业基地成功引进金泰硬质合金、飞鹿高分子涂料、科能OLED原子电极等28个项目，轨道交通配套产业基地成功引进株洲车辆段检修基地、时代电气工程检测车、格斯特动力等11个项目，医学健康产业基地成功引进千金湘江高端药物制剂、中美医院、湖南宁康医药等7个项目，以三大产业为主导的产业体系逐步成型。园区涌现出产值过亿元企业14家，预计今年园区技工贸收入达到197亿元，是2012年的1.55倍；固定资产投资增至78亿元，是2012年的2.8倍；上缴税收7.6亿元，是2012年的1.46倍。金山工业园2013年升格为省级工业集中区，2015年获批省级复合新材料特色产业园区。

全力攻项目、破瓶颈，发展后劲不断增强。大力实施项目带动战略，嘉德工业园一期、百姓大药房物流中心等218个项目全面建成，重点项目履约率、开工率、竣工率排名全市前列，在全市项目考核中连续3年夺得红旗单位。实施征拆项目194个，征地1.8万亩，征收国有土地上房屋50万平方米，连续3年获评全市征地拆迁和房屋征收考核一类单位。在南岳岭、上月塘片区棚户区改造项目中，创造了国有土地上房屋征收"荷塘模式""株洲速度"。在职教城"一二三职"项目中，1个月签约203栋，3个月交地1168亩，创造了荷塘区集体土地征地拆迁新纪录。深入开展服务企业、优化环境活动，实行重点项目"五个一"推进机制，集中交办、分类破解难题400余个，依法处置阻工闹事、强揽工程等不法行为，项目建设环境不断优化。金城集团和金科公司实现实体化运营，资产总规模分别达到59.9亿元和48亿元；不断拓宽融资渠道，运用信贷、债券、基金等方式，累计融资到位76.4亿元。

全力强建管、提品质，城乡面貌日新月异。围绕构建"五纵七横"骨干路网体系，完成荷塘大道、东环北路、新塘路等32条城市主次干道建设，通车里程达35公里。新建和提质改造社区道路36条，新建农村公路150公里，基本实现通村到组，群众出行更加便利。完成德政路小游园等40个小游园绿化精品工程，总面积达4.36万平方米，新增绿地面积近30万平方米，绿化覆盖率由34%提高至42%。依法拆除违法建设1527处，共130.62万平方米，治违工作连续3年排名全市第一。强力推进湘江保护治理"一号工程"，关停、搬迁工业污染企业14家，基本实现废水、废气达标排放。扎实开展"两型"示范创建和生态绿心保护工作，打造省、市"两型"示范单位15个。大力推进"大城管"体制改革，实现环卫市场化、作业精细化、责任网格化、考核常态化，合泰、富家垅、汽车城等重难点地区综合整治取得新成效，荣获全市城市管理改革创新奖，环境卫生城乡同治工作连续5年排名全市第一。全力助推我市成功创建全国文明城市、交通管理模范城市、国家森林城市，顺利通过国家卫生城市复核验收，人居环境显著改善。

全力推改革、活体制，发展活力竞相迸发。在全省率先开展"一门式"政务服务改革，建立区、街道、社区三级政务（便民）服务中心40个，9个部门217个事项纳入"一门式"综合窗口，其中45项政务服务办理时间减少50%，实时即办率超过70%，办事效率大幅提升，实现群众在任意一级政务（便民）服务中心的任意一个窗口办理所有的事项，群众办事更加方便。全面推广"自治家园"系统平台，完成居民信息采集7.2万户，初步建成集行政管理、社会事务、便民服务于一体的信息化平台。启动"一中心、八平台"企业服务体系建设，梳理企业服务项目75项，为科盟、朗润等企业提供代理、银企对接、企业股改衔接等服务。全面完成政府机构改革和事业单位分类改革，合并、撤销机构18个，完成明照乡、仙庾镇成建制合并及15个建制村撤并工作，区域管理更加优化。平台公司管理体制改革稳步实施，整合原金城、金山、金盛、金荷四个平台公司，组建金城集团，实现"园司分离、分工履职"，建立和完善了资金、薪酬、绩效评价等现代企业管理体系。在全市率先出台政府性投资项目管理办法，对项目立项、预算评审、结算审计等11个环节进行规范，政府投资资金使用更加严谨科学。积极推行聘用人员劳务派遣制度，探索实行政府雇员机制，用人用工制度更加规范高效。全面完成农村土地承包经营权、农村集体建设用地和宅基地使用权确权颁证工作，农民承包土地各项权益进一步明确。

全力惠民生、促共享，人民福祉持续改善。大力实施保障改善民生三年行动计划，累计民生支出28亿元。不断完善社会保障，新增城镇就业42253人，城镇登记失业率控制在3.5%以内。养老保险实现政策全覆盖，城乡居民基础养老金补助提高到85元/月，城乡低保标准分别提高到470元、220元。实施"八个一批"精准扶贫，完成整体脱贫目标。建成安置房2324套、公租房2839套，改造农村危房480栋，困难群众住房问题得到有效解决。大力发展社会事业，新建、改扩建学校6所，增加学位4500个，"大班额"问题得到有效缓解；全面完成省合格学校建设，建成全国义务教育基本均衡县区、省级教育强区，成功创建全国信息化教育试点示范区、湖南省校园足球示范区。优化科技发展环境，合理配置科技资源，荣获全国科技进步先进城区称号。建成基层文化站、村（社区）文化活动室、居民健身点等场所91个，荣获全国全民健身活动先进单位称号。全面推行基本药物制度和新农合政策，积极稳妥实施单独二孩和全面二孩政策，计生工作连续两年获评全省模范（优秀）单位，妇幼保健工作荣获全国先进。持续强化社会治理，大力开展"秋季严打""亮剑行动"，发案率显著下降。深入推进"贴心解难"大走访等活动，建立基层矛盾调处中心，健全包案化解、听证化解等信访工作机制，群众满意度稳步上升，继续保持省平安县市区称号，获评全国和谐社区建设示范城区。全面落实安全生产责任制，获评全省安全生产先进县区。高度重视国防教育和动员工作，军政军民更加团结。区工商联荣获全国"五好"县级工商联称号，区残联荣获"十二五"全国残疾人工作先进单位称号，区档案馆成功创建国家二级综合馆。此外，工商、消防、人防、统计、审计、红十字、民族宗教、政务公开、机关事务等各项工作不断取得新进步。

全力优服务、增效能，自身建设切实加强。坚决服从区委领导，认真执行人大各项决议、决定，主动接受人大、政协和人民群众监督，积极加强与人大代表、政协委员的沟通联系，共办结人大代表建议和政协委员提案708件，见面率、办结率、满意率均为100%。认真处理市长热线和区长信箱中的群众咨询、建议和投诉共计1.2万件，办结率为100%。严格落实公众参与、专家论证、集体讨论决定等重大决策程序制度，各项决策更加民主科学。编制政府部门责任清单、权力清单和收费清单，并向社会公示，行政行为更加公开透明。完善绩效考核办法，强化督查督办，政府工作效能不断提升。扎实开展党的群众路线教育实践活动、"三严三实"专题教育和"两学一做"学习教育，坚持每月群众工作日制度，服务水平明显提升。加强行政监察和审计监督，深入开展"小官贪腐"、纠"四风"治陋习、"雁过拔毛"式腐败整治。坚持用制度管人管事管财，把权力关进制度的笼子，干部的规矩意识不断增强，风清气正干事氛围更加浓厚。

各位代表，取得的成就令人振奋，积累的经验弥足珍贵，需要我们在今后的工作中牢牢把握和坚持：一是要有着眼长远，重打基础的责任担当。不谋长远者，不足谋一时；不谋全局者，不足谋一域。这些年，我们克服"短跑思维"，牢记履职承诺，瞄准既定的发展目标，潜心打基础，静心谋长远，沉下身子建路网、强园区、兴产业、惠民生，以久久为功、驰而不息的战略定力，以"功成不必在我、建功必须有我"的责任担当，一张蓝图干到底，一任接着一任干，筑牢了发展之基，推动了荷塘巨变。二是要有聚力项目，服务企业的自觉行动。项目是发展的引擎，企业是发展的支撑。我们始终把项目作为发展的关键抓手，把企业作为发展的核心主体，不断创新项目推进机制，着力搭建企业服务平台，把扶持政策、要素保障、精准服务向项目集中、向企业汇聚，使聚力项目、服务企业成为全区上下的一致共识、自觉行动，为项目落地、企业壮大提供了更加适宜的土壤，更加滋润的雨露，更加灿烂的阳光。三是要有民生优先，成果共享的为民情怀。行程万里，不忘初心。这些年，我们始终坚持民之所望、政之所向，始终把持续改善民生装在心里，千方百计保基本、补短板、兜底线，竭尽所能办实事、做好事、解难事，一项项惠民政策接连出台，一笔笔民生支出相继落地，以真真切切的惠民利民情怀，赢得了群众的信任与支持，最大限度地凝聚了民心，集中了民智，激发了民力。四是要有马上就办，真抓实干的务实作风。实干才能梦想成真。这些年，面对艰巨繁重的发展任务，全区上下不犹豫、不推诿、不懈怠，以只争朝夕的紧迫感，雷厉风行的快节奏，从群众最期盼的领域着眼，从发展最紧迫的环节发力，在基础建设、产业发展、征地拆迁、企业帮扶等重点工作中，干出了“株洲速度”，创造了“荷塘模式”，使马上就办、真抓实干成为荷塘大地的一种导向、一种常态、一种追求。五是要有依法行政，勇于创新的履职能力。在区委的统一领导下，在人大、政协和社会各界的监督支持下，我们坚持以法定程序规范政府工作，用法治思维破解发展难题，依法行政、依法决策、依法管理的能力不断提升。同时，我们勇于向改革要动力，向创新要活力，以壮士断腕、自我革命的勇气，蹄疾步稳地推进“一门式”政务服务、用人用工制度、财政资金使用监管等各项改革，破除了体制障碍，激发了社会活力。

各位代表，数年凝心聚力，善做善成，谱写富民强区新篇章；数年攻坚破难，苦干实干，开启跨越发展新征程。成绩的取得来之不易，这是区委统揽全局、科学决策的结果，是区人大、区政协大力支持、有效监督的结果，饱含了各位代表、各位委员的智慧和力量，凝聚了全区人民的心血和汗水。在此，我代表区人民政府，向关心支持政府工作的各位代表、各位委员，向为全区经济社会发展作出贡献的各界人士，向给予我们真诚理解和鼎力支持的全体老干部，表示衷心的感谢和崇高的敬意！

总结成绩的同时，我们也清醒地看到，全区经济社会发展还存在着一定的困难和问题。主要表现为：一是经济总量偏小，产业发展面临做大总量与调优结构的双重压力；二是基础设施和城乡功能配套还不够健全，仍需不断完善；三是政府自身建设还需加强，服务能力与群众需求还有一定差距；四是社会风险防控和处置能力还需进一步提升，等等。对此，我们一定要高度重视，认真研究，采取有力措施，切实加以解决。

## 乘势而上，奋力开创新局面

未来五年，是我区稳增长、调结构、促改革的攻坚期，也是建设实力荷塘、活力荷塘、宜居荷塘的关键期。当前，世界经济处于深度调整期，国内经济企稳回升的基础尚不稳固，需要克服的困难还有很多。在增强忧患意识、强化底线思维的同时，也要看到我国经济长期向好的基本面没有改变，“一带一路”、长江经济带等国家战略深入实施，供给侧结构性改革逐步发力，湖南“一带一部”的区域定位和“五大基地”的科学布局，以及株洲作为国家自主创新示范区、国家新型城镇化综合试点城市、国家“两型”社会建设综合配套改革试验区等一系列政策的叠加效应，为我们提供了难得的发展机遇。特别是我区“五大片区”的全域规划，医学健康、复合新材料、轨道交通配套三大主导产业的精准定位，“六站合一”综合交通枢纽的加速推进，多年来基础建设蓄积力量的逐步释放，为我区产业升级、片区开发、项目建设、民生改善和改革创新注入了强大的发展推力。只要我们凝聚敢于担当、真抓实干的正能量，弘扬舍我其谁、谁与争锋的精气神，顺势而为，乘势而上，就一定能释放新动能，构筑新优势，实现新跨越。

今后五年政府工作的指导思想是：高举中国特色社会主义伟大旗帜，深入贯彻党的十八大以来的各项方针政策和习近平总书记系列重要讲话精神，牢固树立“五大发展理念”，以区第五次党代会精神为引领，以打造现代服务型政府为抓手，紧扣医学健康、复合新材料、轨道交通配套三大主导产业定位，始终坚持改革推动、项目带动、片区联动，着力聚焦产业升级、城乡协调、民生改善，全力推进“五大片区”开发，努力建设实力荷塘、活力荷塘、宜居荷塘，在加快推进基本现代化进程中走在全省前列。

未来五年的奋斗目标是：到 2021 年，地区生产总值达到 330 亿元，年均增长 8%；固定资产投资达到 320 亿元，年均增长 11%；社会消费品零售总额达到 100 亿元，年均增长 11%；公共财政收入、城乡居民可支配收入力争翻一番，年均增长 9% 和 10% 以上；万元生产总值能耗年均下降 3% 以上。实现医学健康、复合新材料、轨道交通配套三大产业主导地位显著提升，现代服务业规模和层次显著提升，城市品质、公共服务和社会保障水平显著提升，改革创新能力、企业内生动力和全民创业活力显著提升，2020 年实现“十三五”规划目标任务，2021 年完成基本现代化的阶段性任务。

要实现上述目标，必须突出抓好四个方面的工作：

**（一）突出片区带动，构建布局更加协调的宜居城乡。**按照“全域规划、片区带动、产城融合、分步实施”的思路，继续完善“五纵七横”骨干路网，大力推进“五大片区”开发，打造主体功能鲜明、区域错位联动、资源配置优化、整体效能提升的区域一体化发展格局。

*建设中央商务区，打造城市新地标。*突出区域功能、新兴业态和地标特色，进行高标准、前瞻性规划设计。立足核心区重点，以铁东路为轴，加强项目策划包装，吸引高端卖场、总部经济、商务酒店入驻，积极培育商贸、文化、餐饮、娱乐等消费性服务业，带动周边提质发展。协调株硬集团本部“退二进三”，启动新塘西路南片区等棚户区改造，加快601 钻石商务区、南岳岭上月塘片区商住综合体、红旗广场西南片商务综合体、西园电商创业中心建设，打造特色商业街和主体商业街，丰富商业形式，把中央商务区打造成经济活跃、商贸繁荣的核心增长极。完成长株潭城际铁路株洲站、铁东路和新塘西路建设，积极对接株洲有轨电车、城市地铁建设，完善多功能、多形态的综合交通体系，支撑中央商务区高效运转。

*建设水竹湖科教新区，打造宜居新优势。*发挥比较优势，把功能向科技创新、生态涵养、和谐宜居聚焦。积极对接国投、教投、湘江、城发、地产等市级平台公司，推进水竹湖片区高端房地产项目开发，加快芙蓉路片区棚户区、北环城中村、职教城城中村、新塘路地块城中村改造。建成美的荷塘小学、湘江荷塘小学总校，加快升龙路、芙蓉路、新塘路四期、北环路、桂花路延伸段等公共配套服务设施建设，力推湖南汽车工程职业学院、市工业学校、市幼师学校尽快建成，着力打造以职业教育、创业孵化、现代商务、高端住宅为核心的科教新区。

*建设太阳商贸集聚区，打造产业新亮点。*致力于商贸产业转型升级，加快引进战略投资商，推进老城区市场外迁提质。力推湘运中心汽车站搬迁，以建材家居、汽车商贸为主导，大力发展现代商贸、现代物流、专业市场等业态，构建辐射全市的生态型现代商贸集聚区。抓住莲易高等级公路城市化改造的机遇，加快枫丹路、建宁港路等道路建设，建成太阳片区学校和建宁港湿地公园，不断完善片区

公共配套服务设施。积极对接地产、交发等市级平台公司，完成太阳村城中村改造，推动恒大地产等项目快速启动，加快推动太阳片区土地开发高端生态地产项目建设。

建设金山新城产城示范区，打造发展新引擎。加快医学健康、复合新材料、轨道交通配套三大产业集聚，强化产业支撑。完善金山新城城市配套功能，建成园区内山园西路、金泉路、金精路、罗湾路等8条道路，构建金山新城“四纵四横”小环网；建成金荷大道、金塘大道、金桥路等8条园区主干道，打通金龙路与云龙大道连接，完善金山新城“四纵四横”大环网；全力建好日月湖生态公园，加快日月湖核心商住片区建设，尽快建成金山新城学校和中美医院，引导金融机构、大型商场、高档酒店和商务楼宇布局其中，打造华中地区生态环境最美、产城融合最佳、综合配套最全的“产城一体”新城。

建设荷塘月色康养休闲区，打造“两型”新标杆。充分整合沪昆高速以北地区自然和人文资源，着力建设集乡村度假、生态观光、康检疗养、农业休闲和文化体验于一体的城郊休闲旅游基地。突出抓好荷塘月色景区建设，加速推进孝文化园、流芳公园扩园建馆工程建设，发展壮大一批蔬菜、瓜果、苗木等观光体验式种养基地，建成一批文化旅游景点和生态农业景观带。围绕“荷文化”“忠孝”文化品牌，大力策划和兴办节会旅游，包装一批“农业休闲＋文化旅游”精品旅游线路，创树具有荷塘特色的旅游品牌。进一步加强对绿心地区的管控、治理和建设，通过生态项目建设提升绿心生态价值，加大仙庾岭风景名胜区、婆仙岭省级森林公园资源保护力度，逐步提高森林覆盖率和城区绿化覆盖率，打造长株潭地区独具湘东文化特色的城乡统筹样板区、生态文明示范区、乡村旅游文化区、低碳经济先导区。

**（二）突出园区提质，打造实力更加雄厚的产业集群。**紧抓株洲打造“中国·动力谷”的发展机遇，坚持把园区作为产业发展的主阵地，把项目作为园区提质的主引擎，构建规模集聚、活力迸发、实力雄厚的现代产业体系。

做大做强主导产业，增创发展优势。认真贯彻落实全市加快工业发展“1093行动”和推动园区升级战略，进一步完善医学健康、复合新材料、轨道交通配套三大主导产业发展规划，加快三大产业基地建设。在金山新城沪昆高速沿线，以千金湘江药业为龙头，大力发展生物医药、医疗器械、健康养老产业，打造医学健康产业基地。在金山工业园一期和金龙路沿线，依托省级复合新材料特色产业园，加快建成复合新材料产业研发、检测、中试平台及孵化中心；积极对接株硬集团本部搬迁，争取中钨高新等企业总部落户，推动现有中小新材料企业聚集发展，壮大复合新材料产业基地。在金山新城东南部及金乐路沿线，积极对接中车集团及其延伸与配套产业，做大时代电气工程检测等特种车生产产能；大力推进空间模块集成建筑产业，打造株洲市住宅新材料产业园，做强轨道交通配套产业基地。同时，依托荷塘工业集中区，发展现代物流、技术研发、工业设计、信息咨询、商务外包等生产性服务业，力争引进先进焊接与连接国家重点实验室、株洲国联捷物流有限公司，加快建成株洲市农副产品批发交易物流中心，做大生产性服务业规模总量。围绕辖区内生态和文化资源优势，发展旅游、文化、体育、健康、养老“五大幸福产业”，促进生活性服务业快速发展。

大力实施精准招商，激发发展动能。注重“十三五”规划成果运用，紧盯国家战略布局、重大政策和投资导向，结合我区优势和潜力，精心策划包装一批重点项目，加快推进前期工作，健全招商项目储备库。精准对接长三角、珠三角、京津冀等重点区域，利用节会招商、要素招商、产业链招商，着力引进一批产品有市场、企业有利润、员工有收入、政府有税收的市场主体。以三大主导产业为主攻方向，紧密跟踪重点企业的孵化项目，争取中车、五矿等央企更多的项目落户荷塘。力争引进投资5亿元以上、税收2000万元以上企业10家，投资过亿元、税收1000万以上企业20家。依托标准厂房招商，灵活采用“买、租、减、免”方式，引进符合园区产业发展方向、具有良好发展前景的中小微企业，确保标厂招商完成100家以上。

不断强化机制保障，汇聚发展合力。健全项目推进机制，完善“县级领导联点包片，项目办牵头抓总、责任单位合力攻坚”的工作体系。发挥项目办统筹、协调、督查职能，坚持“周调度、月交办、季通报”的工作机制，加强与市级平台公司和市直部门的对接，统筹协调各职能部门、业主单位同步推进项目建设的各个环节，及时协调解决项目建设中遇到的矛盾问题，确保项目快落地、快开工、快投产、快见效。强化项目用地保障，加强重点项目建设用地协调服务，充分运用调规政策保障用地需求。加快推进用地报批工作，倒排时间表，逐件进行跟踪、催办、督办。优化指标统筹分配机制，重点保障基础设施建设和产业布局用地。坚持依法征拆、阳光征拆，健全“统一指挥、分线分块、部门配合”的工作机制，细化控违、腾房、交地等环节考核，以精准考评促进工作落实，力促项目无障碍快速推进。

**（三）突出改革创新，建立运行更加高效的体制机制。**大力弘扬敢闯敢试、先行先试的创新精神，培养开放、包容、公平、诚信的创业环境，为经济社会发展注入新动力，释放新活力。

深化行政管理体制改革。大力推进政务服务和企业服务改革，完善自然人和企业法人服务体系。深化市场配置要素改革，实行统一的市场准入和监管制度，建立公平、开放、透明的市场规则。全面实施综合执法改革，加快执法重心和执法力量下移，提高依法行政水平。继续推进商事制度改革，落实税费减免、信贷支持等大众创业扶持政策，鼓励个体经营户转型为企业、小微企业升级为规模企业。创新用人用工机制，制定实施人才引进计划，着力引进一批“高精尖缺”人才。

深化投融资体系改革。以项目为主体，拓宽投资项目资金来源，充分发挥企业自身的资信能力，着力打造政策性贷款、债券发行和商业贷款相结合的融资新模式。加大与社会资本的合作力度，通过PPP模式和政府购买服务等方式引导推动社会资本参与城市建设。建立健全投资项目“三个清单”动态管理机制，并及时向社会公布。对政府债务进行科学管理，控制债务规模，合理合规举借债务，有效防范地方系统性风险。

统筹推进其他各项改革。深化财税体制改革，建立全面公开透明的财政预算管理制度，建立事权和支出责任相适应的管理体系。稳步推进公务用车制度改革，全面完成公车改革任务。大力推进科技创新，完善激励和成果转化机制，扶持一批工程（技术）研究中心、企业技术中心和重点实验室，加强知识产权保护。深入推进农村产权制度改革，积极探索农村集体资产股份合作制改革，发展多种形式适度规模经营。着力推进节能减排和治污市场化改革，建立完善资源环境承载能力监管预警机制。

**（四）突出民生改善，共建共享更高水平的全面小康。**以保障和改善民生为出发点和落脚点，从最基础、最现实、最紧迫的事项抓起，注重机会均等，完善保障体系，促进共享发展。

完善社会保障体系。全面落实创业、就业扶持政策，建好金山科技工业园创业（孵化）基地、仙庾生态旅游创业基地等一批就业创业平台，不断扩大就业渠道，着力做好高校毕业生、退役军人、残疾人等重点人群职业教育和再就业技能培训，促进多种形式就业。力争“十三五”期间，年均新增就业

8000人以上。健全城乡社会保障体系，进一步扩大社会保障覆盖面，养老保险、医疗保险覆盖率达到95%。整合城镇居民基本医疗保险制度与新型农村合作医疗制度，建立统一的城乡居民基本医疗体系。切实抓好城市棚户区和农村危房改造，建立多层次住房保障体系。加强低保对象的动态管理，做到应保尽保。着力建设以居家为基础、社区为依托、机构为补充的多层次养老服务体系。积极发展红十字、慈善和社会福利事业，广泛开展扶贫帮困、助学、医疗救助等社会救助活动，拓展社会救助范围。

均衡社会事业发展。加大中、小学新建和改扩建力度，进一步优化学校布局，鼓励社会力量兴办教育，有效化解“大班额”问题。强化教育人才队伍建设和教育品牌特色创建，全力建成教育强区。进一步深化医药卫生体制改革，提升公共卫生服务均等化水平。推进镇医院、社区卫生服务中心和村卫生室规范化建设，落实分级诊疗制度，提高基本医疗服务水平。坚持计划生育基本国策不动摇，着力提高人口素质。以创建国家公共文化服务体系示范区为抓手，建立区、镇（街道）、村（社区）三级公共文化服务体系，建成区文化体育活动中心，推进群众性文化体育活动蓬勃开展，努力实现文化繁荣。实施旧城提质行动，主动对接“三供一业”分离移交，加大小街小巷提质、老旧小区改扩翻新力度。合理布局小游园、绿化景观和生态廊道，让市民开窗透绿、出门见景。强化现代城市管理理念，推进数字化城管扩容升级，健全责权明晰、运行有序的三级城市网格化管理体系。落实湘江保护与治理各项任务，切实保障水生态环境安全，实行最严格的环境保护制度，严守环境质量底线、生态保护红线、资源消耗上限，形成人与自然和谐发展的新格局。

维护社会和谐稳定。深入推进社会治理创新和社会矛盾化解，坚持以群众工作统揽信访工作，切实构建三级信访维稳体系。落实“七五”普法工作，注重运用法治思维和法治方式化解矛盾、维护稳定，健全人民调解、行政调解、司法调解三位一体工作体系，努力从源头上减少信访问题。扎实推进“平安荷塘”建设，完善立体化社会治安防控体系和应急管理体系，加快建设覆盖重点区域的全时空视频监控网络，切实增强预防和处置突发公共事件能力。不断完善安全生产综合监管体系，严格落实安全生产党政同责、一岗双责、失职追责，加大消防隐患和交通秩序整治力度，做好食品安全监管工作。同时，统筹推进国防动员、民兵预备役及双拥共建等工作。

## 全面加强自身建设，打造现代服务型政府

各位代表，面对工作新起点、发展新任务、人民新期待，我们将牢固树立“把方便带给群众，把高效留给政府”的理念，全力提升服务效能，把“一门式”政务服务、“一中心、八平台”企业服务、“自治家园”社区服务作为构建服务型政府的三个支点，努力打造让人民满意的现代服务型政府。

全面优化“一门式”政务服务平台。按照“一号、一窗、一网”的建设目标，完善“全区域、全流程、全业务、全数据”的一门式政务服务体系，实现传统政务服务向“互联网＋政务服务”转型。着力提升“一窗办理”服务体系，完成政务服务数据共享交换平台搭建工作，建立办事群众个人网络档案，实现办事材料“一次提交，反复使用”。将服务系统延伸覆盖至仙庾镇和荷塘月色示范区，完成区本级自然人审批服务事项的梳理和流程再造，实现全区所有区域、所有自然人审批服务事项统一纳入“一门式”政务服务平台。努力建成“一网通办”服务体系，实现审批服务事项全流程网上办理，群众办事即时办结率大幅提升；不断升级“智慧荷塘”手机终端应用程序（APP），充分连接“一网通办”政务服务体系，

实现手机终端咨询、预约和办理更多事项，让全区群众“手机在手，办事不愁”。

努力构建企业公共服务平台。按照“为企业着想、替企业解忧、帮企业成长”的职能定位，以企业服务中心建设为抓手，以荷塘区企业公共服务平台为支撑，着力构建行政审批代理、中介咨询、企业融资、政策项目申报、中小微企业孵化、企业信息化建设、企业人才支撑和企业家协会等八大服务体系。通过荷塘区企业公共服务平台系统“集中收集、统一推送、公开时限、跟踪督查”等功能，采取政府购买服务、有偿奖补支持和第三方收费服务监管相结合的方式，整合公共行政服务资源和社会中介服务资源，建立电子政务信息交互平台，完善企业服务专员制度，努力实现项目代理全程到位、反馈问题处理及时、政策信息企业共享，促进服务供需有效对接，为辖区企业发展提供“一站式”精准服务，创树全省服务企业的标杆。

着力提升“自治家园”社区公共服务平台。坚持“管理、服务、共享”的理念，全面优化“自治家园”系统，不断提升人民群众的获得感。升级数据采集手段，加强“自治家园”系统和“一门式”政务服务系统互联互通，建立科学、高效、联动的信息数据共享制度，建成更加全面、准确、安全的民生大数据库。把符合数据分析标准、群众迫切需求和人大代表、政协委员高度关注的项目纳入民生项目库，确保项目科学谋划、精准发力。采取政策引导、项目化运作以及政府购买服务等形式，鼓励社会力量参与社区公共服务，大力推进民生项目建设实施。建立项目反馈互动机制，成立民生项目评价专责小组，对项目筛选、实施、效果进行全程监控，不断提升项目实施精准度、透明度、操作度，努力构建政府公共服务、志愿互助服务和社会有偿服务相结合的社会公共服务平台。

各位代表，人民满意是政府工作的最大追求，能力和作风是做好工作的重要保障。政府班子将带头践行“三严三实”，深入开展“两学一做”学习教育，严格执行改进工作作风、密切联系群众各项规定，按照区委提出的建设“三型”班子、恪守“三正”品格的要求，全面加强自身建设。始终坚持依法行政，运用法治思维和法治方式深化改革、推动发展、化解矛盾，严格按照法定权限和程序行使权力，履行职责，做到法定职责必须为、法无授权不可为、依法依规不乱为。健全行政权力运行制约和监督体系，认真执行区委各项决策部署，主动接受人大法律监督、工作监督和政协民主监督，自觉接受社会监督和舆论监督，认真办理人大代表建议和政协委员提案。深化政府信息公开，加大电子政务建设力度，扩大政务公开渠道和范围，让权力在阳光下运行。始终把纪律和规矩挺在前面，认真贯彻执行《中国共产党廉洁自律准则》和《中国共产党纪律处分条例》，严格落实“一岗双责”，正确运用监督执纪“四种形态”，深入推进政府系统反腐倡廉工作。加强行政监察和审计监督，强化对重点领域、关键环节、重要岗位权力运行的监督制约，推进公共资金、国有资产、国有资源、领导干部经济责任履行情况等领域的审计监督全覆盖，营造山清水秀的政治生态，树立为民务实清廉的良好形象。

各位代表，新的征程已经开启，新的目标催人奋进。让我们在市委、市政府和区委的坚强领导下，在区人大、区政协的监督支持下，紧紧团结和依靠全区人民，夙夜在公，勤勉奋进，用激情绘就蓝图，用实干成就梦想，为全面建设实力荷塘、活力荷塘、宜居荷塘而努力奋斗！

部分名词解释：

1. 五大发展理念：创新、协调、绿色、开放、共享。

2. 一带一部：湖南省的区域定位是东部沿海

地区和中西部地区过渡带、长江开放经济带和沿海开放经济带结合部。

3. 五大基地：湖南省第十一次党代会提出，打造以长株潭国家自主创新示范区为核心的科技创新基地、以中国智能制造示范引领区为目标的现代制造业基地、以精细农业为特色的优质农副产业供应基地、以影视出版为重点的文化创意基地、以“锦绣潇湘”为品牌的全域旅游基地。

4. 1093 行动：株洲市第十二次党代会提出，要发展轨道交通、新材料等十大重点产业；实施完善中小企业服务体系等九大专项行动；打造轨道交通等三大标志性动力产业基地。

5. 六站合一：依托长株潭城铁株洲站，打造集国铁、城铁、地铁、长途客运、公交、出租车等“六站合一”的综合交通枢纽。

6. 五纵七横：“五纵”即升龙路、新塘路、新华路、东环北路、金塘路；“七横”即铁东路、红旗路、向阳路、北环路、金桥路、金龙路、金瑞路。

7. 三大产业基地：医学健康产业基地、复合新材料产业基地、轨道交通配套产业基地。

8. 三型、三正：学习型、实干型、健康型；正气、正派、公正。

# 凝心聚力　和衷共济
# 为助推“三个荷塘”建设谱写新篇章

## 在政协株洲市荷塘区第五届委员会第一次全体会议上的报告

2016年11月28日

### 过去四年工作回顾

政协株洲市荷塘区第四届委员会履职的四年，是全区全面完成“十二五”规划、开启“十三五”新征程，经济快速健康发展、综合实力明显增强、城乡面貌发生巨大变化的四年，也是区政协与时俱进、开拓创新、履职尽责、硕果累累的四年。在中共荷塘区委的正确领导下，在区人大、区政府及社会各界的大力支持与配合下，区政协常委会牢牢把握团结和民主两大主题，广泛动员和积极组织政协各组成单位及全体政协委员，以“忠诚履职、奉献荷塘”为工作主题，按照“维护核心、服务中心、凝聚人心、加强自身建设”的工作思路，围绕发展履行职能，关注民生促进和谐，发挥优势汇集力量，为推动全区经济平稳快速发展、促进社会和谐稳定作出了新的贡献。

#### （一）围绕中心，政治协商渠道通畅

我们坚持将政治协商纳入区委、区政府中心工作，融于全区经济社会发展大局，努力实现党政重视支持与政协积极主动的有机统一。

协商机制不断健全。认真落实《中共湖南省委政治协商规程（试行）》要求，区委对政治协商工作高度重视，区委办公室下发了《关于建立区政协各专门委员会与区直党政部门对口联系协商制度的通知》，理顺了协商关系，明确了协商内容，做好了政治协商的顶层设计工作。严格遵循政治协商“三在前”、“三在先”原则，区政协领导和政协委员列席区委、区政府重要会议，全程参与重大决策、重点举措出台过程，开展积极有效的协商，切实把政治协商纳入区委、区政府的决策程序。

协商方式丰富多样。四年来，我们始终着眼于全区发展的重要议题和中心工作，就产业结构调整、第三产业发展、融资平台建设、发展中小企业等议题举行了重点协商；就促进经济发展方式转变、推动区域经济协调发展、推动城乡一体化进程等热点问题开展了专题协商；就招商引资工作、老旧小区改造、完美社区建设、城区路网改善、社区卫生公共服务等问题进行了对口协商。协商中提出的建议和意见得到了区委、区政府的重视采纳。在每年的政协全会上，对区政府工作报告、财政和计划报告、“两院”报告等重大事项进行全面协商；每年区委书记调研指导政协工作，每半年区政府主要领导在政协常委会上通报全区经济社会发展情况，并认真听取政协常委的意见建议，进一步开创了相互支持、相互理解、相互促进的良好局面。

协商载体持续创新。我们将创新工作载体作为提升履行政治协商职能的重要手段。将政治协商工作拓展至重点提案办理等其他领域，组织重点提案办理专题协商座谈会，与政府承办单位间开展真诚协商，进一步明确办理时限、程序和要求，提案办理

质量得到大幅提升。借鉴全国政协“双周协商”、市政协“双月协商”经验，依托各专门委员会，开展了“季度协商”，选取年度重点工作和群众普遍关心的热点难点问题等与区直各有关部门开展有主题的协商，提出协商意见，助推了相关工作的落实。

**（二）创新机制，民主监督扎实有力**

我们将委派民主监督员、开展视察评议作为履行民主监督职能的重要抓手，实现了民主监督的组织化、实效化、经常化。

*委派监督组织化。*坚持向窗口单位、执法部门委派民主监督员，实现民主监督工作由“聘”改“派”，由被动向主动转变，由分散向集中转变，提升了民主监督工作的组织化水平。及时总结提炼委派民主监督员工作的有效经验，推行“三加强、三结合、三个一”的工作方法，得到了市政协的充分肯定。民主监督小组就规范我区学前教育发展、完善卫生服务中心职能、加强农民工的技能培训和创业培训等提出了40余份民主监督建议书，引起了受派单位的高度重视，所提建议大部分已答复办理，部分正在落实。民主监督工作与重点提案办理有机结合是又一创新举措，区政协主席会议成员带领民主监督小组，加大力度开展重点提案督办，充分发挥了民主监督小组的集体优势。

*视察监督实效化。*先后组织了主席会议成员、常委会成员和部分委员对我区社区卫生服务中心建设、融资平台建设、财源建设、棚户区改造、民生实事工程、农村土地确权登记、十大产业项目和十大基础工程建设等进行了视察评议，形成了19份视察评议报告报送区委、区政府相关领导，提出了行之有效的参考意见与建议，并体现在区委、区政府的重要决策中。

*特约监督经常化。*全区共有78名区政协委员受邀担任行风、政风评议员、形象监督员、特约陪审员等，参加市、区各类监督检查和行风评议活动300多人次，及时反映群众意见和呼声，认真履行民主监督职能，把监督的触角延伸到社会的方方面面，对于优化经济发展环境、加强干部作风建设、政风行风改进等起到了积极作用。

**（三）注重实效，参政议政广泛深入**

我们通过扎实开展“五个一”活动，进一步拓宽了参政议政渠道，为区委、区政府科学决策发挥了重要的参谋助手作用。

*提案办理成绩斐然。*我们率先在9个县市区政协中开通了网络提案工作系统，所有提案全部实行网上提交、网上答复、网上反馈。在提案征集上实行“三审制”，即委组初审、提案委员会复审、主席会议审核，由单纯追求数量向追求质量转变。在提案办理上做到“三见面”，即办前见面、办中见面、办后见面，力求程序规范，办理到位。四年来，共立案交办提案340件，办复率、见面率、满意率均达100%。评选表彰优秀提案48件，优秀承办单位19个，提案质量导向更明确，办理实效更明显。

*调查研究成果丰硕。*发挥政协人才汇集的优势，就优化经济发展环境、服饰产业发展、建设完美社区、做大做强房地产业、发展健康养老产业等重点课题，精心组织调研，广泛征求意见，形成了较有份量的调研报告，向区委、区政府提交了常委会议建议案4份，主席会议建议3份，引起了区委、区政府的高度重视。配合市政协调研组就老旧小区物业管理、五保户分散供养、工业园区建设等课题开展调研，结合我区区情提出意见建议，力求上升到市级决策层面，以利于我区的发展。另外，每年每个界别小组都开展至少一个专题调研，60多篇调研成果以信息参阅、建议等形式报送区委、区政府领导，得到了批办落实。

*建言献策成效显著。*我们将每年全会的大会发言作为参政议政的重要形式抓好抓实，有25位政协委员在政协全会上进行集中发言，内容涉及拓宽税

源、加强食品安全工作、实施品牌战略、建设完美乡村、发展学前教育多个热点难点问题，提出了不少富有操作性的建议对策。区政协还组织召开了“践行群众路线，建言创业升级”、“我为十三五规划建言献策”等专题献计献策座谈会等，通过各类渠道反映社情民意达325件，提出合理化建议203条，产生了良好的经济效益和社会效益。

**(四) 紧扣主题，服务社会卓有成效**

我们紧扣团结和民主两大主题，充分发挥了政协委员和政协组织紧密联系各界群众、服务社会各个层次的作用，在投身社会事业中作出了积极贡献。

服务基层群众。大力开展为民“办实事、解难事、做好事”委员联系群众走访活动，区政协主席会议成员带领政协委员积极捐资助学、扶贫济困、志愿服务等社会公益活动。四年来，委员下基层走访600多人次，反映问题257个，解决困难78项，慰问困难户325户，送去慰问金60余万元。按照市政协统一安排部署，扎实开展“助力扶贫攻坚，全面建成小康社会”活动和政协委员“三个一”扶贫行动，选派机关干部到扶贫帮扶点驻村办公，区政协委员与贫困户结成对子95户。

烘托文化氛围。举办了以“颂党恩、爱荷塘、咏政协”为主题的书画摄影大赛，收到各类作品57幅，发现挖掘了区内书画、篆刻、摄影的专业人才；完成了荷塘文史第四辑《荷塘溯源》的编印工作，共收录相关史料5万余字，图片74幅，起到了“存史、资政、育人”的作用；完成了《与时俱进铸辉煌——庆祝荷塘区人民政协成立三十周年》纪念册的编纂工作，征集到各类图片400多幅，文字资料12万多字，充分展示了荷塘区政协三十年履职历程与成果。

参与中心工作。区政协主席会议成员牵头联系逸都花园、千金湘江药业、北环线等多个重点项目，为项目顺利推进倾注了心血；全体机关干部积极参与南岳岭、上月塘棚改征收和园区项目征地拆迁工作，为推动全区重点项目建设献计出力；区政协还承担了振兴荷塘区服饰产业的相关工作，引导服饰加工企业通过“个改企”、“小升规”，走规范化发展的道路；踊跃参与迎接国家卫生城市复审和全国文明城市“三项测评”等中心工作，做出了积极的贡献。

**(五) 夯实基础，自身建设规范高效**

努力加强队伍建设、“三化”建设和作风建设，提高了政协履行职能的水平和成效。

队伍建设有力加强。本届政协增补了16名委员，补选了1名副主席、1名秘书长和1名常委，进一步充实了政协领导班子和政协委员队伍。坚持以学习为抓手，组织全体委员系统学习了中共十八大、十八届三中、四中、五中、六中全会精神及政协理论知识、业务知识，组织编撰的《金色荷塘铸辉煌》、《委员风采》、《逐梦路上》等书籍，为政协委员提供理论性和实践性履职范本。完善了政协委员退出机制，2名涉嫌犯罪的政协委员被暂停政协委员资格。设立委员接待室，开展“委员接待日”活动，广泛收集意见建议，切实保障了委员的权益。委员中涌现出了大批履职先进典型，先后有72名政协委员被评为优秀政协委员，10名政协委员被评为联系服务群众先进个人。

“三化”建设日趋完善。对制定下发的所有规章制度进行梳理、修订、完善，就党组议事规则、常委会工作规则、提案工作、委派民主监督员工作、委员管理考核、机关内部管理等方面进行详细规定，形成了涵盖议事制度、工作制度、机关管理制度等三大类共27项制度，使政协各项工作有章可循、有规可依、有序进行。坚持以规范管理为目标，对界别小组和委员履职实施量化考核作为评选先进工作组的依据，进一步理顺政协机关日常管理工作，提升了政协机关的管理、协调、服务能力，促进了政协履行职能的制度化、规范化、程序化。

作风建设不断深入。按照区委统一部署，深入开展群众路线教育实践活动、“三严三实”和“两学一做”学习教育，党员干部经受了深刻的党性教育和党性锻炼，遵规守纪的自觉性得到增强，干事创业的热情得到提高。认真落实党风廉政建设责任制，将党风廉政建设纳入年度目标管理，定期组织班子成员和机关工作人员开展党风廉政知识学习教育，坚持廉洁从政，贯彻落实廉政准则、条例和反对“四风”加强作风建设等规定，形成有效监督，预防了各种不正之风的发生，始终保持了领导班子集体清正廉洁的良好形象。

各位委员、各位同志，政协株洲市荷塘区第四届委员会的工作取得了一定的成绩，这是区委正确领导的结果，是区人大、区政府和各方面大力支持的结果，是全体政协委员共同努力的结果。在此，我谨代表政协株洲市荷塘区第四届委员会常务委员会向关心支持政协工作的单位和个人表示衷心的感谢和崇高的敬意！

四年来的工作实践，我们深刻体会到：

坚持党的领导，是做好政协工作的根本保证。区委一贯重视和支持政协工作，充分体现在确保政协在全局中有地位，支持政协履行职能有作为，务求政协开展工作有保障，形成了党委重视、政府支持、政协主动、各方配合的良好局面。

坚持围绕中心服务大局，是政协履行职能的基本原则。区政协始终把工作的基本点放在推进党的中心任务的落实上，将区委、区政府的工作中心作为政协的工作中心，将区委、区政府一个时期的工作重点作为政协工作必须突出的重点，使政协履行职能的重大活动安排完全融入党政中心工作，从而更加有效地发挥了政协的优势和作用。

坚持团结和民主，是人民政协工作的永恒主题。团结和民主，是社会和谐稳定的基础，改革发展的力量源泉。团结增强凝聚力，民主增强认同感，两者互相依存，相互支撑。区政协坚持把团结民主贯穿于政协工作的全过程，团结一切可以团结的力量，调动一切积极因素，从而营造了团结民主、宽松和谐、奋发向上、聚力发展的良好氛围。

坚持政协委员的主体地位，是做好政协工作的关键所在。委员是政协工作的主体，也是政协的优势所在，政协职能的发挥主要通过政协委员的活动来体现。区政协注重提高委员素质、注重完善相关制度、注重开辟各种渠道，从而使委员的主体作用进一步发挥，参政议政实效更加明显。

坚持与时俱进、开拓创新，是政协工作保持勃勃生机的不竭动力。创新是民族进步的灵魂，是国家兴旺发达的动力，也是政协工作常做常新、不断前进的活力之源。区政协在履行职能中，致力于探索新的形式、寻求新的载体、推出新的举措、务求新的实效，从而使政协工作在创新中得到了发展和提升。

在回顾总结工作的同时，我们也清醒地看到，我们的工作中还存在一些不足，主要是：履行职能的形式还有待进一步创新，反映社情民意的工作力度还有待加大，委员所提建议、意见的跟踪反馈工作还有待进一步加强等。这些都有待在今后的工作中认真研究，加以改进。

## 今后五年工作的思路

今后五年是我区协调推进“四个全面”战略布局，全面完成“十三五”美好蓝图的黄金时期，也是我们政协事业继往开来、大有可为的历史机遇期。未来五年，我们要高举中国特色社会主义伟大旗帜，在中共荷塘区委的领导下，全面贯彻党的十八大、十八届三中、四中、五中、六中全会精神和习近平总书记系列重要讲话精神，牢牢把握团结民主两大主题，紧紧围绕区五次党代会确定的目标任务，认真履行政治协商、民主监督、参政议政职能，按照“懂政协、会协商、善议政”要求，切实发挥好协调关系、汇聚力量、建言献策、服务大局的重要作用，为建设实力荷塘、活力荷塘、宜居荷塘作出新的贡献。

重点做好以下几个方面的工作：

**(一) 紧扣中心工作，促进发展同向共行**

主动把政协工作放到全区工作大局中去谋划和推进，是区政协履行职能的重要原则。

*要在把握方向上下功夫。*要始终坚持区委对区政协工作的领导，始终坚持政协工作正确的政治方向。完善政协工作与党政工作有效的对接机制，使政协工作能始终服务于全区中心工作，找准关键重点，踏准步调节拍。引导广大人民群众把思想和行动统一到实现区五次党代会提出的各项目标任务上来，为全区深化各领域改革和经济社会发展凝聚共识、汇聚力量。要打造政协委员双创双优的履职品牌，实现履行政协职能与做好本职工作的双丰收。鼓励广大政协委员和政协机关干部积极投身于产业升级、城乡协调、民生改善等重点工作，在推进“三个荷塘”建设的主战场再立新功。

*要在增强能力上下功夫。*发扬人民政协良好的学习传统，在全区政协组织和广大政协委员中倡导终身学习、学以致用的理念，以学习促履职，以学习促发展，为实现新一届政协工作新起色新成就奠定坚实的基础。要按照“干什么学什么、缺什么补什么”的要求，通过举办各类理论学习会、业务培训会、政情通报会、协商座谈会等，作为推动自身学习、提高履职能力的重要途径，让政协组织和政协委员的智慧竞相迸发，为我区各项事业持续健康发展提供有力的智力支持。

*要在提升质量上下功夫。*探索建立联系社会组织、各类智库、专家学者开展调查研究的工作机制。紧紧围绕供给侧结构性改革、新型城镇化、美丽乡村建设等重大战略开展前瞻性课题研究，充分借力智库研究的高端、专业、独立优势，为政协履行职能、推进协商民主提供咨询、论证等智力服务。要紧扣中心、精选课题，更要深入调研、广泛求证，增强调查研究的针对性、实效性和客观性。要通过高质量的协商议政、高标准的监督评议、高水准的参政建言，进一步提升发展的质量。

**(二) 保持民生情怀，情系百姓同声共应**

关注民生，履职为民，是人民政协工作的重要内容和人民群众期待的现实需要。

*要广泛贴近民情。*牢固树立“人民政协为人民”的理念，深入研究和把握新形势下群众工作动态，建立健全服务群众、联系群众的各项制度，深入开展以“联系群众、履职为民”为主题的走访活动，发挥慈善公益组织、义工团体和社会爱心人士的积极作用，开展扶贫、助学、助老、助残等公益事业，切实提高政协组织服务群众的水平。

*要切实维护民利。*顺应人民群众追求更加幸福生活的期待，围绕事关民生的环境、教育、医疗、交通、社会保障、食品药品安全等问题，组织委员通过调研、视察、提案、反映社情民意等形式，开展民主监督，积极建言献策，协助区委、区政府做好保障和改善民生的各项工作，让全区人民生活得更加自信、更加幸福、更有获得感。

*要有效传递民意。*发挥政协基层组织的作用，建立委员工作室、委员接待日、委员进基层走访群众等制度，让委员做群众的知心人，真正掌握民情，为民代言；鼓励和规范委员开设议政微博、微信公共号、网络论坛等，通过网络的互动优势，广泛收集社情民意，进一步了解和反映各界群众的意愿和诉求，为科学民主决策积极参政设谋。

**(三) 提升履职能力，协商民主同频共振**

推进政协履职能力现代化建设，是适应推进国家治理体系和治理能力现代化的时代要求。

*要增进政治协商密度。*建立党政主要领导与政协委员协商互动制度，努力实现政治协商与党政工作的有效衔接，在交流互动中寻求最大公约数，增进

最大共识。推进基层协商民主建设，搭建委员深入界别和基层协商的沟通平台，由“面对面协商”向“点对点协商”拓展。

要增强民主监督实效。聚焦全区重大改革举措、重要政策贯彻执行情况和“十三五”时期重要经济社会发展指标的落实，以组织监督性强的视察调研活动为主，重视发挥委员提案、大会发言、视察调研、反映社情民意信息等民主监督手段作用，增强监督实效。完善委派民主监督员工作的组织领导、权益保障、知情反馈、沟通协调机制，提高监督工作制度化水平。

要创新参政议政方式。建立大会参政发言遴选制度，通过“优中选优”、“模拟预演”，提升大会发言的质量和委员参政议政的水平；建立开放式的提案办理工作格局，通过网络征集提案线索、网上晒委员提案、公开办理结果、接受群众监督，进一步推动提案成果转化，提高提案工作制度化、规范化、程序化、信息化水平，提升提案质量、审查质量、办理质量和服务质量；重视反映社情民意工作，通过建立特邀社情民意信息员工作队伍，拓宽信息来源渠道，优化办理反馈机制，使社情民意工作上升到与政协提案同等重要的位置。

**（四）强化自身建设，塑造形象同心共勉**

提升政协自身建设科学化水平，是人民政协履行职能、发挥作用的关键所在。

要进一步加强对委员管理服务。制定出台委员学习制度、出席会议活动制度、履职通报工作制度等，健全委员退出机制，强化履职硬约束。继续在委员中广泛开展“每年提一件提案、反映一条社情民意、提一条建议、参加一次调研或视察活动、为社会办一件实事好事”的“五个一”活动。要充分利用互联网和移动互联网作为经常性履职手段，开办好政协门户网站，完善升级网络提案系统，开发政协电子会务系统，建立委员数字管理化系统，提升政协履职的管理服务水平。

要进一步加强工作委员会和界别建设。努力创新工作方法，依托区政协各工作委员会和界别活动组，丰富界别活动形式，利用协商会议、调研视察、专题座谈、民主监督、提案办理等形式，为委员搭建履职平台。继续深入探索开展界别活动的内容和方式，加强与对口部门和各方面的交流与协作，切实发挥区政协各工作委员会的基础作用。

要进一步提升机关服务保障水平。推行机关绩效考核制度，按照“明确职责、制定计划、规范流程、加强考核、奖罚分明、鼓励创新”的思路，明确每个委办、每个岗位的工作职责、工作任务，建立量化的考核方案，将考核结果与干部提拔任用、评先评优挂钩。全面从严加强政协机关党的建设，进一步锤炼自觉修身律己、认真干事创业的思想作风和工作作风，为推动机关建设、服务人民政协履职提供坚强保证。

各位委员、同志们，政协株洲市荷塘区第四届委员会已经圆满完成了历史使命，事业的接力棒已经传递到我们手中。新一届政协将在中共荷塘区委的坚强领导下，振奋精神、团结一心、开拓创新、积极作为，为谱写我区人民政协事业发展新篇章，加快建设实力荷塘、活力荷塘、宜居荷塘做出新的更大贡献！

名词解释：

1.“三个荷塘”：实力荷塘、活力荷塘、宜居荷塘。

2.“三在前”、“三在先”：重大决策要协商在党委决策之前、人大通过之前、政府实施之前；制定经济和社会发展中长期规划要先协商后决策，对重要人事安排和关系人民群众切身利益的重大问题要先协商后决定，制定重要的地方规范性文件要先协商后通过。

3.“三加强、三结合、三个一”：即推行委派民主监督员工作时，要加强组织领导、队伍建设、制度建设；与区委、区政府中心工作相结合，与群众路线教育实践活动、“三严三实”、“两学一做”等相关主题教育活动相结合、与区政协重点工作相结合；每个季度召开一次民主监督小组组长会议，每组每季度不少于一次集体监督活动，每组每季度上报不少于一条有价值的民主监督建议。

4.“五个一”：即每年提一件提案、反映一条社情民意、提一条建议、参加一次调研或视察活动、为社会办一件实事好事。

5.“三个一”扶贫行动：即资助一名贫困家庭在校学生完 成学业、结对一个贫困家庭增加收入、帮助贫困家庭一名成员解决就业。

6. 文明城市“三项测评”：指“城市文明程度指数”、“未成年人思想道德建设”、“志愿服务”等三项工作。

7.“三化”：制度化、规范化、程序化。

8.“三严三实”：严以修身、严以用权、严以律己；又谋事要实、创业要实、做人要实。

9.“两学一做”：学习共产党党章党规、学习贯彻习近平总书记系列重要讲话精神、做合格党员。

10.“四风”：指形式主义、官僚主义、享乐主义和奢靡之风。

# 大　事　记

## 2016荷塘区大事记

**1月5日** 召开荷塘区党外代表人士座谈会。通报全区机构改革的有关情况，就荷塘区“十三五”规划基本内容进行汇报，并广泛听取与会人员的意见和建议。会议对优秀民主党派基层支部进行表彰，对2016年统战工作进行部署。

**1月10日** 召开荷塘区委五届三次全会暨区委经济工作会议。会议强调经济工作是党的中心工作，要准确把握区委在经济工作中的领导定位，要协调调动各方把工作重心放到经济工作上来，要为抓经济工作创造最优的干事氛围，要加强对经济工作的督查调度，要全面提高抓经济工作的本领。

**2月23日** 湖南省机构编制会议人员考察区政务服务中心。

**2月24－26日** 召开荷塘区四届人大第五次会议。区长邬凌云作政府工作报告。会议提出2016年总体要求和荷塘区“十三五”规划发展战略和目标任务。

**3月8日** 区委书记顾峰主持召开区委常委会议。原则同意增加村书记400元／月人、主任200元／月人的绩效考核奖金，增加39个村服务群众专项经费10000元／村／年。原则通过《荷塘区2016年项目攻坚年实施方案》等10个工作方案。

**3月11日** 召开荷塘区委理论中心组（扩大）学习会议。邀请上海一门式政务研发中心副主任薛晓春作“一门式”政务服务改革及在荷塘区应用的专题辅导。

**3月14日** 召开荷塘区党建工作推进会，就党员组织关系集中排查工作和集中整改月活动进行部署。

**3月15日** 省委老干部局纪检组长李龙到区调研。调研组一行参观601社区盛康居家养老服务中心和601老年大学，并与老干部代表开展座谈，征求对《关于进一步加强和改进离退休干部工作的意见》的意见和建议。

**3月15－17日** 区委副书记何恒仁、副区长李细平率区现代服务业招商小组赴河南、安徽考察河南天翔物流发展有限公司安阳国际物流港项目、安徽合肥维天运通信息科技股份有限公司的路歌物流电商平台项目。何恒仁诚挚邀请两家公司的负责人到荷塘区考察，争取项目能有实质性推进。

**3月22日** 区委组织部印发《荷塘区从镇（街道）事业编制人员、优秀村干部、大学生村干部中选配乡镇领导班子成员的工作方案》，决定从全区镇（街道）事业编制人员、优秀村干部、大学生村官“三类”人员中选配1人进仙庾镇领导班子。

**3月24日** 区委书记顾峰主持召开落实省委巡视组反馈意见整改情况汇报会，听取各牵头区领导、牵头责任单位关于整改任务落实和推进情况汇报，研究部署下阶段整改工作。

**3月25日** 株洲市清明祭英烈活动启动仪式筹备会在流芳园管理处举行。

**3月29日** 召开荷塘区2016年安全生产工作暨监管执法年动

员会，解读《荷塘区安全生产监管执法年活动方案》并安排下阶段工作，会议对2015年及四季度安全生产先进单位和先进个人进行表彰。

**3月31日** 中共中央政治局常委、国务院副总理张高丽到湖南调研。其间，张高丽在省委书记、省人大常委会主任徐守盛，省委副书记、省长杜家毫陪同下实地考察荷塘区南岳岭、上月塘棚户区改造项目。

▲ 市委常委、株洲军分区政委胡鹏飞到区检察民兵整组工作。

**4月11日** 召开荷塘区人大建议和政协提案办理工作会议。

**4月18日** 国家发改委原副主任、全国政协委员、北京大学教授徐宪平到荷塘区调研南岳岭、上月塘片区棚改项目。

▲ 市委书记毛腾飞，市委副书记、代市长阳卫国率市级领导、各县市区党政负责人、市直机关部门负责人，以现场观摩会的形式，对荷塘区南岳岭、上月塘片区棚改项目进行考察。

**4月19日** 省委常委、省军区司令员黄跃进率省军区机关工作组到荷塘区检查指导武装工作。

**4月20日** 荷塘区环境卫生城乡同治工作会议在仙庾镇召开，会议总结2015年城乡同治工作取得的成绩和存在问题，安排部署2016年工作。

**4月28日** 2016年株洲市小康业务知识培训暨一季度小康指标分析会在荷塘区召开。

**4月** 荷塘区被评为“全国残疾人工作先进单位”。

**5月4日** 召开荷塘区“繁荣荷塘文艺”文艺名家座谈会。区内资深艺术家、文艺工作者代表及株洲市受邀相关协会主席齐聚一堂，就如何推进荷塘文艺事业繁荣发展，打造“忠孝荷塘”文化品牌积极献言献策。

**5月10日** 召开荷塘区“两学一做”学习教育工作会议。传达贯彻中央、省委、市委“两学一做”学习教育工作会议精神，对全区开展“两学一做”学习教育进行部署。

**5月22日** 水利部财务司副司长赫崇成带领国务院督导组在省政府督察室主任毛健刚、市政府副市长杨胜跃及市直相关部门负责人陪同下到区督查开展促进民间投资专项督察。

▲ 副省长张剑飞在市委书记毛腾飞、区委书记顾峰等领导陪同下到荷塘区考察调研新型城镇化、新型工业化等工作。

**6月2日** 湖南省直工委常务副书记李爱武在株洲市直机关工委书记颜国庆陪同下到荷塘区调研指导机关党建工作，并就全面从严治党、党员干部思想动态问题进行座谈。

**6月7日** 召开全区市级重点项目推进会，分析研究重大项目建设中存在的困难和问题，对加快推进项目建设作出部署。

**6月16日** 召开荷塘区创文领导小组工作会议。会议就贯彻落实荷塘区文明建设系列工作，集中解决当前文明建设工作中存在的问题进行工作部署，并对忠孝荷塘、“图说我们的价值观”公益宣传等工作提出具体要求。

**6月20日** 省委常委、组织部部长郭开朗到区荷塘工业集中区（嘉德工业园）和南岳岭、上月塘片区棚改项目现场视察重点项目建设情况。

**7月1日** 荷塘区隆重举行庆祝中国共产党成立95周年暨庆七一表彰大会。表彰先进党组织、优秀共产党员和优秀党务工作者，动员激励全区各级党组织和广大党员，进一步振奋精神、凝神聚力、务实重干，努力建设“实力新荷塘”。

**7月4日** 国务院教育信息化专项督导检查组组长刘东率队到荷塘区督查教育信息化工作。

**7月7日** 省政协常委、副秘书长、民盟省委副主委汤浊带领省政协派驻省卫计委民主监督小组到荷塘区调研出生缺陷防控工作。

**7月18日** 荷塘区召开结对帮扶茶陵县贫困村工作调度会，听取荷塘区驻茶陵县思聪街道华星村，火田镇樟冲村、梯垅村，秩堂镇黄草村，严塘镇梅田村等5个贫困村帮扶工作队工作情况的汇报，并对下阶段帮扶工作作出部署。

**7月26日** 常务副区长刘伟主持召开2016年征兵工作会议，要求严把体检关、政审关，坚持优先征集大学生，圆满完成新兵征兵任务。

**8月3日** 召开荷塘区委常委扩大会议暨区委经济工作会议，总结回顾全区上半年工作，部署当前重点工作任务。

**8月8日** 全国信息公开与政务服务研究会副秘书长、广州市人民政府决策咨询专家、广州大学公共管理学院院长陈潭率国家社科基金课题组一行9人到荷塘区调研"一门式"政务服务改革和政务大数据的开发与共享等工作。

▲ 召开荷塘区文明建设总结表彰暨深化文明城市建设动员大会，贯彻全市会议精神，总结2015年全区精神文明建设和文明城市建设工作，部署下阶段工作。

**8月24日** 召开荷塘区"全市总动员、大干一百天、全力保投资"工作部署会议。

**9月7日** 召开荷塘区委统一战线工作领导小组（扩大）会议。通报全区统战工作开展情况，下发《中共荷塘区委关于加强统战工作的实施意见》《中共荷塘区委办关于开展正当性协商的实施意见》两个文件，并就建立统战大部制、做好党外代表人士安排使用、开展统战实践创新等统战具体工作进行安排部署。

**9月14日** 召开中共荷塘区第四届委员会第十次全体会议。讨论、决定召开中国共产党株洲市荷塘区第五次代表大会的有关重大事项。

**9月20－22日** 中共株洲市荷塘区第五次代表大会在区机关召开。会议听取和审议邬凌云所作的题为《激情实干创新作为为建设实力荷塘、活力荷塘、宜居荷塘而努力奋斗》工作报告。选举产生中共株洲市荷塘区第五届委员会和纪律检查委员会。选举邬凌云为区委书记，王利波、赖晓智为区委副书记。

**10月10日** 向阳北路云龙段建成，向阳北路全段通车。

**10月12日** 市委副书记、市长阳卫国到袁家湾社区调研"一门式"改革和自治家园工作。

**10月14日** 美的荷塘小学举行开工仪式。区委副书记赖晓智，区委常委、常务副区长刘国梁，副区长王冬、程轶辉出席仪式。

**10月16日** 市委书记毛腾飞考察株洲市农副产品批发交易物流中心项目。

**10月21日** 市委书记毛腾飞在区委书记邬凌云、代区长王利波等领导陪同下到荷塘区工业集中区考察。

▲ 市委常委、纪委书记赖馨正到桂花街道调研指导纪检监察工作。

▲ 市人大常委会副主任鲁立彬、副市长谭可敏到荷塘区督察人大换届选举工作，巡回督办人大代表建议工作。

**10月23日** 2016年荷塘金秋旅游购物节开幕式在仙庾岭耕食记前坪举行。

**10月26日** 召开荷塘区人武部党委第一书记任职大会，邬凌云任荷塘区人武部党委第一书记。市委常委、军分区政治委员胡鹏飞到会讲话。

▲ 召开荷塘区工商业联合会（总商会）第五次会员代表大会。

**10月28－30日** 荷塘区区镇两级人大代表投票选举工作圆满完成。全区登记选民13.51万人，有11.48万选民参加投票选举。123个选区依法依规选举产生160名区人大代表和56名镇人大代表。

**11月3日** 中央编办三司副司长魏刚到荷塘区调研"互联网＋政务服务"改革工作。

**11月7日** 市委副书记雷绍业、市人大常委会副主任刘柏生一行到荷塘区考察指导集中换届工作。

**11月12日** 市重点工程项目东环北路二期竣工通车。该路由金山桥至新华东路，全长1426米，标准路幅宽55米，为双向八车道。

**11月20－21日** 第十二届湘台经贸交流合作会在株洲开幕。其间，台湾区电机电子工业同业公会苏州（昆山）代表处、中华两岸连锁经营协会、双连安养中心等10家台商企业到区参观考察仙庾岭风景区、千金湘江药业高端药物制剂研发产业基地项目、嘉德工业园等园区重点项目。

**11月21日** 召开荷塘区全区领导干部大会，传达学习省第十一次党代会精神，就贯彻落实党代会精神工作进行部署。

**11月22日** 荷塘区开展新一届人大代表、政协委员集中培训和现场视察活动，组织代表、委员先后视察南岳岭上月塘片区棚改项目、文化路小学等10多个重点项目，学习履职方面理论和业务知识。

**11月28－29日** 召开政协荷塘区第五届委员会第一次会议。朱兴来作题为《凝心聚力、和衷共济，为建设三个荷塘谱写新篇章》的政协株洲市荷塘区第四届委员会工作报告。方芳作政协荷塘区第四届委员会提案工作情况报告。选举何恒仁为政协荷塘区第五届委员会主席。

**11月28－30日** 召开荷塘区第五届人民代表大会第一次会议。会议审议通过王利波所作的政府工作报告，胡开元所作的人大常委会工作报告，黄玉丰所作的法院工作报告，黄伟波所作的检察院工作报告。选举陈友元为荷塘区第五届人大常委会主任，王利波为荷塘区第五届人民政府区长。

**11月29日** 市委常委、宣传部部长聂方红到区考察创文工作。

**12月1日** 市委常委组织部部长彭爱华到区考察养老服务工作。

**12月2日** 株洲县委常委、常务副县长武挪强率队到荷塘区专题学习考察“一门式”政务服务改革工作。

**12月5日** 区委召开议军会议，解决训练备勤、民兵训练基地移交、家属安置事项，党管武装的经验做法被株洲军分区肯定、转发。

**12月15日** 荷塘区举行区委理论中心组集中（扩大）学习。会议特邀湖南师范大学教授、博士生导师、湖南省政协常委刘宏就“互联网＋”作专题授课。

▲ 市人大常委会主任刘力量到荷塘区召开株洲市县乡人大换届工作总结会，对荷塘区2016年县乡人大换届选举工作给予高度评价。

**12月16日** 市委副书记、市长阳卫国率队到荷塘区听取基层各界对《政府工作报告（征求意见稿）》的意见和建议，调研区域经济发展工作。

▲ 荷塘区与中国建材地勘中心湖南总队举行“三供一业”物业分离移交协议签约仪式。中国建材地勘中心湖南总队2个生活区192户，所占土地面积2271.29平方米，建筑面积13217.23平方米物业分离移交荷塘区。

**12月22日** 荷塘区召开驻荷塘区市第十五届人大代表座谈会，37名市人大代表立足荷塘实际，紧扣全市经济社会发展畅谈建议和意见。

**12月26日** 市委常委、常务副市长何剑波率市发改委、市财政局有关负责人到荷塘区企业服务中心考察。

▲ 荷塘区召开“读书、感悟、分享”读书会交流座谈会。

▲ 金城新城企业服务大楼揭牌。

**12月27日** 中共荷塘区第五届委员会举行第二次全体会议。大会表决通过《荷塘区出席党的十九大代表候选人推荐提名人选名册（草案）》。

**12月30日** 市委常委、统战部部长羊贵平到区考察宗教工作。

（刘建军）

# 综　述

## 位置面积人口

株洲市荷塘区位于北纬27°49′46″－28°00′55″，东经113°07′49″－113°17′02″，地处株洲市东北部，东与长沙市的浏阳市接壤，南与芦淞区毗邻，西、北与石峰区相连。辖区总面积142.7平方公里，其中陆地135.5平方公里，占94.9%；水域7.2平方公里，占5.1%。拥有耕地2400公顷；林地6600公顷。2016年，辖区总人口29.64万人，其中男性15.36万人，女性14.28万人，总户数9.32万户。城镇常住人口28.18万人，农村常住人口1.46万人，城镇化率95.05%。人口以汉族为主；另有土家族、苗族、侗族、瑶族等29个少数民族。　（周平刚）

## 沿革区划

历史上，现荷塘区境域除仙庾外自唐贞观元年（627年）随建宁县并入湘潭县后，一直辖于湘潭县；1951年6月株洲建市，划入株洲市郊区。仙庾境自宋哲宗元符元年（1098年）起属善化县；入民国，并入长沙县；1956年，始立蝶屏乡（仙庾镇前身），隶属长沙县龙头铺人民公社；1959年1月，由长沙县划入株洲市郊区。1952年3月，境内设立明照乡。1959年6月，株洲市设荷塘铺区，以境内晏家湾、荷塘铺、宋家桥为辖域。1961年4月，撤明照、蝶屏乡，成立蝶屏、明照2个人民公社，隶属郊区龙头铺区公所；1965年4月，划入株洲县。1969年7月，株洲市合并荷塘铺区、田心区及中心区月塘办事处，设立东区，为境内首个县级行政区。1984年4月，蝶屏、明照重新划入株洲市郊区，并恢复乡建制，同时析置荷塘铺乡。1997年5月，株洲市撤东、南、北、郊4区，以原东区的月塘、茨菇塘、宋家桥3个街道和原郊区的蝶屏、明照、荷塘铺3个乡为主要行政区域，始立荷塘区，是年8月1日，荷塘区正式成立。2001年10月，撤蝶屏乡建仙庾镇。2005年2月，撤荷塘铺乡析置桂花、金山2个街道办事处。2014年末，辖宋家桥、桂花、金山、茨菇塘、月塘5个街道办事处和仙庾镇、明照乡7个乡级政区，辖有39个居委会、39个村委会，下设1357个居民小组、476个村民小组。2015年11月，撤明照乡，并入仙庾镇。2016年9月将仙庾镇的星星、分路口、金塘、明照、龙洲5个建制村划入宋家桥街道，将仙庾镇的新市、桐梓坪2个建制村划入金山街道办事处。

2016年末，荷塘区辖宋家桥街道、金山街道、桂花街道、月塘街道、茨菇塘街道5个街道办事处，仙庾镇1个镇。共34个社区、24个村。区人民政府驻桂花街道新华东路。

宋家桥街道辖芙蓉、四三零、月桂3个社区、宋家桥、天台、龙洲、分路口、金塘、星星、明照7个村。

金山街道辖太阳、金钩山、新市、桐梓坪4个村，流芳、湘华、晏家湾 3 个社区。

月塘街道辖野鸭冲、石塘冲、南岳岭、袁家湾、石子头、东环、水竹、合泰、文化路、东湖 10 个社区，荷塘铺村 1 个村。

仙庾镇辖永福 1 个社区，联星、东山、兴塘、黄陂田、徐家塘、黄塘、樟霞、亭子前、仙庾岭、蝶屏 10 个村。

桂花街道辖西子、新荷、赵家冲、向阳 4 个社区，戴家岭、新桂 2 个村。

茨菇塘街道辖麻园、红旗村、前进、红旗路、上月塘、新月塘、六〇一、长征、荷叶塘、余家冲、天鹅、黄家塘、汽车城 13 个社区。（周平刚）

## 地形地貌气候

荷塘区地势东北高，西南低，由东北部向西南部倾斜。地形以丘陵为主，城区处于湘江冲积堆积形成的Ⅰ、Ⅱ台阶地上，地形较平坦，地面高程 39.0 ~ 42.0 米。农村地区为构造侵蚀和构造溶蚀低丘地貌，切割深度 60 ~ 160 米。最高峰婆仙岭，位于境内东南部，海拔 313.3 米，最低点白石港，位于境内西南角，海拔 31.4 米。境内有白石港和建宁港两条河道，均属湘江一级支流。已探明地下矿藏主要有石灰岩、砖瓦用页岩等。

荷塘区属亚热带季风气候，气候温暖、四季分明，热量充足、雨水集中，春温多变、夏秋多旱，严寒期短、暑热期长。平均气温 17.7℃，极端最低气温 −11.5℃，极端最高气温 40.5℃。年平均日照时数 1524.9 小时。年平均降雨日数 155.7 天。（周平刚）

## 国民经济与社会发展

2016 年，荷塘区面对复杂多变的外部环境和经济下行的巨大压力，团结和依靠全区人民，坚持稳中求进、好中求快的总基调，以推进供给侧结构性改革为主线，扎实开展“项目攻坚年”“企业帮扶年”活动，统筹抓好稳增长、调结构、促改革、惠民生等各项工作，经济社会实现平稳健康发展。

**一、综合**

2016 年，荷塘区地区生产总值 212.1 亿元，同比增长 8.4%。其中第一产业增加值 4.21 亿元，第二产业增加值 106.1 亿元，第三产业增加值 101.8 亿元，分别增长 3.5%、6.9% 和 10.5%。全区三次产业结构比由上年同期的 1.89 ∶ 55.97 ∶ 42.14 调整为 1.98 ∶ 50.02 ∶ 48.0。

**二、农业**

2016 年，荷塘区实现农林牧渔业总产值 7.38 亿元，增加值 4.25 亿元，同比增长 2.1%。2016 年，全区粮食播种面积 4.96 千公顷，粮食产量 3.47 万吨，同比增长 1.06%，粮食单产为 466.4 公斤／亩。油菜籽播种面积 0.42 千公顷，收获油菜籽 0.08 万吨。蔬菜种植面积 2.77 千公倾，收获产量 11.91 万吨，瓜果种植面积 0.19 千公顷，收获 0.13 万吨。全区出栏生猪 8.2 万头，出栏羊 0.66 万只，出笼家禽 33.79 万羽。肉类总产量 0.69 万吨，禽蛋产量为 0.07 万吨。水产品产量完成 3660 吨，实现产值 3639.8 万元，同比增长 13%。

**三、工业和建筑业**

2016 年，荷塘区规模以上工业增加值 68.6 亿元，同比增长 7.5%，其中：园区规模工业占全部规模工业比重为 91.1%。从注册登记类型来看，国有企业、股份制企业、外商及港澳台商投资企业和其他类型企业完成增加值分别增长 0.4%、10.8%、−5.2%。新增规模工业企业 13 家。新增高新技术企业 1 家，打造科技创新平台 4 个，全区实现高新技术产品产值 61 亿元，增长 26.8%。

全年资质以上建筑业完成总产值 36.9 亿元，同比增长 25.08%，增加值 7.5 亿元。建筑企业房屋施工面积 186.8 万平方米，其中本年新开工面积 73 万平方米，房屋竣工面积 78.6 万平方米。

### 四、固定资产投资

2016年，荷塘区固定资产投资187.1亿元，同比增长13.9%。其中工业固定资产投资完成58.7亿元，增长19.0%；基础建设投资完成78.2亿元，增长14.3%；房地产开发投资完成29.0亿元，同比增长39.3%。

### 五、国内贸易和旅游

2016年，荷塘区完成外贸进出口额1.35亿美元，同比增长-27.7%。全年社会消费品零售总额64.37亿元，同比增长12.3%。批发业和零售业分别实现商品零售额35.83亿元和63.23亿元，同比增长10.5%和16.4%；住宿业和餐饮业零售额分别为2.01亿元和10.82亿元，同比增长4.2 %和17.6%。2016年接待旅游总人数649.61 万人次，同比增长 22.11 %，完成旅游总收入 67.05 亿元，同比增长 54.21 %；启动龙山寺佛教文化园3A级旅游景区创建工作；新增旅游厕所2个；完成旅馆业普查，新增旅馆19家，客房402间，床位974张。

### 六、招商引资

2016年，荷塘区利用外资到位1.16亿美元，同比增长8.82%，完成进度为98.00%。引进内资到位44.2亿元，同比增长17.2%，完成进度为98.67%。15个履约项目，项目资金到位15个、注册12个、立项11个、土地报批11个、履约率73.3%，项目开工8个，开工率53.3%。

### 七、财政

2016年，荷塘区一般公共预算总收入完成112010万元，为年计划的100.17%，同比增长9.19%；地方收入完成81753万元，为年计划的102.85%，同比增长12.07%；上划中央收入完成24166万元，为年计划的93.6%，同比增长1.99%；上划省级收入完成6091万元，为年计划的93.48%，同比增长2.44%；税收结构57.11%，同比下降5.39%。全区一般公共预算支出135434万元，比上年增长16.81%，其中民生支出9.45亿元，占一般公共预算支出的69.81%。

### 八、科技和教育

2016年，荷塘区有国家高新技术企业32家、国家级研发机构6家、省级研发机构14家。全区申请专利674件，查处涉嫌假冒专利案件20件。争取各级项目55项，争取资金1566万元。全年完成高新技术增加值61.26亿元，同比增长26.8%。

2016年，区域教育均衡发展。有8所公办幼儿园，能提供1200个园位，有普惠性幼儿园45所，可提供5330个普惠性园位，105所幼儿园中，市示范普惠性民办幼儿园2所，市示范性幼儿园4所，省骨干幼儿园2所。全年小学招生人数4168人，同比增长0.87%，小学在校学生22788人，同比增长3.86%；普通初中招生人数3335人，同比增加23.29%，普通初中在校学生8786人，同比增长6.86%。适龄儿童小学入学率100%，小学升学率100%，普通初中生升学率99.96%。

### 九、文化、卫生和体育

2016年，荷塘区完成农村公益电影放映任务516场，文化体育设施建设面积人均3.6平方米；举办群众文艺会演10多场，参与演员多达2000多人，节目数量达171个，观众达数万人次，其中选送节目获得省三等奖1个，市特等奖1个，金奖1个。在庆祝中国共产党成立95周年“红旗颂”大型群众合唱比赛株洲复赛中荷塘区派出84人的合唱代表队获得银奖。参加株洲市首届艺术节广场舞、声乐、器乐、小品4场展演。

卫生服务水平不断提高。投资188万元，完成24村卫生室、34个社区卫康室的建设。2016年，全区享受农村奖励扶助612人，计生特别扶助309人，城镇独生子女父母奖励20456人；新农合参合率为99.2%，统筹地区政策范围内新农合住院补偿率75%；孕产妇健康管理率96.7%，儿童健康管理率82%；全区无突发公共事件及重性传染病发生；基本医疗卫生服务，共签约30326户，83829人；区域医疗联合体，共转诊签约居民1600人次，优惠费用 37 万元；5 岁以下儿童死亡率 4.87‰；婚前医学检查率 85.32%；孕前优生检查项目目标人群覆盖率 113.02%，高危孕产妇管理率 100%，高危孕产妇住院分娩率 100%，产后访视率 97.25%；七岁以下儿童保健管理率 92.64%，3 岁以下儿童系统管理率 89.93%；0～6 岁儿童血红蛋白检测率 85.6%；出生缺陷发生率逐年下降，近三年胎儿神经管畸形发生率为零。

将全民健身专项经费列入财政预算，同时也将全民健身事业纳入了国民经济和社会发展规划。辖区内现有体育舞蹈、武术、乒乓球、羽毛球、健身广场舞、校园足球等十余个门类，共有社团、队伍、小组 130 余个，启动"足球进校园"系列培训及比赛，荷塘区已获得技术等级证书等社会指导员 300 余人。

**十、人口、社会保障和安全生产**

2016 年，荷塘区常住人口 29.64 万人，其中男性 15.36 万人，女性 14.28 万人，总户数 9.32 万户，城镇常住人口 28.18 万人，农村常住人口 1.46 万人，城镇化率 95.07%，土地面积 126 平方公里。

2016 年，荷塘区新增城镇就业 10009 人，新增农村劳动力转移就业 350 人，失业人员再就业 4003 人，新增企业养老保险参保 3948 人，被征地农民参加企业职工养老保险 1927 人，失业保险参保 1.34 万人，已建工会组织企业工资集体协商建制率 92%，城镇登记失业率控制在 4.5% 以内。

2016 年，全区发生各类安全事故 33 起，死亡 7 人（道路交通 5 人，建筑施工 2 人），受伤 13 人，经济损失 53.63 万元。没有发生较大以上安全事故。

说明：地区生产总值、三大产业增加值、工农业总产值和人均生产总值绝对数按现行价计算，增长速度按不变价格和可比价格两种方法计算。（左　峰）

## 2016年荷塘区"民生100"为民办实事一览表

| 事项 | 序号 | 考核指标 | 工作目标 | 领导牵头 | 主要责任单位 | 完成情况 | 完成占年目标比率（%） |
|---|---|---|---|---|---|---|---|
| 一、就业增收工程 | 1 | 实现"零就业家庭"动态援助 | 100% | 刘必林 | 区人社局 | 100% | 100 |
| | 2 | 扶持高校毕业生微创业 | 30名 | | | 35名 | 117 |
| | 3 | ▲新增城镇就业 | 8900人 | | | 10009人 | 112 |
| | 4 | 新增农村劳动力转移就业 | 270人 | | | 350人 | 130 |
| | 5 | 创业培训 | 360人 | | | 417人 | 116 |
| | 6 | 创业扶持城乡残疾人 | 10名 | 张辉兵 | 区残联 | 10名 | 100 |
| | 7 | 残疾人职业技能和实用技术免费培训 | 110名 | | | 110名 | 100 |
| | 8 | 扶持农机专业合作组织★ | 1家 | | 区农村工作局 | 1家 | 100 |
| 二、社会保障工程 | 9 | 提质升级就业创业保障平台 | 15个 | 刘必林 | 区人社局 | 16个 | 107 |
| | 10 | 新增企业养老保险参保人数 | 2400人 | | | 3850人 | 160 |
| | 11 | ▲新增养老服务床位 | 42张 | 张辉兵 | 区民政局 | 42张 | 100 |
| | 12 | 推进居家养老示范点建设 | 1个 | | | 1个 | 100 |
| | 13 | 确保农村五保户年分散供养标准 | 5000元/年 | | | 5000元/年 | 112 |

| 事项 | 序号 | 考核指标 | 工作目标 | 领导牵头 | 主要责任单位 | 完成情况 | 完成占年目标比率（%） |
|---|---|---|---|---|---|---|---|
| 二、社会保障工程 | 14 | 确保农村低保人均救助水平 | 130元／月 | 张辉兵 | 区民政局 | 130元／月 | 125 |
| | 15 | 确保全市城镇低保人均救助水平 | 330元／月 | | | 330元／月 | 100 |
| | 16 | 新建军人服务中心 | 1个 | | | 1个 | 100 |
| | 17 | 百岁老人生活补助标准 | 500元／月／人 | | | 500元／月／人 | 100 |
| 三、素质提升工程 | 18 | 村小资源普惠工程 | 1.教师参与资源应用能力培训率达到100%。2.教师利用资源组织教学率达40%以上，教师资源应用率50%以上。3.开发、遴选、购买和推送村小资源300条。 | 程铁辉 | 区教育局 | 100% | 100 |
| | 19 | 向民办幼儿园购买普惠服务工程 | 65% | | | 65% | 100 |
| | 20 | 全面改善农村贫困地区义务教育薄弱学校基本办学条件 | 1所学校，投资95万元 | | | 95万 | 100 |
| | 21 | 资助家庭经济困难学生 | 300人 | | | 893人 | 297 |
| | 22 | 建设职工之家示范基地 | 1个 | | 区总工会 | 1个 | 100 |
| | 23 | 农村免费放映公益电影 | 516场 | | 区文化体育和旅游局 | 516场 | 100 |
| | 24 | ▲直播卫星户户通 | 1200户 | | | 1200户 | 100 |
| | 25 | 创建市级示范“妇女之家” | 1个 | | 区妇联 | 1个 | 100 |
| 四、全民健康工程 | 26 | 启动株洲市居民健康疾病谱调查，绘制全市居民疾病病谱基线图 | 1.收集辖区内居民住院信息并分析；2.开展社区卫生诊断 | | 区卫生和计划生育局 | 4545 | 122 |
| 五、安居宜居工程 | 27 | 发放低收入住房困难家庭租赁补贴 | 200户 | 王　冬 | 区城建局 | 933户 | 491 |
| | 28 | ▲城市棚户区改造 | 1789户 | | | 1789户 | 100 |
| | 29 | 建设街旁游园、社区游园 | 3个 | | 区绿化处 | 3个 | 100 |
| | 30 | 新增住房公积金建制人数 | 2500人 | 刘国梁 | 区财政局 | 2502人 | 100 |
| | 31 | 县以上城镇生活垃圾无害化处理率 | 达到100% | 刘必林 | 区城管局 | 100% | 100 |
| | 32 | ▲农村自来水建设普及率 | 达到76% | 张辉兵 | 区农村工作局 | 80% | 105 |
| | 33 | ▲建设美丽乡村示范村 | 1个 | 张辉兵 | 区农村工作局 | 1个 | 100 |
| | 34 | 解决房屋登记办证遗留问题 | 428户 | 王　冬 | 国有土地上房屋权属登记中遗留问题办公室 | 604户 | 141 |
| 六、畅通出行工程 | 35 | 建成农村客运招呼站 | 4个 | 王　冬 | 区城建局 | 6个 | 150 |
| | 36 | ▲农村公路提质改造 | 2公里 | | | 2公里 | 100 |

| 事项 | 序号 | 考核指标 | | 工作目标 | 领导牵头 | 主要责任单位 | 完成情况 | 完成占年目标比率（%） |
|---|---|---|---|---|---|---|---|---|
| 七、安全保障工程 | 37 | 建设治安岗亭（警银亭） | | 5个 | 成良池 | 公安荷塘分局 | 7个 | 140 |
| | 38 | ▲新增社会治安视频监控摄像头 | | 200个 | | | 200个 | 100 |
| | 39 | ▲建设社区矫正中心 | | 1个 | | 区司法局 | 1个 | 100 |
| | 40 | 农产品标准化基地建设 | | 6个 | 张辉兵 | 区农村工作局 | 6个 | 100 |
| | 41 | 蔬菜等主要农产品检测合格率 | | 达到97%以上 | | | 达到97%以上 | 100 |
| | 42 | “三品一标”农产品总数 | | 11个 | | | 11个 | 100 |
| | 43 | 年抽检农产品 | | 4000批次 | | | 4746批次 | 119 |
| | 44 | 蔬菜基地提质增效 | | 40公顷 | | | 42公顷 | 105 |
| | | 建设病死畜禽无害化处理中（点） | | 1 | | | | 已取消 |
| | 45 | 新增放心粮油示范网点 | | 1个 | 陈柏文 | 区商务和粮食局 | 1个 | 100 |
| | 46 | 深入开展食品药品专项整治活动，确保食品药品安全 | | 深入开展食品药品专项整治活动，确保食品药品安全 | 刘国梁 | 食品药品监督局荷塘分局 | 16次 | 100 |
| 八、扶贫解困工程 | 47 | 职工医疗互助项目 | 职工住院医疗互助项目参加人数 | 4000人 | 程铁辉 | 区总工会 | 5399人 | 135 |
| | 48 | | 女职工特殊疾病保障项目参加人数 | 2000人 | | | 3208人 | 160 |
| | 49 | 帮扶救助困难职工 | | 300人 | | | 357人 | 119 |
| | 50 | 为残疾人提供辅助器具 | | 72件 | 张辉兵 | 区残联 | 72件 | 100 |
| | 51 | 完成智力、精神及重度肢体和视力残疾人的托养服务 | | 40名 | | | 40名 | 100 |
| | 52 | 完成贫困残疾人家庭无障碍设施改造 | | 10户 | | | 10户 | 100 |
| | 53 | 政府城区范围内购买残疾人居家托养服务 | | 150 | | | 150 | 100 |
| | 54 | ▲帮助残疾儿童实施抢救性康复 | | 17名 | | | 19名 | 112 |
| | 55 | 为困难群众实施法律援助 | | 185件 | 成良池 | 区司法局 | 222件 | 120 |
| | 56 | ▲救治救助贫困重性精神疾病患者 | | 28人 | 程铁辉 | 区卫生和计划生育局 | 28人 | 100 |

说明：带“▲”为省为民办实事考核指标

（左　峰）

# 中共荷塘区委员会

【概述】2016年，荷塘区坚决贯彻落实上级的各项决策和部署，激情实干、攻坚克难，先后荣获新一轮全国计划生育优质服务先进单位等20余项国家、省级荣誉称号，顺利通过省委、省政府全面建成小康社会达标认定，并被评为全面小康推进工作“十快进县(区)”，实现“十三五”规划的良好开局，在全市绩效考核中被评为一等单位。

一、突出抓班子、带队伍，激情干事的氛围更加浓厚。一是圆满完成集中换届。坚持把“党的领导、依法依规、严肃纪律”贯穿始终，胜利完成了区镇两级集中换届工作。无论是党代会，还是两会，所有候选人均是高票甚至满票当选，圆满实现了组织意图，保持了风清气正、山清水秀。二是切实加强领导班子自身建设。大力开展学习型、实干型、健康型的“三型”领导班子建设，倡导恪守正气、正派、公正的“三正”品格；严格执行民主集中制，建立健全《关于进一步完善区委领导工作体制机制的实施意见》等制度，区委统揽全局、协调各方的领导核心作用得到充分发挥。三是深入推进基层党建工作。扎实开展“两学一做”学习教育，推行“支部建在项目上、党旗插在工地上”，引导各级党员干部到基层、项目一线去实干；通过“定人定时、定量定质、定期督察”等方式，规范了各级党组织的组织生活。西子社区党委、仙庾镇党委等荣获省、市先进基层党组织。四是不断加强干部队伍建设。严格执行《干部选拔任用工作条例》和相关规定，有序消化超职数配备的干部，选人用人公信度不断提升；深入开展“马上就办、真抓实干”活动，干部队伍的执行力和落实力有效提高。

二、全力保投资、稳增长，区域经济的运行更加稳健。全力推进“五大片区”发展战略，全年实现地区生产总值212.1亿元，比上年增长8.4%；一般公共财政预算总收入达到11.2亿元，增长9.2%；固定资产投资完成187亿元，增长13.9%；社会消费品零售总额完成64.4亿元，增长12.3%；城乡居民收入分别达到38893元和25547元，分别增长8.5%和8.3%；实现规模以上工业增加值68.6亿元，增长7.5%，其中高新技术产品增加值占比89.3%，成功争取到株洲地区唯一的省科技成果转移转化示范县建设项目，三次产业结构比由2015年的1.9∶56∶42.1调整为1.98∶50.02∶48.0。一是项目攻坚“有声有色”。大力开展“项目攻坚年”，全力推进106个市、区重点项目，完成市级重点项目投资86.54亿元，为年度计划的183.11%；全年入库5000万元以上项目82个，是全市唯一完成并超额完成年度目标的城区；尤其是通过设立区项目办，基本解决了项目前期滞后的“顽疾”，项目推进的速度显著加快，嘉德工业园一期等28个项目顺利竣工，荷塘大道延伸段等29个项目顺利推进，株洲市农副产品批发交易物流中心等31个项目开工建设，中美医院等18个项目前期工作有序开展。二是要素保障能力大幅提升。园区完成标准厂房建设24.4万平方米，入驻企业35家。全区批回土地120.93公顷，集体土地完成交地325.8公顷，国有土地上房屋完成征收11.9万平方米，依法拆除违法建设418处，总面积49.7万平方米。金科公司、金城公司顺利评定为AA信用等级，完成融资31.02亿元。三是企业帮扶成效显著。扎实开展企业帮扶年活动，问题办结率、满意率居全市前列，有力促进了企业转型升级、增量提质，全区工业企业整体实现扭亏为盈。同时带动全区申报"四上"企业51家，位居全市城区前列；通过高新技术企业认定7家，超额完成市级下达目标任务。尤其是协助株洲汽齿与陕西汉德完成业务重组，促成株洲车辆厂和时代电气实现先进制造和高端科研的强强联合。

三、着力优服务、增活力，深化改革的路径更加清晰。一是"一门式"政务服务改革率先取得突破。在全省率先推进"互联网+政务服务"改革，基本建成了"一门式"政务服务、"自治家园"社区公共服务、智慧荷塘APP三个共享互通的系统，建成区、街道、社区三级实体政务（便民）服务中心40个，打破了办事服务的部门壁垒，消除了层级概念，方便了群众办事，创新了基层社会治理，推动了现代服务型政府建设，得到了中央、省、市以及全区老百姓的高度认可。二是"一中心、八平台"企业服务中心成效初现。创新设立"一中心、八平台"企业服务平台，为中小企业提供了信息咨询、企业培训、融资担保等服务，梳理服务项目75项，通过科技银行为20多家中小微企业促成、对接贷款8000万元。三是积极探索"自治家园"社区公共服务平台建设。在33个社区构建了以网格化的房屋人口信息为基础的社区"自治家园"平台，整合民政、卫计、人社等9个部门的64项业务台账，采集完善7.2万余户约20万人的18项基础信息，在全市城乡社区网格化管理动员大会上作了典型经验介绍，为精准化养老、健康等社区公共服务打下坚实基础。四是稳步推进了其他各项改革任务。全面完成了建制村合并任务，合并建制村15个；公务用车制度改革稳步推进，全区133台公务车实现封存；出台《荷塘区政府雇员管理办法》，用人用工制度更加规范高效；同时，"两型社会"建设综合配套改革、农村市场化改革等其他各项改革均有序推进。

四、致力办实事、惠民生，民生事业保障更加有力。一是民生福祉持续改善。民生支出共计9.39亿元，同比增长28.6%；"民生100"工程全部完成或超额完成；城镇登记失业率控制在4.5%以内，城乡低保标准分别提高到470元、220元；完成煤田小区等老旧小区改扩翻及太阳村等城中村棚户区改造1789户，改造农村危房130户；向阳北路、东环北路二期等6条主干道路建成通车，完成农村公路建设及提质25公里，建成农村客运招呼站6个。高品质建成城市小游园3个，建设美丽乡村3个，完成病险水库除险加固6座，整修灌溉水渠10公里，整修山塘16口，新修"五小"水利工程80处。启动美的荷塘小学新建等项目建设，完成十五中、十九中并校工作；成功创建湖南省青少年校园足球试点县（区）、湖南省教育信息化创新应用示范区；大力开展文体活动和文艺志愿服务；城区和农村家庭医生签约率分别达34.4%和70%。二是生态文明建设扎实推进。关停、搬迁、改造污染企业8家，完成主要污染物年度减排目标、湘江保护和治理年度工作任务；成功培育4个省、市两级两型示范创建单位。绿心地区生态基础评估工作获全市唯一优秀单位，空气质量优良天数继续保持城区第一；全面加强城市管理，城市管理工作位居全市前列。三是社会大局始终保持和谐稳定。积极开展"大排查、大管控、大整治"

专项行动，全区安全生产形势持续稳定好转；创新实施“沟通一批、化解一批、打击一批、终结一批”信访矛盾化解机制，综治民调进入全省前60名，连续10年保持省平安县市区称号。

五、坚持把纪律和规矩挺在前面，从严治党和依法行政的思想和行动更加自觉。一是切实加强党风廉政建设和反腐败工作。创新“两个责任”考核办法，在全市率先对基层纪检组织下达具体指导性任务数；深入开展“纠‘四风’、治陋习”专项整治，全年共查处“四风”问题46个，立案查处“雁过拔毛”式腐败案件14件，实现了自办案件率100%。二是着力提高依法行政的水平。完善了《政府性投资项目管理办法》等制度，积极开展财务管理培训，对镇办征地拆迁资金、日常财务管理进行审计，严格公务接待标准，规范项目建设、征地拆迁的管理，进一步强化党员干部的纪律意识、纪律底线。

**【中共株洲市荷塘区第五届代表大会】**9月20－22日 中共株洲市荷塘区第五次代表大会在区机关召开。会议听取、审议、通过《中国共产党株洲市荷塘区第五次代表大会关于四届区委工作报告》和《中国共产党株洲市荷塘区第五次代表大会关于四届区纪委工作报告》。选举产生新一届中共株洲市荷塘区委员会和纪律检查委员会。会议以无记名投票的方式，差额选举产生新一届区委常委、书记、副书记。选举邬凌云、王利波、赖晓智、王顺安、崔家盛、刘国梁、郑志富、欧阳权、陈三龙、刘政凯、文韶松为新一届区委常委，邬凌云为区委书记，王利波、赖晓智为区委副书记；选举郑志富为新一届纪委书记。

**【“两学一做”学习教育工作会议】**5月10日，荷塘区召开“两学一做”学习教育工作会议，深入学习贯彻习近平总书记关于“两学一做”学习教育的重要指示精神，传达贯彻中央、省委、市委“两学一做”学习教育工作会议精神，对全区开展“两学一做”学习教育进行安排部署。

**【区委常委扩大会议暨区委经济工作会议】**8月3日，荷塘区委常委扩大会议暨区委经济工作会议召开，传达学习市委十一届十二次全会暨市委经济工作会议精神，总结回顾全区2016年上半年工作，安排部署当前重点工作，进一步动员全区各级各部门和广大干部凝心聚力，拼搏进取，强化措施，真抓实干，确保圆满完成全年各项工作任务。

**【区委四届十次全会】**9月14日，荷塘区召开中国共产党株洲市荷塘第四届委员会第十次全体会议，讨论、决定召开中国共产党株洲市荷塘区第五次代表大会的有关重大事项。区委书记邬凌云出席会议并讲话，区委副书记、代区长王利波主持会议。会议对中国共产党株洲市荷塘区第五次党代会筹备工作情况进行了介绍；审议通过《中共株洲市荷塘区第四届委员会工作报告(草案)》和《中共株洲市荷塘区第四届纪律检查委员会工作报告(草案)》；酝酿通过了中共株洲市荷塘区第五届委员会委员、候补委员，区纪委委员，出席株洲市第十二次党代会代表候选人预备人选，出席省第十一次党代会代表候选人推荐人选建议名单。会议强调，要把区第五次党代会开成一次讲政治、讲党性、讲规矩、讲纪律的大会，开成一次民主、团结、务实、奋进的大会，全区上下要进一步增强党性观念、纪律观念、组织观念，自觉服从组织安排，依法行使民主权利，严守中央“九严禁”，省委“约法三章”“三个一律”，市委“四不准”“五不准”“六不准”，区委“十大责任清单”“十二不准”的要求，以铁的纪律确保换届风清气正，以实际行动迎接区第五次党代会的胜利召开。

**【区委五届三次全会暨区委经济工作会议】**1月10日，荷塘区委召开五届三次全会暨区委经济工作会议。会议深入贯彻落实中央、省委经济工作会议和市委十二届二次全会暨市委经济工作会议精神，总结回顾2016年经济工作，安排部署2017年经济工作，进一步动员全区上下稳中求进、实干争先，努力建设实力荷塘、活力荷塘、宜居荷塘。会议总结2016年经济工作，分析当前经济工作形势和全区的现状，提出2017年经济工作的总体思路、目标任务和工作要求。会议强调要准确把握区委在经济工作中的领导定位，协调调动各方把工作重心放到经济工作上来，要为抓经济工作创造最优的干事氛围，要加强对经济工作的督察调度，要全面提高抓经济工作的本领。

**【举行庆祝中国共产党成立95周年大会】** 7月1日，荷塘区隆重举行庆祝中国共产党成立95周年暨庆七一表彰大会。表彰先进党组织、优秀共产党员和优秀党务工作者，动员激励全区各级党组织和广大党员进一步振奋精神、凝神聚力、务实重干，努力建设“实力新荷塘”。区委书记顾峰在大会上作重要讲话，区委副书记、区长邬凌云主持会议。大会开始时，全场高唱《中华人民共和国国歌》。随后，在顾峰领誓下，全体人员重温了入党誓词。大会要求广大党员特别是领导干部要始终保持激情实干、奋勇争先的精神状态，争当激情干事先锋，作推动发展的表率；争当项目攻坚先锋，作攻坚克难的表率；争当企业帮扶先锋，作优质服务的表率；争当矛盾化解先锋，作维护稳定的表率；争当服务群众先锋，作践行宗旨的表率。

**【张高丽到荷塘区调研】** 3月31日－4月1日，中共中央政治局常委、国务院副总理张高丽到湖南调研，了解经济运行、棚户区改造、供给侧结构性改革、大众创业万众创新等情况。张高丽在省委书记、省人大常委会主任徐守盛，省委副书记、省长杜家毫陪同下，实地考察荷塘区南岳岭、上月塘棚户区改造项目。4月1日，张高丽主持召开经济形势座谈会。强调要着力保持经济运行在合理区间，推动经济实现中高速增长、迈向中高端水平。要着力推动供给侧结构性改革。要着力实施创新驱动发展战略。要着力采取精准有效措施。要着力推进以人民为中心的发展。张高丽希望湖南充分发挥处于东部沿海地区和中西部地区过渡带、长江开放经济带和沿海开放经济带结合部的区位优势，在全面融入国家发展战略中推动发展再上新台阶；大力推动创新发展和产业转型升级，加快从制造大省转向制造强省；统筹城乡区域协调发展，在加强薄弱环节中增强发展后劲；深入推进两型社会建设，推动绿色低碳发展；着力补齐民生短板，促进社会和谐稳定；坚决打好脱贫攻坚战，尽快改变贫困地区面貌，建设富饶美丽幸福新湖南。

**【徐宪平到荷塘区调研】** 4月18日，国家发改委原副主任、全国政协委员、北京大学教授徐宪平在市委书记毛腾飞，区委书记顾峰，区委副书记、区长邬凌云陪同下到荷塘区调研南岳岭、上月塘片区棚改项目。徐宪平听取项目负责人就项目推进情况的工作汇报，现场查看项目拆除现场，充分肯定项目房屋征收工作，并希望在今后的工作中继续保持良好势头，切实保护群众的合法权益，做到公开、公平、公正，依法阳光征收。

**【毛腾飞、阳卫国到荷塘区考察】** 4月18日，市委书记毛腾飞，市委副书记、代市长阳卫国率市级领导、各县市区党政负责人、市直机关部门负责人，以现场观摩会的形式，对我区南岳岭、上月塘片区棚改项目进行了考察。在观摩现场毛腾飞、阳卫国等详细询问了项目建设进度和目标，仔细了解项目建设存在的问题和困难，明确项目建设的方向和路径，毛腾飞还兴致勃勃手握话筒当起了“专业”项目解说员，并寄语荷塘区要进一步加快项目建设进度，为建设富强美丽幸福新株洲贡献力量。毛腾飞强调，应对新常态、破解新难题、推进大项目、促进大发展，必须切实加强学习，要带着强烈的使命感和责任感认真学习，要知行合一，学以致用，切实解决在推进项目建议中的突出问题。

**【雷绍业一行到荷塘区考察指导】** 11月7日，市委副书记雷绍业、市人大常委会副主任刘柏生等一行到荷塘区考察指导工作，全面了解荷塘区党建、集中换届等工作情况。雷绍业一行先后到仙庾镇、千金湘江药业公司、区政务服务中心详细了解荷塘区党建、“一门式”改革等工作情况；市人大常委会副主任刘柏生就当前荷塘区人大换届工作谈了感受和建议，市委组织部副部长周琪就当前党建工作做了具体安排和部署。雷绍业指出，荷塘区领导班子团结务实、有活力，荷塘区干事有激情、创业有思路、重点工作有力度、基层党建有创新、政务服务有亮点。他强调要加强领导、精心组织，明确责任，高标准做好“基层党建提升年”、集中换届、全面小康社会建设、绩效考核等工作，努力使各项工作走在全市前列。

**【区委统一战线工作领导小组(扩大)会议】** 9月7日，荷塘区委召开统一战线工作领导小组(扩大)会议。会议传达学习中央、省委的民族宗教工作、对台工作会议精神，通报全区统战工作开展情况，下发《中共荷塘区委关于加强统战工作的实施意见》《中共荷塘区委办关于开展正当性协商的实施意见》两个文件，并就建立统战大部制、做好党外代表人士安排使用、开展统战实践创新等统战具体工作进行安排部署。区委统战工作领导小组全体成员，各镇(办)党(工)委书记、工商联党组书记、统战委员参加会议。区委书记邬凌云出席会议并作重要讲话，区委副书记、代区长王利波，区委副书记何恒仁，区人大常委会主任胡开元，区委常委、常务副区长刘伟，区委常委、组织部部长、统战部部长张赐华，副区长冯湘玲、区政协副主席朱兴来出席会议。

**【领导干部大会】** 11月21日，荷塘区召开领导干部大会，认真传达学习省第十一次党代会精神，并结合荷塘区实际，就贯彻落实党代会精神工作进行安排部署。会议强调，一是要制定学习贯彻的方案。要尽快制定出台区委宣传贯彻省党代会精神的方案，推动学习宣传全方位、全覆盖，把省党代会精神传达到全体党员和干部群众。二是要加强宣传培训。要组织开展多种形式的宣传宣讲活动，让省党代会精神家喻户晓、深入人心。各级领导干部要到联系的村、社区带头宣讲省党代会精神，要坚持原原本本学，认真研读会议文件，深刻领会精神实质，自觉把思想和行动统一到省党代会精神上来。三是要做好结合文章。要将学习贯彻省第十一次党代会精神与学习贯彻党的十八届六中全会精神紧密结合起来，与学习贯彻习近平总书记系列重要讲话精神紧密结合起来，与正在开展的“两学一做”专题教育紧密结合起来，与落实市第十二次党代会、区第五次党代会确定的目标任务紧密结合起来，确保中央、省委、市委各项决策部署落地生根。

**【中共荷塘区第五届委员会第二次全体会议】** 12月27日上午，中共荷塘区第五届委员会举行第二次全体会议。会议由区委书记邬凌云主持，第五届区委委员和候补委员出席会议。会议应到区委委员36名，候补委员6名；因病、因事请假区委委员4名，候补委员3名；实到区委委员32名，候补委员3名，符合规定人数。会议听取并审议《荷塘区出席党的十九大代表候选人推荐提名人选名册(草案)》及说明；随后，大会表决通过

《荷塘区出席党的十九大代表候选人推荐提名人选名册(草案)》。

【区委五届三次全会暨区委经济工作会议】1月10日，荷塘区委五届三次全会暨区委经济工作会议召开。会议深入贯彻落实中央、省委经济工作会议和市委十二届二次全会暨市委经济工作会议精神，总结回顾2016年经济工作，部署2017年经济工作，进一步动员全区上下稳中求进、实干争先，努力建设实力荷塘、活力荷塘、宜居荷塘。会议由区委副书记赖晓智主持。区委书记邬凌云从战略和全局的高度，总结2016年经济工作，分析当前经济工作形势和全区现状，提出2017年经济工作的总体思路、目标任务和工作要求。会议强调经济工作是党的中心工作，要抓好经济工作，必须加强和改善党委对经济工作的领导，这是党委义不容辞的责任。要准确把握区委在经济工作中的领导定位；要协调调动各方把工作重心放到经济工作上来；要为抓经济工作创造最优的干事氛围；要加强对经济工作的督查调度；要全面提高抓经济工作的本领。

【区委常委会议】2016年，中共荷塘区委召开区委常委会议32次。1月15日，研究进一步完善区委领导有关制度；研究区本级绩效考核工作；研究区四届人大常委会委员提名人选；传达干部人事政策工作；研究清理规范党组设立有关工作；研究政协株洲市荷塘区第五届委员会调整换届时间事宜；研究株洲华昌门窗工业公司资产处置工作；研究中小微企业信贷风险补偿资金管理工作；研究孝文化园建设工作。1月31日，研究区委四届八次全体(扩大)会议暨区委经济工作会议有关工作；审定关于《中共株洲市荷塘区委关于制定株洲市荷塘区国民经济和社会发展第十三个五年规划的建议》的说明。2月14日，研究区四届纪委五次全会有关工作；审议2016年《政府工作报告》；审议《2015年财政预算执行情况和2016年财政预算草案的报告》；研究区委四届八次全体(扩大)会议暨区委经济工作会议全年重点工作任务分解安排。2月23日，研究干部有关工作。3月8日，研究审定区人大、区政协2016年工作要点；研究基层党建基础性工作集中整改月工作和换届相关工作；研究个别干部免职；研究审议《关于贯彻落实省委巡视第五组反馈意见的整改方案》《省委巡视第五组反馈意见整改动员大会方案》和《关于严肃换届纪律的通知》；研究社管办有关职能调整工作；研究经济目标考核总结表彰暨项目攻坚年、企业帮扶年活动动员大会筹备工作；研究《荷塘区2016年"项目攻坚年"实施方案》等10个工作方案；研究卫生计生工作。4月5日，研究荷塘区结对帮扶茶陵县贫困村建议方案；研究有关干部人事任免；研究园区管委会目标考核和金城集团公司绩效考核方案；传达全国全省全市宣传思想工作会议精神，审议印发《荷塘区2016年党(工)委(党组)意识形态工作责任制考核办法》的通知；传达省委、市委政法工作会议精神；传达全市组织部长会议精神，研究党建帮扶联系点调整有关工作；传达市委统战工作会议精神；研究审议给予4名干部纪律处分的处理意见。4月16日，研究纪委两个专项整治工作方案；研究干部任免工作；研究区工商联换届工作；研究干部人事有关工作。4月25日，研究巡视整改有关工作；研究仙庾镇党委换届有关工作。5月5日，研究2016年政府性投资项目计划工作；研究教育系统教师岗位设置工资工作；研究有关组织工作；研究区委常委会班子成员2016年党风廉政建设责任分工的文件。5月21日，开展"两学一做"学习教育专题讨论；研究荷塘区建制村合并工作；研究征地拆迁考核办法；研究招商引资考核工作；研究计生工作。5月26日，研究有关干部人事任免；研究换届有关工作。5月30日，研究换届有关工作。6月23日，学习习近平总书记在安徽调研时的重要讲话；研究推荐省级文明单位名单；研究有关组织工作；研究推进驻区中央企业省属企业“三供一业”移交工作；通报个别同志违纪情况的处分意见；研究对个别同志处分意见；研究部署当前重点工作。7月6日，学习习近平总书记“七一”重要讲话精神；传达学习换届纪律有关工作；学习《党政领导干部选拔任用工作条例》和《中国共产党地方委员会工作条例》。7月11日，研究审定区第五次党代会代表选举有关事项。8月2日，传达学习《中共湖南省委常委会议事规则》；研究市区党代表有关工作；研究个别干部申请辞去公职的问题；开展“两学一做”学习教育专题讨论。8月24日，研究开展“马上就办、真抓实干”活动；学习贯彻《中国共产党问责条例》；研究区级平台公司市场化选聘总经理工作；研究市区党代表调整有关工作。8月30日，通报市纪委对个别同志的处分决定，研究有关干部人事任免；研究给予个别同志党纪处分的意见。9月6日，传达学习《中共中央关于辽宁拉票贿选案查处情况及其教训警示的通报》和《中共湖南省关于认真学习贯彻〈辽宁拉票贿选案查处情况及其教训警示〉的通知》；审议《中共株洲市荷塘区委员会关于进一步做好统一战线工作的意见》和《中共株洲市荷塘区委办公室关于加强政党协商的实施意见》。9月8日，研究有关干部人事任免；研究个别干部破格提拔呈报事宜。9月12日，研究荷塘区第五届区委委员、候补委员候选人初步人选建议名单；研究荷塘区第五届区纪委委员候选人初步人选建议名单；研究党员县级领导选举区党代表选区分配有关情况；安排部署换届选举工作；学习传达市委关于省党代表候选人推荐工作文件精神。9月14日，研究成立荷塘区项目推进领导小组有关工作；研究有关干部职务任免；研究下届两委组成人员候选人预备人选；研究确定省党代表推荐人选名单、市党代表预备人选名单及审定区党代表选举结果有关事项；研究区第五次党代会和区委四届十次全会有关事项。9月18日，研究荷塘区区镇人大换届选举工作有关事项；研究审定荷塘区新一届区委委员、候补委员候选人预备人选；研究以党委名义提交党代表大会预备会议通过的文件；研究党代会组织筹备有关工作；研究进一步加强班子建设。9月22日，研究区委常委会2016年党风廉政建设主体责任分工调整有关情况；研究进一步加强领导班子建设。9月26日，研究2016年市对区绩效考核责任分解工作；学习《中共中央宣传部关于湖北省委严肃处理恩施州委、利川市委中心组学习突出问题的通报》；研究区委常委包片联系镇、街道、管委会安排方案；研究荷塘区结对帮扶茶陵县贫困村有关工作；学习《关于防止干部“带病提拔”的意见》；研究加强学习型班子建设。10月13日，研究区第五届人民代表大会代表候选人推荐提名考察工作；研究区人大换届中非公代表人士综合评价、区工商联换届有关情况；研究区第五届人大换届选举前期工作；研究政协株洲市荷塘区第五届委员会委员推荐提名工作；研究有关人事工作。10月25日，研究审议株洲市第十五届人大代表驻荷塘区拟提名人选名单；研究从三类人员中选拔乡镇领导班子成员工作；研究区五届人大一次会议、区政协五届一次会议有关事项；研究区治违拆违考评工作；研究审定荷塘区机关事业单位拨付公务员个人账户过渡性补助费相关工作；研究企业服务中心相关工作；研究设立明照街道办事处的相关工作。11月11日，学习传达党的十八届六中全会精神；研究区绩效考核工作；研究人大代表、政协委员培训及视察活工作；研究“三类人员”公开遴选工作；研究仙庾镇人大会议有关事项。11月11日，研究区委书记、副书记、常委工作分工；研究个别干部人事调整及仙庾镇人大、政府换届人事方案；研究审定区五届政协委员提名人选名单；安排部署省党代会期间安全生产等相关工作。11月20日，研究审定区五届人大第一次会议相关名单；研究区人大、政府、政协人事安排；研究第五届区人大、区政协第一次会议有关事项；研究区机关公务用车制度改革工作；研究金科公司相关项目合同工作。11月25日，研究区五届人大一次会议有关人事安排；研究成立区“两新”党工委有关事项；“两学一做”第四阶段专题研讨。12月13日，传达全省厅级领导干部学习贯彻党的十八届六中全会精神第一期集中轮训班的有关情况；研究市、区文明建设先进推选有关工作；研究有关干部人事任免工作；研究科级干部评优评先工作；研究金城集团工程项目管理相关工作；研究荷塘区工业集中区供电给排水供气基础设施项目融资相关工作；研究2017年重点建设项目编制工作。（文羽纶）

## 2016年中共荷塘区委发文目录

| 序号 | 文号 | 文件标题 |
|---|---|---|
| 1 | 株荷发〔2016〕1号 | 关于印发《2016年市对区绩效考核任务分解表》的通知 |
| 2 | 株荷发〔2016〕2号 | 关于调整株洲市荷塘区国有资产管理委员会成员的通知 |
| 3 | 株荷发〔2016〕3号 | 关于成立荷塘区项目推进领导小组通知 |
| 4 | 株荷发〔2016〕4号 | 关于印发《政协株洲市荷塘区第五届委员推荐提名工作方案》的通知 |
| 5 | 株荷发〔2016〕5号 | 关于成立省级科技成果转化示范区建设工作领导小组专家顾问团队的通知 |
| 6 | 株荷发〔2016〕6号 | 关于印发《荷塘区区委常委包片联系镇(街道、管委会)实施方案》的通知 |
| 7 | 株荷发〔2016〕7号 | 关于印发《争当“项目攻坚先锋”专题活动方案》等五个专题活动方案的通知 |
| 8 | 株荷发〔2016〕8号 | 关于印发《中共荷塘区委常委会2016年党风廉政建设主体责任分工整改》的通知 |
| 9 | 株荷发〔2016〕9号 | 关于开展党内规范件文件清理的通知 |
| 10 | 株荷发〔2016〕10号 | 关于调整区创建文明城市工作领导小组及各工作组组成单位(人员)的通知 |
| 11 | 株荷发〔2016〕11号 | 关于印发《荷塘区加强和改进新形势下档案和地方志工作的实施方案》的通知 |
| 12 | 株荷发〔2016〕12号 | 关于做好2017年度党报党刊征订工作的通知 |
| 13 | 株荷发〔2016〕13号 | 关于印发《荷塘区“一门式”政务服务问责办法(试行)》的通知 |
| 14 | 株荷发〔2016〕14号 | 关于印发《关于推进株洲市荷塘区社区服务场所提质改造行动计划(2016—2018年)的工作方案》的通知 |
| 15 | 株荷发〔2016〕15号 | 关于2015年度科级领导班子及科职干部绩效考核结果的通知 |
| 16 | 株荷发〔2016〕16号 | 关于印发《“一门式”业务首席代表管理办法》的通知 |
| 17 | 株荷发〔2016〕17号 | 关于认真做好中国共产党株洲市荷塘区第五次代表大会提案办理工作的通知 |

| 序号 | 文号 | 文件标题 |
|---|---|---|
| 18 | 株荷发〔2016〕18号 | 关于印发《荷塘区征地拆迁工作考核及奖惩办法补充规定》的通知 |
| 19 | 株荷发〔2016〕19号 | 关于印发《株洲市荷塘区党政机关公务用车制度改革实施方案》的通知 |
| 20 | 株荷发〔2016〕20号 | 关于调整荷塘区离退休干部工作领导小组的通知 |
| 21 | 株荷发〔2016〕21号 | 关于认真学习贯彻《中国共产党问责条例》的通知 |
| 22 | 株荷发〔2016〕22号 | 关于进一步完善区委领导工作机制体制的实施意见 |
| 23 | 株荷发〔2016〕23号 | 关于规范党组(党委)设立的通知 |
| 24 | 株荷发〔2016〕24号 | 关于设立中共株洲市荷塘区合泰地区工作委员会的通知 |
| 25 | 株荷发〔2016〕25号 | 关于表彰2015年度党风廉政建设和反腐败工作先进单位优秀纪检监察干部的决定 |
| 26 | 株荷发〔2016〕26号 | 关于印发《关于对荷塘区巡视情况的反馈意见》的通知 |
| 27 | 株荷发〔2016〕27号 | 关于严肃换届纪律的通知 |
| 28 | 株荷发〔2016〕28号 | 关于表彰2015年度征地拆迁和房屋征收工作先进单位的决定 |
| 29 | 株荷发〔2016〕29号 | 关于表彰2015年度经济目标考核暨项目建设先进单位和个人的决定 |
| 30 | 株荷发〔2016〕30号 | 关于推动区委重大决策有效落实的八条规定 |
| 31 | 株荷发〔2016〕31号 | 关于同意召开中国共产党仙庾镇第四届代表大会第一次会议的批复 |
| 32 | 株荷发〔2016〕32号 | 关于仙庾镇党委换届人事方案的批复 |
| 33 | 株荷发〔2016〕33号 | 关于同意召开荷塘区工商业联合会(总商会)第五次会员代表大会的批复 |
| 34 | 株荷发〔2016〕34号 | 关于省委巡视第五组反馈意见整改情况的通知 |
| 35 | 株荷发〔2016〕35号 | 关于表彰2015年度安全生产工作先进单位和个人的决定 |
| 36 | 株荷发〔2016〕36号 | 关于中共株洲市荷塘区委常委会开展“两学一做”学习教育的安排意见 |
| 37 | 株荷发〔2016〕37号 | 关于成立区委统一战线工作领导小组的通知 |
| 38 | 株荷发〔2016〕38号 | 关于表彰“优秀共产党员、优秀党务工作者、先进基层党组织”的决定 |
| 39 | 株荷发〔2016〕39号 | 关于成立荷塘区领导班子换届领导小组的通知 |
| 40 | 株荷发〔2016〕40号 | 关于印发《荷塘区关于加强换届风气监督的实施方案》的通知 |
| 41 | 株荷发〔2016〕41号 | 关于中国共产党株洲市荷塘区第五次代表大会选举工作的通知 |
| 42 | 株荷发〔2016〕42号 | 关于进一步做好统一战线工作的意见 |
| 43 | 株荷发〔2016〕43号 | 关于认真做好荷塘区第五次党代会代表提案工作的通知 |
| 44 | 株荷发〔2016〕44号 | 关于成立区人大、政协换届选举领导小组的通知 |
| 45 | 株荷发〔2016〕45号 | 关于印发《区委书记、副书记、常委分工》的通知 |

(文羽纶)

## 中共荷塘区委办公室

【概况】2001年，根据《中共株洲市荷塘区委、株洲市荷塘区人民政府关于株洲市荷塘区党政机构设置的通知》，设置中共株洲市荷塘区委办公室[加挂区委政策研究室、保密委员会办公室(区国家保密局)、党史资料征集办公室牌子]。区委办公室是协助区委领导处理日常工作的区委工作机构。核定机关行政编制12名(含区委领导编制)。后勤服务人员事业编制5名。2006年，设立荷塘区废旧文件回收办公室，为区委办内设机构，负责对全区各单位废旧文件的统一回收、保管、销毁和登记备案工作。2008年，区委办新增行政编制2名。2012年，设立中共株洲市荷塘区委机要室，为区委办内设机构，人员编制内部调剂。同年，设立中共株洲市荷塘区委、荷塘区人民政府接待办公室。为区委办公室、区政府办公室领导和管理的副科级全额拨款事业单位，以区委办公室管理为主，核定事业编制6名。2015年，设立中共荷塘区委全面深化改革领导小组办公室，与中共荷塘区委办公室一个机构、两块牌子，核定专职副主任职数1名(副科级)。2016年，中共荷塘区委办以“三提三新”竞赛活动为抓手，以“当好坚强前哨，建好稳固后院、成为核心智库”为目标，着眼区委工作大局，在统筹协调、当好参谋、督查落实、信息调研等职能上谋求新跨越，有力保障了区委的高效运转和各项工作的有效落实。

一、坚持周密精准，有序运作，规范化建设取得新进展。一是统筹协调作用明显增强。区委办把综合协调作为搞好服务的首要职能，作为提高综合执行力、保证党委工作正常运转的重要手段，始终紧扣区委中心工作，认真履行党委办公室的“揽总”功能，充分发挥“枢纽”作用，建立“四大家办公室”微信工作群，完善每季度一次的联席会议制度，做到上下统一、分工明确、协调一致，协助区委统筹协调好了同级班子之间、部门之间、上下级之间的联系和沟通，使各方都能各司其职、相互配合、形成合力。二是办文办会办事更加规范化。制定《荷塘区委办公室工作规范化手册》，在公文管理方面，均实现所有文件的规范传阅、收发、报备审查、存档科学化管理。全年印发各类文件315件、收各类电子公文442件、报备规范性文件6件、清理党内规范性文件24件。会务工作坚持提前准备、分工负责、层层把关，做到会场布置整洁庄严，会场服务细致周到，会议材料齐备无差错，圆满完成第五次党代会、区两会、区委经济工作会等重大会议的会务和组织工作。三是考核调度更加常态化。区委办作为绩效考核、全面建成小康社会工作的牵头部门，进一步完善全区绩效考核方案和全面建成小康社会工作方案，定期召开专题会议，下发交办函、及时跟踪督办，调度绩效评估指标、全面建成小康社会指标进展情况，为落实省市绩效考核任务、全面建成小康社会奠定扎实基础。四是机要党史工作水平显著提高。严格落实领导干部保密工作责任制，全力提升保密能力和管理水平。组织开展保密知识专题学习，并对各乡镇、各部门单位的涉密文件、信息的使用和管理情况进行了检查，有效增强了涉密人员的保密能力和管理水平，全年共收各类涉密文件120多件，做到密级文件无一泄露丢失。同时，历经4年的《中国共产党株洲市荷塘区历史》完成初稿。

二、坚持围绕中心，突出重点，参谋服务取得新突破。一是文稿质量精益求精。全年高质量、高标准起草领导讲话稿、区委重要汇报、典型经验等材料160多篇，拟定、审核文件90多个。其中，《全力推行“一门式”政务服务改革、打通服务群众“最后一公里”》《干事创业有激情、棚改推进有速度》等多篇经验材料在新华社等省市级以上主流媒体上发表。二是综合调研扎实有效。紧紧围绕区委的中心工作和领导重点关注的热点、难点问题，切实加强调研工作的组织、协调和重大调研课题的实施，认真抓好各层面的调查研究。全年紧紧围绕“一门式”政务服务改革、区项目办设立、“一中心八平台”企业服务平台建设、“自治家园”社区公共服务等重点工作，深入基层调查研究，较好地掌握了第一手资料，起草一批有分量的调研报告，为区委科学决策提供了方向性、前瞻性、借鉴性的依据。三是信息服务有质有量。全年编印《荷塘工作》20期，向市委办报送信息450篇，向省委办报送信息330篇，其中关于加快推进健康养老服务产业建设、关于网约车新规的反响等信息被省委办和市委办采用，2016年信息工作在全市城区排名第一。四是督促检查落实有力。进一步创新方式、方法，确保了上级及区委各项决策落到实处。在项目攻坚年、企业帮扶年等重点工作上狠抓落实，深入工作一线开展督查，发现问题立即下发整改通知书，责令限时整改到位，编发《荷塘督查》6期，完成专项查办和信访接待件处理30多件，保证件件都落实，事事有回音。2016年区委督查室被评为全省先进。

三、坚持以人为本，锤炼队伍，队伍素质取得新提高。一是狠抓思想建设。紧密联系办公室工作实际，将集中学与自学相结合，制定学习计划，用理论武装全室干部职工思想，努力加强“学习型、实干型、健康型”三型班子建设。围绕“两学一做”学习教育主题，组织开展4次集中学习研讨、2次专题民主生活和组织生活会，每周五下午组织全办人员开展集中学习。通过学习，全室干部政治意识进一步增强，在思想上、政治上、行动上与区委保持高度一致，确保了政令畅通。二是狠抓作风建设。注重树立群众观念，结合每月8日、9日群众工作日，组织办公室干部到村（社区）、企业进行走访，收集社情民意，为群众、企业排忧解难。大力发扬“马上就办、真抓实干”工作作风，成立了“马上就办”办公室，制定了“马上就办”绩效考核细则，大力实施“五问工作法”，建立了周一半小时工作例会、重点工作主动报告、问题线索移送等工作机制，有效提高了干部队伍的执行力和落实力。三是狠抓制度建设。严格落实办文、办会、办事以及文稿、信息、督查、信访等工作流程，加强各条线之间的协调配合，为区委工作和谐运转提供了保障。建立健全《关于进一步完善区委领导工作体制机制的实施意见》《关于进一步严格执行请销假、领导干部外出请示报告等有关制度的通知》等制度，严格执行区委领导工作机制、工作报告机制、“四大家”办公室主任联席会议机制等有关制度，发挥指导协调作用，加强信息沟通，为区委统揽全局、协调各方的领导核心作用提供强有力的保障。四是狠抓队伍建设。以市委办“三提三新”竞赛活动为载体，把队伍建设摆在突出位置，不断强化效能意识、规矩意识、程序意识、流程意识、清单意识、反馈意识。注重加强干部培训和进修工作，通过采取集中培训、外派培训等方式，全年外派干部学习8人次，全面提高办公室人员的业务素质和综合能力。（文羽纶）

## 2016年中共荷塘区委办公室发文目录

| 序号 | 文号 | 文件标题 |
|---|---|---|
| 1 | 株荷办发〔2016〕1号 | 关于进一步严格执行请销假、领导干部外出请示报告等有关制度的通知 |

| 序号 | 文号 | 文件标题 |
| --- | --- | --- |
| 2 | 株荷办发〔2016〕2号 | 关于印发《荷塘区2015年度列入绩效考核单位名单》、《荷塘区2015年镇、街道、管委会绩效考核指标》、《荷塘区2015年区直部门绩效考核指标》等文件的通知 |
| 3 | 株荷办发〔2016〕3号 | 关于成立荷塘区公务用车制度改革领导小组的通知 |
| 4 | 株荷办发〔2016〕4号 | 关于印发《2016年荷塘区落实党风廉政建设“两个责任”考核办法》的通知 |
| 5 | 株荷办发〔2016〕5号 | 关于印发《荷塘区“一门式”政务服务改革全面推广实施方案》的通知 |
| 6 | 株荷办发〔2016〕6号 | 关于印发《荷塘区2016年全面建成小康社会工作实施方案》的通知 |
| 7 | 株荷办发〔2016〕7号 | 关于印发《荷塘区镇党委换届工作实施方案》的通知 |
| 8 | 株荷办发〔2016〕8号 | 关于成立镇党委换届工作领导小组的通知 |
| 9 | 株荷办发〔2016〕9号 | 关于印发《关于贯彻落实省委巡视第五组反馈意见的整改方案》的通知 |
| 10 | 株荷办发〔2016〕10号 | 关于印发《荷塘区2016年招商引资工作方案》的通知 |
| 11 | 株荷办发〔2016〕11号 | 关于印发《荷塘区2016年攻目攻坚年实施方案》的通知 |
| 12 | 株荷办发〔2016〕12号 | 关于印发《荷塘区2016年企业帮扶年活动实施方案》的通知 |
| 13 | 株荷办发〔2016〕13号 | 关于印发《荷塘区2016年财源建设工作实施方案》的通知 |
| 14 | 株荷办发〔2016〕14号 | 关于《开展“访民情、解民困、促平安”集中大走访方案》的通知 |
| 15 | 株荷办发〔2016〕15号 | 关于印发《荷塘区机关文化建设的工作方案》的通知 |
| 16 | 株荷办发〔2016〕16号 | 关于2015年度镇、街道及村（社区）综治工作（平安建设）考核评估结果的通报 |
| 17 | 株荷办发〔2016〕17号 | 关于2015年度区直和中央、省、市驻区单位综治工作（平安建设）考核评估结果的通报 |
| 18 | 株荷办发〔2016〕18号 | 关于印发《荷塘区2016年上半年迎省民调攻坚活动方案》的通知 |
| 19 | 株荷办发〔2016〕19号 | 关于推进落实“三重一大”决策制度的通知 |
| 20 | 株荷办发〔2016〕20号 | 关于报送违纪违规线索的通知 |
| 21 | 株荷办发〔2016〕21号 | 关于严禁党员干部参与民间高额利息借贷的通知 |
| 22 | 株荷办发〔2016〕22号 | 关于印发《荷塘区“纠‘四风’、治陋习”专题整治工作方案》的通知 |
| 23 | 株荷办发〔2016〕23号 | 关于印发《荷塘区“雁过拔毛”式腐败问题专项整治实施方案》的通知 |
| 24 | 株荷办发〔2016〕24号 | 关于公布荷塘区孝文化园百善征集活动获奖名单的通知 |
| 25 | 株荷办发〔2016〕25号 | 关于印发《荷塘区乡镇（街道）机关及其事业单位主要职责内设机构和人员编制规定》的通知 |
| 26 | 株荷办发〔2016〕26号 | 关于调整“基层党建帮扶”联系点的通知 |
| 27 | 株荷办发〔2016〕27号 | 关于印发《荷塘区2016年（工）委（党组）意识形态工作责任制考核办法》的通知 |
| 28 | 株荷办发〔2016〕28号 | 关于印发《荷塘区科级非领导职务干部管理办法（试行）》的通知 |

| 序号 | 文号 | 文件标题 |
|---|---|---|
| 29 | 株荷办发〔2016〕29号 | 关于在全区党员中开展“学党章党规，学系列讲话，做合格党员”学习考核实施方案的通知 |
| 30 | 株荷办发〔2016〕30号 | 关于印发《荷塘区党政班子成员、人大主任、政协主席服务非公企业的实施方案》的通知 |
| 31 | 株荷办发〔2016〕31号 | 关于印发《荷塘区2016年园区工作考核实施方案》的通知 |
| 32 | 株荷办发〔2016〕32号 | 关于印发《中共株洲市荷塘区委常委会2016年党风廉政建设主体责任分工》的通知 |
| 33 | 株荷办发〔2016〕33号 | 关于印发《荷塘区保障改善民生三年行动计划2016年总体实施方案》的通知 |
| 34 | 株荷办发〔2016〕34号 | 关于成立荷塘区老年养身保健协会的通知 |
| 35 | 株荷办发〔2016〕35号 | 关于2015年度人口和计划生育工作考核评估与奖惩情况的通报 |
| 36 | 株荷办发〔2016〕36号 | 关于印发《荷塘区征地拆迁工作考核及奖惩办法》、《株洲市南岳岭·上月塘片区棚改项目工作人员考核方案》的通知 |
| 37 | 株荷办发〔2016〕37号 | 关于表彰2015年度全区办公室先进单位和个人的通知 |
| 38 | 株荷办发〔2016〕38号 | 关于荷塘区1—5月固定资产投资数据情况的报告 |
| 39 | 株荷办发〔2016〕39号 | 关于印发《荷塘区创建“新一轮全国计划生育优质服务先进单位”工作方案》的通知 |
| 40 | 株荷办发〔2016〕40号 | 关于成立荷塘区驻茶陵县贫困村帮扶工作队的通知 |
| 41 | 株荷办发〔2016〕41号 | 关于进一步做好当前信访维稳工作的通知 |
| 42 | 株荷办发〔2016〕42号 | 关于印发《加强区纪委派驻纪检组规范化管理的意见》的通知 |
| 43 | 株荷办发〔2016〕43号 | 关于印发《荷塘区合并村村级组织建设工作方案》的通知 |
| 44 | 株荷办发〔2016〕44号 | 关于成立区第五次党代会筹备工作领导小组的通知 |
| 45 | 株荷办发〔2016〕45号 | 关于转发《中共株洲市委办公室关于印发〈喜迎党代会、共谋新发展献智献策活动方案〉的通知》 |
| 46 | 株荷办发〔2016〕46号 | 关于印发《荷塘区推进驻区中共企业省属企业三供一业移交工作的实施方案》的通知 |
| 47 | 株荷办发〔2016〕47号 | 关于印发《关于成立荷塘区创建国家公共文化服务体系示范区工作领导小组的通知》 |
| 48 | 株荷办发〔2016〕48号 | 关于印发《荷塘区征地拆迁项目督查制度》的通知 |
| 49 | 株荷办发〔2016〕49号 | 关于认真学习贯彻习近平总书记在庆祝中国共产党成立95周年大会上的重要讲话精神的通知 |
| 50 | 株荷办发〔2016〕50号 | 关于印发《荷塘区2016年度村（社区）计划生育工作考核评估方案》的通知 |
| 51 | 株荷办发〔2016〕51号 | 关于印发《荷塘区2016年度镇（街道、管委会）计划生育工作考核评估方案》的通知 |
| 52 | 株荷办发〔2016〕52号 | 关于印发《荷塘区2016年度列入绩效考核单位名单》 |
| 53 | 株荷办发〔2016〕53号 | 《荷塘区2016年度镇街道管委会绩效考核指标》《荷塘区2016年度区直部门绩效考核指标》文件通知 |

| 序号 | 文号 | 文件标题 |
|---|---|---|
| 54 | 株荷办发〔2016〕54号 | 关于印发《荷塘区2016年“全区总动员，大干一百天，全力保投资”活动实施方案》的通知 |
| 55 | 株荷办发〔2016〕55号 | 关于印发《关于加强政党协商的实施意见》的通知 |
| 56 | 株荷办发〔2016〕56号 | 关于调整人口和计划生育领导小组成员的通知 |
| 57 | 株荷办发〔2016〕57号 | 关于印发《推进行业协会商会与行政机关脱钩工作方案》的通知 |
| 58 | 株荷办发〔2016〕58号 | 关于印发《荷塘区关于印发“马上就办、真抓实干”活动的实施方案》的通知 |
| 59 | 株荷办发〔2016〕59号 | 关于召开株洲市荷塘区区镇两级人大换届选举动员暨工作培训会议的通知 |
| 60 | 株荷办发〔2016〕60号 | 关于印发《荷塘区第五届人大代表推荐提名工作方案》的通知 |
| 61 | 株荷办发〔2016〕61号 | 关于印发《荷塘区人大换届选举工作联席会议的通知》 |
| 62 | 株荷办发〔2016〕62号 | 关于印发《荷塘区2016年下半年迎省民调“四抓两治”攻坚实施方案》的通知 |
| 63 | 株荷办发〔2016〕63号 | 关于认真学习贯彻区第五次党代会精神的通知 |

（文羽纶）

## 纪检·监察

**【概况】**2016年，中国共产党荷塘区纪律检查委员会（荷塘区监察局）进行纪律检查体制改革。改革后，机关编制19个，内设办公室、党风政风监督室、信访室、纪检监察室、案件审理室。设基层纪检监察组织17个，其中镇纪委1个，街道、管委会纪工委7个，区直部门纪委6个，公安分局纪委1个，两院纪检组2个。年内，各级纪检监察组织紧紧围绕监督执纪问责，深化“三转”，全面提高履职能力，坚持聚焦主责、突出主业，全区党风廉政建设和反腐败斗争成效明显。2016年，区纪委（区监察局）被评为荷塘区文明建设先进单位、荷塘区办公室工作先进单位、“党建帮扶”先进单位，2016年湖南省纪检监察信息工作先进单位。

**【“两个责任”落实】**2016年，荷塘区纪检监察机关将“两个责任”（党委负主体责任，纪委负监督责任）清单化、层级化，年初下发《“两个责任”清单》《责任分工》《任务分解》等文件，层层明晰责任，逐级传导压力，深入推进“两个责任”落实。实行“双向联系”，加强与区委常委的联系，协调区委领导落实党风廉政建设主体责任；加强与基层党委和区纪委的联系，督促指导基层党委（党工委、党组）、纪委（纪工委、纪检组）落实党风廉政建设主体责任和监督责任制度。区委书记率先垂范，9次作出批示，亲自约谈17名领导干部，带头开展提醒谈话42人次，直指问题，传导压力，其他区委常委也按要求落实各自责任；联系基层党组织，加强督查指导、抽查核查，发出通报5期，提出问题建议26个。区纪委对纪律审查、问责处理等工作排名靠后的4名基层党（工）委书记、1名基层纪工委书记、1名派驻纪检组长进行约谈。

**【纪律建设推进】**2016年，荷塘区纪检监察机关深入开展《习近平关于严明党的纪律和规矩论述摘编》《廉洁自律准则》《纪律处分条例》《问责条例》学习活动，分批组织4200多名干部集中观看《准则》《条例》宣传教育片，开通“荷塘清风”微信平台，编发党纪党规宣传信息520多条次，分3批次对192名新任领导干部进行廉政谈话。发放由市纪委编印的《学思践悟》386多册给全区副科级以上干部学习；向各基层单位发放警示教育片《不可触碰的底线》232本，受教育党员干部2万多人次。切实加强对党员干部的监督管理，持续开展党员干部违规收送红包礼金问题整治行动，年内廉政账户收到党员干部主动上缴的红包礼金21万多元。

**【换届选举干部廉洁审查】**2016年，荷塘区纪检监察机关认真做好换届选举干部廉洁审查工作，执行“四个凡提”(考察对象的干部档案“凡提必审”，领导干部个人有关事项报告“凡提必核”，纪检监察机关意见“凡提必听”，线索具体的信访举报“凡提必查”)等监督制度，采取联合审查方式，从严把好代表资格审查关，否决16名区党代表、19名人大代表、34名政协委员提名人选资格。加强换届纪律督查。开通区领导监督举报专线电话3台，区纪委、区委组织部设电话、微信、网络、信访、举报箱等举报方式，大会期间24小时值守。共成立12个巡回督察组，保证督查横向到边，纵向到底，不留“死角”，成立27个监督小组对大会期间的会风会纪进行全程监督，全区未发生一起违反换届纪律的违纪违法案件。

**【“四风”专项整治】**2016年，荷塘区纪检监察机关狠抓重要节点，注重提醒警示，采取纠“四风”专项督查、回头复查、集中反馈、问题通报等方式，“四风”问题得到有效遏制。2016年查处“四风”问题46个，诫勉谈话14人，通报批评25人，约谈3人，辞退3人，免职1人，立案查处18起，通报典型案例4起。对市纪委交办的11个涉嫌公车私用问题下发函询通知书，立案查处公车私用问题1起。开通“一门式”政务服务的电子监察平台，对区政务服务大厅、40个便民服务中心、217项政务服务事项实现了全流程监督，1家单位3名工作人员因行政审批事项超时办结而被追责。对“雁过拔毛”式腐败进行专题部署，广泛宣传。采取全面自查、重点督查、专项抽查、实地调查、零报倒查、电话回访、延伸审计等方式，开展各类监督检查12次，对近3年的52项涉农专项资金进行全面自查清理，发现并整改问题40个，立案查处“雁过拔毛”式腐败案件14件，党政纪处分14人，清缴清退资金120.9万多元(其中清退给群众12.9万多元)，对发生的11件“雁过拔毛”式腐败典型案件在三湘风纪网、株洲廉政网、“荷塘清风”微信平台进行公开曝光，形成强烈震慑。

**【纪律审查】**2016年，荷塘区纪检监察机关健全来信、来访、来电、网络“四位一体”信访举报系统，在“荷塘清风”微信平台开通“四风”举报“一键通”，进一步拓宽和畅通信访投诉渠道。规范信访处理程序，对信访件实施统一归口管理，严格按“五类标准”处置问题线索，办访水平和质量明显提升。全年受理各类信访举报件40件(不含省委巡视组移交的59件信访件)，办结40件，办结率100%。坚持抓早抓小、动辄得咎，致力把纪律规矩立起来、严起来。全区函询2人16家单位、组织处理44人，立案31件，结案31件，处分党员干部31人，实现自办案件率100%，分4次通报典型案件17起，剖析案件根源，形成警示威慑效应。认真配合省委巡视组在荷塘区开展巡视，办结省委巡视组移交的59件信访件，交办的11件问题线索，问责追责59人，组织处理48人，挽回经济损失304万元，针对制度缺陷和监管漏洞，落实整改措施101项，全区出台规章制度30项。

**【纪检监察干部建设】**2016年，荷塘区纪检监察机关以全区机构改革为契机，推进系统内外、上下干部的交流，面向社会公开招考2名纪检监察办案人员，区直部门纪检组长已调整到位。进一步开展纪（工）委书记（纪检组长）兼职清理工作，纪（工）委书记（纪检组长）基本回归到主责主业。查办案件向同级党委汇报的同时向上级纪委报告、纪检监察干部选任以上级纪委为主的规定正在逐步实现具体化、程序化、制度化。邀请市纪委和区委有关领导授课4次，抽调基层纪检监察干部16人次到区纪委以案代训，举办党风廉政建设新闻宣传评稿交流会1次，完善委局《落实党风廉政建设监督责任操作手册》，统一印制《谈话记录本》，规范信访举报受理、问题线索处置、谈话函询、纪律审查、案件审理、廉洁鉴定意见书等工作，以规范管理促队伍纯洁，防止“灯下黑”。 （欧阳妤）

## 组织工作

**【概况】**1997年，中共株洲市荷塘区委组织部成立，是主管全区组织工作和干部人才工作的区委工作机构。核定编制人数16人，其中行政编制人数11人、事业编制人数4人、工勤编制人数1人。2016年，干部职工在编人数14人，其中行政编制10人、参公事业编制3人、工勤编制1人。

2016年，荷塘区委组织部紧紧围绕区委中心工作和全区发展大局，全面加强班子和干部人才队伍建设，落实基层党建工作责任制，为打造实力荷塘、活力荷塘、宜居荷塘提供了坚强的组织保证。其中，培养选拔年轻干部、加强基层党组织建设、党代表“六定工作法”、整顿软弱涣散基层党组织、党员规范发展等工作，先后在省、市组织工作会议上作交流发言。荷塘区组织工作先后得到《党建研究》《中国组织人事报》《共产党员手机报》《湖南日报》《湘组信息》《湘组研究》等中央、省、市党报党刊520多次宣传推介，扩大了荷塘组织工作影响力。

**【开展区委换届工作】**2016年，区委组织部严格按照中央、省、市委关于认真做好区镇换届工作的有关要求和安排，坚持把加强党的领导、充分发扬民主、严格办事程序、严肃换届纪律贯穿于工作始终，扎实有效地抓好换届各项工作。认真梳理区委换届各项工作任务，起草区第五次党代会筹备工作领导小组的通知、《日程安排》等材料，把筹备工作机构组成人员及具体工作任务做出了具体安排，列出完成任务时间表，限时完成。严把组织领导关、推选程序关、资格审查关、督查指导关4个关口，选好党代表，为区委换届提供坚实基础。

**【夯实党建基础】**2016年，区委组织部突出抓好7项党建工作重点任务。经党组织关系排查，查找到313名失联党员，给予限期改正处置98名，除名3名党员，其余人员均纳入组织管理，同时对仍无法取得联系的53名党员，按自行脱党除名处置。按照“三区一校七室”要求建好园区党工委党群服务中心，新建25家非公企业党支部，非公企业党组织达101家，覆盖非公企业数76家。新建2个社会组织党组织，社会组织党组织达17个，覆盖社会组织119家。对受到刑事责任追究、涉及“黄赌毒”等行政处罚的1名市人大代表、20名党员，区委组织部联合区纪委开展处理；党费专项检查，完成409个党支部，4123名党员补缴党费，缴纳党费101.6万元。

**【“两学一做”活动开展】**2016年，荷塘区委结合“两学一做”学习教育，大力开展争做“三型”（学习型、实干型、健康型）领导干部，恪守“三正”（正气、正派、公正）要求，转作风、扬正气、激动力。

落实每月“群众工作日”“党员活动日”，抓好三联三促活动，为群众办实事、解难事，用实际行动当先锋、做表率。全区48名县级领导带头下基层联系指导推动“两学一做”学习教育，带头讲党课106堂。完成4个专题学习研讨，开展“我身边的优秀党员”评选、“手抄党章一百天”等活动。利用在职党员进社区、党员活动日、群众工作日等活动载体，让广大党员踊跃参与项目攻坚、扶贫帮困、城乡同治等中心工作，发挥服务民生、服务发展的先锋模范作用。

**【三支队伍培训】** 2016年，荷塘区委组织部结合“两代表一委员”选举、省市基层党建调查核实工作的部署，举办8次党务工作者培训班。5月，组织50人赴浙江大学开展了实地考察培训。全年区本级累计培训党务骨干1200人次。通过“三会一课”、农村党员冬春训，远教站点、微信群、QQ群等平台，培训普通党员3万余人次。将招生与发展党员、党员积分管理、农村后备干部培养等相结合，找准抓手，完成招生13人。

**【党教形式创新】** 2016年，荷塘区委组织部举办2期“红色讲堂”，建立区级师资共享库、课程教案库、示范基地库3个子资源库；创建荷塘组工、荷塘清风、在荷塘等多个微信公众号，吸引近5000名党员关注；以党建网站联盟、荷塘区“一门式”服务、自治家园等特色载体为依托，对接红星视频、党建网站，共享课程教案。安排专人通过“智慧荷塘”APP，及时将党章党规、上级精神、党建动态等内容，以图文结合模式进行解读，让党员群众随时随地享受贴心办事服务，使党员群众接受党务服务不打烊、参加教育培训不出门、了解党史党情不出区。

**【区第五次党代会工作】** 2016年，出席荷塘区第五次党代会党代表227名。其中各级领导干部代表名额127名，占55.94%；各类专业技术人员代表名额50名，占22.02%；各条战线先进模范人物代表名额46名，占20.26%；解放军、武警部队等代表名额4名，占1.76%；妇女代表名额85名，占37.44%；少数民族党员代表5名，占2.2%。9月20—22日，召开中共荷塘区第五次党代表大会，选举第五届区委委员36名，区委常委11名，区委书记1名，区委副书记2名，候补委员拟设6名；区纪委委员19名，区纪委常委7名，区纪委书记1名，区纪委副书记2名。

**【党代表提案办理】** 2016年，中共荷塘区第五次党代表大会期间收到党代表提案8起，立案8起，涉及企业发展、项目建设、社会养老、人才建设、干部教育管理、食品药品安全等经济社会发展内容；区委围绕提案内容和有关单位职责分工，对8件提案办理工作进行责任分解，并指导督促相关部门抓好落实，切实做到代表提案办结率100%、满意率100%。

**【党代表驻室工作】** 2016年，荷塘区委进一步加强党代表与基层党员群众的联系，将13名株洲市第十二届党代表、227名区第五届党代表，划分成6个代表组，明确组长、副组长，分配到各镇（街道、管委会）、村（社区）；同时，深入推进“六定工作法”（定室接待、定期走访、定题服务、定向调研、定时办结、定责述职），明确代表职责与服务内容，充分发挥代表联系服务群众作用。

**【干部任免】** 2016年，荷塘区委组织部认真落实《干部选拔任用条例》，全面推行考察责任制、考察预告制、民主推荐、民主测评、任前公示和试用期制等制度，干部任用工作程序规范到位。全年调整干部7次，涉及干部400多人次，其中提拔46人，重用25人，交流107人，消化超职数19人，自愿退出领导岗位38人，撤销任职1人，降职处理1人，另有县级领导职务调整、乡镇换届选举、辞职、挂职、调入调出、自愿提前退休、军转干部安置等若干人次。进一步配强基层镇(街道)党政班子，调优区直机关领导班子。年内根据招考计划，结合区委换届工作有关要求及区情，坚持“凡进必考”，先后组织区纪委选调考试及乡镇街道领导班子配备“三类”人员公开比选考试等。考试流程严格规范，笔试、面试命题机构及体检单位均采取随机抽取，区纪委对考务工作实行全程动态监督，最大限度的避免了人为因素的影响，有效提高了考录工作水平，确保考录工作的公开、公平和公正。通过比选配备乡镇领导班子“三类”人员1名，区纪委选调工作人员2名。

**【干部教育】**2016年，荷塘区委组织部拓展微信公众号(荷塘组工)干部教育平台，整合中心组学习、红色讲堂、周五学习日、干部远程网络教育等干部教育资源、载体，大力开展干部能力建设。组织新任党组织书记、副书记、组织委员及党建相关领域干部50多人，赴浙大开展为期10天的党建业务培训，区委副书记、组织部长等领导全程跟班巡学，确保学习纪律和学习效果，主动适应全面从严治党新常态；组织干部学习先进地区“一门式”管理经验和模式；把征地拆迁一线作为培养锻炼干部的主战场、大课堂，让广大干部在面对面的做群众工作和处理解决各种复杂问题中经风雨、见世面、受锻炼，不断提升服务基层、服务群众、服务发展的能力；选派16名扶贫工作队员，深入茶陵县扶贫攻坚一线，选派1名年轻干部到市经信委进行挂职学习，输送1名领导干部援藏。年内组织完成干部调训41人次。

**【干部监督】**2016年，荷塘区委组织部大力推进“三超两乱”(超职数配备干部、超机构规格提拔干部、超审批权限设置机构、擅自提高干部职级待遇、擅自设置职务名称)专项治理，认真整改超职数配备干部问题，有序消化超职数配备的干部，消超率91.3%。认真落实干部任免报告请示制度，严格执行“三不”要求，不新超职数，不高配干部，不违规使用干部；规范选任监督，干部调整时，坚持执行领导干部任前谈话制度；有针对性地进行了提醒谈话和廉政谈话，完善领导干部经济责任审计制度；严格执行相关规定，认真处理“12380”群众监督举报平台的管理，对收到的投诉、举报等内容及时予以调查核实并回复，通过加强干部日常监督，有效巩固“三超两乱”治理成效。

**【干部管理】**2016年，荷塘区委组织部规范非领导职务干部管理，制定《荷塘区科级非领导职务干部管理办法(试行)》，从管理对象、工作安排、考核管理、纪律要求等方面对科级非领导职务干部作出具体明确要求，使管理工作有章可循，有据可依。规范科级干部因私出国(境)审批、干部请销假制度，干部规矩意识、纪律观念明显增强。严格领导职数管理，认真开展“三超两乱”整治、职务与职级并行、干部人事档案专项审核、公务员登记、统计等工作；有计划地开展后备干部、女干部、党外干部、少数民族和年轻干部的培养使用工作；加大干部交流力度，重点推进党政正职、关键岗位干部和优秀年轻干部的交流，进一步加强干部宏观管理，促进干部管理的科学化、规范化。

**【四套班子换届完成】**2016年，在人大代表、政协委员推荐提名阶段，严把入口关、身份关、结构关，对照15项“负面清单”，对200多名党代表候选人、近300名人大代表建议人选、近200名政协委员候选人进行认真的资格审核和考察，先后20多次召开联席会议，否决因违纪、违法、违反计生政策的初步候选人54名，为确保基层代表、非党代表比例，劝改领导干部和非公经济负责人26人。会议召开期间，分别在各团设置风气监督员、下团工作人员、联络员，严密规范组织各次大会和分团会议，“两代表一委员”参会率99%。针对投票环节，单独召开工作人员会议6次，预演彩排6次。结合区镇两级换届工作要求，选拔信念坚定、为民服务、勤政务实、敢于担当、清正廉洁的优秀干部，做好区镇换届服务工作，圆满完成区委、人大、政府、政协四套领导班子的选举任务，组织意图得到顺利实现。

**【人才制度建设】**2016年，荷塘区成立由区委书记任组长的人才工作领导小组，区委常委会、区委理论学习中心组多次研究和学习人才工作专题。围绕推进人才队伍建设、激发人才活力、人才服务中心工作等，先后出台《荷塘区领导干部联系专家制度》等政策文件10个，初步建成人才政策框架体系。投入人才发展专项资金200余万元，为实施人才重大工程、推进人才工作项目等提供了资金保障。

**【人才引进】**2016年，荷塘区招考电子商务、生物技术、法学等专业的公务员10人，招考选调生4人，招聘优秀教师50人，招聘经济学、土建、医学检验、财务、社会工作专业人才19人，引进职业经理人2名，引进清华大学全日制研究生1人，引进重点大学全日制研究生7人，为基层单位、新兴企业注入了新鲜血液。

**【人才培养】**2016年，区委组织部继续在辖区企事业单位中宣传株洲市“万名人才计划”有关文件精神，宣扬区委、区政府重视人才工作的决心。积极开展调研摸底，成功申报株洲市领军人才2人，新引进高层次人才1人，推荐2人参加株洲市中青年专家理论研修班，努力为人才的引进和成长创造良好条件。

**【人才服务】**2016年，区委组织部建立领导定点联系帮扶制度，为全区137家工业、商贸、房地产类企业和人才明确帮扶领导。全年走访企业162家，收集融资需求、人才需求、项目建设等方面的问题419个，帮助企业和人才解决问题167个。6月8日，《株洲日报》头版头条刊发《企业帮扶的“荷塘故事”》一文，报道荷塘区企业帮扶工作取得的良好成果。

**【人才项目】**2016年，是荷塘区人才创新项目——“未来教育家工程”实施第3年，全区继续投入100万元专项经费用于该项目成长发展。通过组建中小学校长研修班，组织教师参加交流座谈、沙龙研讨，外派教师参加省外培训等方式，轮训教师千余人。年初，该项目以最高分获评株洲市第四届教育工作创新奖，荷塘区教育学会被评为全市优秀教育学会，其教师团队建设经验在省、市有关会议上做典型发言。

**【人才活动】**2016年，区委组织部举办一系列“人才沙龙”，如青年企业家、精英人才交流会，“繁荣荷塘文艺”文艺名家座谈会，文艺界代表座谈会，企业家协会羽毛球、乒乓球友谊赛，志愿者工作座谈会，党外代表人士座谈会等，300余名来自各个领域的精英人才面对面交流信息，凝聚在荷塘、建荷塘、强荷塘的奉献激情。（邓　泺）

## 宣传工作

**【概况】**中共株洲市荷塘区委宣传部前身为中共株洲市东区委宣传部，1997年11月成立，是区委主管意识形态的工作部门，主要负责全区理论学习指导、新闻宣传、精神文明建设、思想政治、文化文艺等工作。2016年，有人员编制10个，其中行政编4个，事业编5个，机关后勤服务事业编1个。内设文明办、网宣办、办公室3个职能室(办)。归口管理区文联。

2016年，区委宣传部围绕中心，服务大局，唱响主旋律，打好主动仗，为全区经济社会发展提供了强有力的思想保证、精神动力和智力支持。理论教育紧扣中央、省委和市委理论学习要求，重点学习党的十八届六中全会精神及习近平总书记系列重要讲话精神，结合党的最新理论成果，围绕全区的中心工作以及实际工作中碰到的难点、热点问题，认真开展理论学习。重点加强了对习总书记系列重要讲话的学习宣传、对服务改革发展的持续宣传、对转型升级的集中宣传。以学习党的十八届六中全会精神、纪念建党95周年和红军长征胜利80周年、庆祝市、区党代会胜利召开为主题，进行了广泛宣传。抓住媒体变革机遇，积极推动网络媒体与传统媒体良性互动，全力办好政府门户网和荷塘新闻网，打造了新华社APP荷塘频道，建立“在荷塘”官方微信公众号，加强了常态化的分析研判和突发舆情的统筹协调。全面开展学校、机关、企业文化建设，对区域内的优秀文化、先进人物进行持续宣传推介，力促创文成果深化巩固。

**【理论学习教育】**2016年，荷塘区理论教育紧扣中央、省委和市委理论学习要求，围绕全区的中心工作以及实际工作中碰到的难点、热点问题，认真开展理论学习。精心设置“学党章党规、学系列讲话，做合格党员”学习教育、供给侧结构性改革、一门式政务服务改革、习近平总书记重要论述、人口和计生新政策和新法规等专题。全区领导干部年均集中学习13.5天，参学率95%以上。

**【献智献策活动】**2016年，荷塘区委宣传部坚持学用结合，大兴调研之风。积极组织开展“喜迎党代会共谋新发展”献智献策活动，收集建议和意见108条，涌现出一批内容突出、具有指导价值的意见和建议。

**【新闻宣传】**2016年，荷塘区新闻宣传先声夺人，积聚正能量，总发稿量和大稿、先声夺人头条的上稿量均居全市前茅。特别是2016年南岳岭、上月塘片区棚改项目宣传，形成正面舆论一边倒的强声势，有力地助推征收工作，创造全省棚改征收“荷塘模式”“荷塘速度”。新华社以《株洲荷塘区：干事创业有激情棚改推进有速度》为题，在《领导内参》上专题刊发。《湖南日报》以《棚改征收“荷塘模式”受好评》为题在头条位置重点推介，并在头版以《闪耀公正的阳光》和《激发和谐的力量》为题2次进行专题报道，创造重点项目成功宣传的范例。

**【首届“忠孝荷塘”书法美术作品展】**6月13日，2016荷塘艺术节“忠孝荷塘”荷塘区首届书法、美术作品展暨开幕式在株洲市规划展览馆举行，来自荷塘区书法与美术爱好者及省内特邀嘉宾的120幅作品对外展出。市文联主席黄勇、市文体广电新闻出版局副局长谢春利、市美术家协会主席周伟钊、市书法家协会主席楚石、区委副书记何恒仁等领导出席开幕式。

**【孝文化园百善征集活动】**2015年11月－2016年4月，由中共荷塘区委、株洲日报社联合主办，荷塘区孝文化园项目建设指挥部、荷塘区文明办、《株洲晚报》承办的孝文化园·百善征集活动在全市广泛开展。收集社会各界“四字善文”3457句，经评选、公示，确定“百善孝先忠孝为本”等100句为“百善集句”，丰富了城市道德内涵。

**【学雷锋志愿服务活动】**2016年，荷塘区建立全市唯一的志愿者联合会。全区组建学雷锋志愿服务队伍133支、设立学雷锋志愿服务岗100多个。依托省志愿服务网，发展注册志愿者40944人。开展社区志愿服务，推行社区自治组织、社区互助组织、志愿者队伍“三社联动”的服务模式，在石子头社区设置义工志愿者组织孵化园。以刘晓雷的“晓雷爱心工作室”、周平芬“株洲雷锋团”为代表的各类志愿服务队伍逐步壮大；以西子社区为代表的“爱心直通车”等社区志愿服务项目逐渐形成品牌，获省、市媒体多次报道，石子头社区作为株洲市唯一单位参评全国最美志愿服务社区。

**【公益宣传】**2016年，荷塘区在全区各街道、乡镇设立9条精神文明建设宣传街，公益宣传内容、标准由区文明办统一把关。全区常年保持大型户外公益广告50条以上、小区楼栋广告3000块以上、社区标准化楼落地宣传钢架500个以上，辖区328家临街门店的每块电子显示屏至少滚动播出公益广告5条以上，做到公益宣传全域覆盖。

**【善行教化活动】**2016年，荷塘区成立“八德宣讲，善行劝化”义讲队，开展“忠孝荷塘，崇德向善”善行教化活动，为全区人民印送《荷塘区“忠孝荷塘崇德向善”善行教化活动倡议书》，在全区学校开展“忠孝荷塘”主题作文比赛。全面开展学校、机关、企业文化建设，对区域内的优秀文化、先进人物进行持续宣传推介，力促创文成果深化巩固。

**【精神文明建设】**10月18日，荷塘区在流芳公园建设的全省首家“好人馆”开馆，集中展示近年来株洲市涌现出的中国好人典型事迹。宋家桥街道居民冯昶获评株洲市第四届孝老爱亲类道德模范，并登上中国好人榜。培育推介月塘街道、株洲市职业病防治中心、第四中学3家省级文明单位；培育推荐湖南千金湘江药业股份有限公司为市文明建设标兵单位，株洲市城郊农村信用合作社联合社等10家单位为市文明建设先进单位，区政务服务中心为市级文明窗口，仙庾镇徐家塘村为市级文明村镇，月塘街道石子头社区为市级文明社区，陈峰等12人为市级文明公民。评选株洲市政建设有限公司等14家单位为区级文明建设先进单位，阳光海等15人为区文明建设先进个人（文明公民）。评选市容市场生态环境建设工作组为区创建文明城市工作先进工作组，合泰管理办公室、区交警大队为区创建文明城市工作先进单位，刘金耀等5人为区创建文明城市工作先进个人。

**【全国文明城市复查迎检工作会议】**8月13日，荷塘区组织召开全国文明城市复查迎检工作会议。区委副书记、区长邬凌云出席会议并讲话。区委副书记何恒仁主持会议。区委常委、宣传部部长崔家盛对测评迎检进行具体部署；区人大常委会主任胡开元，区委常委、常务副区长刘伟对工作提出具体要求。会议要求，全国文明城市复查测评在即，全区各级各单位要迅速进入状态，全力做好迎检工作，重点做好入户调查、公益宣传、市容市貌、文明劝导、窗口单位、基础设施、交通秩序、校园周边环境及网吧治理、资料整理、信访维稳十个方面的工作。会议要求全区机关干部周六、周日取消休息，根据党建帮扶责任网格划分下到各街道、社区开展工作。办点领导要下到责任点靠前指挥；各工作组、各镇办要做好迎检任务的攻坚，进一步查漏补缺，抓紧时间整改；区直部门要抓好本单位、本系统迎检任务的攻坚，加派力量做好主要交通路口的文明劝导工作，并协助联点社区开展迎检工作。

**【召开文明建设总结表彰暨深化文明城市建设动员大会】**8月8日，荷塘区召开文明建设总结表彰暨深化文明城市建设动员大会，贯彻全市会议精神，总结2015年全区精神文明建设和文明城市建设工作，部署下阶段工作。区委书记顾峰在会上强调，8月，全国文明城市复查测评工作将全面开展，全区上下必须从思想上高度重视，广泛发动，全力以赴，在全区范围内迅速掀起文明建设新高潮，确保复查测评顺利通过，争获文明城市建设先进区的光荣称号。会上，区委副书记何恒仁宣读对2015年文明建设先进单位和个人进行表彰的决定；区城管局、月塘街道、茨菇塘街道、区交警大队、月桂社区等5家单位在会上作了表态发言。

【网络舆情监管】2016年，荷塘区编辑《涉荷舆情》8期，《涉荷舆情快报》1期，报送30条舆情信息。对网上舆论热点特别是重大突发性公共事件，在最短时间内获取，并采用《涉荷舆情快报》的形式及时上报，让区领导和有关部门及时掌握网民的社情民意，并及时分析汇报舆情走向，为领导决策提供重要参考信息。（秦 蓁）

## 统战工作

【概况】1985年3月4日，中共株洲市东区委员会设立中共株洲市东区委员会统一战线工作部，为东区(1997年改为荷塘区)党委主管统一战线工作的职能部门。内设办公室、民宗办、对台办、侨联4个机构，民宗办、对台办、侨联均为非实体性挂牌机构。2016年3月，中共荷塘区委成立统一战线工作领导小组，由区委书记任组长，办公室设在区委统战部。2016年，区委统战部有行政编制4名，实有工作人员5名。全年深入学习贯彻中央、省委、市委和区委关于统一战线的系列重大决策部署，以凝心聚力“十三五”规划行动为总抓手，深入开展统一战线组织建设年系列活动，开创了全区统一战线事业发展新局面。荣获了全市统战工作实践创新成果奖、全市统战调研先进单位、全市统战信息工作先进单位、全市统战公众号知识竞赛优秀组织奖等多项荣誉；区工商联被评为全国五好县级工商联；西子社区被评为全省民族团结进步示范社区；城市民族工作经验在省委统战部专刊和公微上进行推广。

【党对统战工作领导加强】4月，区委成立荷塘区委统一战线工作领导小组，由区委书记任组长。全年领导小组研究部署统一战线重大决策、重要工作1次，区委常委会研究统战工作6次；出台基层统战工作的纲领性文件《关于进一步做好统一战线工作的意见》(株荷发〔2016〕21号，以下简称《意见》)，《意见》分10大部分，分别就切实加强党对统一战线工作的领导、全力做好统一战线各领域工作以及认真抓好《中国共产党统一战线工作条例》、省委、市委《实施〈条例〉意见》的落实提出符合实际而又详尽的意见和要求。

【党外代表人士队伍建设】2016年，荷塘区以集中换届为契机，安排党外区人大代表57名，占35.6%、党外人大常委7名，占39%；党外政协委员93名，占60%、党外政协常委18名，占66.7%。党外代表人士安排使用的人数、比例均实现历史性突破，第一次全部达到政策要求；牵头组织14个单位(部门)对换届人选中的所有非公有制经济代表人士开展综合评价；在机构改革、职数减少的情况下，交流党外干部14名，提拔党外干部2名；在金山街道办事处新配党外副职干部。

【多党合作】2016年，荷塘区委统战部引导各民主党派做好换届并全力支持全区民主党派基层支部换届工作；进一步提升、推广致公党荷塘一支部在民主党派基层支部“四型”(学习提升型、管理规范型、参政议政型、爱心服务型)建设中的经验做法。同时，组织党外人大代表和党外政协委员在两会期间提交提案、议案38件，有一大批优秀意见和建议得到区主要领导的表彰、批示和落实；“同心同行”大调研活动开展得有声有色，收集调研文章30余篇，收集社情民意60多篇；先后组织开展全区党外代表人士座谈会、全区统战工作暨“反腐倡廉”工作情况通报会、党代会征集党外代表人士意见座谈会、全区大型群众文艺会演企业专场、全区非公青年企业家(精英人才)交流会、区“忠孝荷塘”书法美术作品展、全区党派工作会议暨政情通报会等多次大规模、有影响、见成效的活动，在全区统战系统引起强烈反响。

**【经济统战】**2016年，荷塘区依托“一门式”政务服务平台，成立中小企业服务中心，打造“一中心、八平台”服务体系（以中小企业服务中心为依托，建立完善咨询服务、融资贷款、代理服务、项目申报、创业孵化、企业信息化、人才服务、企业家协会八大中小企业公共服务平台），政府对非公企业的引导，真正由管理转向服务，“亲”“清”新型政商关系的长效机制正在建立。圆满完成区工商联换届。10月26日，荷塘区工商联（总商会）第五次会员代表大会胜利召开，区四大家一把手亲临大会，区委书记邬凌云在大会上作重要讲话。同时，充分调动非公企业在加强创新创业、转型升级中的积极性和主动性；组织非公企业家积极参与精准扶贫、“润苗助学”、“6·15”特大暴雨献爱心等光彩事业；切实加强非公党建工作。

**【四同创建】**2016年，荷塘区委统战部继续推进新增“四同创建”（即“同心园区”“同心项目”“同心乡村”“同心社区”），新增3个单位为新的市级同心项目创建点，其中颐宁园养老中心以“智慧养老颐养乐活”为创建总思路，服务老年群众1万余人。致公党株洲市荷塘区一支部科普活动基地开展原生态有机农作物种植，以公司+农户+专业合作社的形式，带领当地农民走专业化、产业化的发展道路；先后开展资助贫困学生、关爱孤寡老人、关心贫困家庭等活动，帮扶弱势群体300多人。株洲宁康医药公司注重发挥人大代表和商会成员的积极作用，主动为非公企业、同行医药企业排忧解难，引导非公有制经济代表人士致富思源。

**【宗教工作】**7月，湖南省佛慈基金会圣辉大和尚到荷塘区仙庾村开展灾后救助活动，现场捐款捐物5万多元。呼吁多年的新文化路建设即将开工建设；在株洲市南岳岭、上月塘片区棚改项目征收项目中，区委统战部全程跟进基督教信众包某某涉征私有房屋一案。经荷塘区人民法院审判委员会讨论决定，并报请市中级人民法院批准，准予执行《株洲市荷塘区人民政府房屋征收补偿决定》，但包某某拒不履行。为维护法律的严肃性，区法院决定6月21日进行强制执行，实行本项目的首户司法强拆。

**【港澳台侨工作】**12月，荷塘区委统战部以湘台经贸会为契机，组织召开2场湘台经贸会荷塘分会，与台湾新光投资有限公司成功签约高效大棚蔬菜基地项目，总投资5000万美元；邀请中华两岸连锁经营协会、双连安养中心等10家台企赴荷塘区实地考察。建立台湾—荷塘招商对接微信群，探求进一步的合作发展。9月，承办湖南省侨联侨心艺术团海外出访团在荷塘举行临行演出暨行前会议；积极对接湖南省三和房地产开发有限公司投资控股维权问题。

**【宣传信息工作】**2016年，荷塘区委统战部积极向省统战内网、三湘统战网、株洲统战微信公众号、株洲统战网等网络媒介报送信息、调研文章50多篇，被评为2016年全市统战调研工作先进单位、全市统战信息工作先进单位；积极参与省委统战部“同心汇行进中的统战力量”摄影大赛，选送的《润苗助学》组图在全省近万件参赛作品中荣获入围奖；积极参与全市统战知识微信答题比赛，被评为全市优秀组织单位。

**【统战实践创新成果】**2016年，荷塘区立足区情，在少数民族散杂居城区创新“三建五进”（三建：建立组织协调网络、建立联络联谊网络、建立宣传引导网络；五进：民族文化进社区、民族团结进企业、民族帮扶进农户、民族教育进校园、民族关怀进家庭）城市民族工作新方法，开创城市民族工作新局面。该经验做法以《凝聚民族心画好同心圆“三建五进”开创城市民族工作新局面》为题，入围全省统战实践创新成果，在省委统战部“凝心聚力十三五”专刊和三湘统战微信公众号发表，荣获2016年全市统战实践创新成果奖。

**【西子社区成为全省民族团结进步示范社区】**2016年，荷塘区西子社区以民族团结进社区为主题，开展“六进四创”（六进即：进企业、进门店、进学校、进院落、进楼栋、进家庭；四创即：创民族团结进步单位、创民族团结进步院落、创民族团结进步家庭、创民族团结进步先进个人）系列特色活动，共协调辖区企业为少数民族务工人员提供就业岗位25个，受理少数民族群众来电来访50件次，与5户困难少数民族家庭结成帮扶对子，建立社区民族之家，每月8日为固定活动日，通过开展舞林大会、邻里大聚餐、点亮微心愿等具有民族特色的文体活动，使少数民族群众更有归属感，被省民宗委评为全省民族团结进步示范社区。（陈春花）

## 社会管理

**【概况】**荷塘区社会管理办公室于2012年2月设立，编制15名，为全额拨款的正科级事业单位，归口荷塘区委办管理(2014年1月—2016年3月归口区委组织部管理)，内设综合管理办公室和业务管理办公室。2016年，编制核减为8名，主要负责引导和培育社会组织、志愿者队伍参与社会管理，探索创新社会管理模式，推动幸福社区和美丽乡村建设；负责组织开展志愿服务活动，加强对志愿者的培训和教育管理；负责探索建立新形势下领导干部联系群众工作机制，总结推广社会管理工作经验；负责组织开展民调宣传，协助、配合相关职能部门开展民调工作，提升居（村）民满意度等。

2016年，全面推进信息化建设，搭建集行政管理、社会事务、便民服务为一体的社区“自治家园”系统平台；围绕“助老、助残、助学”等主题，积极拓展志愿服务覆盖群体和空间范围；完成行业协会商会（荷塘区志愿者联合会）与行政机关脱钩换届工作；结合“两学一做”学习教育，坚持群众工作日制度，解决群众热点问题。

**【自治家园建设】**2016年，荷塘区在33个社区全面推广信息化系统一社区自治家园平台，组织社区完成7.2万户居民信息采集和录入工作，梳理规范9个部门延伸到社区的64项业务台账，沉淀33个社区工作记录数据。打通“一门式”政务服务平台和社区“自治家园”平台2个数据库相互对接，通过大数据分析技术，将人口结构、群众意见等情况，形成动态、实时、真实有“温度”的数据，为有针对性的公共服务提供科学依据，初步实现社区公共服务的精准化。

**【志愿服务工作】**2016年，荷塘区围绕“助老、助残、助学”等主题，每月定期组织开展主题志愿服务活动。在每月主题志愿服务活动基础上，打造一批“润苗助学”“残疾人日托中心”“四点半课堂”等特色服务项目。连续举办4届“润苗助学”活动，年内筹集爱心助学款101400元，资助52名贫困学子。

**【荷塘区志愿者联合会与行政机关脱钩换届】**2016年，荷塘区志愿者联合会已走过4个年头，联合会会长一直由区社管办主任兼任。根据株荷办发〔2016〕57号《推进行业协会商会与行政机关脱钩工作方案》的通知要求，9月18日，现任会长的社管办主任张新春召集副会长、理事和各分会会长召开与行政机关脱钩换届会议。选举产生首次由民间爱心人士帅清民担任的新一届会长，实现荷塘区志愿者联合会与行政机关完全脱钩。

**【群众工作日制度】**2016年，荷塘区社管办结合“两学一做”学习教育，每月8—9日，督促、指导组织党员干部和村（社区）工作人员走进群众家中，听取居民意见和建议。针对环境卫生、社会治安、矛盾纠纷、基础设施、社会保障等热点问题，与群众面对面、心贴心交流。对于群众反映的问题分类整理，交办给相应责任单位，限期整改落实到位，保证群众诉求事事有回音、件件有落实。全年全区干部走访群众12万余人次，收集问题及建议2134个，解决1470个。（王理蓉）

## 机构编制

**【概况】**1997年，荷塘区机构编制委员会办公室成立，加挂荷塘区事业单位登记管理局牌子。负责全区行政管理体制、机构改革和机构编制管理工作，为区机构编制委员会的常设办事机构，既是党委的工作机构又是政府的工作机构，列入党委工作机构序列，独立开展工作。行政编制3名。2016年有职工3名。

**【机构编制管理】**2016年，荷塘区机构编制委员会办公室加强机构编辑管理工作。一是严控机构编制总量。严格以2012年底机构编制数为基数，严守底线，严控编制，坚持机构限额和编制数额“两个不突破”。按照“控制总量、只减不增”“合理分配、突出重点”的原则，根据全区编制总量及实际分配情况，把有限的编制资源向经济社会发展重点领域和薄弱环节以及民生部门倾斜，确保编制资源在服务和改善民生工作中的保障作用。二是加强人员编制管理。从严规范机构编制基础工作，建立电子台账和纸质台账同步运行的“双台账”管理模式，完善机构编制实名制管理系统，及时对机构编制台账进行整理、归档，并做好单位台账的校对和审查，确保基础数据准确无误。三是开展教育核编工作。会同区教育局、人力资源和社会保障局及财政局组成联合调查组，赴全区23所中小学校进行深入调查各校的学生数及教师真实情况。

**【机构改革】**2016年，荷塘区机构编制委员会办公室加强机构改革工作。一是顺利完成乡镇机构改革工作。参照《关于印发市、县及乡镇分类标准的通知》（中编办〔1993〕17号）等文件规定重新对仙庾镇、月塘街道、茨菇塘街道、金山街道、桂花街道、宋家桥街道6个镇（街道）类别进行确定，并且完成“三定”规定的制定。二是继续深化行政审批制度改革。以打造“服务型”政府为目的继续推进行政审批制度改革，梳理审批事项、简化审批流程、缩短审批时限，全面建立“一门式”政务服务体系，改革成效明显。三是启动司法体制改革。根据市编办要求，对荷塘区人民法院、荷塘区人民检察院机构设立、编制变动、内设机构增减等情况进行了详细的摸底，建立机构基本情况和人员基本情况台账，为下一步正式改革打下扎实基础。

**【事业单位登记管理】**2016年，荷塘区机构编制委员会办公室认真做好事业单位登记管理工作。一是采用在线管理模式，积极做好事业单位法人年度报告公示工作，实现年检率100%。二是稳步推进网上名称管理工作。建立机构与域名匹配台账，对新设立、变更、注销单位的域名及时更新，按期续费。明确专人跟进指导、优化服务。三是完成党政机关、编办直接管理机构编制的群众团体统一社会信用代码赋码工作。完成全区党政机关、人大机关、政协机关、行政机关、审判机关、检察机关、各民主党派机关和机构编制部门直接管理机构编制的群众

团体启动统一社会信用代码赋码和发放证书工作，并为每个单位建立详细档案。（王雨薇）

## 老干部工作

**【概况】**荷塘区老干局成立于1995年3月25日，其前身为株洲市东区离退休干部工作办公室。编制6名，实有人员6名。内设办公室、老干部活动中心，归口管理荷塘区关心下一代工作委员会、荷塘区老年大学、荷塘区老年保健协会。2016年，管理离退休干部97人，其中区本级52人（机关离休干部8人，退休干部44人），国企离休干部45人。

2016年，荷塘区老干部工作紧紧围绕突出重点，强化服务，推动老干部工作创新发展，为党的事业增添正能量的思路，着力加强老干部思想政治建设和党支部建设，切实抓好老干部"两个待遇"（政治待遇、生活待遇）的落实，突出亲情服务和人文关怀，注重引导老干部发挥作用，积极探索离退休干部服务管理机制。

**【离退休干部领导小组成员会议】**12月7日，荷塘区召开离退休干部领导小组成员会议。会议决定，区委书记邬凌云任第一组长，区委副书记、区长王利波任组长。责成荷塘区委老干部局向区委申请成立中共株洲市荷塘区委离退休干部工作委员会。要求各单位认真贯彻中办发〔2016〕3号、湘办发〔2016〕21号、株办发〔2016〕18号文件精神，各成员单位要各负其责、密切配合，共同做好离退休干部工作。

**【老干部政治待遇落实】**2016年，荷塘区老干局认真落实老干部政治待遇。一是坚持定期学习。坚持执行每月20日老干部学习日制度，对不能参加学习的老干部送学习资料上门，组织老干部集中学习全国全省"双先"表彰及全国老干部局长会议、中共十八届六中全会、省十一次党代会、市第十二次党代会、区五次党代会、区五届人代会、政协区五届会议等重要会议精神。在"两学一做"主题教育活动中，评选出优秀个人心得体会11篇，优秀学习笔记8人。二是坚持订阅学习资料。坚持为每位离退休老干部订阅《株洲日报》《株洲晚报》《老年人》等报纸杂志，供其日常学习。三是坚持召开政情通报会。全年召开全区政情通报会2次，向老干部通报政情、区情，区委全体班子成员出席会议。

**【老干部生活待遇保障】**2016年，荷塘区老干局严格执行老干部"两费"（离休费、医疗费）运行制度。认真贯彻落实《关于老干部"两费"保障办法》文件精神，荷塘区老干部"两费"没有出现拖欠，离休干部无固定收入的配偶和遗孀按规定及时发放生活补助和参加基本医疗保险。老干经费的财政预算年度递增30%以上，老干部医疗统筹金按需拨付；积极开展走访慰问。对居住在沈阳的90岁异地离休干部班显璞进行慰问；重点对年老体弱、生病住院、家庭特困等老干部进行个别走访，全年帮助老干部解决家庭、思想、身体等各方面问题和困难40余人次，慰问住院老干部90人次，春节、端午、七一、中秋和酷暑时节上门走访慰问老干部270多人次，为6位老同志料理后事；坚持做好健康检查。做好老干部秋季体检服务，邀请专家进行保健知识和心理健康专题讲座。

**【正能量系列活动】**2016年，荷塘区委老干部局组织荷塘区离退休干部开展"金秋助贫·正能量系列践行活动""我看新变化·正能量系列讲谈活动""互助关爱、传递温暖·正能量系列帮扶活动"三大正能量系列活动。在市委和市委老干局组织的全市老干部积极献计献策活动中，荷塘区退休老干部谭建成上交3篇建议。6月底，组织机关离退休老干部参观毛泽东、刘少奇故居，在毛主席铜像前重温入党誓词。7月，组织离退休老干部参加株洲市“喜迎党代会、共谋新发展”摄影活动，收到50幅摄影作品，退休老干部汪再德的摄影作品入选。组织离退休干部参加红军长征胜利80周年书画展，老干部陈福生的作品获得优秀奖。10月底，组织6名老干部参加株洲市离退休老干部钓鱼比赛，退休老干部周森裕获得第一名。

**【关心下一代工作】**2016年，荷塘区关工委结合“两学一做”学习教育活动，开展“润苗助学，快乐成长”主题活动，资助8名贫困学生8000元。六一儿童节为12名贫困学生送去慰问金和学习用品6000元。3月31日，区关工委协离退休老干部张庆功等8名代表、荷塘小学师生代表400人参加株洲市流芳园祭奠活动。省优秀共产党员、荷塘区抗战离休干部张庆功，湘华社区离休支部书记管庭春向青少年进行传统革命教育。区35名离退休老干部长期担任网吧义务监督员，通过举报违法网吧、劝阻未成年人不进网吧、向网吧业主宣传相关法律法规，帮助学生戒除网瘾。

**【老年大学工作】**2016年，荷塘区老年大学坚持增长知识，丰富生活，陶冶情操、促进健康、服务社会的办学宗旨，开设课综合班(音乐班、养生保健班、时事政治学习班)、舞蹈班、戏曲班、太极拳班、书法班。由退休老同志任教学老师，为100余名老年学生授课。流芳社区开办社区老年大学，先后开设太极、摄影、跳舞、绘画等班级。11月初，株洲市老年大学30周年校庆，荷塘区退休干部黎日军、杨友华、王香元等组织舞蹈团队参加演出。

**【区老年养身保健协会成立】**5月4日，荷塘区老年养身保健协会成立，隶属于荷塘区委老干部局管理。由荷塘区政协正县级干部朱家来任会长，区委组织部副部长、区委老干部局局长陈乐红，区卫计局局长蒋国荣任副会长；区委老干部局副局长文铁柱任秘书长。成员分别由荷塘区委宣传部、荷塘区卫计局、荷塘区民政局、荷塘区财政局、荷塘区劳动人事和社保局、荷塘区文体新局相关负责同志担任。6月7日，荷塘区老年保健协会召开第一次会议。会长朱家来强调，要积极应对人口老龄化挑战，做好老年保健工作，提高老年人生活质量。

**【社区养老新模式】**10月21日，荷塘区首个“智慧养老”社区试点在流芳社区正式启动。流芳社区老年日间照料中心350平方米，由流芳社区居委会提供场地，第三方机构提供服务。设有书画阅览室、棋牌室、休息室、按摩室以及用餐区等功能室，为社区及周边老人提供日间照料。社区养老依托荷塘区一门式自治家园的大数据，利用“智慧荷塘”APP，在全市首推提供中老年营养配餐、家政上门、医护救助、健康管理、旅游休闲等一站式社区养老新模式。

**【润苗助学快乐成长活动】**8月24日，荷塘区结合“两学一做”学习教育，开展了“润苗助学快乐成长”主题活动。荷塘区关协副主任、原荷塘区人大常委会主任艾鹿鸣，荷塘区关协副主任、原荷塘区委组织部部长汪再德，原荷塘区人大常委会副主任王香元参加活动，资助8名贫困学生8000元。

**【邬凌云调研全区老干部工作】**12月5日，荷塘区委书记邬凌云对荷塘区老干部工作进行调研，荷塘区委组织部副部长、老干部局局长陈乐红就离退休干部党建工作和离退休干部发挥正能量作用进行汇报，邬凌云强调要加强离退休干部党组织建设，让离退休干部发挥更大作用，离退休干部党组织建设要纳入党建工作总体布局，做到统筹考虑、全面部署、同步推进。

【牵手贫寒学子爱心温暖童心活动】5月31日，荷塘区委关工委组织湘华社区离休支部书记、荷塘区关协副主任管庭春，荷塘区关协副主任、原荷塘区人大常委会主任艾鹿鸣，荷塘区关协副主任、原荷塘区委组织部部长汪再德等3名离退休干部来到区教育局为12名贫困“五失”青少年(失学、失亲、失足、失业、失管)进行捐赠活动。他们一一发言，嘱咐学子们用心学习，报效祖国。这次活动共捐赠慰问金和学习用品6000元。

【离退休老干部座谈会】10月8日，荷塘区召开离退休老干部“看荷塘、感变化、赞家乡”重阳活动座谈会。区委书记邬凌云出席会议并作重要讲话，区领导王利波、赖晓智、胡开元、陈友元、何恒仁、王顺安、崔家盛、刘国梁、郑志富、欧阳权、陈三龙、刘政凯、文韶松、余鹏出席会议。邬凌云强调，区委、区政府要努力做到“三个始终”：即始终维护好老干部的政治地位；始终落实好老干部的各项待遇；始终服务好老干部的晚年生活。区委、区政府一定本着真情、深情、热情的态度，努力推进老干部工作制度化、规范化、人性化，使全区服务老干部的意识更强、标准更高、质量更好，努力在全区营造尊老爱老、敬老帮老的良好氛围，让老干部安度晚年、颐养天年、益寿延年。

【李龙到区调研离退休干部工作】3月15日，湖南省委老干部局纪检组长李龙在市委组织部副部长、老干部局局长吴晓光，区委常委、组织部部长、统战部部长张赐华陪同下到荷塘区调研。参观601社区盛康居家养老服务中心和601老年大学，就《关于进一步加强和改进离退休干部工作的意见》文件开展座谈会，征求对制定湖南省实施办法的意见建议。 (齐 媛)

## 机关党建

【概况】中共株洲市荷塘区直属机关工作委员会，是区委的工作部门，负责区直机关党建、党务工作，内设办公室，领导、指导区直机关工会、区直机关妇委会工作。2016年3月，原设立在区直机关工委的区作风建设领导小组办公室及相关职能移至区纪委。2016年，机关工委有干部职工4人。管辖基层党组织45个，其中党总支4个，党总支下设支部8个，独立支部41个，党员680名，基层工会39个。

【党员学习制度完善】2016年，荷塘区直机关工委根据区委的要求和工作实际创新学习方法和学习内容，邀请专家教授讲课或观看知名专家视频授课，同时开展中心组成员互助式授课学习。2016年，组织集中学习8次，通过集中学习形式，做到以点带面一级带一级；督促中心组成员和各支部党员干部按时保质完成年度学习任务和调研任务，根据区委宣传部关于对党员干部定性、定量学习要求，建立健全绩效评价和考核机制，考核内容作为年终评先评优依据；创新学习形式。采取集中与分散相结合、集中与自学相结合、专题辅导与集体讨论相结合，做到合理安排，注重实效。

【强化机制抓党建】2016年，荷塘区直机关工委全面贯彻落实党的十八大、十八届五中、六中全会和习近平总书记系列重要讲话精神，认真组织开展“两学一做”学习教育和机关党建提升年活动。一是注重抓“四化”，强规范。按照区委《加强基层党组织建设的决定》，大力推行“组织生活正常化、支部作用核心化、党员作用常态化、服务群众实效化”的党建“四化”标准建设，认真抓好各级党组织“三会一课”等制度落实，全面规范组织生活记录台账，每月定期对各级党组织的组织生活落实情况进行专项督查，对执行制度走过场、不规范的党组织责令整改。坚持落实每月8日、9日群众工作日、党员活动日，先后走访群众近5万人次，解决群众反映强烈的“水电路气、衣食住行”等民生问题3000多个。通过贯彻落实党建“四化”标准，推动全区党建工作水平全面提升。二是坚持“书记抓、抓书记”。全面落实党建工作责任制，工委书记坚持主动抓党建、带头抓党建、自觉抓党建，认真履行“第一责任人”职责，将党建和中心工作同部署、同督促、同落实，全面推行党建述职评议制度，每年由工委书记对各单位支部书记抓党建工作进行“年终盘点”，将书记抓党建工作压力传导到“组织末梢”，以用好党建考核这个“指挥棒”，督促基层党组织书记守好主业，精耕“责任田”，形成党建工作逐级负责、责任共担的格局。三是坚持“平时抓、抓平时”。根据年初制定的党建工作要点，区直机关工委通过采取“定期调度、定期督查、定期通报”等方式，实行任务挂牌制、点名通报制、随机督查制，对各级党组织党建工作进行督促检查，全年区直机关工委督查10余次，对推进不力、效果不好的2个党组织及时点名通报，限期整改。

**【组织队伍建设】**2016年，荷塘区直机关工委加强组织建设，强化党员管理。一是强化组织建设。按照党章和党内相关制度，年内完成区直机关45个党支部的换届，选举出新一届支部委员会，在区直机关3名党员以上部门均设立党支部，由行政一把手任书记，并增设纪检委员，实现组织全覆盖。二是强化党员管理。落实省委党员发展“四制”，严格责任、规范程序、完善档案，提高党员发展质量。创新开展党员管理积分制，出台不合格党员处置办法，为每名党员印发积分手册，通过积分管理表彰先进、提升良好、帮助一般、处置不合格党员；完成党员组织关系集中排查、党费收缴、党代表和党员违纪违法未给予相应处理排查清理等情况，扎实推进基层党建七项重点任务的落实；始终坚持挺纪在前，准确把握“四种形态”，创新明察暗访方式，督促区直机关各单位落实主体责任，发挥监管作用，形成作风监督检查合力。在元旦、春节、端午、中秋、国庆等重要节日前，配合区纪委向全区领导干部发送提醒短信8400条次，先后65次对公车私用、公款吃喝、公费旅游、大操大办、违规收送红包礼金、参赌涉赌等情况进行经常性检查，对查处的干部作风问题予以通报曝光。全年发出通报14余期，通报批评相关单位7个、通报批评工作人员6人，“纠‘四风’、治陋习”专项整治取得阶段性成果。三是强化学习教育。坚持落实支部周五集中学习制度，组织学习习近平系列讲话和《中国共产党廉洁自律准则》《中国共产党纪律处分条例》等党内法规。坚持“一把手”讲党课制度，区四大家县级领导、区直机关部门负责人亲自撰写教案、到本单位和(村)社区联系点亲自授课600多次，受教育人数1.5万多人，实现党员学习教育全覆盖。完善廉政谈话制度，对45人次区直机关部门负责人进行廉政谈话，强化廉洁从政意识。

**【换届风气监督】**2016年，荷塘区直机关工委从讲政治、讲大局、讲党性的高度，认真履行主体责任，抓好换届风气监督。一是抓好换届风气监督。突出抓好《中国共产党纪律处分条例》《中共中央纪律机关中共中央组织部关于加强换届风气监督的通知》及习近平、刘云山、赵乐际重要讲话精神要求，突出教育在先、警示在先、预防在先，严肃换届纪律，营造风清气正的换届环境和政治生态。高质量地完成区直机关63名区党代表、3名区人大代表、33名区政协委员的推荐、考察和选举工作。

**【机关作风建设】**2016年，荷塘区直机关工委严格执行《党政机关厉行节约反对浪费条例》等各项新规，深入开展纠正超标配备公车及公车私用、违规职务消费、公款大吃大喝等专项治理，在全区开展“三公”经费调查摸底，探索、建立、完善“三公”经费管理和公开制度、严格规范公务接待、公务用车、公款出国(境)、办公用房、差旅费、会议费管理等事项，确保作风建设监督检查常态化、长效化。推进政府各部门权力清单制度，依法公开权力运行流程，深化党务、政务、司法公开和各领域办事公开，确保权力公开透明运行。紧抓明察暗访、投诉处理、责任追究等工作不放，加强电子政务建设，规范中介服务行为，深挖双向测评内容，善于运用测评结果，着力营造良好的服务环境、政务环境、法制环境和建设环境。联合区委办、政府办、绩效办、优化办对相关单位采取集中检查、重点抽查、明察暗访、个案调查，持续开展整治“庸、懒、散、奢”专项行动；对全区贯彻落实各项“规定”和“禁令”情况进行明察暗访。做到督查常规化、规范化、制度化。(王　敏)

## 信访工作

**【概况】**荷塘区信访局前身是区信访办，归口区人民政府办公室管理。2005年更名为信访局，属区委工作机构序列，是区委办、区政府办共同管理的正科级行政机关，行政编制为4名。主要职责为接待和处理群众来信来访，承担上级机关和区委、区政府领导交办、转办的信访事项，检查指导、督察督办、参与协调处理突出信访问题。内设办公室、接访股、网信(办信)股等业务股室。办公场所设新华东路1468号。

2016年，区信访工作以群众工作为统揽，创新工作理念，畅通信访渠道，完善工作机制，确保群众合理诉求得到及时有效解决。全区信访总量2748件(人)次，同比下降7.8%。进京访16批19.5人次，同比下降5.3%；赴省上访15批83人次，同比下降40%；到市上访97批984人次，同比下降13.6%；到区上访476批1573人次，同比上升6.48%；网上信访335件次，占比12.2%，同比上升6.4%。上级交办信访案(信)8件，办结率100%。先后顺利完成全国、省、市两会，十八届六中全会，省、市党代会等重大节日和重大活动特护期间的接访劝返工作。期间，荷塘区信访工作经验受到市联席办全市推介。

**【网格管理】**2016年，荷塘区信访局按照网格化原则，将全区机关单位、乡镇街道、村(社区)有效结合，以村、社区为基本单位，形成了八大块437个独立责任网格，把全体机关干部、“两代表一委员”都分配到网格，使得信访工作责任落实到基层，真正做到每一寸土地都有人管，每一分钟都有人管。村、社区每个网格走访团队以1名机关干部、1名街道机关干部、1名社区(村)“两委”成员为核心，强化工作职责，形成“网中有格、格中定人、人负其责、无缝覆盖”的工作格局。每月8日、9日，各网点上的责任干部都到网点坐班，任务为带案下访、入户走访、网格巡访。对一些群众最关心、最需要解决的问题，采取定人、定责、定时限、挂号的方式进行落实，逾期不能办结的单位或个人，将直接与政绩考核挂钩；交办完结的问题在公示榜销号存档。

**【领导接访】**2016年，荷塘区信访局按照区委、区政府县级领导年度值班、接访安排表，每天有一名县级领导值班接访，区直部门党政一把手每半个月接访一次，部门其他领导干部日常接访。全年有33名县级领导参加接访、下访、约访等活动，接待信访群众1400多人次。

**【基层基础强化年活动】**2016年，荷塘区信访局围绕“事要解决”深入开展基层基础强化年活动，坚持用群众工作统揽信访工作，坚持领导定期接待群众制度，大力推行社区网格化管理。全区34名县级领导、53个责任部门、8个乡镇、街道总计走访企业、群众2万多户，收集突出问题300个，已经解决销号281个，问题解决率为93.7%。

**【信访积案化解】**5月，荷塘区印发《2016年荷塘区信访积案攻坚行动工作方案》的通知，实行县级分管领导包案制，化解信访疑难积案。按照“五包一”，即一名对象(案子)、一名领导、一套班子、一个方案、一抓到底的要求，通过排查、疏理，甄别出重大信访案件19件(其中省信访局交办件4件)，涉及8个单位、部门具体责任人，19件积案已经全部办结，办结率100%；其中，县级领导包案4件信访积案，办结率100%，化解率100%。努力营造了“化积案、去库存、保稳定、促和谐”的良好氛围。

**【信访改革】**2016年，荷塘区信访局按照国家、省、市信访局的统一部署，积极推进网上信访，对区直机关及乡镇(街道)信访业务专干进行全面系统培训。网上信访信息系统已覆盖21个单位、48名个人，实现了联网运行“横向到边、纵向到底”，应用率、录入率均100%。2016年7月，区信访局在全市率先开通微信公众号；9月入驻《今日头条》；4月28日，联合各乡镇(街道)开展网上信访宣传活动，解答群众咨询700余人次，张贴“网上信访”宣传海报200余份，发放宣传资料3000余份，悬挂宣传横幅20多条。 (杜 钰)

# 荷塘区人大常委会

【概况】2016年，荷塘区人大常委会领导班子成员6人，其中主任1人、副主任5人（含兼职1名）；下设办公室、内司工委、财经预算工委、教科文卫体工委、城环工委、联工委、农业农村工委等7个工作（办事）机构。常委会机关有工作人员26人。荷塘区辖1镇5办2个管委会，镇配备专职人大主席（正科）1名，街道办事处均设立人大工作委员会，配备主任（正科 ）1名，有兼职人大联络工作人员6名。

2016年，是区镇两级人大、政府顺利完成换届之年。区人大常委会坚持党的领导、人民当家作主和依法治国的有机统一，认真履行宪法和法律赋予的各项职权，为推进全区经济社会发展、促进民主法治建设、改善和保障民生做出积极贡献。

【区四届人大五次会议】2月24—26日，荷塘区第四届人民代表大会第五次会议召开。会议应到代表163人，实到代表163人，邀请列席人员115人。会议审查和批准了《政府工作报告》《荷塘区国民经济和社会发展第十三个五年规划纲要（草案）》《株洲市荷塘区2015年国民经济和社会发展计划执行情况及2016年计划（草案）的报告》《株洲市荷塘区2015年财政预算执行情况和2016年财政预算（草案）的报告》《区人大常委会工作报告》《区人民法院工作报告》《区人民检察院工作报告》；选举皮修刚、刘梅、言明、林玉清、彭栋、曾铁球为荷塘区第四届人大常委会委员；会议期间收集代表建议78件，全部予以受理；会议表彰了代表建议办理工作先进单位、先进代表小组、代表履职积极分子和群众喜爱的村（社区 ）医生。

【区五届人大一次会议】11月28—30日，荷塘区第五届人民代表大会第一次会议召开。会议应到代表160人，实到代表160人，邀请列席人员127人。会议审查和批准了《政府工作报告》《区人大常委会工作报告》《区人民法院工作报告》《区人民检察院工作报告》。依法选举陈友元为荷塘区第五届人民代表大会常务委员会主任，王利波为荷塘区第五届人民政府区长，刘湘林、张赐华、郭莉、彭物明、喻秋良（以姓氏笔画为序）为荷塘区第五届人民代表大会常务委员会副主任，王冬、成良池、刘必林、刘国梁、余鹏、陈柏文、程铁辉（以姓氏笔画为序）为荷塘区第五届人民政府副区长，黄玉丰为荷塘区人民法院院长，黄伟波为荷塘区人民检察院检察长；依法选举荷塘区第五届人民代表大会常务委员会委员19名；选举荷塘区出席株洲市第十五届人民代表大会代表42名；表决通过《关于设立荷塘区人民代表大会法制委员会、财政经济委员会、城乡建设环境资源保护委员会的议案》，通过了各专门委员会组成人员。

【区镇两级人大换届选举】9月中旬，荷塘区人大代表换届选举工作全面启动，先后完成宣传发动、名额分配、选区划分、选民登记、代表候选人提名推荐考察、张榜公布、投票选举等各个阶段的工作，整个换届选举工作依法依规、程序到位。全区123个选区11.48万名选民参加投票选举，分别选举产生160名区代表和56名镇代表。区代表中基层代表89人，占56%；非党57人，占36%；女性55人，占34%；少数民族5人，占3%；连任77人，占48%。仙庾镇代表中基层代表48人，占86%，非党19人，占34%，女性24人，占43%。整个换届选举风清气正，没有发生任何干扰、破坏选举的违法、违纪行为。

**【服务全区发展】**2016年，荷塘区人大常委会始终坚持抓大事、议大事、促大事，组织召开常委会会议10次，主任会议12次，听取和审议“一府两院”工作报告19项，作出决议、决定41项，共任免和决定任免有关人员及接受辞职82人次。听取和审议《政府工作报告》上半年落实情况汇报，着重就园区发展、项目推进、道路基础设施、城乡同治等工作情况进行调研；听取和审议“一门式”政务服务改革工作情况汇报，督促政府深化行政审批制度改革和公共服务综合信息平台建设，切实提高老百姓的获得感、幸福感和归属感。开展食品药品安全监管专项工作评议和满意度测评，并对进一步加强食品药品安全监管工作提出建议，确保人民群众饮食用药安全。区人大常委会机关率先在全区完成上月塘三期征收任务，主任会议视察棚改征收工作进展情况，为全区经济平稳较快增长、重点工程项目如期推进、城乡统筹发展做出贡献。

**【财政经济监督】**2016年，荷塘区人大常委会依法审查批准2015年度区级财政决算；听取和审议2016年1-10月财政预算执行情况的汇报，认为区人民政府及财税部门狠抓收入，积极调度，依法理财，保障了全区经济和各项社会事业的健康、协调发展。听取和审议2015年度区本级预算执行及其他财政收支审计反映问题整改情况的报告，督促解决新增税源不足、化债风险仍然存在、监管和防范意识有待进一步加强等问题；审议通过《株洲市荷塘区人大常委会区级财政预算审查监督办法》，强化对政府全口径预决算审查监督力度。开展招商引资工作调研和地方税收征管专项工作评议，并进行满意率测评，促进全年财税任务的全面完成和公共财政使用效益的不断提升。审议批准政府购买服务费及配套投入费全额纳入区本级财政预算的议案，及时支持政府破解建设资金紧张难题。

**【法治荷塘建设】**2016年，荷塘区人大常委会重点对《中华人民共和国食品安全法》《中华人民共和国环境保护法》《中华人民共和国城乡规划法》《中华人民共和国土地管理法等》法律法规贯彻执行情况进行检查和调研，发现问题，提出意见，督促整改。针对撤乡并镇以及建制村合并期间，出现的多起顶风违建事件，组织部分代表视察太阳村、黄塘村、双泉村等拆违控违现场，督促政府严格落实责任，切实保障人民群众和执法队员的生命财产安全。审查《区人民法院工作报告》和《区人民检察院工作报告》上半年落实情况汇报，组织30余名代表听审评议民商刑事类案件12件，在增进代表对审判工作了解的同时监督支持“两院”依法办案。热情接待和妥善处理各类上访事件，全年受理群众来信来访70余件180余人次，督促解决企业和群众迫切需要解决的一些实际困难和问题。

**【代表建议督办】**荷塘区四届人大五次会议期间及闭会以来，收到代表建议、批评和意见78件，全部依照法定程序及时转交政府及有关单位和部门办理，办结率和满意率均100%。充分发挥镇、街道代表联系群众工作室的平台作用，全年收集和整理意见和建议240多条，帮助并督促解决了人民群众普遍关注的老旧小区改造、道路修缮、社区亮灯等热点难点问题180多个，捐助扶贫、帮困、助学、助残等资金45.8万元。

**【代表履职渠道拓宽】**2016年，荷塘区人大常委会积极探索代表活动有效形式，坚持邀请代表列席常委会会议、主任会议，参加常委会重大活动，建立健全“一府两院”政情政务通报制度，畅通代表履职渠道。为进一步提升代表专业素养，举办新当选代表履职培训班，从人大制度理论和履职基本知识等方面进行专题辅导，并组织全体代表对区政务服务中心、千金湘药、嘉德工业园及新塘路、向阳北路等重点项目进行视察，区政府领导班子成员均到各个项目现场介绍情况，让代表们在切身感受全区经济社会发展日新月异的同时，增强对荷塘未来发展信心。

**【自身履职能力建设】**2016年，荷塘区人大常委会深入开展“两学一做”学习教育，认真落实“三会一课”制度。围绕建设学习型、实干型、健康型机关，坚持办好“人大讲堂”，先后组织解读监督法、代表法、地方组织法等专题辅导讲座10余次，形成领导带头理论联系实际、机关干部爱学乐学善学的氛围。严格落实“两个法规”和廉洁自律各项规定，健全和完善常委会组成人员联系代表、联系群众制度，大兴调查研究之风，到问题反映较多、矛盾较为突出的地方，着力解决企业和群众生产生活中的实际困难。

**【人大宣传】**2016年，荷塘区人大常委会注重加强制度宣传与理论研究，《推进基层人大工作的实践与思考》《荷塘区：集中巡回督办建议，用实效说话》等10多篇理论文章被《湖南日报》《人民之友》《株洲人大》等刊物发表，80多篇信息被新闻媒体采用并报道。坚持办好《公报》《人大工作》等内刊，及时通报工作情况，交流工作经验，宣传代表先进事迹，为人大工作开展营造了良好的社会舆论氛围。（刘勇　侯德昌）

# 荷塘区人民政府

**【概况】** 2016年，荷塘区紧扣建设实力荷塘、活力荷塘、宜居荷塘发展目标，以推进供给侧结构性改革为主线，扎实开展“项目攻坚年”“企业帮扶年”活动，统筹抓好稳增长、调结构、促改革、惠民生、防风险等各项工作，经济社会发展总体平稳、稳中有进。顺利通过省委、省政府全面建成小康社会达标认定，提前实现全面建成小康社会的宏伟目标。

**【综合实力】** 2016年，荷塘区实现地区生产总值216.9亿元，增长8.4%；一般公共财政预算总收入达到11.2亿元，增长9.2%；固定资产投资完成187亿元，增长13.9%；社会消费品零售总额完成64.4亿元，增长12.3%；城乡居民收入分别达到38893元和25547元，分别增长8.5%和8.3%；实现规模以上工业增加值68.6亿元，增长7.5%，其中高新技术产品增加值占比89.3%，成功争取到株洲地区唯一的省科技成果转移转化示范县建设项目。坚持做强二产、做大三产、做优一产，多点支撑格局正在形成，三次产业结构比由2015年的1.9∶56∶42.1调整为1.9∶52.9∶45.2，产业结构不断优化。千金湘江药业高端药物制剂研发产业基地、亿和医药等医学健康产业项目建成投产，株洲春华实业碳酸锂、金泰硬质合金等新材料产业项目快速推进，时代电气与车辆厂电气轨道工程机械制造基地、科盟车辆配件生产基地等轨道交通装备配套产业项目顺利开工，医学健康、新材料、轨道交通装备配套三大主导产业规模逐步壮大。东部美的城一期、香槟小镇等房地产项目成功履约落地，恒大御景湾、逸都花园逸景一期等房地产项目进展顺利，亚和家居广场建成开业，百胜餐饮集团株洲分公司、万利隆食品株洲分公司、省建工集团五公司等区域总部落户荷塘，以房地产、商贸物流为代表的第三产业不断活跃。休闲农业经济实体增至140个，以观光、体验为主的瓜果、蔬菜、花木特色种植基地增至50个，油茶基地面积增至800公顷，形成了以荷塘月色为中心的农业产业辐射区域，现代都市农业加快发展。

**【项目建设】** 2016年，荷塘区大力推进“项目攻坚年”活动，坚持以问题为导向，精准施策扩大有效投资，取得明显成效。全年实施市、区重点项目106个，完成市级重点项目投资86.54亿元，为年度计划的183.11%。通过设立区项目办，对全区重点项目每周一调度、每日一督办，项目前期手续办理难、落地难、推进速度慢等问题得到有效解决。嘉德工业园一期、株浏公交基地等28个项目顺利竣工，荷塘大道延伸段、上月塘棚改等29个项目顺利推进，株洲市农副产品批发交易物流中心、公安系统“三所合一”等31个项目开工建设，中美医院、车辆段维修基地二期等18个项目前期工作有序开展。全区批回土地120.93公顷，完成用地变性59.07公顷、集体土地交地325.8公顷，国有土地上房屋完成征收11.9万平方米，依法拆除违法建设49.6万平方米，项目建设用地得到保障。金科公司、金城公司顺利评定为AA信用等级，共完成融资31.02亿元，发展资金瓶颈有效化解。

**【企业帮扶】** 2016年，荷塘区坚决落实市委、市政府开展“企业帮扶年”的决策部署，积极打造“一中心、八平台”企业服务中心，有力促进了企业转型升级、增量提质。建立区级领导、区直部门联点帮扶企业制度，共计走访企业272家，为企业解决各类问题213个，问题办结率99.35%。依托区企业服务中心，建立咨询服务、融资贷款、代理服务、项目申报、创业孵化、企业信息化、人才服务、企业家协会八个服务平台，梳理75项企业服务项目，不仅为一批中小企业提供了企业高管、蓝领人才的培训和项目代办，还通过科技银行为20家中小微企业促成、对接贷款8000万元。协助株洲汽齿将桥齿轮业务与陕西汉德车桥完成业务重组，实现企业成功转型，产能利用率提升70%以上。

**【改革创新】** 2016年，荷塘区深化行政审批改革，深入开展以“一门式”政务服务、“自治家园”建设为重点的行政审批制度改革，区、街道、社区三级建立40个政务（便民）服务中心，235个事项纳入“一门式”综合窗口，45项服务办理实效提高50%，超过70%的事项实现当场办结。推进社区“自治家园”系统建设，包含20万居民18项基础信息的社区信息化平台全面建成，与“一门式”政务服务系统实现数据共享互通，社区工作效率大幅提高。加快投融资体制改革，创新和完善投融资公司运作模式，全力做大、做优平台公司资产，提高公司信用评级。通过捆绑发行企业债、私募债、发行园区发展基金、争取政策性银行贷款等模式，强化资金保障，加大政府存量债务置换力度，全区融资成本大幅下降。统筹抓好各项改革，政府职能转变和机构改革进展顺利，征地拆迁工作机制形成品牌，财税体制改革成效显著。同时国有企业改革、社会管理体制改革、两型社会建设综合配套改革等其他各项改革有序推进。

**【民生事业】** 2016年，荷塘区民生支出9.39亿元，同比增长28.6%。民生实事完成良好，“民生100”工程8大类56项指标全部完成，其中22项超额完成。持续完善社会保障，新增城镇就业10009人，城镇登记失业率控制在4.5%以内，城乡低保标准分别提高到470元、220元。先后启动美的荷塘小学、博雅小学改扩建等项目建设，教育工作获评湖南省青少年校园足球试点县（市、区）、湖南省教育信息化创新应用示范区。科技争资成效显著，成功争取到株洲市唯一的省科技成果转移转化示范县项目，宏达电子、千金湘药等龙头企业均获得了国家、省级大额科技专项支持。基础设施建设加快推进，向阳北路与云龙示范区贯通通车，东环北路、金桥路等一批道路实现竣工通车；高品质建成城市小游园3个、农村客运招呼站6个，新增绿地面积1.2万平方米。加快推进月桂小区、钻石小区、汽车城小区的棚改项目，完成城市棚户区改造1789户。

**【社会管理】** 2016年，荷塘区坚决落实“党政同责、一岗双责、失职追责”的要求，积极开展“大排查、大管控、大整治”专项行动，全区安全生产形势持续稳定好转。创新实施“四个一批”信访维稳机制，对重点对象、重点群体、重点单位实施“五包一”工作举措，没有发生较大以上的群体性事件，有效地维护了全区社会和谐稳定。深入开展“平安家庭”创建工作，进一步健全“三级巡防”机制，切实提高了街面见警率和管事率，发案数比2015年同期下降3%。以“四抓两治理”开展综治民调工作，走访群众8万余户，收集意见和问题275条，所有问题全部及时答复和解决，综治民调成绩稳步上升。

**【2016年政府常务会议】**2016年，荷塘区人民政府共召开11次区政府常务会议。2月3日，研究2016年《政府工作报告》《2015年国民经济和社会发展计划执行情况及2016年计划草案的报告》和《2015年财政预算执行情况和2016年财政预算草案的报告》起草工作等有关问题。3月7日，研究荷塘区经济目标考核总结表彰暨“项目攻坚年”“企业帮扶年“活动动员大会筹备工作；研究《“项目攻坚年”活动实施方案》《招商引资方案》《征地拆迁和房屋征收工作方案》《基础设施建设工作方案》《荷塘区2016年财源建设工作实施方案》《荷塘区“一门式”政务服务改革全面推广工作方案》《2016年荷塘区“企业帮扶年”活动实施方案》《全面建成小康社会工作方案》《荷塘区关于机关文化建设工作方案》《“保障改善民生三年计划”2016年总体实施方案》审定工作等有关问题。4月14日，研究2016年消防工作、2016年道路交通安全工作、教育系统教师岗位设置工资工作、2016年政府性投资项目计划工作、平台公司借款工作等有关问题。5月18日，研究《2016年荷塘区招商引资考核办法实施细则》审议工作、推进驻区中央企业省属企业“三供一业”移交工作、荷塘区建制村合并工作、荷塘区征地拆迁和房屋征收工作考核及奖惩办法、2015年度人口和计划生育工作考核评估与奖惩相关工作等有关问题。6月6日，研究荷塘区2016年为民办实事工作、荷塘区“一门式”区级窗口工作人员管理方案、荷塘区政务服务印章(专线账号)使用管理办法相关工作、“智慧荷塘”App运营推广工作、《荷塘区三级政务(便民)服务中心管理实施方案》、荷塘区“一门式”政务服务改革工作考核奖励办法和荷塘区“自治家园”工作考核实施办法相关工作、给予张玉升政纪处分的处理意见等有关问题。8月22日，研究将十五中撤并到十九中的相关工作等有关问题。9月12日，研究成立荷塘区项目推进领导小组相关工作、清理整治环境保护违规建设项目工作、荷塘区国有土地上房屋征收工作流程、贯彻落实国务院《关于规范公安机关警务辅助人员管理工作的意见》相关工作、荷塘区机关事业单位拨付公务员个人账户过渡性补助费相关工作等有关问题。10月24日，研究荷塘区档案和地方志工作、提高机关干部就餐补贴标准和食堂管理工作、荷塘区社区服务场所提质改造工作、修改《荷塘区制止和拆除违法建设工作考评办法(试行)》相关工作、制定《荷塘区项目推进督查考核试行办法》相关工作、制定《荷塘区“一门式”业务首席代表管理办法(试行)》、《荷塘区“一门式”政务服务问责办法(试行)》和《荷塘区政府雇员管理办法(试行)》相关工作、禁毒相关工作、企业服务中心相关工作等有关问题。11月16日，研究2016年荷塘区科技计划项目相关工作、推进省科技成果转移转化示范区相关工作、荷塘区2015年度机关事业单位工作人员年度考核工作、荷塘区整合城乡居民基本医疗保险制度相关工作、制定《株洲市荷塘区党政机关公务用车制度改革实施方案》相关工作、荷塘区创建国家公共文化服务体系相关工作、金科公司与株洲市金瑞房地产开发有限公司合同履约相关工作、荷塘区第五届人民代表大会第一次会议《政府工作报告》起草工作等有关问题。12月5日，研究签订株洲市“社区创安”工程服务合同相关工作、完善金城集团项目管理相关工作、荷塘工业集中区供电给排水供气基础设施项目4亿元融资项目相关工作、月塘大厦国有资产处置相关工作、荷塘区2017年重点建设项目编制工作、部署加强政府自身建设相关工作等有关问题。12月26日，研究荷塘区公务用车管理相关工作等有关问题。（黄宇晖）

# 2016年荷塘区人民政府发文目录

| 序号 | 文 号 | 文件标题 |
|---|---|---|
| 1 | 株荷政发〔2016〕1号 | 关于“7·18触电事故”调查报告的批复 |
| 2 | 株荷政发〔2016〕2号 | 关于金科储备地块九补报地块项目的批复 |
| 3 | 株荷政发〔2016〕3号 | 关于金科储备地块八补报项目的批复 |
| 4 | 株荷政发〔2016〕4号 | 关于桂花办事处储备地块项目的批复 |
| 5 | 株荷政发〔2016〕5号 | 关于成立城际铁路新塘坡九组段“4·27”高坠事故调查组的批复 |
| 6 | 株荷政发〔2016〕6号 | 关于做好第三次全国农业普查工作的通知 |
| 7 | 株荷政发〔2016〕7号 | 关于同意仙庾镇建制村合并调整的批复 |
| 8 | 株荷政发〔2016〕8号 | 关于同意桂花街道办事处建制村合并调整的批复 |
| 9 | 株荷政发〔2016〕9号 | 关于同意宋家桥街道办事处建制村合并调整的批复 |
| 10 | 株荷政发〔2016〕10号 | 关于同意株洲市金科建投资经营有限责任公司参股株洲农村商业银行股份有限公司的批复 |
| 11 | 株荷政发〔2016〕11号B类 | 关于市政协八届四次会议第2084193号提案的答复 |
| 12 | 株荷政发〔2016〕12号B类 | 关于市政协八届四次会议重组2084293号提案的答复 |
| 13 | 株荷政发〔2016〕13号 | 关于对株洲市荷塘区象牙塔网络会所银河店存在重大火灾隐患实施政府挂牌督办事宜的批复 |
| 14 | 株荷政发〔2016〕14号 | 关于株洲市荷塘区象牙塔网络会所银河店重大火灾隐患摘牌的批复 |
| 15 | 株荷政发〔2016〕15号 | 关于国基建设“5·31”物体打击事故调查报告的批复 |
| 16 | 株荷政发〔2016〕15号 | 关于成立株洲盛大渣土工程有限公司“8·31”车辆伤害事故联合调查组的批复 |
| 17 | 株荷政发〔2016〕17号 | 关于株洲盛大渣土工程施工有限公司“8·31”车辆伤害事故调查报告的批复 |
| 18 | 株荷政发〔2016〕18号 | 关于对株洲市湖湘韵大酒店管理有限责任公司重大火灾隐患实施政府挂牌督办事宜的批复 |
| 19 | 株荷政发〔2016〕19号 | 关于金山新城片区道路基础设施建设项目政府购买服务有关事项的批复 |
| 20 | 株荷政发〔2016〕20号 | 关于明照安置房项目政府购买服务有关事项的批复 |
| 21 | 株荷政发〔2016〕21号 | 关于株洲市水竹湖片区给排水管网及配套设施建设工程项目、金城路等三条道路建设项目政府购买服务有关事项的批复 |
| 22 | 株荷政发〔2016〕22号 | 关于将金山新城片区道路基础设施建设项目纳入本级政府采购服务指导目录的批复 |
| 23 | 株荷政发〔2016〕23号 | 关于成立株洲盛大渣土工程有限公司“9·9”车辆伤害事故联合调查组的批复 |
| 24 | 株荷政发〔2016〕24号 | 关于请求批准修改《荷塘区仙庾镇总体规划(2014—2030)》的请示 |

（黄宇晖）

## 区人民政府办公室

**【概况】**荷塘区人民政府办公室成立于1997年11月，其前身为东区人民政府办公室。2016年，机关行政编制23名(含区政府领导编制8名)，机关后勤服务事业编制3名。办公室内设综合室、调研室、督查室(对外称荷塘区政府督查室)、机要和政务接待室、法制股(对外称区政府法制办公室)、金融工作股(对外称区政府金融工作办公室)6个股室，1个副科级事业单位——区企业服务中心。

**【综合调研】** 2016年，荷塘区政府办公室围绕区委、区政府工作重点和事关荷塘长远发展的重大方略、重大课题，围绕影响经济社会发展的重大问题、社会热点难点，突出三个荷塘建设(实力荷塘、活力荷塘、宜居荷塘)、五大片区(中央商务区、水竹湖科教新区、太阳商贸集聚区、金山新城产城示范区、荷塘月色康养休闲区)开发等内容，深入调查研究，提出对策建议，充分发挥参谋助手作用。组织或协助撰写经济形势分析报告、政府工作报告、区委务虚会材料、区委经济工作会议材料、党代会材料等大型材料30余篇。始终坚持把信息作为服务领导的重要渠道抓紧、抓好，加强信息体系建设，拓宽信息渠道，强化信息整理，集中反映领导关注的重点、群众关心的热点和改革过程中的难点，及时反馈工作动态和社情民意，累计整理上报市政府信息135篇。

**【办文办会】** 2016年，荷塘区政府办公室坚持精心办文、节俭办会、高效办事。把文字工作作为办公室的第一要务来抓，牢固树立精品意识和效率意识。对重要文稿撰写，强化集体撰写制度，集中集体智慧，努力把文稿质量提高到一个新水平。积极推进公文流转规范化建设，严格收发文程序，降低差错率。全年共发文290多份，收文800余多份。对重大工作部署、阶段性中心工作、重点项目建设、重大活动认真组织，加强调度，多方协调，抓好落实，促进各方面工作相互衔接，形成合力。圆满完成政府常务会、区长办公会、政府全体会议等各种会议服务工作。注重协调好领导与领导之间的关系，处理好政府与区委、人大、政协的关系，坚持上报区政府领导每周工作动态及下周工作安排，增进沟通联络，充分发挥办公室的桥梁纽带作用。接待“一门式”政务服务改革、征地拆迁等外地考察团到区交流学习10多次。

**【政务督查】**2016年，荷塘区政府办公室及时就重点项目建设、招商引资、“民生100”工程、优化环境，服务企业、维护社会稳定等方面工作进行督查督办，有效推动全区经济社会又好又快发展。处理市长热线、区长信箱中的群众咨询、建议和投诉3106件，办结率为100%，解决一批难点问题，受到群众好评。办理人大代表建议85件(市级9件)，政协委员提案73件(市级2件)，见面率、满意率、办结率均为100%。积极配合代表、委员开展视察，在换届期间，组织人大代表、政协委员对全区重点项目建设、园区建设、道路基础设施建设、民生工程等工作进行全面视察，通过视察活动，增进政府与人大、政协沟通交流。

**【应急管理】** 2016年，荷塘区政府办公室健全紧急信息报送制度，组织完善各种《应急预案》，重大突发事件的快速反应能力进一步增强。加强应急值班，办公室全体成员保持临战状态，第一时间向政府领导报告重大突发事件情况，密切跟踪事态发展，及时报送处置的措施和结果，为政府处置突发事件提供了及时有效服务。在“6·15”洪涝灾害、电焊条厂火灾等各类突发性灾害事件中，第一时间开展调度协调，组织相关单位救灾，帮助灾民生产自救，有效保障了各项抢险救灾工作顺利进行。

【依法行政】2016年，荷塘区政府办公室深入贯彻落实中共十八届四中全会精神和国务院《纲要》《决定》，全面推进依法行政。法制办积极参与政府中心工作，提前介入重大问题的研究和疑难问题的处理，为重点项目建设、征地拆迁、违法建筑拆除、司法强拆等重要事项进行法律论证，降低法律风险，保证重大行政决策的合法性。同时还积极参与重大矛盾纠纷的化解工作，区政府主动应诉征地拆迁等行政诉讼案件48件、民事诉讼案件2件，审结行政复议申请6件。其中，由常务副区长亲自出庭应诉杨立志行政征收案，并通过网络全国全程直播，取得良好的社会效果。严格执行《荷塘区政府合同管理规定》，审查区政府与各类银行、信托公司、合作协议等合同39份，审查部门报送备案的重大合同14份。加强区政府规范性文件管理，从计划、起草、审查、备案和清理5个阶段加强审查力度，按《湖南省规范性文件管理办法》规定的合法性审查和"三统一"(统一登记、统一编号、统一公布)要求，对2009年－2015年荷塘区政府发布的60件规范性文件进行清理，并向社会公众公布区政府行政规范性文件12件，各部门权力清单13件，公布率100%。

【优化环境】2016年，荷塘区政府办公室认真落实《荷塘区优化政务环境实施方案》及《荷塘区重点企业挂牌保护制度》，充分利用网上政务服务和电子监察系统，督促部门高效服务，全年网上政务服务办件累计收件4676件，办结4676件，红、黄牌0张。严厉打击危害企业生产经营及项目建设的欺行霸市、寻衅滋事、敲诈勒索、强装强卸、恶意阻工等违法行为，及时回复和办结市优化办交办的合泰涵洞早市整治、喜盈门周边环境、湘火炬"三供一业"(对国有企业职工家属区供水、供电、供热(供气)和物业管理相关设备设施进行必要的维修改造)等12件督查和交办事项，企业发展环境不断优化；充分发挥结合协调作用，联合食药监荷塘分局、卫计局、农村工作局、分安荷塘分局等部门，以"规范一批经营单位，打击一批违法行为，解决一批突出问题"为总体目标，检查食品生产经营主体3100家，规划引导办理许可证310家，查处取缔无证经营20家，收缴各类违法食品药品1500多公斤，食品药品市场环境得到净化；积极开展防范和打击非法集资工作，共受理非法集资案3起，立案3起，破案3起，涉案金额5719.9万元，暂扣财产10.8万元，抓获主要犯罪嫌疑人8人，刑拘6人，有效促进了区域金融环境健康发展，维护正常的金融秩序和广大人民群众的财产安全，确保了社会和谐稳定。（黄宇晖）

## 2016年荷塘区人民政府办公室发文目录

| 序号 | 文号 | 文件标题 |
| --- | --- | --- |
| 1 | 株荷政办发〔2016〕1号 | 关于印发《荷塘区2016年重金属污染耕地修复及农作物种植结构调整试点工作实施方案》的通知 |
| 2 | 株荷政办发〔2016〕2号 | 关于加强安全隐患排查切实做好防灾减灾和安全生产工作的紧急通知 |
| 3 | 株荷政办发〔2016〕3号 | 关于印发《荷塘区中小微企业信贷风险补偿资金管理办法(试行)》的通知 |
| 4 | 株荷政办发〔2016〕4号 | 关于调整区政府领导成员分工的通知 |
| 5 | 株荷政办发〔2016〕5号 | 关于印发《株洲市荷塘区人感染H7N9禽流感应急处置预案(试行)》的通知 |

| 序 号 | 文 号 | 文件标题 |
|---|---|---|
| 6 | 株荷政办发〔2016〕6号 | 关于清理整治环保违规建设项目的通知 |
| 7 | 株荷政办发〔2016〕7号 | 关于印发《荷塘区开展群众性应急救护培训工作方案》的通知 |
| 8 | 株荷政办发〔2016〕8号 | 关于召开荷塘区2015年度经济目标考核总结表彰暨“项目攻坚年”“企业帮扶年”活动动员大会的通知 |
| 9 | 株荷政办发〔2016〕9号 | 关于印发《株洲市荷塘区居民健康卡发行应用工作实施方案》的通知 |
| 10 | 株荷政办发〔2016〕10号 | 关于成立荷塘区教育督导委员会的通知 |
| 11 | 株荷政办发〔2016〕11号 | 关于调整荷塘区食品安全委员会成员的通知 |
| 12 | 株荷政办发〔2016〕12号 | 关于成立新桂广场·新桂未来项目建设指挥部的通知 |
| 13 | 株荷政办发〔2016〕13号 | 关于印发《荷塘区2016年环保目标责任书任务分解表》和《畜禽养殖污染整治职责清单》的通知 |
| 14 | 株荷政办发〔2016〕14号 | 关于印发《荷塘区合泰、富家垅地区消防安全隐患整治工作实施方案》的通知 |
| 15 | 株荷政办发〔2016〕15号 | 关于成立荷塘区430铁路专用线改造工程工作小组的通知 |
| 16 | 株荷政办发〔2016〕16号 | 关于做好《湖南乡镇简志·株洲卷》编纂工作的通知 |
| 17 | 株荷政办发〔2016〕17号 | 关于印发2016年《政府工作报告》重点工作任务分解表的通知 |
| 18 | 株荷政办发〔2016〕18号 | 关于做好“测一测，2016政府工作报告知多少”在线学习及答题活动有关工作的通知 |
| 19 | 株荷政办发〔2016〕19号 | 关于表彰2015年度治违工作先进单位（个人）的决定 |
| 20 | 株荷政办发〔2016〕20号 | 关于印发《荷塘区2016年度地质灾害防治方案》的通知 |
| 21 | 株荷政办发〔2016〕21号 | 关于印发《株洲市荷塘区2016年政府性投资项目计划》的通知 |
| 22 | 株荷政办发〔2016〕22号 | 关于印发《株洲市荷塘区民间投融资机构和互联网金融清理整治方案》的通知 |
| 23 | 株荷政办发〔2016〕23号 | 关于调整区打击和处置非法集资工作领导小组的通知 |
| 24 | 株荷政办发〔2016〕24号 | 关于印发《荷塘区出生缺陷防治实施方案》的通知 |
| 25 | 株荷政办发〔2016〕25号 | 关于表彰2015年度全区卫生工作先进单位和先进个人的决定 |
| 26 | 株荷政办发〔2016〕26号 | 关于印发《荷塘区2016年“民生100”工程实施意见》的通知 |
| 27 | 株荷政办发〔2016〕27号A类 | 对区政协四届五次会议第2045060号提案的答复 |
| 28 | 株荷政办发〔2016〕28号 | 关于印发《荷塘区乡村教师支持计划（2015—2020年）实施细则》的通知 |
| 29 | 株荷政办发〔2016〕29号 | 关于调整株洲市荷塘区湘江保护和治理领导小组的通知 |
| 30 | 株荷政办发〔2016〕30号 | 关于印发《荷塘区湘江保护和治理第二个“三年行动计划”监管考核办法》的通知 |
| 31 | 株荷政办发〔2016〕31号 | 关于印发《荷塘区2015年度土地矿产卫片执法检查工作方案》的通知 |
| 32 | 株荷政办发〔2016〕32号 | 关于成立株洲市荷塘区政务服务中心税收征点领导小组的通知 |
| 33 | 株荷政办发〔2016〕33号 | 关于印发《株洲市荷塘区政务服务印章（专线账号）使用管理办法》的通知 |
| 34 | 株荷政办发〔2016〕34号 | 关于加强基层卫生计生服务网络建设的通知 |

| 序号 | 文号 | 文件标题 |
|---|---|---|
| 35 | 株荷政办发〔2016〕35号 | 关于转发株洲市法制办《关于做好行政执法人员执法资格考试和“两证”换发工作的通知》的通知 |
| 36 | 株荷政办发〔2016〕36号 | 关于加强荷塘区社区微型消防站建设的通知 |
| 37 | 株荷政办发〔2016〕37号 | 关于成立金科储备地块八、金科储备地块九项目征地拆迁指挥部的通知 |
| 38 | 株荷政办发〔2016〕38号 | 关于开展基层应急管理规范化建设的通知 |
| 39 | 株荷政办发〔2016〕39号 | 关于成立申报湖南省科技成果转移转化示范县工作领导小组的通知 |
| 40 | 株荷政办发〔2016〕40号 | 关于印发《荷塘区将公民计划生育情况纳入社会信用体系实施方案》的通知 |
| 41 | 株荷政办发〔2016〕41号 | 关于印发《荷塘区计划生育特殊困难家庭扶助关怀工作实施细则》 |
| 42 | 株荷政办发〔2016〕42号 | 关于区政府领导成员暂时分工的通知 |
| 43 | 株荷政办发〔2016〕43号 | 关于印发《荷塘区实施全面两孩政策改革完善计划生育服务管理工作实施方案》的通知 |
| 44 | 株荷政办发〔2016〕44号 | 关于印发《荷塘区应急管理工作实施方案》的通知 |
| 45 | 株荷政办发〔2016〕45号 | 关于印发《荷塘区清理整治环保违规建设项目工作实施方案》的通知 |
| 46 | 株荷政办发〔2016〕46号 | 关于成立株洲市荷塘区PPP项目工作领导小组的通知 |
| 47 | 株荷政办发〔2016〕47号 | 关于调整荷塘区公务用车制度改革领导小组的通知 |
| 48 | 株荷政办发〔2016〕48号 | 关于印发《株洲市荷塘区制止和拆除违法建设工作考评办法(试行)》的通知 |
| 49 | 株荷政办发〔2016〕49号 | 关于印发《荷塘区国有土地上房屋征收工作流程》的通知 |
| 50 | 株荷政办发〔2016〕50号 | 关于成立建宁港路工程建设指挥部的通知 |
| 51 | 株荷政办发〔2016〕51号 | 关于印发《荷塘区2016年重金属污染源头治理联合监管责任制》的通知 |
| 52 | 株荷政办发〔2016〕52号 | 关于同意将株洲市荷塘大道等道路市政管网资产划入株洲金城投资控股集团有限公司的通知 |
| 53 | 株荷政办发〔2016〕53号 | 关于成立荷塘区富家垅城中村项目征地拆迁指挥部的通知 |
| 54 | 株荷政办发〔2016〕54号 | 关于成立荷塘区华亿标准厂房项目征地拆迁指挥部的通知 |
| 55 | 株荷政办发〔2016〕55号 | 关于成立株洲市荷塘区国有土地上房屋征收指挥部的通知 |
| 56 | 株荷政办发〔2016〕56号 | 关于申报2017年度政府性投资建设项目计划的通知 |
| 57 | 株荷政办发〔2016〕57号 | 关于印发《株洲市荷塘区重大环境问题(事件)责任追究办法(暂行)》的通知 |
| 58 | 株荷政办发〔2016〕58号 | 关于印发《株洲市荷塘区环境事件应急预案》的通知 |
| 59 | 株荷政办发〔2016〕59号 | 关于印发《株洲市荷塘区环保工作职责规定》的通知 |
| 60 | 株荷政办发〔2016〕60号 | 关于调整荷塘区老旧小区整治工程指挥部的通知 |
| 61 | 株荷政办发〔2016〕61号 | 关于印发《株洲市荷塘区人感染H7N9禽流感应急处置预案(试行)》的通知 |

(黄宇晖)

# 民 政

【概况】荷塘区民政局前身为东区民政局。2016年，区民政局有在编人员11人，退休人员9人，全额拨款的事业编制在岗2人。内设综合股、社会事务股（老龄办）、社会救助股、优抚安置股，下辖1个事业单位慈善办公室。主要职责是社会救助（城乡低保、五保、大病救助、临时救助）、社会福利（养老、慈善、孤儿管理、福利企业）、社会事务管理（社团和民办非企业、婚姻登记、地名区划、殡葬改革、流浪乞讨管理）、基层社区治理（社区建设、基层政权建设）、服务国防和军队建设以及防灾减灾救灾等共6大类18项具体工作。

近年来，荷塘区民政工作坚持“以民为本、为民解困、为民服务”的工作宗旨，先后获得全国和谐社区建设示范城区、湖南省慈善工作先进单位，连续多年被株洲市民政局评为市民政工作先进单位、绩效考核一类单位。（贺楚琳）

【“民生100”工程】2016年，荷塘区民政局承办7项民生实事全部完成任务。其中农村分散五保供养标准5640元／年，完成全年目标112%；城镇低保人均救助水平330元／月，完成全年目标100%；农村低保人均救助水平161元／月，完成全年目标125%；新增养老服务床位42张，完成全年目标100%；推进居家养老示范点建设1个，完成全年目标的100%；百岁老人生活补助标准500元／月／人，完成全年目标的100%；新建军人服务中心1个，完成全年目标100%。（郭 荣）

【落实《社会救助暂行办法》】2016年，荷塘区民政局贯彻落实《社会救助暂行办法》，完成2016年城乡低保提标工作。10月通过走访、核实现有低保对象资料，摸清保障对象生活状况，本着城乡低保“应保则保，应退则退”的动态管理原则，城市最低生活保障线由420元／月／人提高至470元／月／人；农村最低生活保障线由180元／月／人提高至220元／月／人；农村分散五保供养标准由420元／月／人提高至470元／月／人。提标后，城市低保人均补差达到330元／月／人；农村低保人均补差达到161元／月／人；农村分散五保供养标准达到5640元／年／人，3项指标均圆满或超额完成实事任务。

2016年，全区低保救助救助49012户家庭，保障73334人，救助资金2026.9万。大病救助救助813人，救助资金216万元，人均住院救助2655元／次。（郭 荣）

## 2014—2016年荷塘区救助金发放表

| 年度 | 救助类型 | 户数（户） | 人数（人） | 发放金额（元） |
|---|---|---|---|---|
| 2014 | 城市低保 | 34165 | 52386 | 15565180 |
| | 农村低保 | 14369 | 21470 | 3246960 |
| | 农村五保 | 1162 | 1162 | 446640 |
| | 医疗救助 | 575 | 575 | 1514800 |
| 2015 | 城市低保 | 33204 | 50075 | 15719153 |
| | 农村低保 | 15173 | 22279 | 3444850 |

| 年度 | 救助类型 | 户数(户) | 人数(人) | 发放金额 |
|---|---|---|---|---|
| 2015 | 农村五保 | 1229 | 1229 | 516180 |
| | 医疗救助 | 635 | 635 | 1692000 |
| 2016 | 城市低保 | 31742 | 47209 | 15621440 |
| | 农村低保 | 15861 | 24716 | 4005480 |
| | 农村五保 | 1409 | 1409 | 642930 |
| | 医疗救助 | 813 | 813 | 2159000 |

（郭　荣）

**【残疾人“两项补贴”工作】**9月初，荷塘区民政局承接残疾人“两项补贴”发放工作，及时制定出台《关于荷塘区困难残疾人生活补贴和重度残疾人护理补贴实施方案的通知》。召开荷塘区困难残疾人生活补贴和重度残疾人护理补贴审批发放工作部署暨“两项补贴”进“一门式”政务服务系统推进会。按照政府领导、民政牵头、残联配合、部门协作、社会参与的工作机制，按照“个人申请、乡镇初审、区残联审核、区民政局审定”的工作程序，积极开展审核工作。据统计，全区有1564名残疾人享受重度残疾人护理补贴，1607名残疾人享受生活补贴待遇。9–12月，区民政局发放重度残疾人护理补贴45.89万元，发放残疾人生活补贴56.51万元，“两项补贴”合计发放102.4万元。（凌海波）

**【养老服务补贴覆盖率100%】**2016年，荷塘区民政局基本养老补贴人数226人，按每人20元/月，共计54240元；90～99岁高龄老人生活补贴符合要求人数301人，按每人60元/月，共计204440元；100岁以上高龄老人生活补贴符合要求人数12人，按每人500元/月，共计46100元。（汤钢艳）

**【基层民主法制建设】**2016年，荷塘区民政局在广泛调研的基础上，由区委区政府出台《关于加强村（社区）基层组织建设的实施意见》，在全市第一个对村（社区）增加经费投入，村平均年经费13.57万元，社区平均年经费48.41万元。深入贯彻《株洲市村务公开和民主管理办法》，推行村（居）民监督机制和村级财务监督委员会制度，村（居）务公开工作纳入基层绩效考核，认真开展全面建成小康社会村（居）委会依法自治达标率99%。（贺楚琳）

**【社区软硬件建设】**2016年，荷塘区全面贯彻落实市委、市政府关于社区服务场所提质改造“三年行动计划”相关文件精神，突出抓好2016–2018年12个个社区服务场所的改（新）建，提升社区服务水平。2016年已完成对金山街道流芳社区、湘华社区，月塘街道石子头社区、袁家湾社区，合泰管委会东湖社区、文化路社区6个社区服务场所标识标牌、场地置换，居民服务功能室的布局及提质装修等改扩建，并投入使用。（叶　琦）

**【建制村合并】**2016年，区委、区政府召开全区建制村合并工作动员大会以来，全区高度重视，组织有序，通过强化领导、明确责任、加强联动、严明纪律确保和并村工作有序推进。6月，全区建制村合并工作全面完成。由原39个村合并成24个村，减少15个村。2016年末，荷塘区辖5个街道办事处，1个镇，34个社区，24个村。

（叶　琦）

【地名普查】2016年，荷塘区根据《湖南省第二次地名普查工作的通知》要求，全区各镇(街道、管委会)普查单位成立领导小组办公室，制定地名普查实施方案。荷塘区的地名普查工作在组织管理、地名调查、地名标志、数据库建设等方面取得明显成效。（叶 琦）

【慈善工作】2016年，区慈善会积极抓好慈善超市、大病救助及慰问项目等活动。一是开展慰问孤儿活动。2月，区慈善会出资3万元慰问全区孤儿；二是慈善超市发放20万余元爱心物资。5月，区慈善会通过辖区内31个爱心超市发放米、油、面等爱心物资折价20万元，慰问困难群众4000余人；三是开展慰问“百名困难计生家庭”援助行动。区慈善会出资5万余元，慰问全区百名困难计生家庭，让这一特殊群体得到关爱；四是开展慈善大病救助活动。区慈善会出资5万余元，救助大病困难群众。（贺楚琳）

【创建防灾减灾示范社区】2016年，荷塘区民政局积极开展防灾减灾系列活动，开展“3·23”气象日、“5·12”防灾减灾日活动，并结合“综合减灾示范社区”创建活动进行一系列防灾减灾科普知识宣传活动，发放防灾减灾宣传资料和宣传挂图1000余份，积极向广大群众宣传防灾减灾知识和地震应急避难技巧，增强广大居民防御灾害的意识，营造良好的社会防灾减灾氛围。茨菇塘街道麻园社区、新月塘社区，仙庾镇兴塘社区成功创建市级综合减灾示范区。其中麻园社区成功创建省级综合减灾示范区。至年底，全区已创建全国综合减灾示范社区5个，省级综合减灾示范社区5个。（汤钢艳）

【优抚安置】2016年，荷塘区民政局认真落实双拥优抚安置各项政策，及时发放1163名重点优抚对象(残疾军人、伤残人民警察、伤残国家机关工作人员、烈士遗属、因公牺牲军人遗属、病故军人遗属、年满60周岁农村籍或城镇无工作单位烈士子女、在乡老复员军人、带病回乡退伍军人、农村和城镇无工作单位参战退役人员、农村和城镇无工作单位参试或直接参与铀矿开采退役人员、既属带病回乡，又属参战退役人员、年满60周岁农村籍退役士兵)抚恤资金和本年度现役军人义务兵优待金及退役军人相关政策性补助，切实落实优抚对象抚恤补助标准自然增长机制；推进退役士兵自主就业，对全区68名自主就业的退役士兵发放66.9万元一次性经济补助；对68名退役士兵提供再就业培训，利用就业信息平台，推荐48人上岗就业；严格执行无军籍退休退职职工的移交安置政策规定和工作要求，对全区11名无军籍退休退职职工的待遇落实、思想稳定和服务管理落到了实处；落实重点安置政策，16名转业士官现全部安置上岗；全面落实重点优抚对象“五位一体”的医疗保障制度，重点优抚对象医疗保障全覆盖；落实烈士褒扬条例，完善流芳公园的烈士功勋墙建设；双待双促工作到位，在仙庾镇建立“退役军人之家”，为荷塘区退役军人提供政策咨询、学习教育、就业培训、创业援助等方面的公共服务。（文 波）

【救灾救济】6月中旬，全市突降暴雨，造成荷塘区各镇办多处农作物被淹、土地塌方、道路中断以及部分房屋倒损；城区低洼处出现严重内涝，部分门面、企业仓库被淹等，全区4593人受灾，紧急转移和安置受灾群众400余人。灾情发生后，区委、区政府高度重视、迅速部署、妥善应对，组织人员进行积水抽排30处、转移受灾门面和仓库的货物、清理滑坡土方1.5万余立方米、疏通道路30余公里，并对受损房屋及时进行妥善处置。同时，将荷塘区的受灾情况及时上报到市民政局、省民政厅，争取市级资金150万元，区级财政配套资金100万元。此次灾害，区级向镇(街道)、村拨付应急处置资金124万元，对受灾群众社会化发放145.86万元，确保受灾群众有饭吃、有衣穿、有干净水喝、有地方住。（汤钢艳）

**【婚姻登记】**2016年，荷塘区民政局依法开展婚姻登记工作。婚姻登记窗口进入政务服务中心，推行婚姻登记标准化建设。全年办理结婚登记1598对，离婚登记788起，补发婚姻证件475份，补录婚姻登记历史数据12000多件。登记合格率100%。（曾　勇）

**【民间组织管理】**2016年，荷塘区民政局按照《社会组织登记管理条例》规定及相关政策，和“政务公开，优质服务”要求，高质量地做好社会组织的日常登记管理工作。全区有社会组织168家，年内新批准成立6家。依法办理社会组织单位变更登记7家。年检合格率100%。完成荷塘区第一批商会协会与行政和关脱钩试点单位5家。（叶　琦）

## 政务服务

**【概况】**荷塘区政务服务中心为荷塘区政府直属的正科级事业单位，下设综合办公室、政务服务办公室、协调督办室。2016年有在编人员10人，政府雇员13人，临聘人员1人。位于荷塘区新华东路218号金科大厦，面积近2000平方米，功能区2层，一楼为自然人事项服务大厅，设置咨询区、自助查询区、综合办理区、商务服务区、休息等候区等；二楼为法人事项服务大厅和婚姻登记处。

区政务服务中心主要职责是牵头开展“一门式”政务服务改革工作，制定全区政务（便民）服务中心各项规章制度、管理办法并组织实施；对全区政务服务事项进行督查、督办和统计工作，适时通报政务服务工作情况；对全区各镇（办事处、管委会）、村（社区）便民服务中心的政务服务工作进行指导、考核；负责区人民政府门户网站建设、维护和日常管理工作；负责“12345”市长热线（市长信箱、微博、微信）、区长信箱答复、交办、督办、反馈、统计、归档工作；负责政务公开相关工作，包括受理、发布全区政务信息公开工作，受理公民、法人和其他组织政府信息公开申请，并依法进行答复等。

**【互联网＋政务服务改革】**2016年，荷塘区秉承把方便带给群众，把复杂交给系统，把高效留给政府的核心理念，借助现代信息网络和大数据技术，打通区、街道、社区3级政府各部门业务办理平台，将行政审批事项集中到前台受理，后台协同办理，让群众凭一张证、在一个窗口办理所有事项。至年底，有人社、卫计、民政、工商等九大部门217个事项纳入“一门式”系统，下放11类36个专线账号，11类69个业务专用章，全区3级40个政务（便民）服务点全面上线，同步建设实体便民服务中心、网上便民服务中心、智慧荷塘APP3个政务服务平台，实现区域、事项、监管、平台4项全覆盖。办理业务69681件，实时即办率70%，群众满意率100%。

**【政务公开模式创新】**2016年，荷塘区不断创新政务服务模式。一是自主开发建设“一门式”网上便民服务大厅。将最新梳理的9个部门217个自然人事项的标准化办理条件及时公布，在全市乃至全省首创在门户网上输入办事人身份证号码即可实现办理条件、办理进度、办事记录的实时查询；二是自主开发建设手机便民服务大厅。开发运营“智慧荷塘”APP，设立“问事、办事、工具、我的”4个版块，除提供网上政务服务预约办理、查询等功能，还整合城市新闻资讯、市民生活信息、政府公共服务等多项服务内容，把更多政务服务和讯息汇集到离群众最近的地方，提供更便捷的问事、办事渠道；三是创新政策解读方式。用图文并茂方式，群众听得懂语言，深入浅出解读群众关心的政策法规，如“政府工作报告”“工商税务两证合一”“二孩生育”等别具一格的解读受到群众欢迎。2016年，全区有1个区级政务服务中心、6个街道(管委会)便民服务中心和33个社区便民服务中心。

**【队伍建设】**2016年，荷塘区政务服务中心加强队伍建设。一是人才结构优化。中心工作人员平均年龄30岁，人才呈现年轻化特点，95%为本科及以上学历，素质高、综合能力强；二是考核机制健全。对“一门式”窗口工作人员实行每周一考、逢进必考的考试制度。实行“一季度一评一奖”的考评机制，通过自评、同事互评、领导小组考评相结合的方式每季度对其进行考核评分；三是主题活动丰富。创设每月一评“争当岗位明星”评优活动，开展“我为群众来解说”解说比赛，进行以“改革，我们永远在路上”为主题的政务服务改革宣讲活动等。

**【事务管理规范】**2016年，荷塘区政务服务中心不断规范事务管理。一是出台完善的管理制度。出台《荷塘区三级政务(便民)服务中心管理办法》《“一门式”政务服务问责方法》《首席代表管理办法》《荷塘区政务服务印章(专线账号)使用管理办法》《政府行政雇员管理办法》，确保“一门式”政务服务规范高效运行；二是实行有效的监管手段。运用信息化网络技术，线上线下双管齐下，实现政务服务全方位监督管理。线上应用“一门式”电子监察系统，对事项办理全流程进行动态监管；线下在全区所有便民服务中心铺设视频监控网络，对窗口人员服务的全过程进行实时监控。

**【“一门式”政务服务模式叫响全国】**截止2016年底，荷塘区按照市委全面深化改革要求部署，紧扣“建设现代服务型政府”目标，在国家信息中心、省委改革办、市委改革办和市政务服务中心的支持和指导下，充分学习借鉴广东、上海等先进地区“一门式”政务服务改革理念，并结合荷塘实际，全面推进“一门式”政务服务改革，按照“先试点、后推广”的原则，已在区、街道、社区三级建立40个政务(便民)服务中心，借助现代信息网络和大数据技术，打通政府各部门业务办理平台，将行政审批事项集中到前台受理，交给后台无差别、电子化系统处理，实现“一门多办、一窗全办、一网通办”，老百姓在任意一级的政务(便民)服务中心的任意一个窗口，都能办理所有事项，还可以通过手机APP随时随地网上办理，解决群众办事“多级跑、分头找、重复报”的问题。其做法得到省委改革办高度肯定，在省委《改革简报》上大力推介，人民网、《湖南日报》等主流媒体多次进行报道。荷塘区作为湖南省唯一代表，在全国“互联网+政务服务”禅城交流会上做了典型发言。2016年第一期新华社《湖南领导专供》以《株洲市荷塘区“一门式”政务改革探索》为题，用3个版面进行重点报道，指出荷塘区立足“一门式”政务服务改革，以技术倒逼作风转变，以服务改善办事体验，开启信息惠民的探索之旅。

**【魏刚到荷塘区调研“互联网+政务服务”改革】**11月3日，中央编办三司副司长魏刚到荷塘区调研“互联网+政务服务”改革工作，观看荷塘区“一门式”政务服务改革宣传片，了解“互联网+政务服务”改革的基本情况，详细询问各职能部门各个业务的事项疏理、权限下放的基本情况。魏刚表示：“互联网+政务服务”是贯彻落实党中央、国务院决策部署，把简政放权、放管结合、优化服务改革推向纵深的关键环节，希望荷塘区在现有的平台上拓展服务渠道，开放服务资源，将更多的政务服务和公共服务资源向一个平台集中，实现所有事项的网上办理，把更大的方便带给群众。（周　芳）

## 机关事务服务

**【概况】**荷塘区机关事务服务中心于1997年区划调整时成立，原称机关行政事务管理委员会办公室(为科级事业单位),归口区政府办公室管理。历经两次改革更名,分别是2001年机构改革,将原机关行政事务管理委员会办公室更名为荷塘区机关事务管理局;2015年政府职能转变和机构改革,将原株洲市荷塘区机关事务管理局更名为株洲市荷塘区机关事务服务中心,区机关事务服务中心是区人民政府授权管理区机关事务工作的区人民政府直属全额拨款正科级事业单位。2016年,区机关事务服务中心有编制8名,实有干部职工7名。退休干部职工12名。主要职能负责机关大院和机关宿舍的公共设施维修、设备维护、治安秩序、园林绿化、会议服务、环境卫生、机关食堂、临街门店、上下班车的管理及院内报刊征订收发等工作。

一、重点工作圆满完成。投资约110万元的区机关文体活动中心改造项目10月投入使用;机关食堂饭菜质量稳步提升。机关干部就餐补贴标准由300元/月·人提高到360元/月·人;重要会务“零”差错。全年3个公用会议室召开会议273场次,圆满完成区党代会、区两会等重要会务保障工作;公务用车改革稳步推进。出台《荷塘区公务用车管理暂行办法》和实施方案,对保留的公务用车进行集中规范管理。

二、大院管理不断加强。零星维修改造有序进行;院内车辆管理有序。处置19台报废或长期不动车辆并腾空车位。保障全区重要会议及接待的车辆管制。经摸底统计院内机关干部私家车约300台;出台考核办法对物业公司实行季度考核并评选“服务之星”竞赛活动。机关宿舍10栋居民楼,244户纳入物业管理。

三、党的建设工作规范有序。认真开展“两学一做”学习教育,严格执行党员积分制管理,党组(支部)开展“优秀党员”评选,2名党员受到表彰奖励;自身建设得到加强。支部被区直机关工委评为优秀基层党组织,办公室被评为全区办公室工作先进单位;党建帮扶扎实推进。走访慰问帅家坳村5户困难户,对“一进二访”无房户周运兴补助1.7万元。

**【文体活动中心投入使用】**2016年10月,荷塘区机关文体活动中心正式启用。中心位于荷塘区机关大院一号楼四楼,占地1100平方米,分设健身房、乒乓球室、多功能厅、阅览室、书法室、棋牌室。项目于2016年4月开工,8月竣工。

**【公务用车平台管理】**2016年,荷塘区机关事务服务中心负责区公务用车平台管理和运行,该平台负责对保留的公务用车进行集中规范管理,平台管理调度员1名,车队长1名和安全管理员1名。3名管理人员负责调度34台公务车和劳务派遣司机20人。中心出台《荷塘区司勤人员管理制度》和《荷塘区司勤人员安全绩效考核办法(试行)》,对司勤人员的工作年终绩效和安全生产考评监督予以规范;对车辆的加油、维修、清洗、保险进行严格规定。同时,公务用车平台对车辆所有信息归纳整理并建立电子台账。荷塘区公务用车平台运行3个月来,整体情况平稳有序。公车管理办公室收到公务派车申请385批次。

**【会务保障】**2016年,荷塘区机关事务服务中心管理的3个公用会议室召开会议273场次,实现零差错,圆满完成区党代会、区两会等重要会务保障工作。会场后勤保障调试好音响设备、灯光效果;增加保洁频率,确保会场环境干净卫生;党代会、两会等重大会议期间,建议机关干部职工不开车,优先安排院外参会人员停车,确保院内环境井井有条;就餐优先与会人员统一在食堂就餐,不搞特殊化,确保参会人员饮食安全卫生。（彭超群）

## 档案区志

**【概况】**荷塘区档案区志局成立于1997年11月,2003年成立荷塘区档案馆,与区档案区志局合署办公,是区委、区政府授权管理全区档案工作和编志工作的全额拨款正科级事业单位。内设综合办公室、业务股(现行文件服务中心)2个职能股室，核定编制4名，在编人员4名。办公场所设株洲市新华东路1468号荷塘区人民政府2号楼10楼、11楼。

2016年，荷塘区档案区志局围绕区委、区政府的中心工作，狠抓档案事业资源建设、业务建设、法治建设和档案信息化建设，不断拓宽档案服务范围和渠道，档案地方志各项工作取得长足进步。区档案区志局获评全省档案宣传工作先进集体，月塘街道、桂花街道分获全省档案宣传工作先进单位。

**【工作机制理顺】**2016年，荷塘区档案区志局为认真贯彻中央、省、市关于加强档案、地方志工作的相关文件精神，区档案局报请区委、区政府以两办联合印发《关于印发〈荷塘区加强和改进新形势下档案和地方志工作实施方案〉的通知》(株荷办发〔2016〕75号)，要求全区各级党委、政府和各部门、各单位对档案工作的地位和作用进一步提高认识，加大对档案工作的支持保障力度，为档案工作顺利开展提供人力、财力、物力等方面保障，推动档案事业同经济社会各项事业的协调发展，对完善档案工作体制机制、档案信息化建设、档案资源开发利用、档案馆建设、档案事业保障和档案系统干部队伍建设提出了具体的要求。

**【示范档案室创建】**2016年，荷塘区档案区志局按照株洲市档案局统一安排，确定六〇一社区档案室作为全市档案工作示范村(社区)创建单位。为帮助其顺利完成验收，区档案区志局帮助六〇一社区多方筹集档案室改造、设施设备添置经费7万元，并全程督促指导社区制定创建工作方案、倒排工作计划，安排专人每周到现场进行指导帮助解决问题。10月14日，六〇一社区率先在全市以97分的测评分成功通过株洲市财政局、株洲市档案局联合验收组测评验收。

**【档案法律法规宣传】**2016年，荷塘区档案区志局加大档案法律法规的宣传力度，深入基层单位宣传档案法律法规、接待咨询共200余人次。在“6·9”国际档案日期间，结合实际，以“档案与民生”为主题，制作各种宣传展板10余块，在区人民政府、六〇一社区等单位分别举办专题宣传展览活动，现场解答市民有关档案方面的问题，并向市民发放宣传资料1500份；联系组织市十九中2批次100多名师生到档案展览馆参观，接受爱国主义教育。

**【档案利用工作】**2016年，荷塘区档案馆共接待各单位、个人查阅利用者460人次，调阅档案资料2170卷次，复印资料7300多份，为荷塘区经济建设、和谐社会建设提供翔实的第一手资料，为群众解决婚姻、住房、财产等民生问题提供依据。

**【《乡镇简志》编纂】**2016年，荷塘区档案区志局认真做好《湖南乡镇简志》荷塘区部分编纂工作。4月，区档案区志局召开各镇(办)一把手会议，布置工作任务；聘请人员、搜集资料，对各单位撰稿人进行集中培训。9月，荷塘区总条目、2个乡、镇、5个街道办事处完成初稿。稿件经区乡镇简志编辑部修改、补充并总纂后，11月向市志办报送6万多字送审稿。

**【《荷塘年鉴》编辑启动】**2016年，为确保实现湖南省2018年前市、县(区)编辑地方综合年鉴“一年一鉴”全覆盖的目标，区档案区志局积极筹备编辑出版《荷塘年鉴(2017)》工作，通过各种途径参观学习，分别向区委书记、区长等主要领导多次汇报，制定编辑方案，起草有关文件，《荷塘年鉴》编纂工作方案得到区委、区政府主要领导支持和认可，并经政府常务会议研究通过，区政府每年拨给年鉴经费30万元。 (周平刚)

# 政协荷塘区委员会

**【概况】** 政协株洲市荷塘区委员会前身是成立于1985年4月的政协株洲市东区委员会。1997年7月，株洲市行政区划调整，政协株洲市东区委员会更名为政协株洲市荷塘区委员会。区政协机关内设办公室和经济科技委员会、提案法制委员会、文教卫体委员会和学联群团委员会，委员按界别构成分成经济、科技、文体艺术、医卫、教育、城建、法制、农村、群团、联络联谊等10个界别小组，在全区各镇、街道各安排联络工作负责人1名(正科级)。

**【区政协四届五次全会】** 2月24—25日，政协株洲市荷塘区第四届委员会第五次会议在荷塘区机关举行。会议听取并审议通过肖支前代表区政协常委会所作的工作报告和方芳所作的提案工作报告，会议补选张金国为政协株洲市荷塘区第四届委员会秘书长、袁博为政协株洲市荷塘区第四届委员会常务委员。

**【调研工作】** 2016年，荷塘区政协组织开展加快荷塘区健康养老产业发展、做强做大房地产业等两项重点调研和‘十二五’期间荷塘区国税经济税源状况、农村公共卫生服务体系建设等8项专题调研。其中加快荷塘区健康养老产业发展调研报告获株洲市政协优秀调研报告征评一等奖。全年有10件调研报告被评为区政协优秀调研报告。

**【视察评议】** 2016年，荷塘区政协组织开展政协委员视察“一门式”政务服务改革工作、区政协常委会视察农村土地承包经营权登记工作、区政协主席会议视察园区项目建设等活动，向中共荷塘区委、荷塘区人民政府递交《一门式”政务服务改革工作视察评议报告》《农村土地承包经营权登记工作视察评议报告》《园区项目建设工作视察评议报告》等3份评议材料并提出中肯建议，得到有关部门的重视与采纳。

**【委派民主监督员】** 2016年，荷塘区政协向荷塘区法院、荷塘区农村工作局、荷塘区政务服务中心、荷塘区卫生计生局等4个单位委派16名民主监督员，开展明查、暗访等民主监督活动。荷塘区政务中心民主监督小组、荷塘区卫计局民主监督小组被评为优秀民主监督工作小组，荷塘区人民法院、荷塘区农村工作局被评为优秀受监督单位。

**【提案工作】** 2016年，荷塘区政协收到政协委员提案94件，经审查立案71件，转社情民意12件，转市政协委员参考11件。5月，区政协主席会议成员牵头开展对关于加快建设新文化路的建议、关于加强学前教育的建议、关于大力推进养老事业的建议、关于株洲市茶叶市场的建议、关于促进小微企业快速发展的建议、关于在基层广泛开展群众文体活动弘扬传统文化的提案、关于加大食品安全监督综合执法力度的建议等7件重点提案的督办工作。全年有关于打造“仙婆”乡村休闲旅游带的提案、关于耕耘美丽荷塘，打造幸福家园的提案、关于重视和加强聘任教师队伍管理的建议、关于促进小微企业快速发展的建议、关于加快荷塘区高知识人才队伍建设的建议、关于加强学前教育的建议、关于落实农业产业项目配套用地政策的建议、关于进一步打造红旗商圈的建议、关于打造荷和文化品牌的建议、关于引导企业加强管理、推动民营经济战略升级的建议、关于提升荷塘区商业氛围的提案、关于破解城区交通拥堵的建议、关于加大食品安全监管综合执法力度的建议、关于加强公共文化、体育场地规划建设的建议、关于大力推进养老事业的建议、关于加强基层医疗机构的药品质量管理的建议、关于优化建设环境，加快项目建设的提案、关于整合资源，加大农村污染防治，保障水生态环境安全的提案、关于加强对城区摩托车和超标电动车的管理的建议、保护挖掘传承民间民俗非物质文化遗产迫在眉睫等20件提案被评为年度优秀提案。

**【履职成果汇编】**2016年，荷塘区政协组织编写《逐梦路上——政协株洲市荷塘区第四届委员会履职成果汇编》。全书分为常委会工作报告、调研报告、优秀提案、大会发言、视察评议报告5个部分，24万余字。

**【区政协换届选举】**10－11月，政协株洲市荷塘区第五届委员会委员经各界推荐提名协商产生。本届委员会计划安排委员157名，留出2名委员名额待今后工作需要时增补，实际协商产生委员155名。其中连任委员53名，占34%；中共党员62名，占40%；民主党派和无党派人士93名，占60%；少数民族委员5名，占3 %；妇女委员57名，占37%；非公经济人士28人，占18%。政协株洲市荷塘区第五届委员会委员共设20个界别，分别为中共、民革民盟民建、民进农工致公九三、无党派、工会、共青团、妇女、工商、残联、侨联、科协、科技、教育、医卫、经济、农林、文体艺术、宗教、少数民族、社会福利。

11月28–29日，政协株洲市荷塘区第五届委员会第一次会议在荷塘区机关召开，何恒仁当选为政协株洲市荷塘区第五届委员会主席，朱兴来、廖山、肖宏琳、冯晓、方芳当选为政协株洲市荷塘区第五届委员会副主席，谭二勇当选为政协株洲市荷塘区第五届委员会秘书长，丁鸿钊、帅清民、吴红卫、张智春、周远各、周逸、周辉、胡春生、赵怀松、唐农家、唐志军、徐琛、柴卉、殷亮、袁博、郭义和、黄爱莲、龚新胜、蒲葛红、豁波当选为政协株洲市荷塘区第五届委员会常务委员。

**【精准扶贫】**2016年，荷塘区政协组织开展助力扶贫攻坚，全面建成小康社会活动和政协委员“三个一”（即资助一名贫困家庭在校学生完成学业、结对一个贫困家庭增加收入、帮助贫困家庭一名成员解决就业）扶贫行动，政协委员与贫困户结成对子95户，选派机关干部到扶贫点茶陵县严塘镇梅田村驻村办公。组织开展“为民办实事、解难事、做好事”委员走访活动，走访慰问困难户312户，送去慰问金37万元，解决各类问题46个。

**【25名政协委员和4个界别工作组受表彰】**2016年，刘伟、龚新胜、杨叶丛、蔡灵敏、周远各、赵怀松、蔡群英、黄德明、周逸、杨能华、晏云、唐农家、郭义和、向晨序、李成基、袁秀菊、陈乐红、刘石建、吴世强、南素雨、许华、丁勇辉、刘影、陈宁、郭秋良等25名政协委员被评为优秀政协委员。财贸工作组、联络联谊工作组、乡村工作组、教育工作组等4个界别工作组被评为先进界别工作组。 （胡 嵩）

# 群团·工商联

## 荷塘区总工会

【概况】荷塘区总工会成立于1997年11月，为群团机构。核定机关行政编3名，全额拨款事业编2名。内设综合办公室和职工维权帮扶中心。截至2016年，全区有工会组织1145家、会员65524人。2015年、2016年连续两年荣获株洲市工会工作红旗单位；2016年，荣获荷塘区文明建设先进单位、区绩效考核一类单位。

【建功立业活动】2016年6月，荷塘区总工会与区委组织部、区委宣传部在全区党员中开展“建功荷塘，争当先锋”主题演讲比赛，来自该区各乡、镇(街道)、各行业系统的10名选手围绕“建功荷塘，争当先锋”这一主题，以自己的成长经历、工作体会、身边的感人事迹和奋斗精神为例，阐述和表达对“建功荷塘，争当先锋”的理解，把实现个人理想追求、推动荷塘发展、实现“中国梦”结合起来，充分展示了新时期干部职工的时代风采和精神风貌。8月，区卫计系统工会在株洲市人民医院住院楼四楼举行全区基层卫生人员岗位练兵技能竞赛，全区7家基层医疗机构对内部初赛选拔，最终推选出全科医疗、社区护士、全科团队3个组37人参加区级技能竞赛。11月，区直机关工会举办“说出我心中的故事”为主题的劳动技能演讲比赛。通过开展不同领域、不同形式的劳动技能竞赛，引导广大职工创新创业、建功立业。

【关爱会员】2016年，荷塘区总工会按照市总工会要求，组织开展工人阶级宣传月活动。7月22日，在全市率先组织劳模巡回报告会专场，邀请南车长江车辆有限公司株洲分公司国际焊接技师易冉作报告，全区正科职以上干部职工参与。认真做好劳模春节、端午、中秋等传统节日慰问。围绕关爱女职工行动组织63人参加全市职工相亲文化艺术节“芙蓉情缘”活动，帮助困难女职工19人，发放救助金1.4万元，组织工会女会员参加免费心理咨询、无痛分娩、植物种植课程等培训。在茨菇塘职工之家建立母婴关爱室。组织全区100多女职工参加由区总工会举办的两期排舞培训班，丰富了女职工业余生活。

【会员维权】2016年，荷塘区总工会加强与法院、司法、人社、工商等部门联动协作，有效推进工资集体协商、企业民主管理、法律援助等工作，构建起和谐劳动关系。对遇有特殊困难的职工给予救助，慰问乡、镇、街道困难职200户，慰问园区和经信系统困难职工67户，慰问环卫工人39人，慰问星通、八达铸业等企业困难职工36户。8月，组织开展“夏送清凉”活动，对全区高温露天场所工作的城市管理一线环卫工人、城管队员、一线企业员工等1035人进行慰问，发放价值7万余元白糖、绿豆等防暑降温品。11月，发放1.4万元专门救助困难女职工。全区有146家单位，5430人参加职工医疗互助活动，其中5399人参加职工医疗互助，3208名女职工参加女职工特殊疾病保障。帮扶救助大病困难职工10户，资金15500元。年内申报医疗互助人员265人，帮助职工解决互助资金262550元。

**【载体建设】**2016年，荷塘区总工会指导茨菇塘街道模范“职工之家”成功接受市总工会的验收。指导区直机关工会“职工之家”建设，等待接受市总工会验收。积极开展丰富多彩的职工活动，组织60余人参加市总工会和市司法局组织的“与法同行，共享平安”——株洲市第四届职工健步行活动。开展庆“五一”全区干部职工拔河比赛，全区各工会联合会，系统工会及企业工会35个队伍700余名干部职工参赛。全年区总工会举办两期职工排舞培训班，有100余名女干部职工参加培训，选送节目《美丽的神话》参加“欢乐潇湘、欢乐荷塘”庆祝建党95周年群众文艺会演。11月，组织全区1500余名干部职工参加“激情工作、健康生活”——荷塘区第二届职工健步行活动。通过组织系列大型工会活动，增进了干部职工之间的友谊，为广大职工能够更加全身心投入工作提供保证。（谭 琦）

## 共青团荷塘区委员会

**【概况】**共青团株洲市荷塘区委员会成立于1997年4月，2001年，设立专职书记。内设团区委办公室。核定全额拨款行政编制2名。

2016年，共青团荷塘区委紧紧围绕“四维”工作格局开展工作，全面履行团组织的各项职能，结合荷塘区实际，进一步夯实团建基础，发挥团组织优势，深入开展各类青少年喜爱的主题活动，扩大影响面，唱响荷塘青春的主旋律。全区有团组织百余个，团员近3000人。辖区荷塘区城管大队、株洲市城郊农村信用联社、株洲七星物业管理有限公司成功创建市级青年文明号。团区委宣传思想教育工作排名全省前列，得到团省委充分肯定。

**【荷塘青年调研】**5月4日，荷塘区团区委召开以“激扬青春，建功荷塘”为主题的纪念“五四”运动暨青年企业家、精英人才交流会。区委副书记、区长邬凌云出席会议并讲话。区领导何恒仁、张赐华、陈三龙及相关部门负责人参加会议。会上，青年企业家们纷纷结合自身经历，畅谈创新创业体会，分享各自的管理经营经验和感悟。会议还对2015年度区共青团工作先进集体和个人进行了表彰。下午，团区委举办荷塘区基层单位“庆五四 · 青春杯”乒乓球比赛。7月5日，市人大常委会副主任汤少云、团市委书记梁天琛到荷塘区调研青少年暑期教育工作。7月27日，团区委书记赵虎带领部分青年一起到株洲通达合金材料有限公司进行学习交流。8月29日，团区委组织开展农村青年创业工作实地调研。

**【青年志愿者服务】**3月5日，荷塘区团区委在红旗广场步步高前坪组织乡镇、街道、区直部门、辖区市属团组织和高校团组织共同开展学雷锋活动，为居民群众提供法律咨询、电业资讯、保健咨询、义诊、文明引导、义务保洁等便民服务。3月24日，团区委组织青年文明号区城管大队，明照乡卫生院和辖内青年志愿者前往明照乡敬老院为敬老院孤寡老人送上慰问品、打扫卫生、体检，与老人交流谈心。9月23日，团区委联合市城郊农村信用社志愿者在仙庾镇黄塘集市开展“金融知识进万家”活动，向广大群众们推广基本的金融知识。12月30日，团荷塘区委书记赵虎、副书记贺娟一行到荷塘区红旗村社区开展“进社区入户、送温暖”慰问活动，听民声、访民情，对社区困难户进行帮扶和慰问。

【“面对面”活动】2月4日，荷塘区团区委组织召开2016年度共青团与人大代表、政协委员面对面座谈会。区人大常委会副主任陈映山、区政协副主席朱兴来出席会议，部分区人大代表、政协委员、学校代表、家长代表、乡镇办团委书记和村（社区）主要负责人30多人参加。会上，与会人员就“如何扶持青年电商创业”这一主题展开发言与建言。

【关爱青少年】1月11—12日，荷塘区团区委、区教育局到五中、仙庾学校初中部、星光小学、晨荷小学等8所中小学进行走访，并送去“希望工程一元捐”慰问金。此次活动按照小学生每人300元、初中生每人400元的标准分别资助荷塘区贫困中小学生36人、28人，慰问金额2.28万元。2月2日，团区委到联系点仙庾镇亭子前村锡祥园组走访慰问贫困户言清林和易贝，为他们送去食用油、大米等生活物资。5月30日，团区委联合区档案区志局组织株洲市第十九中学初一年级100多名同学前往荷塘区档案馆爱国主义教育基地参观，实地接受爱国主义教育。6月16日，开展禁毒知识进校园、禁毒志愿者三湘骑行接力活动。7月28日，团区委组织重点青少年开展暑期“全能小超人”成长营之“寻找小黄鹂”青少年音乐启蒙活动。活动中，团区委书记赵虎与社工们融入孩子们的乐园，一起欢快地做游戏，团区委还为孩子们在炎炎夏日送上清凉的西瓜。7月30日，团区委组织辖区内部分青少年与株洲市儿童社会福利院孩子们开展“七彩假期”暑期行动——“圆滚滚的海”融合性手工坊活动，与小朋友结对子、交朋友，团市委副书记袁媛莅临活动现场进行指导，全程参与活动。8月12日，共青团荷塘区委员会在神农城“未来小镇”组织开展“小眼睛，大世界”留守儿童城市职业体验游活动，丰富了留守青少年暑期生活，为未来职业规划奠定了基础。8月24日，荷塘区结合“两学一做”学习教育，开展“润苗助学·快乐成长”主题活动。团区委筹得资金4.2万元，帮助10名大学新生入学。9月14日，团荷塘区委书记赵虎、株洲硬质合金集团有限公司团委书记刘国强一行到荷塘区仙庾镇亭子前村走访慰问贫困留守儿童宾佳顺，为他送去节日的祝福和慰问金，以及课外图书、月饼等。

【自身建设】3月23日，荷塘区团区委组织镇和街道团（工）委书记、各部门团委书记20多人在区政府十一楼会议室召开市委党的群团工作会议精神，学习贺安杰在市委党的群团工作会议上的讲话、阳卫国在市委党的群团工作会议上的工作报告和《中共株洲市委关于加强和改进党的群团工作的实施意见》文件精神，就如何贯彻落实会议精神与参加会议的团组织负责人进行交流和讨论。6月16日，团区委组织区各直属团组织负责人开展“两学一做”学习教育“学党章、党规，学系列讲话，做合格党员”专题学习会，深入了解党章党规的重要性，明白严守纪律的必要性和严肃性。（李双蓉）

## 荷塘区妇女联合会

【概况】荷塘区妇女联合会成立于2002年2月，是区委群团办事机构。核定行政编制2名，事业编制1名。下设妇女儿童活动中心。2016年，区妇联积极开展具有妇联特色的家庭创建和宣传工作，扎实推进妇女儿童发展的重点工作和实事项目，荣获株洲市妇女工作先进单位称号。

【妇女创业就业发展平台搭建】2016年，荷塘区妇联以“搭建供需平台，促进转移就业”为主题，联合区人社局，结合春运工作开展“就业援助”和“春风行动”等活动，举办专场招聘会4期，提供1200个就业岗位，促成765名女性实现就业。指导家政服务、社区服务、手工编织等女性密集型产业与小额贷款实现有效对接，进一步推动女大学生、农村妇女富余劳动力、失业失地妇女实现创业就业，宣传各类优惠政策、提供岗位信息、技能培训、创业扶持等有针对性的公共就业服务，全年为56名城乡妇女提供346万元小额创业资金支持。成立荷塘区妇女手工编织协会，以水竹社区“望月纸趣”、芙蓉社区“舞溪手工人家”、晏家湾社区“晴畅手工”和红旗村社区“绘本手工”等4家手工编织工作室为培训基地，为社区妇女提供免费讲座4期，给200多名女性兴趣爱好者提供纸雕工艺、毛衣编织等方面的讲座，解决部分社区“4050”人员和失业妇女就近就业、家门口就业问题。

**【家庭文明建设】**2016年，荷塘区妇联深入开展法治宣传，增强家庭法律意识。3月1日，在金山街道晏家湾社区启动荷塘区反家暴宣传月活动，并以此为主题在荷塘区范围内开展《婚姻法》《妇女权益保障法》《未成年人保护法》《劳动法》等法律法规宣传讲座。11月9日，举办《反家庭暴力法》专题讲座，解读反家暴法、家庭暴力典型案例、人身保护令等系列内容。寻找最美十佳，弘扬时代新风。依托各村（社区）妇女之家组织开展寻找“三个最美”活动（最美家庭、最美创业、最美女性）和好家风、好家训宣传展示活动，通过村（居）民自荐，村（居）委会推荐的方式，经过逐级评选，推荐宋红获得株洲市最美女性、龙艳辉家庭获得株洲市最美家庭、蒋弘获得株洲市十佳军嫂、杨蓉家庭获得株洲市十佳拥军家庭光荣称号。深入开展平安家庭创建活动，根据《关于深入开展平安家庭创建活动的意见》以及区委、区政府平安荷塘建设工作要求，制定下发《荷塘区2016年度创建平安家庭的实施方案》，联合区综治办进行广泛宣传，为全区1.6万户家庭挂上平安家庭牌子。继续在全区开展禁毒宣传进学校、进企业、进社区活动。“6·26”禁毒日期间，带领10多名禁毒妈妈志愿者联盟参加了株洲市禁毒委举办的“健康同行、远离毒品”大型主题宣传活动。

**【妇女儿童活动】**2016年，荷塘区妇联在第106个国际妇女节，主办“荷塘春韵”合唱比赛，得到各乡镇、街道以及区女领导干部联谊会、法院、检察院、区直机关等单位的大力支持和热情参与，有16支代表队700多名选手参加比赛。以家长学校、妇女之家、“春蕾爱心屋”等阵地为依托，在荷塘区逸都花园开展“相聚金城，欢度六一”公益亲子趣味游戏活动和对孤困儿童献爱心活动，增进亲子关系而且让更多的人加入到爱心帮扶活动中来。12月20日，在国学紫轩大讲堂里，组织“有爱不孤单新年新成长”茶话会，为他们送上慰问金及新年新祝福。指导开展各类创建活动，袁家湾社区被评为市级示范妇女之家、荷塘区政务服务中心被评为株洲市巾帼文明岗、株洲柏春水果种植农民专业合作社被评为株洲市第五批巾帼现代农业科技示范基地。

**【妇女儿童合法权益保护】**3月7日，荷塘区妇联联合区司法局在红旗广场开展“法律温暖家庭幸福”三八维权周宣传活动，发放资料2000多份，接受咨询上百人次。8月23日，市司法局与市妇联、市综治办、市民政局相关领导到荷塘区督查婚姻家庭纠纷人民调解委员会工作，对荷塘区婚调委工作给予充分肯定。春节期间，通过调查走访了解，为65名两癌妇女，25名妇女儿童实施生活扶助，争取困难慰问金8万元。组织妇幼保健专家志愿者到农村开展义诊和妇科“两癌”(宫颈癌和乳腺癌)免费筛查,600多人次接受检查咨询。完成第三批妇女“两癌”救助工作,全区15人获得贫困母亲“两癌”救助资金1.5万元。联合区卫计、财政、妇幼积极组织农村适龄妇女开展“两癌”免费检查活动,完成3646人的检查工作。全年受理来信来电来访45次,办结45起,办结率100%,及时完成全国妇联信访信息管理系统的录入填报工作。 (翁永红)

## 荷塘区残疾人联合会

**【概况】**2004年4月,荷塘区残疾人联合会成立,为正科级群团事业单位。内设办公室、业务股、残疾人劳动就业服务中心、维权部,编制4名。主要职责为贯彻国家、省、市有关残疾人事业发展综合方面法律、法规和政策,拟定有关地方性规定、规范性文件,并组织监督实施。

2016年,荷塘区残联紧紧围绕“十二五”残疾人发展纲要总体方案,以加快健全残疾人社会保障体系和服务体系为重点,整合资源,全面完成残疾人各项工作任务。9月,区残工委被国务院残疾人工作委员会授予“十二·五”全国残疾人工作先进单位;教就工作在全省绩效考核中被湖南省残疾人联合会评为甲等优秀单位。

**【就业工作】**2016年,荷塘区残联努力推进按比例安排残疾人就业工作,做好残疾人就业培训工作,保障残疾人的就业权和发展权,严格贯彻执行《残疾人就业条例》和省政府有关文件要求。至12月,全区按比例安排残疾人就业300余人,征收残疾人就业保障金任务80万元。

**【康复工作】**2016年,荷塘区残联积极推进人人享有康复服务进程,完善残疾人康复服务体系,整合基层残疾人康复资源,逐步规范残疾人社区康复服务,依托社区卫生服务中心建设康复室5个;开展残疾人康复活动。4月,为1名符合手术条件的聋儿做好人工耳蜗康复手术前准备工作。下半年,为听力障碍的10名成年残疾人和1名未成年残疾人佩戴助听器。依托康复机构对19名脑瘫、智障、孤独症残疾儿童进行康复训练。按照湖南省财政厅、湖南省残疾人联合会《关于下达2016年残疾人事业专项彩票公益金的通知》的要求,发放康复训练补助资金2万元;积极开展辅助器具发放工作。帮助8名贫困截肢患者安装假肢,使其独立行走。全年发放各类辅助器具300件,对15户贫困残疾人家庭进行无障碍改造工程。

**【教育培训】**2016年,荷塘区残联落实省委、省政府民生工程,多渠道、多层次、多形式开展残疾人职业技能培训。在全区范围内开展残疾人培训和就业需求摸底调查,制定下发就业培训工作实施方案,确定残疾人职业技能培训基地及培训专业。全年培训残疾人160名,其中农村实用技术和职业技能培训110名,残疾人专职委员培训70名/次。

**【扶贫扶残助学】**2016年,荷塘区残联贯彻落实《中共中央国务院关于促进残疾人事业发展的意见》和关于完善困难群体补贴机制的重要举措。年内为315名下肢残疾人享受机动轮椅车燃油补贴,每人260元,计补贴资金8.19万元;为4名贫困学生和贫困残疾人子女(在校生)发放助学金1.2万元。

**【维权工作】**2016年,荷塘区残联把信访工作列入重要议事日程,完善信访工作各项制度,坚持党组专题会议和信访例会制度，及时指导和解决信访工作中的问题，完善《群众性事件应急预案》，全年未发生一起信访案件；与司法局联合建立多层次的残疾人法律服务和法律援助体系，成立法律援助工作小组。全年为残疾人提供法律援助5次，并和司法局联合为残疾人及其家属开展法律知识讲座；充分利用电视、报刊等各种宣传媒体广泛宣传残疾人事业，宣传扶残助残和残疾人自强不息的典型事迹，开展“全国助残日”活动，进一步推进和丰富基层残疾人文化生活。

**【获多项荣誉】** 2016年，荷塘区茨菇塘办事处长征社区残协专职委员吴思颖代表湖南省残联参加2016年全国残疾人就业服务职业指导竞赛，以第一的佳绩荣获职业指导模范荣誉称号；残疾人潘俐、漆靖分别获得第三届感动株洲十大人物提名奖；残疾人张浪在湖南省残疾人职业技能竞赛中，代表株洲市获得手机维修第三名；在第四届全省残疾人文化周活动中，茨菇塘办事处长征社区吴思颖的文学征文作品《残疾人的信仰》获三等奖；宋家桥月桂社区吴月鸿的书法作品《草书》获二等奖；茨办长征社区欧阳玉英的剪纸作品《和知天下福》获三等奖；在第一届全省“活力、健康、自强、快乐”为主题的残疾人文体活动比赛中，区残疾人轮椅舞“蝶之恋”获得一等奖。

**【党建帮扶】** 2016年，荷塘区残联作为牵头单位，重点帮扶宋家桥街道办事处宋家桥村，深入重点帮扶的10户贫困残疾人家庭进行帮扶，帮助他们解决生活困难30多个。开展在职党员进社区活动，收集、整理、解决社区残疾人微心愿8个，走访、接待残疾人和社区群众100余人，慰问困难残疾人40多人。

**【第十次全国特奥日活动】** 7月29日，荷塘区庆祝第十次全国特奥日趣味运动会在石子头社区操场拉开帷幕。此次活动由区残联主办，盛康日托中心、石子头社区承办，来自盛康日托中心的智力残疾学员及家属、株洲大同志愿者社工团、韵动株洲社工队、市残联组宣部副部长汪媚、荷塘区残联理事长宋周伟近100人参加活动。智力残疾朋友们进行珠行千里、同舟共济、不倒森林、毛毛虫竞速等竞赛项目。尽管天气炎热，但在竞赛中，场上队员争先恐后，充分发扬顽强拼搏、自强自信的精神，在场的观众自发的为运动员们喊起了口号，鼓励的掌声和欢呼声一次又一次在操场响起，比赛气氛十分热烈。通过这次特奥活动的开展，让智力残疾人朋友真正体会到了社会的关爱与运动的快乐，营造了关爱智力残疾人和支持特奥事业发展的良好社会氛围。

**【助残公益活动】** 8月30日，由荷塘区残联主办、株洲市蒲公英助残社会工作服务中心协办的“爱心相随助残圆梦”大型助残公益活动在株洲市龙溪庄园举行。来自“居家托养”的残疾人服务对象、部分残疾人服务工作者以及助残志愿者近90人参加此次活动。活动首先在吹蜡烛竞赛中展开，将点燃的5根蜡烛排成一字形，吹灭蜡烛速度最快的获得奖品，居家服务对象龙洋一口气吹灭4根蜡烛，喜悦的心情溢于言表；活动还设计口吹乒乓球、即兴游戏学方言比赛、手夹玻璃球等趣味互动节目，现场气氛热烈，其乐融融，志愿者与残疾朋友的互动帮助居家服务对象积极的参与，提升参与活动的成就感。

**【盲人“观”影活动】** 5月16日，荷塘区残联、区盲协、区助残志愿者协会（株洲志愿者联盟）在星鑫国际影城联合举办的“我是你的眼”助残日主题活动。参加第26个全国助残日观影活动的盲人朋友们难掩兴奋之情，让他们“看”到了电影，给他们黑暗的世界带来了光明。

**【迎新年扶残助孤活动】**12月27日，荷塘区残联、荷塘区助残志愿者协会下辖巧手协会迎新年扶残助孤活动在市儿童福利院隆重举行，30多名爱心妈妈向孤残儿童们捐赠了手工编织的爱心毛衣、精心制作的点心、玩具等，并和孩子们一起游戏互动、表演文艺节目。区残联理事长宋周伟出席活动并向爱心妈妈们颁发荣誉证书。区助残协会志愿者、爱心妈妈60余人参加活动。“这个冬天很温暖”助残系列活动自2012开展以来，为福利院的儿童编织捐赠爱心毛衣300多件，不仅在社会上引起广泛关注和强烈反响，也成为荷塘区助残志愿活动的经典品牌活动。

## 荷塘区工商业联合会

**【概况】**荷塘区工商业联合会（荷塘区总商会）成立于2002年1月31日。2016年，有编制3个，其中行政编制2个，事业编制1个。实有人员5名，内设办公室。区工商业联合会负责和联系全区非公有制经济代表人士的思想政治工作，按照团结、帮助、引导、服务的方针，带领广大会员爱国、敬业、守法，履行应尽的社会责任；调查研究并反映有关非公有制经济代表人士的情况、正确意见和合理要求，维护会员的合法权益，协调关系，做好会员的服务工作；负责联系和组织非公有制经济代表人士在政治生活和经济生活中搞好参政议政和民主监督；开展调查研究，为区委、区政府提供信息，组织非公有制经济人士开展有利于全区改革和经济建设的工作，促进全区经济全面发展；负责联络港澳台胞和海外侨胞中的工商社团和工商界人士。委会员提供管理、法律、人才、金融、咨询、职称评审等服务；经区人民政府委托或批准，配合有关部门，组织会员企业举办和参加各种对内对外展销会、交易会，为会员提供有关证明，协调关系，调解经济纠纷；开展工商专业培训，帮助会员改进经营管理，完善财务管理，引导会员企业依法经营，按章纳税，提高科技水平和产品质量。

2016年，区工商业联合会做了以下主要工作：一是强化班子、会员队伍建设。圆满完成第五届工商联执行委员会换届工作、工商联基层分会覆盖建设工作、非公党组织排查摸底工作和人大代表、政协委员推荐工作。二是加强学习交流，学习培训有提升。采取推荐学习、座谈交流、名师讲课、调研考察和外出学习等多种模式加强和提升非公经济代表人士的综合素质。三是提升服务品质，会员服务见实效。通过搭建银企对接平台、企业服务平台和走访等多种形式进一步加强对非公企业服务，提升服务品质。

2016年3月，区工商联被授予“湖南省五好县级工商联”称号；6月，被中国全国工商业联合会确认为“全国五好县级工商联”。

**【工商联换届选举】**10月26日，荷塘区工商联第五届执行委员会换届工作会议召开。新选举产生第五届工商业联合会执委班子成员51人，主席1名、专职副主席2名、兼职副主席5名、兼职副会长6名、秘书长1名、常委12名、执委24名。选举肖宏琳为工商联主席，张玉升、席卫国为专职副主席，庄启宁等5人为兼职副主席，李育云等6人为兼职副会长，彭鹏远为秘书长。

**【基层分会建设】**2016年，荷塘区工商联按照市工商联的工作要求和部署，以工商联换届选举工作为契机，在6个乡镇、街道建立基层分会基础上，对荷塘月色管委会、合泰管理办公室基层分会建设进行覆盖，全面实现全区八大块工商联基层分会100%全覆盖的年初既定目标。

**【人大代表、政协委员推荐】**2016年，荷塘区工商联向市、区两级人大、政协推荐、输送优秀代表和委员。其中区工商联执委中当选市人大代表5人、市政协委员3人、区人大代表3人、区政协委员11人。

**【交流平台拓宽】**8月30日，荷塘区工商联组织30多名非公企业家赴金山工业园、嘉德工业园参观学习，现场参观工业园发展及建设情况，认真与工业园企业家们进行沟通交流，进一步加深非公企业家与园区的合作交流。（彭鹏远）

## 荷塘区科学技术协会

**【概况】**荷塘区科学技术协会（简称区科协）于2012年8月成立，是全额拨款正科级群团组织，归口区人民政府管理，设定主席1名、副主席1名，事业编制3名。区科协是广大科技工作者的群众组织，是荷塘区政府领导下的人民团体，是区委、区人民政府联系科技工作者的桥梁和纽带，是推动全区科普事业发展的重要社会力量。

**【城市科普】**2016年，荷塘区科协全力筹划开展应急宣传周、科技活动周、全国科普日等全区性的科普宣传活动，积极指导各基层科协开展各类形式多样的科普活动。通过向群众、居民发放科普宣传资料、科普书籍，培训演练，展板宣传、咨询答疑，科普讲座等丰富多彩的形式向居民提供了科学合理的健康生活方式，增强居民的科普知识素养。5月12日、5月17日分别在荷塘区步步高广场举行防灾减灾应急知识集中宣传日活动，科技活动周集中宣传日活动。通过展板宣传、咨询答疑、资料发放等形式，向市民宣传防震减灾科普知识、公众预防避险、自救互救、科技创新、共享发展知识。两次活动展出宣传展板10块，发放宣传资料2200多份，受益群众达800多人。荷塘区月塘街道南岳岭、野鸭冲社区等获评湖南省科普示范社区。

**【农村科普】**2016年，荷塘区科协组织农村科普示范基地、农村专业技术协会开展了科技下乡活动，举办开展花卉苗木技术培训班，赠送科技书籍5000多册。

**【青少年科普】**2016年，荷塘区科协从全区青少年科技创新大赛中选出优秀作品参加株洲市第36届青少年科技创新大赛。其中获得优秀项目奖一等奖7个，二等奖5个，三等奖5个。实践活动一等奖2个；科学幻想画二等奖6个，三等奖9个。科技创意二等奖1个，三等奖4个，共获奖人数39人。第37届湖南省青少年科技创新大赛，获得优秀科技创新项目一等奖1个、二等奖1个、三等奖3个，共获奖人数5人。

**【科普宣传】**2016年，荷塘区科协始终坚持按照全国文明城市的测评标准，对照测评体系指导下辖八大块搞好文明城市建设工作。完善科普活动室、科普图书室、科普宣传栏、科普制度、牌子等硬件设施，健全包括活动开展、资料归档完善、全区性的科普活动基层科普服务体系，完善基层科普设施建设。近年来，区科协将科普工作重心由“重活动开展”转移到“重基地建设”上，为株洲市气象局、荷塘区实验小学、荷塘区杨家寨生态山庄、荷塘区乐高儿童创意中心、荷塘区流芳园挂牌授予科普示范教育基地。按照科普示范基地的管理要求，各基地认真抓好相关科技知识普及推广，做到常年或定期开放。2016年全区5个科普示范基地接待公众15万人次。

【服务经济社会发展】2016年，荷塘区科协积极服务当地经济社会发展。一是落实科普惠农兴村计划。2016年，荷塘区仙庾镇花卉苗木盆景协会、科普带头人杨加兵分别获得2016年湖南省“基层科普行动计划”专项资金10万元、5万元。二是提升服务能力和水平。主动参与到经济建设的主战场，以服务好全区创新创业的科技工作者为己任，助推区域经济转型升级创新发展；主动拓展好科学普及的主阵地，以提升好全区科学素质为主责，助推激发公众创造活力；主动协调好各方力量以做好科协工作为前提，助推科协事业蓬勃发展再创佳绩。（言云霞）

## 荷塘区文学艺术界联合会

【概况】2012年12月荷塘区文学艺术界联合会设立（简称区文），为中共荷塘区委领导下财务与职能完全独立的正科职全额财政拨款群团单位，编制3人。办公地点设在荷塘区政府大院内。

2016年，区文联成立荷塘区书法家协会、荷塘区美术家协会、荷塘区戏剧家协会、荷塘区曲艺家协会，会员近220人。全年团结和带领全区文艺工作者认真履行“组织、联络、协调、指导、服务”五大职能，紧紧围绕区委、区政府中心工作，积极开展各类文艺活动和文艺志愿服务，取得可喜的成绩，被湖南省文联评为2016年度湖南省文联系统先进单位。区文联秘书长黄强被评为2016年度株洲市文联优秀通讯员。

一、多头并举建阵地。2016年，区文联建立协会活动基地6个。在区机关文体中心建立荷塘文联文艺交流基地，设荷塘文联书画创作室和荷塘读书会阅览书吧，在株洲市中南文化艺术品城建立荷塘区文联文学艺术创作基地，在株洲市第十八中学建立荷塘区书画创作培训活动基地，分别在艺术品城昌石斋、尚真堂建立荷塘区美协、书协会员活动中心”，在市戏剧传承中心建荷塘区剧协会员活动中心，在九畹书画院城区文联文艺交流创作基地。基地的建立，为区各协会以及文艺爱好者提供学习交流与展示的良好平台。

二、学习交流促发展。2016年，区文联通过“请进来、走出去、内部学”等多种形式开展学习交流。邀请市文联、协会领导、资深文艺家来荷塘区座谈研讨和指导各类书画展、戏曲演出等11次。邀请花垣县、石峰区、芦淞区等兄弟文联传经送宝21次。到市文联、市各协会学习求教，拜访聂鑫森等省市资深文艺名家36次。组织干部到株洲县、攸县、花垣、吉首县等地文联学习取经5次。组织区文艺工作者和区政协文体艺术界别的政协委员们开展学习和贯彻习近平总书记的重要讲话精神和繁荣荷塘文艺金点子献计献策交流座谈会。利用微信平台和“智慧荷塘”APP软件的开发，成立“荷塘读书会”社团，发展机关干部63名优质书友，赠送经典书籍230本，开展“共读一本书”主题活动，分享诵读经典文学作品近100篇，发表读书评语心得近6000条。充分利用区文联基地、各协会活动中心，组织开展丰富多彩的培训讲座、创作交流活动近50多次。

三、挖掘文化创品牌。创作出版《忠孝荷塘》历史书籍。邀请荷塘籍资深作家曹光辉创作《仙庾岭》，书写“忠孝圣人”李慈惠的历史传说，记录仙庾岭民俗风情。创作《大孝老莱子》戏剧剧本。主办“忠孝荷塘”系列书画、摄影展。在市展览馆主办“忠孝荷塘”荷塘区首届书法、美术作品展，展出作品208幅，展期7天。活动期间同步出版“忠孝荷塘”书画集2000册，免费发放给群众。参与组织“共绘荷塘新成就”的摄影作品大赛，在荷塘区文联文学艺术创作基地举办“忠孝荷塘”——湖南省名家书画精品展，展出108幅省级名家的精品力作。

四、文艺惠民赢好评。围绕区委、区政府的中心工作，区文联带领广大文艺工作者深入基层、扎根老百姓，积极开展文艺惠民系列活动。送春联、书画作品进社区。2016年春节，组织12名艺术家深入仙庾镇、中南文化艺术品市场、区政府机关等开展“迎新春、中国梦进万家送春联”惠民活动3场，共送出春联约1500幅；文艺演出进基层。与区文体旅游局联合在街道办事处、社区、企业和铁路文化宫等地开展“欢乐潇湘．欢乐荷塘”大型文艺惠民演出12场；邀请专家在区书协、美协活动基地开展公益讲座近40场；组织区剧协、区曲协文艺家深入社区、乡镇开展戏剧《梁山伯与祝英台》、相声小品魔术等曲艺节目文艺惠民2场，参与文艺工作者近50人次。公益慈善进万家。组织作品参加“梦回故乡”“与爱同行——株洲市首届扇面书法展”等大型活动，其中，区书协晏云、朱德良等8位书法家的作品拍卖所得善款近2万元全部捐助30位市区贫困学子；带领文艺志愿者深入到花垣县十八洞村、吉首、攸县等地开展“文艺惠民”志愿活动5场，走访群众200多人，结对子帮扶困难家庭与困难党员12户，送惠民春联、书画作品近2000幅。

**【“忠孝荷塘”首届书法、美术作品展】**6月13日，“忠孝荷塘”荷塘区首届书法、美术作品展在市规划展览馆开幕。区委常委、宣传部部长崔家盛主持开幕式。市文联主席黄勇，市文联副主席、市美术家协会主席周伟钊，株洲画院院长、市书法家协会主席楚石，区领导何恒仁、胡开元、肖支前、冯湘玲、陈三龙、张岚出席仪式。展览共展出作品120幅。作品从不同角度、不同形式，展现忠孝荷塘的文化底蕴。

**【赴花垣县学习交流】**9月2日，区文联应邀赴湘西州花垣县文联学习交流，并开展“牵手十八洞——文艺惠民进山村”志愿活动。在十八洞村、茶洞、吉首等地，同行书画家现场泼墨，创作书画作品赠给当地老百姓，让艺术走进山寨，走近老百姓，受到当地的热烈欢迎和高度评价。交流会上，两地就如何做好新时期的文艺工作交换了意见，为两地文联共建打下坚实的基础。

**【市基层文联工作经验交流会在荷塘区召开】**12月15日，株洲市基层文联工作经验交流会在荷塘区召开，来自株洲市县(市)、区9名基层文联主席踊跃发言，畅谈工作新思路、新方法。其中荷塘区文联通过一年的积极探索，创新工作，特色凸显，在推动本区“忠孝荷塘”文化建设和繁荣株洲文艺工作中所起得积极作用，作为典型受到大家一致肯定。会上，株洲市日报社副总编，市作协主席万宁传达全国文代会会议精神；市文联党组书记黄勇就如何学习和贯彻落实习近平总书记在全国文艺座谈会上的讲话精神提出了建议和要求。市文联主席周煦惠强调，基层各级文联组织要继续学习和贯彻落实习近平总书记在全国文艺座谈会上的讲话精神和全国文联代表大会会议精神，深入领会并指导我们文联的各项工作，团结和带领全市文艺工作者务实担当，努力工作。要深入调研，总结和分析基层文联工作面临的新形势新任务，探讨、加强和改进基层文联工作的新思路、新途径、新举措，为进一步推动全市基层文联工作出谋划策。

**【28幅优秀作品入围美丽株洲】**12月17日，荷塘区文联“荷塘画家画荷塘”活动28幅优秀作品入

围“美丽株洲”第二届株洲画家画株洲作品展，展览在湖南省藏福美术馆隆重开幕。经过3个月的精心创作，艺术家们以独特艺术魅力与艺术视角，以精湛的艺术描绘荷塘的美景，以满腔热情讴歌着战斗在这片“忠孝”热土上的建设者，将美丽幸福的实力荷塘、活力荷塘、宜居荷塘呈现在全省人民面前。湖南省文联主席欧阳斌、省美协主席朱训德、副市长杨胜跃、市文化局局长杨小幼、市文联主席周煦惠等领导出席仪式。（黄 强）

## 荷塘区计划生育协会

【概况】荷塘区计划生育协会1997年成立，其前身是东区计划生育协会，2013年被列入参照《中华人民共和国公务员法》管理的9个全区性人民团体和群众团体之一。2016年，荷塘区已建立计生协组织9个，发展会员2137名。职责是发挥广大会员带头、宣传、服务、监督、交流作用为育龄群体和广大群众服务。协助政府稳定人口低生育水平，推行优生优育，提高出生人口素质，解决出生人口性别比偏高问题，实现国家人口与计划生育的目标和任务。

2016年，协会为辖区298人购买计划生育特殊家庭综合保险；为309人购买护理津贴保险；给133名基层计生工作者赠送100元的幸福家庭意外伤害新组合保险，投入资金16.34万元。根据省计生协出台的相关验收标准，确定月塘街道东环社区、茨菇塘街道长征社区、桂花街道新荷社区、金山街道金钩山村为2016年申报省级示范村（居）单位。

【计生协会会员活动日】5月29日，是中国计生协会成立36周年，也是全国计生协第18个会员活动日，荷塘区计生协会以“精准关爱工程”为主题开展座谈会，为181个计生特殊家庭分别赠送价值100元的计划生育家庭保险，并给3位特殊家庭代表送上慰问金。组织志愿者深入开展“爱心接力2+1”活动。（陈 敏）

## 荷塘区红十字会

【概况】荷塘区红十字会成立于2012年11月，有人员3人，主要宗旨是保护人的生命和健康，发扬人道主义精神，促进和平进步事业。

2016年，区红十字会认真履职。一是抓好组织建设，健全红十字会网络。及时调整红会理事成员，成立区学校红十字工作委员会，加强红十字青少年工作，健全红十字青少年组织网络体系。在原有基础上壮大红十字会志愿者队伍，为开展各类应急救护打下坚实的基础。年内志愿者队伍主要以技术类为主，注册志愿者超过300人。二是抓好“一进二访”和社区结对帮扶工作，切实解决群众实际困难。按照区委“一进二访”要求，对仙庾镇兴塘村（原明照乡曹家塘村）进行全面走访，寻找贫困问题根源，针对存在问题制定详细帮扶台账。对5个贫困户每户给予2000元救助，每户发放500元救济包。三是抓好人道救助工作，当好政府的助手。继续开展红十字博爱送万家慰问活动，春节期间将救助包裹、被子、粮油折合人民币4万多元物资发到乡镇、街道办事处特困户。争取到芦淞大市场1514件衣物，发放至各乡镇220户贫困户手中。继续开展“光明行动在株洲”活动，免费为农村60岁以上村民体检，使65例白内障患者重见光明。争取省红十字会重大疾病补助金，组织培训和收集资料15例上报至省红十字会；四是积极开展全区初级群众性应急救护培训工作。邀请株洲市红十字蓝天救援队专业培训队伍，根据培训施教大纲，结合培训对象的实际情况，有针对性地进行包括救护新概念、常见疾病应急处理、心肺脑复苏技术、意外伤害、创伤急救等应急救护知识的系列培训。全年对6个乡镇（街道办事处）、荷塘月色管委会及合泰管理办公室等8个部门和单位进行8次培训。参培人员包括镇政府机关工作人员、村干部、村卫生院应急救护员，参培人员882人。全年组织447人次义务献血，献血158700毫升。

**【开展应急宣传】**2016年，荷塘区红十字会发放《避险逃生常识手册》等各类应急救护宣传资料2万多册，全区各社区居委会、各卫生院和社区卫生服务中心设立骨髓捐献、器官移植和遗体捐献宣传栏65块；开展应急救护培训进社区、进学校，组织大型救护培训讲座13次；利用5月8日红十字日，组织辖区内大型医院到社区、农村进行义诊咨询，发放各类宣传资料2万余份，义诊病人1200多人次，义诊的同时发放免费常用药品价值2万多元。（王 凯）

# 法 治

## 政法委及综治

**【概况】** 中共株洲市荷塘区委政法委员会成立于1997年11月。同时，设区社会治安综合治理办公室(简称综治办)，与政法委员会合署办公。2016年，区委政法委内设办公室、执法监督室，区综治办与政法委合署办公，区委防范和处理邪教问题领导小组办公室和区维稳办归口区委政法委领导和管理。有在职人员11人。

2016年，区委政法委全面贯彻落实中央、省、市政法工作精神，全面维护全区社会大局稳定，保障经济社会良好发展环境，继续荣获省平安县市区荣誉，维稳工作荣获市先进，反邪防邪工作实现“三零目标”，综治民调成绩跃进全省前60名，城乡社区网格化服务管理工作走在全市前列，公、检、法等政法单位年度考核指标都位居全市前列。

**【服务经济社会发展】** 2016年，荷塘区委政法委紧贴区委、区政府中心工作，跟踪式服务项目建设。创新开展项目攻坚年、企业帮扶年等活动，组织政法委、公、检、法等政法单位20多名班子成员，下镇办、联项目，零距离服务项目建设，高姿态保驾护航，保障国家重点项目南岳岭、上月塘棚改工程一期、二期项目顺利扫尾、第三期项目顺利推进，促推全区40余个大小项目又好又快建设。

**【维护社会和谐稳定】** 2016年，荷塘区委政法委创新实施“四个一批”(沟通一批、化解一批、打击一批、终结一批)信访维稳机制，建立健全应急处置、重大矛盾纠纷交办包案化解制度，对重点对象、重点群体、重点单位全面实施“五包一”举措；整合力量，建立起对公安、治违、城管随时调遣应急处突机制，首次建立“两个三道防线”维稳机制(外三道防线：株洲火车西站、长沙火车站、岳阳火车站防线，内三道防线：村(社区)、镇(街道)、区防线)。年内，扎实做好全国两会、G20峰会、换届选举等10多个特护期的维稳工作，特别是做好中央政治局常委、国务院副总理张高丽等中央、省市领导到南岳岭调研和视察、铁东路开工典礼等重大安保工作；成功处置37起突发事件，有效稳控了吉田、出租车、社区退休职工等30多起涉稳事件，维护全区社会和谐稳定。

**【社会治理创新】** 2016年，荷塘区委政法委按照“顶层设计、同步推进、融合发展、一网办理”的总思路，推进基于“互联网+政务服务”的“智慧荷塘”建设，在全市率先启动“一门式”政务服务改革，率先创新推进社区“自治家园”公共服务平台建设。“一门式”服务窗口实现全区覆盖、全民服务，做到“一门多办、一窗全办、一网通办”的政府服务新格局，切实解决群众办事“多级跑、分头找、重复报”的问题。在全市城乡网格化服务管理工作动员会上，区委书记邬凌云作为唯一代表作典型发言。创新社会治理工作走在全市前列。

**【综治民调】** 2016年，荷塘区委政法委以“四抓两治”为抓手，以“忠孝荷塘”宣传为载体，开展迎省综治民调工作。不断深化平安创建力度，开展以“荷塘因我而进步，我为荷塘而自豪”为主题的社区活动30余次，发放《国庆致全区居民的慰问信》等资料12万余份，收集意见和解决问题275个。下半年省综治民调成绩进步提升，高出全省平均成绩，跃入全省前60名。

**【反邪防邪工作】** 2016年，荷塘区委政法委根据中央、省市反邪教协会的统一安排和部署，荷塘区反邪教协会将8月15—19日确定为2016年荷塘区反邪教宣传周。全年依托反邪教宣传阵地平台，开展无邪创建、家庭律师社区行、警示教育片下基层，积极培育和践行社会主义核心价值观、崇尚科学、反对邪教”主题宣传活动等形式多样的反邪教警示教育活动，共展出流动宣传板报12块，宣传横幅、标语15条，发放宣传资料近3万多份，宣传袋3000多个。

**【队伍建设】** 2016年，荷塘区委政法委通过走访调研，建立健全《荷塘区政法系统重大事项报告制度》《荷塘区政法机关工作责任追究办法》《荷塘区政法委班子成员对口联点工作制度》《荷塘区政法工作联席会议制度》等制度，有效加强队伍建设，强化工作的联动性、管理的高效性、事项的落实性，开创政法工作协调联动新局面。加大宣传力度，创新实施在红旗广场财富大厦电子显示屏宣传政法工作等新手段，有效营造荷塘政法单位新形象、新面貌。（徐昕晔）

## 公　安

**【概况】** 株洲市公安局荷塘分局内设7个派出所、8个业务大队和5个综合部门，在职民警334人。

2016年，全区公安机关紧紧围绕公安部“四项建设”、省厅“两加强两提升”“五标准五工程”警务战略部署，紧扣区委、区政府打造“实力、活力、宜居”新荷塘的总目标，全力推进“压发案、破小案、强基础、重科技、抓管理、保稳定”六项重点工作，有效维护全区政治大局和社会秩序的和谐稳定。2016年，在全省公安机关“四项建设”（“四项建设”:基础信息化、警务实战化、执法规范化、队伍正规化）创建中分局被评为警务实战化示范单位；在首届平安湖南杯微改革微创新大赛中分局合成作战工作机制斩获银奖，为县级公安机关唯一获奖单位；在反恐怖工作中分局被授予2016年全省反恐怖工作先进基层单位；在全省公安机关“三实”（三实：实有人口、实有房屋、实有单位）信息采集专项行动中分局被授予成绩突出单位；分局连续2年获评全市公安机关工作绩效与队伍建设评估优秀单位和株洲市双文明单位，再次蝉联株洲市政法工作先进集体；分局队伍建设和党风廉政建设成效历史最好，分别被市局授予2016年度全市公安队伍建设工作优胜单位、2016年度党风廉政建设先进单位。刑侦大队荣膺全省优秀刑侦大队、月塘派出所户籍室获评湖南省示范窗口单位。分局荣获2016年度全市公安工作突出贡献奖，被记集体三等功1次。

**【维稳安保】** 2016年，荷塘公安分局建立覆盖全区的情报网络，实行情报信息分片包所负责制，全年搜集各类情报信息247条，市局采用221条，省厅采用26条，发现和掌握各类不稳定因素和苗头169起，对重点非访对象立案12起，依法打击处理10人。开展缉枪治爆专项行动，收缴各类枪支113条，子弹2590发，炮弹6枚，被市局评为全市公安机关缉枪治爆专项行动先进单。全年妥善处置各类群体性事件14起，有力地维护社会政治大局持续稳定。圆满完成全国、省两会维稳安保任务、市第二看守所在押人员整体转押、职教城开工仪式保卫等工作任务和张高丽、王勇到荷塘考察的警卫任务。

【侦破打击】2016年，荷塘公安分局立刑事案件4555起，破案1645起，破案率36.1%，移送起诉折算合计871人，命案发6破6，破案率连续6年保持100%。年内成功摧毁涉黑涉恶团伙9个；公诉五类多发侵财犯罪嫌疑人215人，较2015年上升23.3%；破获2起部督毒品案件，公诉涉毒犯罪嫌疑人31人，缉毒执法工作位列城市分局第一；全年受理各类经济案件87起，立案85起，抓获各类经济犯罪嫌疑人40人，涉案价值4419万元，挽回经济损失500多万元。压发案取得刑事警情较2015年下降16.08%，刑事立案数较2015年下降14.41%，分局荣获全市公安机关‘破小案’工作先进单位。

【基层基础工作】2016年，荷塘公安分局录入“三实”（三实：实有人口、实有房屋、实有单位）信息428896条，通过开展“三实”信息采集直接抓获犯罪嫌疑人18人，其中逃犯3人。稳步推进中心体系化建设，建成侦查实战中心、新闻舆情中心两个中心，建成月塘、金山、宋家桥3个派出所综合警务指挥室，分局治安防控中心建设有序推进。加快推进无房派出所和硬件设施薄弱所队建设。明照所选址工作积极推进，桂花所正在报建。加强基层实战单位装备建设，圆满完成单警装备和执法记录仪的更新补发工作，一线民警单警装备配备率达到100%，民警防护能力和实战水平全面提升。

【队伍建设】2016年，荷塘公安分局队伍建设和思想政治工作以全面推进队伍正规化建设为抓手，以实际行动诠释着“忠诚、为民、清正、廉洁、奋斗、奉献”的核心价值观，实现队伍建设提能增效平稳运行，年内分局获得株洲市文明单位、县级公安机关工作绩效与队伍建设评估优秀单位等荣誉称号，因突出贡献被记集体三等功一次。强化考核管理，制定出台涉及刑警、110民警、社区民警、法制民警和内勤等主要警种的多个考核方案，按月通报排名，严格奖惩兑现。全年下发各类通报51起，通报批评14人，扣绩效74人次，停止执行职务1人。在株洲公安民警基本功比赛中，分局代表队勇夺总分第二名、团体二等奖的优良成绩。

【全区公安工作会议】3月7日，荷塘公安分局召开2016年全区公安工作会议。回顾总结上年工作，客观分析当前形势，全面部署2016年工作。荷塘区委书记顾峰，区长邬凌云，区人大常委会主任胡开元，区政协主席肖支前，市公安局党委（组）成员、副局长、政治部主任阴福安出席会议。会议由分局党委副书记、政委李超主持。分局党委委员、副局长沈文健宣读表彰决定，并对2015年度工作绩效与队伍建设优秀单位和全省公安机关“十佳民警廉内助”黄列平、优秀民警和优秀巡防队员进行了颁奖。副区长、分局党委书记、局长成良池作题为《锁定争先目标、聚力提质增效、打造荷塘品牌，全力推动全区公安工作和队伍建设创新发展》的工作报告。阴福安在会上讲话要求：在服务大局中要有新贡献，在平安创建中要有新作为，在打造一流队伍中要有新举措；顾峰希望：主动作为，全力服务发展大局；综合治理，全力维护社会稳定；从严治警，全力打造过硬队伍。

【春雷行动】2016年一季度，荷塘公安分局在全区范围内开展严打整治“春雷行动”，抓获各类违法犯罪嫌疑人121人，破获各类刑事案件178起。行政处罚146人，查处行政案件92起。4月21日，荷塘公安分局在大润发超市前坪举行公开退赃大会，展示“春雷行动”以来取得的战果，向受害单位和群众返还失款失物。会上向受害单位和群众退还20万元现金、4辆汽车和10辆摩托车等物品。

**【广西梧州市公安局到分局考察交流】** 5月5日，广西梧州市公安局党委委员、纪委书记郑勇一行9人到荷塘公安分局考察交流公安工作。市局党委委员、纪委书记傅晓峰，市局警务督察支队支队长刘宏伟，副区长、分局党委书记、局长成良池，分局党委副书记、政委李超，分局党委委员、副局长贺杨明、杨波参加考察。考参团一行先行参观分局刑事案件研判中心，并详细听取合成作战机制建设情况的介绍，观看视频侦查快速采集等系统的操作演示。成良池、李超详、杨波分别介绍了荷塘区及分局情况、分局队伍建设情况、研判中心运行管理和合成作战工作机制有关情况。双方重点对合成作战机制建设进行探讨和交流。

**【召开反恐实战演练暨维稳处突成果汇报会】** 6月2日，荷塘公安分局在景宏中学举行反恐实战演练暨维稳处突小分队集训成果汇报会。现场模拟暴力恐怖袭击事件，设置拦阻、驱散、抓捕和强制带离等项目，在现场指挥部的统一指挥下，公安、武警等应急处置力量快速反应、协同作战，开展了一体化指挥、力量调用、现场处置等工作。

**【召开新任处级干部履新工作会】** 6月16日，荷塘公安分局举行新任处级干部履新工作会。凡金湘宣读任免决定：罗浪任市公安局副调研员、荷塘分局政委，免去其炎陵县副县级干部、炎陵县公安局政委职务。李超任市公安局警官培训中心政委，免去其市公安局副调研员、荷塘分局政委职务。杨波任茶陵县副调研员、茶陵县公安局政委。市局党委(组)副书记、副局长彭冬明、荷塘区委常委、政法委书记尹念群、副区长、分局党委书记、局长成良池、市局警官培训中心政委李超、荷塘分局政委罗浪、市委组织部公务员办副主任凡金湘、市局政治部副主任彭家辉、区委组织部常务副部长周波等出席会议。

**【治安岗亭勤务运行模式启动】** 7月20日，荷塘公安分局正式启动主城区治安岗亭勤务运行模式。副区长、分局党委书记、局长成良池，党委副书记、政委罗浪出席启动仪式。治安岗亭勤务模式是加强城区社会治安防控体系建设的重要举措，也是助推市局“压发案、破小案”的重大举措。

**【党委班子成员任职见面会】** 8月4日，荷塘分局召开二级机构新任干部见面会。会上，成良池宣布新任干部名单及分局党委成员分工情况。新任党委成员张志祥、常家胜、李壮志、田颖、陈文兵、刘淦依次作表态发言。原分局党委成员沈文健、周启明、贺杨明先后作离别感言。张赐华感谢市局党委对荷塘工作，特别是荷塘公安工作和班子建设的关心关爱；感谢调离分局的原党委成员为荷塘区的社会安定和经济发展作出的杰出贡献。她欢迎新任干部到荷塘区履新任职，表示荷塘区委、政府、人大、区政协将一如既往地支持荷塘公安工作。彭冬明要求新任干部奋勇争先，团结协作，求真务实。

**【区人大代表和政协委员视察治安岗亭项目】** 11月22日，荷塘区各界人大代表和政协委员近200人，视察荷塘公安分局治安岗亭项目。人大代表和政协委员集中视察了大润发治安岗亭。视察中，成良池从将治安岗亭建设成围捕重大犯罪嫌疑人的卡点、城区巡逻防控工作的驻点、接处警与交通秩序维护的支点、接受群众报警求助的站点和提供金融服务的网点等5个方面详细介绍治安岗亭建设和勤务模式运行情况及其核心功能、建成效果。人大代表和政协委员们高度肯定分局治安岗亭建设工作和勤务运行模式。治安岗亭项目作为全区“民生100”工程项目，构建起立体化防控网络，切实提升驾驭动态治安局势的能力。2016年，全区已建设完成7个治安岗亭，基本实现“囤警街面、就近处警、全面覆盖”的防控职能。建成至今，全区刑事警情数与前三年相比下降15.20%，在4区中排名前列；接受群众咨询、求助近3000人次。

**【召开中共十八届六中全会精神报告会】**11月24日，荷塘公安分局在区政府12楼会议室举办学习中共十八届六中全会精神报告会。会议由分局党委副书记、政委罗浪主持，在家的局领导、所队室班子成员和民警代表160人参加集中学习。会上，市委宣讲团周穆庚教授以《全面从严治党新里程碑》为主题，重点从“十八届六中全会的重大意义、加强和规范党内政治生活、强化党内监督、贯彻落实全会精神的思考”4个方面，对十八届六中全会精神进行全面解读。参会民警纷纷表示，在接下来的实际工作中，将更加自觉地贯彻落实中共十八届六中全会精神，以《关于新形势下党内政治生活的若干准则》和修订的《中国共产党党内监督条例》为党性底线，牢固树立正确的政绩观、权力观、利益观，树立和弘扬优良作风，为平安荷塘创建作出应有贡献。

**【合成研判作战机制获省公安机关大赛银奖】**11月30日，荷塘公安分局推送的合成研判作战机制创新项目，在湖南省公安机关首届“平安湖南杯”微改革微创新大赛中，成功从全省126个参赛项目中脱颖而出，荣获本次大奖赛银奖。荷塘分局为进一步提升综合研判、服务实战、定向防控和精确打击水平，于2014年12月率先在全省建立集“刑事案件集中受理、刑侦专业研判和基层实战研判”为一体的刑事案件合成研判中心，并配套建立多侦协同、多轨联控、多警合成的合成研判作战机制。两年来，中心受理各类刑事案件6574起，调取可辨视频1731起，抓获各类违法犯罪嫌疑人342人，破案680多起，为群众挽回经济损失190多万元。

**【新闻舆情中心揭牌】**12月30日，株洲市公安局荷塘分局举行新闻舆情中心揭牌仪式。荷塘区副区长、分局党委书记、局长成良池，分局党委委员、政工室主任刘淦，新闻舆情中心各成员单位负责人参加揭牌仪式。揭牌仪式上，成良池要求积极推动新闻舆情中心建设，配齐成员单位，完善相关机制。要“讲好警察故事，发好公安声音”，通过宣传鲜为人知的英雄模范和先进事迹，弘扬公安正能量；通过展现荷塘公安民警特别能吃苦、特别能战斗的良好精神风貌，树立公安良好形象。涉警舆情要实现突发案(事)件处置、舆情引导、社会面管控“三同步”，让新闻舆情中心成为荷塘公安舆情处置的平台，公安宣传的阵地，典型推树的载体、警民沟通的桥梁。

**【“5·16”持枪杀人案破获】**6月15日，荷塘公安分局成功破获“5·16”持枪杀人案，抓获涉嫌故意杀人的犯罪嫌疑人历某。2016年5月16日，两家公司因车辆抵押借贷纠纷于荷塘区仙庾镇桐梓坪村发生群体斗殴事件，一人持自制火药枪朝对方进行射击，不料在慌乱中击中本方一男子心脏部位，造成该男子当场死亡。荷塘公安分局专案组民警兵分多路，耗时一个月时间，往返长沙、岳阳、益阳多地，开展调查、走访、取证等工作，最终成功锁定持枪犯罪嫌疑人历某及其藏匿之处。6月15日晚，办案民警赶赴益阳南县青树嘴镇将历某抓获归案。

**【破获跨省系列入室盗窃案】**10月3日，株洲籍体操世界冠军眭禄家中亚运会金牌被盗一案引起全国上下广泛关注。荷塘公安分局迅速成立专案组，成功抓获涉嫌入室盗窃的广西贵港籍3名犯罪嫌疑人，破获跨省系列入室盗窃案数十起，被盗奖牌成功追回。接案后，专案组通过技术手段成功确定嫌疑人杨某、黄某、吴某的真实身份。9月26日，专案组赶赴贵港市，联合当地警方全面展开抓捕行动，于10月3日，成功将3名犯罪嫌疑人擒获，并收缴金器、笔记本电脑、手机等部分赃物，其中包括眭禄被盗的广州亚运会金牌1块。经审讯，3名犯罪嫌疑人交代多次窜至湖南、江西、山东、河北、深圳、安徽等地疯狂作案数十起，涉案价值已超过10万元。

**【故意伤害致人死亡案破获】** 2016年10月23日，荷塘公安分局仅用18小时快速破获一起故意伤害致人死亡案件，在江西上饶成功抓获嫌疑人肖某(男，株洲人，49岁)，于10月24日，办案民警将犯罪嫌疑人肖某安全押解回株洲。10月22日晚8点，分局研判中心接到群众报案称，株洲市荷塘区向阳二村一居民楼内有人被砍伤已奄奄一息，送至医院时已死亡。办案民警迅速确定嫌疑人系受害者的邻居肖某，于10月23日，成功将已潜逃至江西上饶的犯罪嫌疑人肖某抓获归案。据嫌疑人肖某交代，因其认为楼下邻居锻炼身体时声音较大，影响其正常休息，故两人发生争执，之后其用长匕首将邻居捅伤两刀后逃跑。

**【"10•4"市委食堂被盗系列案件侦破】** 10月29日，荷塘分局成功侦破"10•4"市委食堂被盗系列案件，抓获3名犯罪嫌疑人何某、蔡某、刘某，涉案价值数十万元。2016年2月以来，株洲城区连续发生多起门面吧台被盗案件。荷塘分局合成研判中心对同类案件进行分析梳理，成功串并盗窃案件近20起。2016年10月，技术中队通过技术手段成功锁定该案盗窃嫌疑人何某。侦查民警于10月28日20时许在石峰区清石广场一居民区内成功将犯罪嫌疑人何某抓获。经审讯，嫌疑人何某如实交代了自2015年以来在株洲市区、株洲县、长沙等多地疯狂盗窃沿街门店的犯罪事实。10月29日，在何某指认下，侦查民警分别在株洲、长沙两地将两名销赃人员蔡某和刘某抓获归案。

**【破获销售非法制造注册商标标识案】** 11月5日，荷塘公安分局金山派出所接小龙王食品有限公司王某报警，称其在新华东路发现有卖假槟榔的。接警后，民警立即赶往现场，在新四路口附近查获一辆白色福特小车，车内有疑似假冒槟榔若干包。民警根据车主信息将嫌疑男子颜某抓获，并在其小车内查获疑似假冒槟榔、槟榔袋及过期槟榔43包。经查，颜某自2016年5月以来，批量收购品牌槟榔，并网购各大品牌槟榔包装袋及大量假奖券，在跃进村散户租用仓库，在无任何资质及卫生许可条件下，利用自购机器进行"二次封割"，将奖券调包，利用真奖券兑奖非法牟利，封割后槟榔则转卖给流芳、晏家湾社区各超市，非法获利上万元。（雷春成）

## 交通管理

**【概况】** 株洲市公安局交警支队荷塘大队(简称荷塘交警大队)成立于1987年5月，原名株洲市公安局交通警察支队东区大队，1997年改为现称。

2016年，大队内设办公室、交通法制宣传中队、交通事故处理中队、秩序中队、第一执勤中队、第二执勤中队、第三执勤中队、第四执勤中队、第五执勤中队，有民警56人，有协管员59人。全年围绕压事故、保畅通、强队伍、创满意、促发展工作中心，以事故预防为核心，以疏堵保畅为重点，以优质服务为中心，深入推进公安交管"四项建设"(基础信息化、警务实战化、执法规范化、队伍正规化)，努力打造"便民、效能、法治、忠诚"四型警队。

2016年，荷塘大队紧紧抓住交通安全管理这条主线，强化队伍建设，提高队伍素质，营造警营文化。涌现出包括省春运成绩突出个人、省公安交警国庆交通安保成绩突出个人、市抗洪抢险先进个人等系列先进典型。先后有4名民警荣立三等功，10名民警获市局、支队嘉奖。

**【交通事故处置】** 2016年，荷塘交警大队接处警19490起，发生道路交通事故9282起，简易程序处理2191起，占接警总数20%；协商处结5747起，占接警总数54%；一般程序办理104起，死亡19人，受伤2025人，直接经济损失217500元，与上年同期相比，次数-49%，死亡-27%，伤-30%，财损-77%。调解案件99件，成功调解77件，涉案金额942万元，涉案当事人386人。年内未发生特大事故。刑事案件办理36起，抓获犯罪嫌疑人并移送起诉25人，在侦11起，行政拘留9人。

**【交通秩序专项整治】** 2016年，根据市公安局交通警察支队部署先后组织开展"春运"交通秩序整治、"春雷行动"交通秩序整治工作、"保秩序、压事故"专项整治行动、危险化学品运输交通安全专项整治、预防重特大道路交通事故专项整治行动工、道路交通安全大排查大管控大整治、突出交通违法集中整治等一系列的交通整治工作。突出城区交通秩序整治，严格查处各类交通违法行为，不断提高道路交通执法管理水平。

**【交通违法查处】** 2016年，荷塘交警大队查处交通违法90437起（较上年同期上升10.29%），其中：大、中型客车交通违法224起，校车交通违法59起，危险化学品运输车辆交通违法22起，无牌无证1239起，疲劳驾驶133起，酒驾222起（醉驾39起），机动车不按规定停车57935起。通过挂号信将《告知函》寄给车主1000余封，以督促车主主动到交警部门处理车辆违法信息。

**【事故隐患排查】** 2016年，荷塘交警大队以"压事故、保安全"为宗旨，严格落实道路交通安全隐患排查治理工作，加强事故预防，有效遏制了群死群伤和重特大道路交通事故的发生，确保辖区道路交通安全畅通。全年组织人员多次对本辖区各道路进行实地排查，排查道路交通安全隐患路段32处。针对莲易高速公路（荷塘段）封闭施工路段存在交通安全隐患，对施工单位下达督办整改函。

**【提案办理】** 2016年，完成春运、两会、国庆等大型活动、会议及领导交通安全保卫任务100多次。在区两会期间，收到各类建议提案件16件（其中人大建议8件，政协提案8件），提案涉及交通拥堵、摩托车整治、合泰路、新华桥、茨菇塘路、新华东路、桂花路、车辆厂生活停车难等问题。件件做到落实"三见面"（办理前与建议意见的提议代表、委员见面，掌握所提意见、建议的真实意图；办理中与提议人见面征求对意见、建议办理的意见和要求；办理后与提议人见面回复对办理结果的满意情况，以提高办理的质量），百分之百回复提案人，且在规定时间内都答复完毕，代表、委员对办理情况满意率100%。

**【交通安全宣传】** 2016年，荷塘交警大队在辖区范围内开展文明交通行动计划，向社会发放"情满旅途、平安回家""礼让斑马线"等活动，创新宣传方式、借力主要媒体，扎实推进文明交通行动计划，强化交通参与者文明交通意识。联合教育部门，组织开展中小学、幼儿园文明交通"开学第一课"、暑假交通安全进校园宣传活动，增强中小学生交通安全自我防护能力。全年交通法制宣传中队结合走访企业、安全生产月等多项活动开展文明交通宣传活动18次，当面教育2000余人，培训教育3500人，组织学员参加文明劝导100次6000多人；在中央级媒体发表宣传报道5篇，省级媒体宣传报道227篇，市级媒体宣传报道394篇。（邹湘艳）

# 检 察

【概况】 荷塘区人民检察院成立1997年7月，其前身为东区人民检察院。2016年，有政法专项编制56人，实有在职干警50人。下设公诉、反贪、反渎、民行、侦监、控申、监所、法警、办公室、司法技术、政工、工会、监察、案件管理中心、人民监督员办公室15个科、室、队。办公场所设市新华东路316号。

2016年，荷塘区检察院紧紧紧围绕全区工作大局，忠实履行法律监督职能，全力维护司法公正，各项工作取得了新的进展，职务犯罪侦查、审查起诉、刑事案件监督、民事行政检察工作有序开展。

【平稳换届】 9月，荷塘区人民检察院新任党组书记、拟任检察长黄伟波到任，他表示这次履职是人生的一个新挑战，也是一个全新的平台。他表示要立足本职，坚持服务大局。廉洁从政，打造精干队伍。围绕司法改革，努力进取。11月30日，在区人大五届一次会议上，黄伟波全票当选为荷塘区人民检察院检察长。

【打击刑事犯罪】 2016年，荷塘区检察院受理提请批准逮捕案件288件404人，批准逮捕247件350人，受理移送审查起诉案件490件719人，起诉403件575人。其中批准逮捕涉毒涉赌、涉黑涉恶、“两抢一盗”及强奸、故意杀人等严重刑事犯罪185件258人，法院均作出有罪判决。

【职务犯罪预防查办】 2016年，荷塘区检察院立案查办贪污贿赂、渎职侵权等职务犯罪案件6件8人，侦查终结5件7人，起诉5件7人、法院判决5件7人，其中大案1件1人。年初，针对征地拆迁款发放问题重点挖掘线索，查办相关工作人员滥用职权案，为项目建设提供有力保障。针对职务犯罪出现次数较多、频率较高的领域开展预防调查，撰写预防调查2份、分析报告3份，通过深入分析，寻找发生职务犯罪各类诱因并针对性地提出相应的对策建议，呈报区委，促使相关职能部门制订完善《荷塘区征地拆迁与房屋征收资金管理办法》。积极开展系列渎职犯罪警示预防教育，深入乡镇及区直机关单位开展职务犯罪预防警示教育12次，参与听课的干部职工1000多人次。

【诉讼监督】 2016年，荷塘区检察院侦查监督中，重点强化监督违法取证、滥用和随意改变强制措施、刑讯逼供等问题，不捕51件68人，不起诉65件88人，追捕14人，立案监督2件，纠正违法11件，追诉漏犯6名、追诉犯罪事实9起，针对公安机关在办理非法吸收公众存款案件和虚开增值税发票系列案件中只注重对自然人的刑事责任的追究，忽视单位犯罪追究问题，追诉5家单位犯罪问题。审判监督中，重点加大对适用简易程序案件、判处缓刑案件的监督力度，发出《纠正违法通知书》20份，提起抗诉2件，非法证据排除4次，开展羁押必要性审查10起，特别对新的司法解释出台后量刑失衡的情况进行重点监督，针对汪某某、张某某掩饰、隐瞒犯罪所得案中量刑畸轻的判决，向株洲市人民检察院提请抗诉。根据最高人民检察院的统一部署，集中开展“保障刑事被执行人选举权专项检察活动”“社区矫正人员脱管、漏管、虚管专项检察活动”“减刑、假释罪犯财产刑执行情况专项检察活动”及“判实刑罪犯未交付执行情况专项检察活动”等4个专项监督活动，向有关单位发出《纠正违法通知书》13份，监督强制医疗执行案件1件、指定监视居住执行案件3件、监外执行案件2件、财产执行案件4件，监督脱管漏管3人，收监执行3人。

【控告申诉监督有为】 2016年，荷塘区检察院接待来信来访25件次，组织检察长接待日48次，接待来访群众47人次，无涉检信访。民事部门办理督促起诉1件、支持起诉1件。认真贯彻落实中央政法委《关于建立律师参与化解和代理涉法涉诉信访案件制度的意见（试行）》，积极推进律师参与涉法涉诉信访工作，根据工作实际及区司法局意见，制定《荷塘区人民检察院关于参与化解的代理涉法涉诉信访案件实施方案》。

**【自觉接受监督】** 2016年，荷塘区检察院不断加强检务公开信息化平台及检察新媒体建设，坚持利用案件信息公开、重大案件信息发布系统，对外公布案件程序性信息1780条，其中发布重大案件信息29条，公开法律文书135份。拓展检务公开电子平台，相继开通“荷塘检察”微信、微博及新闻客户端等电子检务公开平台，定期发布检察工作动态及重大检察工作部署，通过与群众的交流互动，积极回应群众对热点、难点问题的关切。

**【队伍建设】** 2016年，荷塘区检察院扎实开展“两学一做”学习教育活动，根据上级机关统一部署，制定实施方案，成立领导小组，召开教育动员大会，列出学习教育安排表。按照活动方案，以党小组为单位组织开展专题学习讨论。同时坚持以上率下，党组成员带头讲党课，深入自查自纠，加强和改进各项制度建设，强化队伍日常监督和管理。积极开展“纠‘四风’，治陋习”和“雁过拔毛”式腐败问题专项整治，强化问责，不留死角，查漏补缺，建章立制，制定完善《关于进一步加强会议纪律的规定》《关于进一步加强队伍建设管理的规定》和《关于严明工作纪律加强作风建设的规定》。

**【司法改革】** 2016年，荷塘区检察院准确把握司法体制改革的相关文件精神及总体要求，通过扎实的思想摸底、队伍结构摸底、财务登记摸底、工作任务量摸底，为司法体制改革打下良好的基础。在符合本院实际情况的前提下，做好员额制检察官遴选、考试考核、人员选定及上报工作。坚持把思想工作和改革工作同部署、同推进，分管领导与部门负责人、干警层层谈话，确保改革期间工作不断、队伍不乱、人心不散。通过改革从全院干警中选拔出25名业务精干、经验丰富的员额检察官。（罗　威）

## 审　判

**【概况】** 荷塘区人民法院成立1997年7月，其前身为东区人民法院。2016年，有政法专项编制62人，实有在职干警55人。下设刑事、民一、民二、行政、执行、非诉执行、立案、审监、法警、办公室、司法技术、政工、工会、监察、审管办、云龙法庭16个庭、室、队和派出法庭。管辖荷塘区、云龙示范区范围内应由基层法院管辖的一审民商事案件、刑事案件、行政案件、执行案件。办公场所设市红旗南路208号。

2016年，荷塘区法院紧紧围绕“努力让人民群众在每一个司法案件中都感受到公平正义”的目标，认真践行司法为民公正司法工作主题，严格履行宪法和法律赋予的职责，为打造实力荷塘、活力荷塘、宜居荷塘提供了有力的司法保障与服务。全年受理各类案件4801件，审（执）结3798件，审（执）结标的8亿多元，法官人均办案123.1件，排全市法院第1名、全省法院第19名，荣获市文明单位称号，院党总支被评为全市先进基层党组织，10多名干警分别获省、市荣誉。虽取得较好成绩，但仍存在案多人少，司法改革中部分青年法官思想不够稳定，新型、疑难、复杂及群体性纠纷突出，司法环境不够优化等困难和问题。

**【新老交替】** 9月9日，荷塘区法院召开全院干警会，区委常委、组织部部长张赐华，区委常委、政法委书记崔家盛出席会议并讲话，张赐华宣读中共株洲市委关于黄玉丰提名为荷塘区法院院长候选人的任职决定。新任区法院党组书记、拟任院长黄玉丰表示将以此次任职作为一个新的起点加倍珍惜，倍加努力，不辱使命。立足本职，坚持服务大局。精诚团结，坚持勤政廉政。抓好管理，坚持以人为本。修身尚学，坚持以德为本。上届党组书记、院长贺武夷交流到芦淞区检察院任党组书记、检察长。11月30日，在区人大五届一次会议上，黄玉丰全票当选为荷塘区人民法院院长。

**【刑事审判】** 2016年，荷塘区法院审结各类刑事案件358件。依法严惩绑架、涉黑涉毒等严重刑事犯罪，严打“两抢一盗”、危险驾驶等侵犯群众生命财产安全的犯罪案件190件，切实增强群众安全感。依法打击生产销售伪劣产品、有毒有害食品等危害民生犯罪，努力保障群众用得安全、吃得放心。妥善审理非法吸收公众存款、集资诈骗等涉众型经济犯罪案件10件18人，化解群体性事件风险，维护公平竞争的市场环境。依法严惩职务犯罪，审理贪污、贿赂、渎职等职务犯罪案件8件13人，审结城际铁路、东环北路等重点项目征地拆迁领域职务犯罪系列案4件9人，依法判处某村民组长宋某等人有期徒刑等不同刑罚，严厉打击村组干部勾结征拆人员虚构事实、虚报面积套取征地补偿款的违法行为，使相关工作人员有所触动、有所戒惧，廉洁履职，确保项目征拆依法、阳光、和谐推进。积极参与社会治安综合治理，认真开展平安荷塘宣传活动，健全犯罪预防工作机制。

**【民商行政审判】** 2016年，荷塘区法院充分发挥行政审判职能，保障行政相对人合法权益，维护行政执法权威，审结行政诉讼案件14件。执结非诉行政执行案件10多件，全力支持南岳岭、上月塘片区棚改项目、职教城等重点项目依法推进，选派精干力量组建法务工作组，为参与征收工作的各个单位提供法律指导，向被拆迁人提供法律咨询服务1200多人次，依法组织对包某某等户的司法强拆，助力棚改项目征收工作完美收官。积极适应经济社会发展新常态，依法调处纠纷，平等保护各类市场主体的合法权益，审结民商事案件2475件，其中审结民间借贷案件478件，防范金融风险扩散转移，保障实体经济平稳健康发展；审结房地产类纠纷案件153件，妥善调处因房地产政策调控和城市升级改造而引发的纠纷。组织开展争当“企业帮扶先锋”等专题活动，主动走访园区企业，建立涉企案件绿色通道。在株硬集团公司诉黑龙江双鸭山某机械公司等买卖合同纠纷系列案中，区法院多次远程奔波，多方调查取证，做好审执衔接，最终追回经济损失139万多元，维护了企业合法权益。

**【执行工作】** 2016年，荷塘区法院围绕最高法院提出的“向执行难宣战，用两到三年时间基本解决执行难问题”的总体目标，加大执行力度，切实破解执行难题。借助执行网络查控系统，查控被执行人存款1.47亿元、车辆1481辆、房屋1021套。依法实施司法拘留27人次，树立了司法权威。加大信用惩戒力度，录入失信被执行人1201例，通过媒体及时发布限制被执行人高消费令和悬赏举报奖励公告，将失信被执行人的信息发布在官网、微博和微信，并在红旗广场、审判楼大厅电子屏上滚动播出，减损其社会声誉，挤压其生存空间，让失信被执行人不能坐高铁、乘飞机、住高档旅馆和相关经济活动，从而让“守信者赢，失信者亏”，促使被执行人主动履行债务。全年执结案件941件，执结标的7000多万元，最大限度兑现当事人胜诉权益。

**【司法救助】** 2016年，荷塘区法院对劳动争议案件及追索扶养费、抚育费和赡养费的案件区法院继续免收诉讼费，积极采取缓、减、免交诉讼费措施，共为经济确有困难的案件当事人缓、减、免交诉讼费20多万元，确保符合救助条件的当事人打得起官司。积极联系法律援助中心为经济确有困难的当事人提供法律服务，为16名符合司法救助条件的刑事案件被告人指定辩护律师，充分保障当事人的辩护权利。对穷尽法律手段仍然无法获得有效救济的困难当事人，争取司法救助金，彰显司法人文关怀，帮助4名当事人申请司法救助金15万多元。

**【诉讼服务】** 2016年，荷塘区法院在诉讼服务中心摆放诉讼指南、诉讼费收费办法、受案范围、服务承诺等宣传资料，设置POS机、便民小药箱等便民设施，向当事人提供诉讼引导、诉前调解、查询咨询、判后答疑和信访接待"一站式"服务。深化立案登记制改革，提高现场立案率，缩短立案时间。在荷叶塘、601社区、红旗广场、分路口等处开展法官进社区法律服务活动10场次，免费发放《诉讼指南》《荷塘法苑》等资料2万多份，方便群众掌握与切身利益相关的法律规定，引导和提示当事人依法进行诉讼活动。

**【涉诉信访】** 2016年，荷塘区法院实施院领导开门接访与庭室干部轮值接访制度，认真履行信访工作目标管理责任制，积极开展矛盾纠纷专项排查，切实做到预测在先、评估在先、介入在先、化解在先，妥善解决一批上级交办的信访案件。深化涉诉信访工作机制改革，推动涉诉信访纳入法治轨道，充分发挥远程视频接访系统与上级法院互联互通的优势，已有7件案件的当事人实现与最高法院法官面对面交流、表达诉求，进一步降低信访成本，减轻群众奔波劳苦。不断完善矛盾纠纷多元化解决机制，加强诉讼调解与非诉矛盾纠纷解决机制的联动对接，年内调解民商事案件589件、调解撤诉533件，调撤率29.46%，快捷化解纠纷，维护社会和谐。

**【司法公开】** 2016年，区法院着力推进审判流程、裁判文书、执行信息公开三大平台建设。完善法院官方网站功能设置，使网站内容更丰富、操作更简便，主动将案件审理、执行的过程和结果向社会公开。全年上网公开裁判文书1532份，文书上网率100%。依托"阳光司法平台"，主动向当事人及代理人告知诉讼、执行节点信息2339条。举办法院开放日、庭审图文直播活动，借助官网、微博，着力构建法院自媒体与社会媒体优势互补的多维立体宣传格局，以司法宣传推动司法公开。建立与媒体联络机制，为记者旁听案件提供便利，合力唱响司法宣传主旋律，编发各类法制信息800多条，执行告知会、诉前调解、人民陪审员等工作被湖南卫视、《人民法院报》《潇湘晨报》《株洲日报》等媒体大篇幅报道推介，弘扬了公正司法好形象、正能量。

**【"两庭"建设】** 2016年，区法院投资300多万元建设执行指挥中心、司法查控系统、门禁系统、监控系统等信息化项目，为改善司法服务、保障诉讼参与人人身财产安全增添了科技手段。按照"两庭"建设标准对审判大楼、审判法庭进行了改造升级，加强法院文化建设，让每一位办事群众感受到法律的庄严与便捷，为更好地依法履职、服务大局提供良好的物质基础。

**【队伍建设】** 2016年，区法院扎实开展教育培训，着力审判业务能力提升，通过优秀法官授课、庭审观摩、案例研讨等方式，切实提高法官快办案、办好案的能力，切实提高化解社会矛盾的能力，切实提高处置信访问题的能力。鼓励审判人员积极参与调研工作，在办案过程中及时总结审判经验，干警撰写的论文在全国法院学术讨论会获奖，3篇案例入选中国法院年度案例，1篇被《人民司法》采用。开展"六难三案"整治活动、"转变执行作风、规范执行行为"专项活动，落实领导干部一岗双责和党风廉政建设"两个责任"，全面推进廉政风险防范管理工作。进一步落实诫勉谈话、重大事项报告及廉政保证金等制度，发挥其源头上的保廉促廉作用。结合"两学一做"学习教育，要求党员干警学与做相结合、知与行相统一，力争把学习教育成效体现在改进司法作风的实际效果上。加强审务督查，以平时督查、定期检查和随机抽查等形式，对干警的行为规范、窗口单位接待规范、业务庭庭审规范等进行全面检查，以警示教育、院网通报等形式倒逼作风改进。（喻志强）

## 司法行政

**【概况】** 荷塘区司法局成立于1999年3月。2015年，根据荷塘区人民政府职能转变和机构改革方案文件精神，区司法局是全区主管司法行政工作的政府职能部门，受荷塘区政府直接领导和监督管理，并接受上级有关机关的指导和检查。主要职责贯彻执行国家司法行政方针、政策、法规，司法行政工作的长期规划和年度计划并组织实施，制定全区法制宣传教育和普及法律常识规划并组织实施，指导全区开展普法宣传和法治教育工作，负责依法治区工作领导小组和法治荷塘创建领导小组办公室的日常工作，组织协调、督促指导全区依法治理工作，组织、管理全区的法律援助工作，指导和管理全区人民调解和基层司法所工作，负责全区刑释解教人员安置工作领导小组办公室的日常工作，协调和指导刑释解教人员的安置帮教工作，负责全区社区矫正工作的组织实施，负责区社区矫正领导小组办公室的日常工作，对全区社区矫正工作进行监管、考察，指导、管理、监督全区的法律服务工作，监督、指导法律服务所工作，抓好全区司法行政系统的队伍建设和思想政治工作，负责组织业务培训和送训进修等。荷塘区司法局实行局长负责制。区司法局核定行政编制20名。

2016年，有在职在编工作人员16名。内设办公室、法制宣传股、基层工作股、社区矫正股；建有公共法律服务中心，社区矫正中心。辖月塘司法所、茨菇塘司法所、合泰司法所、金山司法所、桂花司法所、宋家桥司法所、仙庾司法所、荷塘月色司法所8个基层司法所。

**【普法依法治理工作】** 2016年，荷塘区司法局以"谁执法谁普法"为准则，认真贯彻落实责任制。坚持把全民普法与严格执法、公正司法有机结合，充分发挥国家机关在普法工作中的职能作用，广泛传播法律知识，促进公民法律意识和法律素质进一步提高，使社会主义法治理念不断深入人心。"12·4"宪法日、"3·15"消费者权益日、"6·26"禁毒日、"6·5"保护环境日等重要节日，组织街道、社区举办社区法制宣传活动14次，展出宣传板报60多块；举办社区义务法律咨询3期，法律咨询200多人次；在安全生产月、平安荷塘创建等节点，在红旗广场举办相关法制宣传活动，印发宣传资料2万余份，解答法律咨询2000多人次。加大农村普法力度，以农村干部和党员骨干为重点，深入推进送法进乡村。5月，在仙庾镇集贸市场开展农村法治宣传月活动，发放宣传资料1000多份，法律咨询100多人次。积极拓展青少年普法教育主阵地，组织开展学法实践日、模拟法庭、校园法治小品等学法教育活动；区普法讲师团、法治副校长和"五老"深入学校开展主题普法宣讲；开展以"弘扬宪法精神"为主题的知识竞赛和演讲比赛，让青少年在活动中受教。采取多种形式，加强企业人员法治教育，提高企业人员的法律意识和法律素质。加大《劳动合同法》和《就业促进法》宣传力度，通过举办讲座、咨询等活动，使企业人员依法经营、依法维权。制定领导干部学法制度，突出抓好领导干部对《中华人民共和国宪法》等法律的学习掌握。2016年，区司法局组织全区国家公职人员2239人参加如法网学法考法工作，学分达标率100%，参考率100%，合格率99.55%，排名全市第二。如法网信息采用20余篇，湖南法治网信息采用300余篇，排名全省第39名。

【普法方式创新】2016年，荷塘区司法局积极探索创新普法方式。一是在调解矛盾纠纷时普法。人民调解是普法的第一线，司法所在调解不涉及当事人隐私的案件时，根据纠纷情况现场利用法律法规就地调处化解矛盾纠纷，通过调解活动，给双方当事人和旁听群众上现场法治教育课。二是在征地拆迁时普法。在上月塘棚改项目、桂花街道职教城项目等征地拆迁项目及主要干道、人口密集处，出动司法宣传车150多次，加大征地拆迁政策、法律知识的宣传。三是在文化建设中普法。将普法工作融入群众喜闻乐见的节目、图文中，市法治文艺会演活动中，荷塘区选送的少儿原创舞蹈《飞翔》和快板《婆媳一家亲》分获二等奖和优秀奖；努力打造一园一街两长廊法治文化阵地，在月塘街道药检路两边设立了法治长廊，有宣传橱窗近30块，流芳园法治公园设计方案在酝酿中。

【人民调解】2016年，荷塘区司法局在巩固原有调解组织的基础上，及时调整社会矛盾纠纷排查调处工作领导小组成员，对现有调解组织进行强化巩固，加强调解调处工作的指导力度，突出抓好重大疑难矛盾纠纷的调处化解。聘请专职人民调解员，不断创新全区社会矛盾纠纷调解网络，初步构建横向到边、纵向到底、上下贯通、左右协调、多方参与的村（社区）、镇（街道）、区三级人民调解网络体系，使人民调解充分发挥了应有的作用，在维护社会稳定的同时，也为广大人民群众节约了大量诉讼成本，成为维护基层社会稳定的“第一道防线”。加大排查调处力度，全力维护社会稳定。全面落实“三调联动”、司法确认、庭式化调解，重点组织开展全区性的矛盾纠纷集中大排查大调处活动。在坚持开展日常排查调处工作的基础上，特别突出春节、两会、五一、国庆节等重大活动和敏感时期的矛盾排查调处工作，在做好常见性、多发性矛盾纠纷排查化解工作的基础上，集中力量化解一批疑难和热点矛盾纠纷。全年区、镇（办）、村（居）三级人民调解组织排查调解各类矛盾纠纷538件，调解成功538件，调解率100　%。排查重大复杂矛盾纠纷3件，已调处2件，另调处积案2件，防止群体上访6起，防止群体械斗1件20人次。全区行业专业性调解委员会受理846件案件，调解846件案件。其中交通事故纠纷调解90件，消费者权益纠纷调解390件，征地拆迁纠纷调解16件，劳动争议纠纷调解62件，医患纠纷调解7件，环境保护纠纷调解233件，物业纠纷调解27件，国土资源调纠纷调解21件。全年区司法局举办两次人民调解专题业务培训活动，邀请调解能手给基层司法所长、调解员讲课，结合邻里纠纷、征地拆迁等实际案例，对如何在实际工作中充分发挥人民调解优势进行了深入浅出、通俗易懂的讲解，切实提高人民调解员的业务素质。

【社区矫正】2016年，荷塘区司法局设区级矫正中心，各镇（街道）建立矫正工作站。区司法局强力推进荷塘区社区矫正中心建设，12月社区矫正中心和法律服务中心投入使用。至年底，接受社区服刑人员171人。积极与荷塘区检察院清查比对社区服刑人员人数4次，做社会调查评估116人次，给予社区服刑人员警告处分34人次，变更居住地3人，组织集中教育1396人次，个别谈话教育673人次，进行心理辅导72人次，组织社区服务746人次，对每个社区服刑人员都建立专门档案、台账，做到一人一档。全年开展两次集中排查，确保社区服刑人员底数清、情况明。每两月组织召开一次安全形势分析会议，及时掌握社区矫正监管安全情况，准确研判社区矫正工作形势，做到安全监管隐患早发现、早预防、早处置，全年未发生安全监管事故。

**【安置帮教】** 2016年，荷塘区司法局设区级安置帮教办公室，各镇(街道)均建立安置帮教站。建立就业基地1个、教育基地1个、社区服务基地7个。2016年年初，司法局与区劳动人事和社会保障局联合下发《关于做好刑满释放、解除劳动教养人员就业与社会保障的通知》，各镇、街道劳动保障站与司法所积极配合，鼓励重点管控人员自谋职业，自主创业，同时确保优惠政策落实到位，加强重点管控人员的职业技能培训，促进其再就业；配合民政部门认真做好对重点管控人员中符合救助政策人员的救助工作，认真做好重点管控人员中符合低保政策人员的审批工作，全区有18名重点管控人员享受低保。

**【法律援助及服务】** 2016年，荷塘区司法局进一步放宽法律援助受援范围，降低法律援助门槛，扩大法律援助覆盖面，为更多的社会弱势群体和特殊群体撑起保护伞。全年区法律援助中心接受当事人申请22件，审查批准办理法律援助案件222件，其中刑事案件70起、民事案件151件、行政案件1件，解答法律咨询200人次。积极为各类公益事业和社会活动提供服务30次，先后办理法律援助案件164件，出义务咨询台12次，法律咨询1000多人次。按照市局要求开展万名律师乡村(社区)行活动，邀请天舒、湘江两个律师事务所的律师在全区每个社区(村)上法治宣传课，为村(居)民提供法律咨询。规范基层法律服务秩序，安排法律援助工作人员、律师、基层法律服务工作者和志愿者为社区居民提供法律服务和法律咨询，尽心竭力为基层群众依法、妥善化解各类矛盾纠纷，解决相关法律事务。年内全区申请注册基层法律服务所7个，35名法律工作者担任法律顾问32家，代理诉讼事务100多件，调解纠纷200多件。 (刘瑶 陈树杰)

# 国　防

## 荷塘区人民武装部

【概况】荷塘区人民武装部的前身是荷塘铺区人民武装部。1960年3月，按照总部和军委指示，成立株洲市荷塘铺区人民武装部，隶属株洲市人民武装部。1970年10月，成立株洲市东区人民武装部。1986年5月，根据中区共中央〔1986〕5号文件精神，由军队编制改为地方建制，更名为“湖南省株洲市东区人民武装部”，设立军事科、政工科、后勤科。1996年4月，根据中共中央〔1995〕12号文件精神，再度由地方建制改为军队编制，更名为中国人民解放军湖南省株洲市东区人民武装部，隶属株洲军分区。1997年7月，株洲市行政区划调整后，更名为中国人民解放军湖南省株洲市荷塘区人民武装部。2011年4月，云龙示范区武装工作调整到荷塘区人民武装部管理，示范区辖两办一镇武装部。

2016年，全区有14个基层武装部，有民兵8000多人。全年围绕改革主线，科学筹划部署，狠抓工作落实，人武部全面建设和民兵预备役建设呈现良好发展势头。

一、狠抓军事斗争准备，部队战备工作有效落实。一是狠抓日常战备工作落实。按照军分区的部署安排，根据担负的使命任务，修订完善防卫作战方案计划5大类28个。制作完成“一片三图”，即战场环境专题录像片和防卫作战预案图、重要目标防卫预案图、单个目标防卫预案图。投入经费40万元为区民兵应急连和乡镇办应急排购买部分装备器材，确保装备配套齐全。二是狠抓现役干部在职训练。按照首长机关在职训练计划，重点抓了军事法规、军事理论学习，体能基础、队列动作和射击科目等内容的训练，开展了非战争军事行动课题研究。三是狠抓专武干部和民兵分队训练。按照“提高层次、确保质量”要求，科学制定《首长机关在职训练计划》和《民兵军事训练计划》，组织开展干部研究作业、业务知识和体能训练。现役干部参加省军区年终军事训练抽考成绩优秀，单位综合成绩在全省人武部中排名第一。

二、狠抓党管武装落实，部队参建参治作用明显。区人武部专门召开武装工作暨党管武装述职会议，传达学习省军区党委全会、军分区党委全会精神，研究部署军事工作任务。区委书记、区长亲自出席会议，并对抓好党管武装工作、加强后备力量建设提出要求。全区召开宣布人武部党委第一书记任职大会，军分区政委胡鹏飞宣布邬凌云的任职命令，对区党管武装工作给予充分肯定，并向全区科以上干部讲授了党管武装工作的理论、方法。召开区委常委议军会，较好解决训练备勤、民兵训练基地移交、家属安置等事项，经验做法被军分区转发。人武部坚持每月向地方党政领导汇报武装工作，定期协调党政主要领导到人武部现场办公，研究解决民兵预备役建设中重大问题。将国防教育纳入区委中心组理论学习，邀请专家为全区科以上干部讲授《粟裕大将作战指挥艺术》，加强地方领导干部国防意识。副部长章党兵参加军分区组织的"情系国防、聚力强军"演讲，反响强烈。参加区委宣传部组织的微宣讲活动，积极宣传国防知识，走入田间地头，效果明显。着眼服务地方经济建设大局，组织民兵积极参加抗洪抢险、森林扑火、维护社会稳定、扶贫帮困等急难险重任务。按照区委、区政府部署要求，人武部承担南岳岭、上月塘片区共22户征拆户和涉铁集团4家单位的近4400平方米的征拆任务，在规定时限内率先完成签约任务。根据军分区统一安排，区人武部成立扶贫工作小组，深入醴陵市官庄镇鹅颈村开展精准扶贫工作，先后投入资金5万余元改善基础设施建设，并严格按照结对帮扶责任分解，成功帮助5家贫困户完成脱贫摘帽。

三、安全稳定工作注重依法从严管理，夯实筑牢安全稳定底线。采取防与管、疏与堵相结合的办法，加大对人员、车辆、武器弹药和涉密载体的管理力度，确保不发生任何事故案件。党委高度重视，切实加强安全稳定工作的组织领导，形成以学法规、用法规、守法规为基础，提高安全防范能力，以开展专项活动为契机，及时消除安全隐患，以加强安全设施为手段、提高安全管理水平的基本思路。始终把安全工作列入党委议事日程，做到年度有计划、阶段有总结、每月有分析、每周有讲评、每日有检查。坚持每季度分析一次安全稳定形势，做到常议常抓，自觉做到，任务再重，抓安全工作的标准不降低；时间再紧，抓安全工作的程序不简化；头绪再多，抓安全工作的精力不分散；形势再好，抓安全工作的劲头不放松，确保安全管理工作得到有效落实。

**【召开武装工作会议】**3月2日，荷塘区委武装工作会议在区人武部五楼会议室召开。会议由邬凌云区长主持，参会人员有区委书记、区人武部党委第一书记顾锋，区委常委、常务副区长刘伟、区委常委、区人武部政委欧阳权、区委常委、区委办主任方靖、区人武部部长胡志飞，各乡镇办(管委会)党政一把手、武装部部长，区国动委委员，企业、学校分管武装工作的领导以及区人武部全体干部65人。会议深入学习贯彻党管武装系列制度要求以及省军区、军分区两级党委全会精神，回顾2015年度荷塘区武装工作，分析国防和后备力量建设形势，并对2016年度武装工作进行部署。

**【军事训练】**2月，荷塘区人武部结合整组点验，对民兵应急分队人员进行入队教育和训练。4月，按照上级要求，会同区委组织部选派4名新任职乡镇街道武装部长参加省军区统一组织的集训。5月，组织完成3期共145人的民兵应急分队训练。8—10月，组织3期空军伪装防护分队和民兵高炮分队训练，确保年度基干民兵训练任务完成。11月，7名现役干部参加省军区年终军事训练抽考成绩优秀，单位综合成绩在全省人武部中排名第一。

**【征兵工作】**5月20日，荷塘区人武部组织辖区高职院校分管领导和武装部长召开部署会，明确预征任务，提出要求。成立工作组分别到高校督促检查指导。在湖南铁路科技职业技术学院召开大学生预征工作暨优秀大学生士兵事迹报告会，宣讲大学生征兵政策，鼓励大学生报名应征，有2000多名学生代表参加活动。7月26日，召开全区2016年度征兵工作会议，常务副区长刘伟出席并讲话。征兵按宣传发动、体检整审、会议定兵、新兵起运，全区圆满完成2016年新兵征集任务，其中大学生新兵比例75%，全年无一例退兵。

**【国防教育】**2016年，荷塘区国防教育工作受到上级领导的高度评价和认可，区人武部被株洲军分区表彰为国防教育先进单位，政委欧阳权被表彰为国防教育工作先进个人。全年重点抓好领导干部、青少年、民兵预备役组织的国防教育工作，区委议军会议将国防教育作为重要议题进行研究部署，通过区委中心组学习、干部集训、报告会、军事日等形式，请国防科技大学等军事院校专家学者讲授国防知识，增强了领导干部的国防观念。邀请40多名处级领导身体力行和普通一兵一样参加民兵预备役训练。会同宣传部、教育局等相关部门加强和改进了全区中小学的军训工作，提高了学生军训的质量和实效。广泛开展军事体验等课外活动，组织召开学校国防教育座谈会，研究加强新形势下青少年学生国防教育工作，激发了青少年学生尚武热情。紧贴年度民兵预备役组织的任务和训练，通过加强基本素质训练，组织民兵参与抗洪抢险、抗旱救灾、应急演练、生态建设、维护稳定等工作，提高了民兵预备役人员热爱人民、担当履职、勇于奉献、忠于职守的品质。大力扩展宣传手段，在株洲东高速入口新建一块三面的大型国防教育宣传广告牌，促进全民国防教育深入开展。

**【“双拥”共建】**2016年，荷塘驻军部队充分发挥驻军单位优势，立足实际开展扶贫助学、军民共建、讲文明树新风、完成急难险重任务等一系列拥政爱民活动。驻军单位先后组织现役官兵和广大民兵预备役人员参加农村水利设施改造、植树造林、创卫创文等任务，驻军部队和民兵应急分队积极配合司法、公安机关，组织巡逻执勤，在维护社会稳定、构建和谐荷塘中起到积极的作用。围绕再创双拥模范城目标，开展军民共建活动。每年定期召开双拥座谈会，邀请地方领导、共建联系点、驻地群众代表参加，通报情况、交换意见、协商方案、理顺关系，解决新形势的新问题。全年区人武部组织协调驻军部队500多人次，组织民兵应急分队2000多人次，担负战备勤务、完成扑灭火山、抢险救灾。

**【黄跃进到荷塘区检查武装工作】**4月19日，湖南省委常委、省军区司令员黄跃进率省军区机关工作组在市委常委、株洲军分区政委胡鹏飞，区领导邬凌云、欧阳权、胡志飞陪同下到荷塘区检查指导武装工作。他强调，作为株洲的东大门，荷塘区的武装工作要充分发挥区位优势，要在促进社会稳定、经济发展中发挥重要作用。黄跃进一行深入仙庾镇详细了解基层武装阵地建设，认真查看国防教育室、民兵之家、民兵器材陈列室等功能室及其相关制度资料，并就如何优化阵地建设提出了指导性意见。

**【新闻报道工作受表彰】**2016年，荷塘区人武部注重加强宣传工作力度，新闻报道工作成绩明显。全区武装工作会议、整组工作会议、部首长到基层检查指导工作、结对共建、抗洪抢险、国防教育等业务工作均在株洲红网及荷塘政务网进行实时报道，让军地领导都能及进了解人武部所做的工作。全年在中央级以上报刊杂志发表稿件7篇(荷塘区人武部落实工作考评制度、荷塘区人武部牢固树立战斗力标准、我是党员我先上、荷塘区整组有序展开、开展宣传活动激发参军热情、荷塘区拍摄全国首部《中国民兵之歌》MV、湖南株洲城区内涝当地民兵紧急救援)，省级媒体发表51篇，区人武部被省军区国教办评为湖南国防教育通联工作先进单位，被军分区表彰为新闻报道先进单位，政委欧阳权被评为新闻报道先进个人。

**【区委议军会】**12月5日，荷塘区委书记、区人武部党委第一书记邬凌云在区人武部主持召开区委常委议军会议，全体常委、区人大常委会主任、区政协主席，以及区直有关部门负责人和人武部全体干部参加会议。会上，部长胡志飞汇报年度武装工作，听取金山办事处党工委书记王虎和荷塘月色管委会党委书记张海湘2个基层单位党管武装工作述职，其他单位书面述职，研究议定加强党管武装工作和国防后备力量建设有关事项。

**【抗洪抢险】**6月14日，受强降水影响，荷塘区境内8个镇(街道)连降暴雨，降雨量均在100毫米以上，不同程度受灾。区人武部根据军分区和区防汛指挥部电话指示，出动现役干部7人、民兵应急分队165人，皮划艇1艘，车辆5辆，门板20块、汽车旧轮胎15个，赶赴金山街道办事处金钩山村、大阳村、湘华社区、向阳广场、区法院等6个受灾点进行抢险救灾；抢救转移人员180多人(其中在洪水中抢救老人4名、转移孕妇11人、小孩21人、群众140多人)，疏通下水道500多米，搬运电器、物资30多吨，挽救经济损失近200万元。

7月4日，区人武部接军分区作战值班室电话，因连续大雨，全市部分地区出现洪涝灾害，区人武部根据上级指示，出动现役干部7人，民兵应急分队100人，车辆8辆，冲锋舟4艘，铁锹80把、镐头40把、救生衣200件，赶赴月塘街道办事处、金山街道办事处进行抢险救灾。抢救转移人员120多人，搬运电器、物资10多吨，挽救经济损失近50万元。(黎　亮)

## 公安消防

**【概况】**2016年，荷塘公安消防大队下设中队，有干部战士46人，消防车辆4台。全年全区火灾形势的总体平稳，未发生较大以上或社会影响较大的火灾事故。年内发生火灾176起，同比上年下降51.36%，火灾亡人数下降75%，直接财产损失下降46.7%。全年接警出动459次，出动车辆614辆次，出动警力4315人次，抢救被困人员170人，疏散被困人员130人，抢救财产价值869.2万元。在“6·15”抗汛救灾工作中，大队官兵恪尽职守，奋勇排险，被总队荣记集体三等功1次。荷塘公安消防大队获2016—2018年全省依法办事示范窗口单位，2016年度株洲市消防监督执法先进单位。

一、深入推进隐患排查治理，社会消防安全环境进一步优化。始终把保持火灾形势平稳作为“第一主责”，围绕辖区最突出、最典型的消防安全问题，着力健全社会火灾防控体系，持续优化社会消防安全环境。在冬防、夏防活动中，开展10多个专项整治，狠抓监督执法，持续保持整治火灾隐患的高压态势，其中夏季消防检查专项行动考评名列全市第一。深化网格化和户籍化管理模式，推动112家单位隐患自查，火灾自救等能力不断提升。紧盯合泰、富家垅地区“三合一”场所等防控重点，制定并落实《荷塘区合泰、富家垅地区消防安全整治工作实施方案》和“四个一”(大队每月一执法、每周一宣传、一培训、中队每周一演练)的工作机制。全年联合执法11次、查封和三停“三合一”场所21家、消除火灾隐患1947处、消防安全培训58次、发放宣传资料11900份。积极争取专项整治经费20万元，在50个“三合一”场所推广安装简易火灾报警探测装置300个，确保了合泰、富家垅地区火灾形势的基本稳定。全年检查单位1506家，查改火灾隐患和消防安全违法行为1620处，下发《责令改正通知书》693份，责令三停22家，查封23家，罚款50.65万元，拘留1人，1处重大火灾隐患整改销案。

二、完善公共消防基础设施，消防安全基础进一步筑牢。全面完成荷塘消防站搬迁工作，为推动消防工作全面发展提供有力综合服务保障。1台抢险救援消防车配备到位。装备建设转型升级，荷塘站投入装备经费80万元，荷塘新消防站消防车辆和消防员基本防护装备配备总量基本达到城市消防站建设标准要求。

三、深化消防宣传教育培训，全民消防安全意识进一步加强。结合实际深入推进消防宣传"七进"（进社区、进学校、进企业、进农村、进家庭、进机关、进网站）工作，严格落实消防监督员每周半天宣传培训制度，积极营造社会面良好的消防安全环境。推动将消防宣传纳入党员领导干部培训、消防安全重点单位入职培训和中小学安全教育范围。全年累积培训单位员工和公务员5000余人次，荷塘消防站开放65次，参观群众3200多人次。大队微信消防平台每日更新，微信粉丝2万多人。9月，消防站建成荷塘区消防科普教育基地。

四、强化队伍建设，灭火救援处置能力进一步提升。立足实战需求，大力推广数字化预案，与社会单位开展联合实战演练，深入研究适应辖区灭火救援实际的方式方法，广泛开展辖区"六熟悉"（熟悉辖区交通道路、消防水源情况；熟悉消防安全重点单位数量、分类和分布情况等），年内熟悉单位78家，修订完善各类预案32份，组织各类演习98次，部队灭火救援迅速反应能力不断强化。年内征召政府专职消防员及文员18人。建立仙庾岭景区政府志愿消防队，建成116个微型消防站，其中东湖社区微型消防站建设经验在全市推广。

**【社区微型站建设】**2016年，荷塘区政府出台《关于加强荷塘区社区微型站建设的通知》。通知从微型消防站队员积极参与消防安全网格化管理、适时开展与荷塘消防中队的联勤联训、量化对微型消防站队员考评、加强经费保障等4个方面作出规定。至12月，全区建成116个微型消防站，其中重点单位微型消防站83个，社区微型消防站33个。

**【仙庾岭景区政府志愿消防队建立】**10月13日，荷塘区仙庾岭景区政府志愿消防队正式成立。由于近年来森林火灾、民房火灾频发，且仙庾岭景区距离市区较远，本地缺乏专业消防力量，严重影响居民的生命财产安全。荷塘月色管委会联合消防大队攻坚克难，组建这支政府专职消防队，有效改变以往现役部队距离远、出警时间长、火灾扑救不及时的不利局面。

**【"6·15"抗汛救灾】**6月15日，株洲城区普降特大暴雨，荷塘区多地、多路段出现严重内涝，为城市4区受灾最严重的城区。荷塘消防官兵视全力保护人民群众生命财产安全为己任，团结协作、英勇顽强，充分发挥应急救援骨干作用，积极参加抗汛抢险战斗，共接警出动12起，出动人员84人次，连续鏖战8个多小时，解救被困群众38人，安全疏散群众100多人，最大限度地控制灾情发展和降低了损失。（赵诗轶）

## 人民防空

**【概况】**荷塘区人民防空办公室成立于1997年11月，编制3人，归口区政府办管理，其前身为东区人民防空办公室。2015年12月，设立荷塘区人民防空办公室，为区人民政府工作部门，编制4人。

成立以来，荷塘区人民防空办公室坚决贯彻落实《中华人民共和国人民防空法》，始终坚持"长期准备，重点建设，平战结合"的人防建设方针，人防工作稳步发展，先后获得市人民防空建设和维护管理先进单位、市人民防空教育工作先进单位、市第三次城市防空袭预案修订工作二等奖；"人防工程平战转换档案"获全市二等奖，市目标管理先进单位；2013年被评为全市人防工作先进单位。

**【人防知识宣传】**2016年，区人防办根据市人防办要求，结合区情实际，制订《荷塘区2016年人防知识宣传教育工作计划》。同时组织实施人防宣传教育工作进社区活动，择优选定石塘冲等7个社区为活动试点单位，免费为24个社区配备资料柜、防护服、宣传资料等物品，不断增强辖区单位和人民群众的国防意识，其中西子社区置办2块人防知识展板，版面清晰、内容丰富。5月7日，副主任顾彩霞等3人到石塘冲、市十九中等7个社区和学校发放人防知识书籍。

**【防灾减灾宣传周活动】**5月12日，区人防办在荷塘区红旗广场步步高超市门前组织防灾减灾活动。此次活动在区应急办和人防办的具体组织和各成员单位的共同努力下，营造浓厚的宣传教育氛围。全区发放宣传资料3万余份，《公民应急手册（修订本）》3000多本，制作图版30多块，接受宣传教育人数5万多人。

**【安全生产集中整治专项行动】**2016年，荷塘区人防办根据湖南省安全生产委员会办公室《关于认真贯彻中央领导批示精神切实抓好当前安全生产工作的紧急通知》和株洲市、区安全生产委员会《关于开展2016年“安全生产月”活动的通知》精神，区人防办组织全办人员认真学习安排部署对辖区人防工事进行全面排查。制定并印发本级安全生产集中整治专项行动方案和普查工作通知，召开辖区各相关企事业单位负责人工作部署动员会，组织精干人员对辖区内的人防工程进行全面性检查。一是进行全面排查。完成辖区内人民医院、601厂、430厂、铁路文化宫、车辆段、公交公司、煤矿机械厂、汽车齿轮厂、区人防地下指挥所等单位的大型人防工程的普查摸底、数据采集和资料整理建档工作。二是对存在问题单位进行整改。通过检查，发现指挥所通风设备老化、用电不规范、漏水、洞口铁门锈蚀、洞内照明无法使用、低压变压器锈蚀老化卫生较差等问题，及时与厂领导相关负责人进行反馈并下达整改通知书。

**【通信警报系统建设】**2016年，荷塘区人防办认真贯彻落实《中华人民共和国人民人防法》《湖南省人民防空通信管理办法》《株洲市人民防空警报管理制度》，切实保证通信警报建设管理依法进行。一是加强防空警报设施维护管理。全区有防空警报25台，布点辖区23家企（事）业单位。区人防办利用半个多月时间和市办信息保障中心人员对辖区人防警报进行全面排查和日常维护，给警报器安装防护栏和保护罩。二是把人防通信警报建设维护管理纳入工作目标，明确职责，搞好协作，促使人防通信警报建设维护管理工作落到实处。三是坚持月重点巡检和季度普查相结合工作制度，采取“四定”措施（定人管理、定期检查、定期维护、定期汇报），加强对警报设施的维护管理工作。定期对全区人防警报点进行检查、测试和维护，经常组织人员深入警报设施现场与兼管人员共同协商和调查研究，积极筹措经费、器材等，认真搞好警报设施的检查维护和整修工作，排除故障，消除隐患，使其始终处于良好状态。四是不定期组织警报维护管理人员进行技术培训和技术指导，签订荷塘区防空警报维护管理责任书。

**【工程设施管理】**2016年，荷塘区人防办有人防工程69处、8.9万平方米，工事分布在辖区61家企（事）业单位，大部分均是早期人防工事，年久失修，为确保人防工程及其设施设备处于良好状态，确保无垮塌、渗漏、无安全隐患等不良现象。一是积极协调市重点工程铁东路建设中老旧人防设施的处理。6月28日，对铁东路核心段（长株潭城际铁路株洲站站前广场及联络线）施工中破坏人防工事多次到现场与施工方进行查勘，要求补办相关人防工程损毁手续，确保人员和工程安全。二是对老旧人防工程进行数据采集和资料建档。完成辖区内人民医院、601厂、430厂、铁路文化宫、车辆段、公交公司、煤矿机械厂、汽车齿轮厂、区人防地下指挥所等单位的大型人防工程的普查摸底、数据采集和资料整理建档工作。三是对存在问题的单位进行整改。对车辆厂朝阳村、茶园村地下指挥所通风设备老化、24个洞口铁门锈蚀、铁路文化宫人防工程口部房子出现裂痕等及时向市人防办工程科汇报，多次在现场与铁路文化宫负责人进行沟通协调，列出专款进行维护，确保人防设施安全。

**【参加联合演练】**5月18—20日，荷塘区人防办在市人防办的统一指挥下，参加“株防——2016”机动指挥通信系统跨区联合演练。演练取道新余市、鹰潭市，与鹰潭市人防办开展联演后，经宜春市返株，行程约1010公里。6月17日，区人防办参加市人防办以队列训练和步枪实弹射击为内容的军事训练。11月8—10日，参加省人防办举行的“湘防——2016”株洲片人防指挥通信系统演练。

**【防空疏散演练活动】**11月1日上午9时30分，随着一阵尖锐的警报声响起，荷塘区人防办在市人防办统一组织下，组织全区警报试鸣及防空疏散演练。区人防办为认真做好警报试鸣各项工作，提前对全区警报器管理人员进行培训，对设备进行检修，并通过电视、广播和手机短信等多种形式告知市民防空警报鸣放及警报信号知识，结合试鸣活动同步开展社区居民、学校师生参与的群众疏散隐蔽活动。参加此次防空疏散演练人员在1.5万人以上。　（齐清明）

# 经济社会管理

## 发展和改革

**【概况】** 荷塘计划统计局成立于1997年11月，2005年6月更名为荷塘区发展和改革局，为区人民政府工作部门。内设办公室、业务股(加挂国民经济动员办公室牌子)、物价股，下设区重点工程办公室(副科级)和区价格认证中心(股级)。行政编制7名(含物价监督检查局行政编制5名)，事业编制5名。2016年在职人数12人。负责全区国民经济综合发展规划、政策研究、争资引项、重大项目期工作、重大项目建设稽查、固定资产投资、项目审批、核准及备案，牵头项目攻坚年工作等；负责区域市场价格管理，行政、事业性收费检审和监督、价监及价咨，全区价格认证及涉案物价格评估、鉴定，价格争议仲裁等；负责全区国民经济动员和装备动员有关工作。

2016年，编制荷塘区国民经济和社会发展计划，提出经济社会发展的主要目标，并从“以加快转型升级为引领，发展壮大经济实力”“以推进项目建设为突破，全面筑牢产业支撑”，“以推进城乡统筹为抓手，着力改善城乡面貌”和“以改善民生事业为根本，切实增进人民福祉”4个方面，深入推进“十三五”规划的实施。加强自身建设，打造过硬队伍，一是对工作实行分级负责制，实施程序化管理，科员、分管副局长、局长逐级签字把关。投入资金，对办公室实施集中办公改造，营造高效、规范的办公环境。二是深入开展“雁过拔毛”式腐败问题和“纠四风、治陋习”专项整治活动，制定关于财务制度、考勤管理、纪律规定、服务基层等10个规章制度，在局内部开展责任分工明确的项目化管理机制，有效地促进机关作风转变和工作效能提升。三是建立领导干部与分管范围内干部定期谈话制度，积极开展警示教育和优秀党风、党纪电教片教育活动，营造良好氛围，增强党员干部拒腐防变的自觉性。年内，被评为株洲市项目攻坚年活动先进县市区，欧阳敏被评为株洲市2016年项目攻坚年活动先进个人。

**【项目建设】** 2016年，荷塘区扎实推进项目攻坚年活动，实施重点项目106个(含市级重点项目34个)。其中千金湘江药业高端药物制剂研发产业基地、亿和医药等28个项目竣工，轨道交通装备制造配套二期、株洲市农副产品批发交易物流中心等31个项目开工建设，荷塘大道延伸段、上月塘棚改等29个项目顺利推进，科能OLED原子电极材料项目(二期)、中美医院等18个项目加紧开展前期工作。全年入库固定资产投资5000万元以上项目82个，市级重点项目投资86.54亿元，超出年度投资计划83个百分点。针对项目推进中出现的用地、审批和施工环境等制约因素，成立荷塘区项目推进领导小组办公室，由区委、区政府直接领导，常务副区长任区项目办主任，从区发改、国土、规划、城建、金城、金科等部门抽调业务骨干15人，集中办公，专业负责统筹、协调、督办全区项目建设工作,建立起"项目办牵头抓总、部门镇办合力攻坚"的工作体系。组织协调各职能部门、业主单位同步推进项目建设的各个环节,及时协调解决各类项目建设中遇到的矛盾和问题,定期督办政府性投资项目按时间节点推进,督促和指导社会类投资项目做好项目前期工作,按要求完成投资任务,提高项目建设的效率和效能。全年下达手续办理、项目交地、协调项目开工交办函64份,交办事项103件。通过重奖重罚机制,任务落实率保持在85%以上。有效确保格斯特航空、公安三所合一等11个项目顺利开工,金精路、株浏公交基地等11个项目实现竣工。

**【项目谋划】**2016年,荷塘区发展和改革局健全区重大项目库,筛选储备2017年重点项目136个,总投资623亿元,年度投资约145亿元,项目年度计划投资创历年之最。其中,省级重点建设项目3个,市重点项目50个,区重点项目83个。

**【项目争资】**2016年,荷塘区3个保障性住房基础设施配套工程获批中央预算内资金1500万元;为金山新城日月湖及配套路网项目争取中央预算内前期经费30万元。做好项目包装和申报等工作,主动对接中央和省发改各专项资金计划,在整体资金紧缩的情况下,先后向国家申报2017年中央预算内项目22个,总投资6.16亿元,申报补助资金3.08亿元。其中保障性安居工程配套基础设施项目11个,政法基础设施项目3个,水利工程项目4个,公共体育服务设施建设项目4个。

**【项目包装】**2016年,荷塘区发展和改革局抢抓国家鼓励建设产镇融合示范镇的有利机遇,充分利用荷塘区产业发展基础优势和仙庾岭自然山水资源和老莱子墓等人文资源,结合仙庾镇"多规合一"试点工作,编制《仙庾镇产镇融合示范镇专题方案》,上报省发改委,积极申请省预算内专项资金,加快仙庾风景区景点开发、配套设施建设。积极推进项目投融资PPP模式,建立政府引进社会资本投资建设PPP项目库,收集整理入库项目5个,其中日月湖蓄洪生态公园综合开发项目已采用PPP模式投资建设,金山新城路网建设项目正在进行PPP包装。

**【项目审核】**2016年,荷塘区发展和改革局项目审批坚持标准要求,确保所有投资项目真实存在,投资概算合理,符合国家产业政策,符合节能要求。完善投资项目审批(核准)程序,畅通审批服务渠道,提高办事质量和效率。全年办理立项批复123个,其中审批94件、备案29件。

**【价格监管】**2016年,荷塘区发展和改革局以加快完善主要由市场决定价格的机制为主线,做好价格监管。开展中、小学春、秋两季教育收费专项督查,确保没有超出"一课一辅"目录和价格收费等教育乱收费行为。对辖区内公办和普惠性幼儿园,秋季开学调价专项检查,对保教费严格按政策文件执行,对伙食费调价进行严控;开展涉农、涉企专项检查,加强医疗卫生行业和节日市场价格抽查,年内处理价格投诉举报案件36起,办结率100%。依法办结价格违法案件3件,对违反价格行为的单位进行通报批评,规范价格行为。成功推荐3个项目进入"菜篮子"工程。全年办理价格认定134宗,认定金额200多万元,价格认证3件,结案率100%。（刘　芳）

## 人力资源和社会保障

**【概况】**株洲市荷塘区人力资源和社会保障局(简称荷塘区人社局)前身为东区劳动局,成立于1997年,经过机构改革和区划调整,先后更名为株洲市荷塘区劳动局、株洲市荷塘区劳动人事和社会保障局、株洲市荷塘区人力资源和社会保障局。2016年12月，区医疗保险服务中心和区新型农村合作医疗管理办公室职责整合，成立区城乡居民医保管理服务中心，为荷塘区人力资源和社会保障局所属事业单位。

2016年，荷塘区人力资源和社会保障局内设办公室、人事工资股，归口管理退休干部管理办公室、劳动就业管理局、社会劳动保险事业管理局、机关事业社会保险局、劳动监察大队、城乡居民医保管理服务中心6个二级机构，在编在职干部职工35人。主要负责全区公务员管理、人事工资福利、政府绩效评估暨为民办实事督查考核、劳动行政管理与监察、劳动人事争议调解仲裁、人才人力资源管理服务、劳动就业、社会保险、退休人员管理等各项工作。全年全局干部职工齐心协力、真抓实干，就业创业工作不断推进；加强内控管理，社会保险工作平稳有序；坚持"凡进必考"，把控机关事业单位选人关口；依法依规实施劳动保障监察和劳动争议调解仲裁，维护了劳动者合法权益；牵头"民生100工程"，不断惠及民生；强化廉政风险控制，系统作风建设不断加强。陈婧被市委宣传部评为2016年度网络舆论引导工作先进个人。

**【阳光招聘人才】**2016年，荷塘区人社局落实"凡进必考"制度，采取公开考试、严格考察、平等竞争、择优录取的办法，组织公务员招录和事业单位公开招聘，全年招考教师50人、事业单位工作人员19人、录用公务员10人和事业单位引进研究生7人，优化了机关事业单位干部队伍结构。

**【人才服务提升】**2016年，荷塘区人社局发挥高层次专业人才作用，研究制定了《荷塘区政府雇员管理办法(试行)》，建立健全了灵活有效的用人机制。按照安置政策要求，完成1名军转干部、4名转业士官和2名随军家属安置。根据省有关通知精神，组织全区98名机关事业单位工勤人员参加了工勤技能岗位考核(考试)。

**【人员待遇落实】**2016年，荷塘区人社局认真执行中办发〔2015〕4号及湘办发〔2015〕41号文件精神，落实职务与职级并行政策，全区公务员晋升职级共196人。其中晋升正处5人，晋升副处58人，晋升正科21人，晋升副科112人。

**【出台政府雇员管理办法出台】**12月30日，荷塘区出台《荷塘区政府雇员管理办法(试行)》，并自发文之日起正式试行。该《办法》分总则、雇员级别和招聘条件、聘用程序、合同签订、薪酬和社会保障、考核奖惩、工作纪律和附则。该《办法》的出台实施从源头上杜绝机关事业单位雇用工作人员的随意性，发挥高层次专业人才作用，建立灵活有效的用人机制，控制行政运行成本，提高政府工作效能。

**【退休干部管理】**2016年，荷塘区人社局对所辖范围内机构改革撤并造成的退休人员异动进行清查，更新退休干部名录库电子台账，健全退休干部管理工作基层网络，实现退休干部各项待遇落实到位。9月份组织区机关科级及科级以下250名退休干部进行身体健康检查，春节期间对区机关科级及科级以下251名退休干部进行慰问，全年先后对8名退休干部去世进行吊唁。依托区老年大学，联合区老干局组织退休干部参加区老年大学开办的太极拳(太极剑)培训班，丰富了退休干部的晚年生活。

**【社会保险运行平稳】**2016年，荷塘区人社局开展全区社会保障卡数据采集工作。全年累计报送采集数据7.5万条，办理社保卡7万张。全年企业养老保险新增参保人数3948人，完成年度目标任务165%；城乡居民养老保险参保人数2.28万人，完成年度目标任务

100%；失业保险参保人数11340人，完成年度目标任务100%；城镇职工基本医疗保险参保人数100212人，城镇居民基本医疗保险参保人数162656人，新农合参保人数48632人，基本医疗保险指标完成率为100.03%。征缴养老保险基金1.85亿元，完成年度目标任务116%；征缴失业保险基金455万元，完成年度目标任务152%；征缴城乡居民养老保险基金156万元，完成年度目标任务121%；征缴城镇职工基本医疗保险基金6312万元，完成年度目标任务102%；征缴生育保险基金387万元，完成年度目标任务102%。年度发放养老金20715万元、失业金132万元、城乡居民养老金335万元，上缴城乡居民大病医疗保险365.2万元。

**【社保窗口服务效能提升】** 2016年，荷塘区人社局按照荷塘区"一门式"政务服务改革要求，将劳动社保、就业、医保等部门自然人服务事项共计68项业务办理时限进行极致压缩，统一纳入"一门式"政务服务系统，提升了经办效率和服务质量。

**【机关事业社会保险】** 2016年，荷塘区机关事业单位养老保险在职参保人数2643人，完成全年任务的114.91%；征缴基金4026万元，完成全年任务的115.03%。10月，启动全区机关事业单位工作人员基本养老保险参保数据采集，稳步推进全区机关事业社会保险新系统的建库工作。本年度内，为全区2015年12月31日前已按规定办理退休手续并按月领取基本养老金的退休人员调整增加了基本养老金。

**【创业就业】** 2016年，荷塘区新增城镇就业10009人，失业人员再就业4003人，就业困难对象再就业1202人，新增创业主体数3050户，带动城乡就业6228人，带动城镇就业3925人，新增农村劳动力转移就业350人，零就业家庭动态援助100%，扶持高校毕业生微创业35人，提质升级就业创业保障平台16个。离校未就业高校毕业生实名登记率100%，离校未就业高校毕业生就业及就业准备率100%，城镇登记失业率3.18%，创业培训417人。

**【创业基地提质升级】** 2016年，荷塘区对株洲市荷塘月色生态旅游创业基地、株洲金山科技工业创业(孵化)基地进行提质升级建设，金山科技工业创业(孵化)基地被评为2015年度湖南省创新创业带动就业示范基地。一是抓基础。加强基地内道路、供电、供水、消防、网络等配套设施建设，基地内入驻企业及入驻企业创业带动就业总人数逐年增加，基地基本条件得到完善。二是促服务。基地协助入驻企业办理入驻、开业等相关手续，为入驻企业或创客提供创业项目开发和对接服务，帮助入驻企业拓宽融资渠道、提供融资服务、政策咨询、事务代理、人才招聘等创业服务和人力资源服务，基地功能建设得到加强。三是强管理。基地健全管理制度，建立相关统计报表制度，在管理机制、服务手段等方面取得创新突破，内部管理得到加强。

**【拓宽人力资源】** 2016年，荷塘区公共就业服务平台建立企业用工信息、求职人员信息、人力资源市场信息"三大信息网络"，全年为用工单位输送各类求职人员2292人。广泛开展"就业援助月""春风行动""民营企业招聘周"等全区性公共就业服务专项活动，集中举办11场招聘会，送岗位进社区、村、学校，较好缓解了企业招工难的压力。

**【民生实事】** 2016年，荷塘区人社局牵头承担"民生100"工程任务指标56项，其中省指标11项，市指标45项。至年底，指标任务全部完成，其中，创业培训、新增农村劳动力转移就业等22项指标超额完成。

**【劳动维权】** 2016年，荷塘区人社局接待来信、来访、来电256人次，受理劳动维权投诉案件185起，结案185起，涉及劳动者310人，追回被拖欠工资95万元，清退押金2万元。其中呈办网络和市长信箱、行风热线、市局领导批示交办案件14件。处理9起劳资纠纷群体性突发事件，其中10人以上群体性、突发性上访事件8件。开展劳动争议调解仲裁，受理劳动争议仲裁案件60件，挽回劳动者经济损失120多万元。

**【城乡居民医保整合】** 12月27日，按照荷塘区机构编制委员会《关于成立株洲市荷塘区城乡居民医保管理服务中心的通知》(株荷编发〔2016〕16号)精神，区医疗保险服务中心和区新型农村合作医疗管理办公室职责整合，成立荷塘区城乡居民医保管理服务中心，为荷塘区人力资源和社会保障局所属全额拨款副科级事业单位，核定事业编制6名，主任(副科级)1名。承担本辖区城乡居民医保的业务管理、指导和经办服务。 (陈 靖)

## 工商行政管理

**【概况】** 株洲市工商行政管理局荷塘分局成立于1997年，主要负责荷塘区市场主体注册登记、商标注册和广告管理、消费者权益保护、假冒伪劣违法行为查处等市场监督管理工作。2016年，在职人员67人，其中行政编制54人，事业编制13人。设有办公室、人事教育股、党群工作办公室、消费者权益保护股、“12315”投诉举报指挥中心、注册登记股、企业和个体经济监督管理股、政策法规股、信息中心、商标广告监督管理股、经济检查大队、个体劳动者私营企业协会、消费者委员会、市场规范管理股(网络交易监督管理股)、计划财务股、纪检监察室；下辖荷叶塘、宋家桥、月塘、新华4个基层工商所。

2016年，工商荷塘分局充分发挥自身职能，以服务从优、监管从严、维权从速为切入点，深化改革，持续为荷塘区社会经济发展释放新活力。年内，辖区有企业5566户，个体工商户16405户。获得株洲市文明单位、2015—2016年度株洲市消费维权先进单位等荣誉。

**【商事登记制度改革】** 2016年，工商荷塘分局全面落实前置审批制度改革，全面贯彻变事前监管为事中事后监管改革举措，进一步放宽住所(经营场所)登记条件，降低市场主体准入门槛，为荷塘区社会经济发展注入新动能，全年新登记企业1033户、个体工商户4961户、农民专业合作社18户。2月1日，注册登记窗口进驻区政务服务中心，6月1日，个体工商户注册登记业务进驻“一门式”政务服务综合窗口，工商荷塘分局成为全省工商系统中首家进入“一门式”的单位，实现让办事群众“进一个门，在一个窗，办所有事”的局面；个体户注册登记时限从10个工作日缩减至5个工作日，实现“一窗办、马上办、限时办、天天办”高效服务理念。10月1日在企业“三证合一”的基础上启动“五证合一、一照一码”登记制度。12月1日，根据《湖南省个体工商户营业执照和税务登记证“两证整合”实施方案》要求，开始向个体户核发加载统一社会信用代码的营业执照。积极推进市场主体年报工作，联合乡办多方面、多举措地向市场主体宣传年报流程，指导年报事宜，年内完成企业年报3057户，个体户年报10952户，年报率分别为86.3%、92.7%。

**【消费维权】** 2016年，工商荷塘分局始终把维护消费者权益作为重要工作来抓。受理消费者投诉举报627起，其中申诉463起，举报152起，办结621起，办结率99.04%，为消费者挽回经济损失216.42万元。围绕“关注民生想干事、依法维权会干事、争创一流干成事”宗旨，加强“12315”举报申诉工作制度化、规范化建设，提高“12315”指挥中心的工作水平和服务质量。围绕消费维权进农村、进社区、进企业、进市场、进学校的“五进”工作，在各大型超市、街道社区、村民委员会、学校建立“12315”消费者申诉举报点，创新消费维权源头治理机制，使行政执法监管体系向企业、行业组织和社会延伸。辖区基本形成纵向到底、横向到边、覆盖城乡、纵横联动的申诉举报网络。配合消费年主题活动，3月14—18日，开展为期一周的“3·15”国际消费者权益日宣传活动。接受群众咨询125人次，发放各类宣传资料1360份，受理投诉举报32起。10月，联合市消委开展金融知识进社区活动，效果良好。

**【商标广告监管】**2016年，工商荷塘分局多次开展打击商标侵权专项行动，严厉打击各类商标侵权行为，查处商标侵权商品案件2件；与30家重点发展企业建立点对点商标品牌发展帮扶机制，培育5家企业商标申报湖南省著名商标，2家企业商标申报中国驰名商标。至年底，辖区有国家驰名商标4家，湖南省著名商标12家。加大广告监测，对问题广告和违法广告进行限期整改，处罚违法企业4家，责令停止发布和改正违法广告8条。

**【打击整治传销】**2016年，工商荷塘分局紧紧抓住创建“无传销城区”目标，强化组织领导，健全工作制度，抓实荷塘区无传销城区工作，将打击传销纳作社会综合治理工作的重要内容，进行年度考核，形成综治领导、部门牵头、镇街负责、社村落实的“四级一体化”工作格局，打造覆盖全区各个社区和乡镇的传销防控体系，有效遏制了传销的蔓延势头。11月15日，组织参加市局打传规直进校园、社区集中宣传活动。年内发放打传宣传资料640份，查处传销窝点7个，遣散传销人员37人。

**【专项整治】**2016年，工商荷塘分局以查处无照经营，整治市场环境，保障安全生产等为重点开展多次专项行动。两节、两会及传统节假日期间，开展综合整治，先后出动执法人员206人次，检查各类市场38个次，检查经营户966户次。创建文明城市复检期间，联合公安、消防、卫生、文化等部门开展无照经营专项整治，规范引导经营户2193户，查处取缔无照经营户8户，罚没金额7.5万元；联合食药监、文化等部门开展校园周边环境专项整治，有效规范校园周边经营环境；联合文化、质监、卫生等部门开展危险化学品、文化娱乐行业和“三小”（小餐饮、小食品作坊、小食品店）行业专项整治；配合相关部门开展烟草市场整治，收缴问题香烟23条。

**【行政执法】**2016年，工商荷塘分局办理行政案件26起，结案21起，罚没金额45.01万元。主要案件类型有违法广告、虚假宣传、商品侵权、无照经营，涉及侵害群众利益的多个领域。

**【档案管理】**2016年，工商荷塘分局规范市场主体档案管理工作，建立制度化的管理要求，按职责具体到人；建立制度化查询流程，按档案类型细化到盒。全年为市场主体提供查询964次，为公检法及其他部门提供查询138次。

**【服务经济发展】**2016年，工商荷塘分局充分发挥职能，对重点企业、重点项目推行提前跟踪服务，提供事前引导、事中支持、事后服务的全程支持措施。持续开展“个转企”工作，做到精准发力，完成“个改企”305户。积极推进供给侧改革，按照株洲市工商局统一部署和“三去一降一补（去产能、去库存、去杠杆、降成本、补短板）”的总要求，采取措施，开展“僵尸企业”清理整顿工作，全年走访相关企业762户，吊销企业工商营业执照409户。

**【执法队伍建设】**2016年，工商荷塘分局进一步加强执法队伍建设，全年共向干部职工配备行政执法工具书300余本，业务股室配备5本以上对口专业或案例分析参考书。开展学法培训3次，参训人员180人次；组织执法人员参加普法和执法资格换证考试，印发学习资料65本，普法考试通过率100%，全省执法证换发考试公共知识部门合格率90.7%，专业知识部门考试合格率100%的成绩；坚持积极办案的工作导向，有案必查、违法必究，坚持公正执法，严禁越权执法、滥用职权，进一步了规范执法行为。

**【党组织建设】** 2016年，工商荷塘分局进建立健全党委、支部上下联动工作机制，按照程序改选5个支部，把支部书记作为支部党建工作第一责任人，推行党建目标工作考核制，建立年度党支部书记述职制度；完善党务公开，增强党组织工作透明度；深入分局党组结对村委—仙庾镇蝶屏村开展党建帮扶工作，走访慰问困难群众5户，发放慰问金2000元，支持帮扶资金2万元。12月，分局党组成员前往分局党建帮扶联系点南岳岭社区走访慰问，发放党建帮扶资金2万元。（许 诚）

## 国土资源管理

**【概况】** 株洲市国土资源局荷塘分局位于荷塘区新华东路218号（区政务服务中心大楼7～9楼），成立于2002年6月21日，其前身为株洲市国土管理局荷塘分局，是荷塘区人民政府主管全区土地、矿产等自然资源的规划、管理、保护、合理利用和农业区划、测绘行业管理工作的机构。共有编制26人，2016年在编人员20人、临聘人员22人。设有办公室、土地业务管理股、矿产测绘管理股、执法监察大队、桂花中心所和仙庾中心所6个内设机构。另有荷塘区征地拆迁所，为市土地征用处的派出机构，由分局统一管理。区国土资源局在荷塘区政府和市国土资源局的领导下，负责本行政区域内的国土资源管理工作。

2016年，全区批回用地项目22个，批回用地面积120.93公顷；完成征地拆迁项目28个，交地231.85公顷；累计出让工业用地7宗，出让面积13.47公顷，成交价款4744万元。年内，获得区级服务征地拆迁和房屋征收工作先进职能部门红旗单位；区级2016年度治违工作贡献奖；局长蔡凤美获得区级征地拆迁及房屋征收先进个人；执法大队长陈智敏获得治违工作先进个人；在全市2016年一、二季度征地拆迁工作考核评比中名列第一名。

**【用地报批】** 2016年，荷塘区计划上报用地项目35个，计划报批用地面积162.8公顷。荷塘分局抓紧调规组卷，加快项目推进速度，不断提高用地报批效率，共上报株洲市职工大学、株洲市幼儿师范学校、湖南汽车工程职业学院新校区、华亿标准厂房等27个项目，上报面积126.13公顷。批回22个项目面积120.93公顷。批回项目中：区级平台公司批回项目12个，批回面积64.4公顷，市级平台公司批回项目10个，批回面积56.53公顷。金龙路等8个项目30.67公顷用地，因不符合规划未启动用地报批工作，待规划调整后，再组卷上报。

**【征地拆迁】** 2016年，荷塘区计划开征项目49个，征地总面积379.01公顷；完成征地拆迁项目28个，交地231.85公顷。其中市级征地拆迁项目25个，征地面积229.91公顷，已完成交地项目20个，交地面积198.23公顷，占任务的86%。区级征地拆迁项目24个，涉及征地面积149.11公顷，已完成交地项目8个，面积33.62公顷，占总任务的22.5%（区级项目不列入市政府年度考核指标）。

**【耕地保护】** 2016年，荷塘区完成永久基本农田调查任务图斑核实工作，充分利用遥感影像、变更调查等成果对下发的图斑进行全面调查，对市、区两级平台公司在荷塘区控规地块摸清耕地现状、质量情况，对于不能划为永久基本农田的耕地，逐图斑进行原因说明和材料举证，荷塘区拟划入基本农田面积132.78公顷，其中允许建设区划入18.01公顷，有条件建设区划入7.85公顷，限制建设区划入106.92公顷。

**【执法监察】**2016年，为确保国土资源管理规范，土地利用秩序良好，国土荷塘分局狠抓工作落实，力保执法监察工作规范到位。一是扎实开展卫片执法工作。下发违法图斑20个，涉及19宗地。其中1宗南郊垃圾场村民安置地已举证为合法村民建房。其余18宗违法用地全部立案查处，查处违法用地面积7.26公顷，其中占耕地0.73公顷，占基本农田0.4公顷。拆除建筑物、构筑物面积3132平方米；没收建筑物、构筑物11宗，面积41483平方米，移送公安2宗，党纪政纪处分1人。二是切实开展动态巡查工作。每个月对辖区内土地违法、矿山生产和地质灾害隐患点进行一次彻底的拉网式排查，严厉打击乱搭乱建、非法、违法采矿等行为。三是加大违法案件查处力度。上半年，立案查处各类违法案件18宗，收取罚没款83.64万元。

**【服务群众】**2016年，国土荷塘分局积极服务群众。一是加强地质灾害防治工作，加大巡查力度，确保人民群众的生命财产安全。做好汛前地质灾害隐患点排查工作和汛期地质灾害防治值班工作，先后12次巡查辖区内地灾隐患点，发现3处新增地灾隐患点。二是规范服务村民建房工作。对村民建房坚持集中会审和部门并联审批制度。年内受理村民建房申请155户，现场查勘189户，为112户村民办理建房用地批准书。办理各类集体土地登记发证31宗。三是按照《株洲市不动产统一登记工作实施方案》要求，桂花国土所于11月9日颁发集体宅基地使用权不动产登记首证。四是贯彻落实国土资源部主动服务，创新宣传路径，扩大社会影响的指示精神，在分局一楼政务服务大厅和桂花中心所服务大厅安装“国土大屏”，利用新媒体、新手段宣传国土资源法律法规和政策，营造浓厚的舆论氛围。

**【队伍建设】**2016年，国土荷塘分局按照“两学一做”教育活动要求，认真抓好党建工作。一是摆正党务工作与业务工作关系，始终把党建工作摆在重要议事日程，党建工作与业务工作一同布置、一同落实；二是认真执行各项会议制度，落实民主集中制原则和重大事项集体决策的原则，严格领导班子决策程序；三是组织党员干部赴茶陵县思聪煤矿开展“党员下矿井”活动，到茶陵县工农兵政府旧址参观，接受革命传统教育；四是到东环社区开展支部书记进社区上党课、党员进社区活动，在仙庾镇政府政务服务中心开展行政审批进乡镇、窗口服务进社区活动。　　（贺凤林）

## 土地储备

**【概况】**荷塘区土地储备中心于2013年8月成立，系株洲市荷塘区人民政府所属的正科级全额拨款事业单位，内设综合办公室和业务股两个机构，编制5人。主要职能为组织实施辖区范围内土地储备计划；负责编制开发园区内工业用地、配套经营性用地和安居房工程用地的储备计划；负责统筹、指导、协调园区土地报批工作；负责对园区拟定和执行土地收购储备、前期开发供应计划；承担园区土地收购、收回、置换、储备及整理、开发利用和划拨、出让前期准备等具体工作。

2016年，区土地储备中心围绕全年工作目标，完成土地报批园区56.93公顷，其中工业用地24.2公顷、商住用地14.33公顷、公共设施用地18.4公顷。完成土地出让28.87公顷，其中工业用地4.27公顷，商住用地10.07公顷，基础设施15.53公顷。

【党建工作】7月29日，中心成立党支部，切实加强党建工作。按照各级党委的要求，扎实开展“学党章党规，学系列讲话，做合格党员”教育实践活动，通过集中学习、授课、小组讨论、观看纪录片、撰写学习心得等方式，使学习活动深入每一个党员内心，通过组织生活常态化，树立党员干部的模范意识。每周五下午开展集中学习活动，内容以习近平总书记系列讲话为重点，中心支部书记李斌亲自上党课，带头学习党章，参加专题讨论，撰写学习心得体会。支部党员深入基层走访，与新荷社区、太阳村加强联系，广泛宣传区委各项惠民政策，切实为基层解决实际困难。（黎 健）

## 征地拆迁

【概况】株洲市荷塘区重点工程协调管理办公室成立于2011年，2015年12月设立株洲市荷塘区征地工作协调管理办公室，将原重点工程办公室职责划出，系荷塘区人民政府办公室所属的全额拨款正科级事业单位，事业编制9名，实际在编在岗7名，临聘人员17名。领导职数主任1名，副主任2名。主要职责是编制下达征地拆迁与房屋征收年度工作计划；代表区政府管理、调度和考核全区征地拆迁、房屋征收工作，确保全区执行政策的平衡和统一；负责征地拆迁、房屋征收资金申请、拨付和管理；负责收集整理各项目中特殊情况和疑难问题，及时提请区重点工程征地拆迁工作领导小组集体研究解决；负责市对区征地拆迁工作的考核迎检工作；代表区政府组织用地单位与各乡镇办事处（指挥部），签订工作协议，并参与结算工作；制订全区安置工作计划；牵头负责安置人员资格终审；协调组织各乡办分配安置房源；建立安置人员信息库；承办区委、区政府及市相关部门安排的其他工作。

2016年，全区开征集体土地征拆项目50个，签订集体房屋补偿协议1028栋，累计交地38宗，325.8公顷（其中市级考核项目28宗，230公顷）；国有项目共征收房屋824户、单位20家，面积119442平方米。全年株洲市征地拆迁和房屋征收第一次、第二次季度考核，荷塘区均排名全市第一，年度考核获评株洲市征地拆迁和房屋征收工作二等奖。

【凝心聚力征拆】2016年，荷塘区征拆项目组织各级各类调度会180余次，及时研究解决项目存在的困难和问题。组织政策会审会40多次，答复和解决疑难问题60多个，在全区上下“一盘棋”的工作模式下，征拆征收工作保持良好的工作氛围和高效率的推进态势。

【征地拆迁】2016年，荷塘区征地工作协调管理办公室认真做好征地拆迁各项工作。一是领导重视，靠前指挥。各镇办主要负责人均能深入项目一线、靠前指挥，对一些疑难杂症的问题，进行重点调度。联系重点项目的区级领导经常到现场督查项目进度，参加个案问题的分析和研究。二是奖惩机制，层层落实。按照“重心下移，责权利对等”的原则，积极落实“乡办与用地单位签订协议、区征管办参与鉴证”的工作办法，使镇办“被动接受任务”为“主动争取项目”。严格按照《荷塘区征地拆迁工作考核及奖惩办法》对全区的征拆工作实行“月讲评、季排名、半年小结、年终总考核”，营造良好的征拆氛围。建立区政府对各镇办、征管办对各职能部门、各镇办对村的奖惩机制，层层落实责任。将考核结果与提拔使用挂钩，对工作表现突出的干部实行优先培养、优先提拔、优先使用。因工作不力、不能完成任务的，实行严格问责。对造成严重后果的，实行摘帽子、挪位子，真正使凭实绩用干部的导向深入人心。三是项目优先，保障有力。按照区委、区政府的安排部署，区征管办、国土、规划、征地所、征收中心、公、检、法、城管、治违等单位均抽调精干力量到征拆项目一线参与拆迁，为全区征拆工作提供强有力的组织和人事保障。

【拆迁保障】2016年，荷塘区征地工作协调管理办公室认真做好拆迁保障工作。一是“以拆违促拆迁”。项目范围内坚持先拆违再拆迁，既打击个别征拆户漫天要价嚣张气焰，又为国家节约大量征拆资金，更能有效推进征拆的进度。二是强化司法保障。针对“上门三次以上的无配合态度”的被征拆户，充分发挥司法保障职能，积极启动司法程序。让那些恶意不配合征拆工作的“钉子户”无以立足。三是“排危促拆迁”。当征收工作陷入僵局时，即针对楼栋房中的“钉子户”，采用先拆已签约房屋，使该栋房屋变成危房，迫使剩余“钉子户”签约，以推进项目进度的排危促拆举措。

【阳光拆迁】2016年，荷塘区在征地拆迁项目推进中，各镇办都树立政策是底线，依法依规是保障，阳光拆迁是有效推手的理念，坚决执行公平、公正、公开，一把尺子量到底的征拆原则。将阳光拆迁执行的力度及真实性，作为征管办对各指挥部督查和考核的主要内容，确保全区征拆工作良性有序开展。 （曾慧媛）

## 食品药品监督管理

【概况】株洲市食品药品监督管理局荷塘分局（简称荷塘分局）于2011年11月29日成立，2014年12月完成机构改革，2015年8月职能调整到位。新组建的荷塘分局整合部分原食品药品监督管理局、工商局、质监局等部门的人员和职能。机构改革后，荷塘分局为株洲市食品药品监督管理局派出行政机构（正科级），核定编制29名，分局班子1正3副，设4室3所1窗口，即办公室、执法监督室、食品监管室、药械保化监管室、月塘、桂花、宋家桥监管所、驻区政务中心窗口。主要负责荷塘区范围内食品、保健食品、药品、化妆品、医疗器械的监督管理。

【食品药品“四查”行动】2016年，荷塘分局全面开展食品药品“四查”行动（主体大普查、风险大排查、执法大检查、问题大清查），已普查监管对象5502户，录入数据4660户，建立风险清单380份，下达责令整改540份，基本建立了覆盖“四品一械”的基础数据库。

【行政许可】1月，国家食品经营许可制度改革全面启动。2月，荷塘分局将13类行政审批事项全部归口至区政务中心办理，极大地方便了群众办事，并且顺利开展“三证合一”后的许可工作。截至年底，办结食品经营许可办结各类许可1026份。政务中心窗口受到株洲市食品药品监督管理局肯定，被列为示范窗口在全市推广。

【监督抽检】2016年，荷塘分局为基层所增配10万元快检设备，将食品药品快速检测车开进中南菜市场、大润发等农贸市场和大型超市，为市民免费开展农残兽残快速检测，并及时将不合格产品的相关信息通过门户网站和媒体予以曝光。全年完成各类抽检472批次，核查处置22起。这些措施，提高了食品药品安全监管的透明度，也提高了市民对于食品药品监管的参与积极性。

【专项整治】2016年，荷塘分局统筹推进各级各类专项整治24项，检查食品药品生产经营主体3417家，督促办证400多份，办理“三小”类型许可证180家。依法取缔各类“黑作坊”14家，捣毁窝点5个，整治问题诊所57家，取缔无证经营户20家，指导帮助10家小作坊完成搬迁改造，规范引导79户无证经营户办理许可证。通过整治，进一步增强民众的食品安全责任意识，完善食品安全管理制度，规范食品经营行为，有效提高食品安全水平，排除食品安全隐患，严厉打击无证经营等违法行为。

**【稽查办案】**2016年，荷塘分局在食品药品安全领域重拳出击，共查处食品药品违法案件72起，其中市级督办案件3起，移送公安涉刑案件2起。严厉惩治了食品药品安全领域违法犯罪行为，净化了荷塘区食品药品市场环境，切实地保障了广大人民群众的食品药品安全。

**【食品安全事故应急演练】**11月8日，市食品药品监督管理局和荷塘区人民政府联合举办，荷塘区食安办、卫计局、农村工作局、教育局、公安荷塘分局、市人民医院等部门联合开展2016年食品安全事故应急演练。此次演练是新《食品安全法》实施后株洲市城区首次开展的食品安全事故应急演练。演练内容为：某中学学生在学校食堂就餐后，陆续出现腹痛、呕吐等症状。校方及时将患者送往医院救治、并将情况反馈给相关部门。区人民政府接到事件报告后，立即启动Ⅳ级应急响应开展处置工作。演练按照事故报告、应急响应、应急处置、响应终止、善后工作7个步骤进行。演练充分检验和提高荷塘区应对食品安全突发事件的应急处置能力，提供了充分的实战经验。（禹　意）

## 安全生产监督管理

**【概况】**2003年7月，荷塘区安全生产监督管理局成立，为荷塘区人民政府工作部门，内设办公室、安全监督管理股、安全生产执法股，行政编制7名。主要职责拟订全区安全生产工作发展计划、指导协调全区安全生产工作、分析和预测全区安全生产形势、发布安全生产信息、协调解决安全生产中的重大问题等。

2016年，全区发生各类安全生产事故33起，死亡6人，其中道路交通事故死亡5人；建筑施工安全生产事故死亡1人；非煤矿山、烟花爆竹、危险化学品等其他行业未发生安全生产事故，全区未发生较大以上安全生产事故，安全生产形势持续稳定好转。

**【安全生产暨监管执法年动员会】**3月29日，荷塘区召开2016年全区安全生产工作暨监管执法年动员会，传达贯彻市委、市政府相关会议精神，总结分析当前安全生产形势，解读《荷塘区安全生产“监管执法年”活动方案》安排部署下阶段工作。区委副书记、区长邬凌云出席会议并作动员讲话，区领导刘伟、成良池、肖宏琳参加会议。

区委书记顾峰就全区安全生产工作暨监管执法年活动的批示。指出：安全生产责任重于泰山，安全生产工作一时一刻也不能放松。区长邬凌云强调，区安委会各成员单位既要切实履好本职，加强日常执法监管，用好新《安全生产法》赋予的权利，按照“聘请相关专家排查隐患、部门依法监督、企业及时整改”工作模式，切实消除安全隐患。要严格落实好党委政府领导责任、部门监管责任、属地管理责任和企业主体责任，齐抓共管，确保全区区泰平安、吉祥安康。会前，与会人员共同观看了安全生产警示教育片。

**【生产安全督察会议】**7月1日，荷塘区召开生产安全督察会议，并开展安全生产督察活动。会上传达省、市安全生产紧急会议精神。强调当前安全生产督察工作主要抓住四个方面：一是认清当前形势，当前正值汛期、高温期，是安全生产事故的多发期，安全生产形势十分严峻，全国各地各类安全事故频繁发生，尤其是湖南“6·26”特大交通事故给安全生产工作敲响警钟，必须高度警觉，清醒认识，加强安全生产督查工作，有效防范各类事故的发生。二是强化领导责任，切实增强安全生产工作的紧迫感、自觉性、主动性，强化措施，严防死守，杜绝各类安全事故的发生。三是要全面迅速地开展大排查、大管控、大整治督察活动，各镇、街道、管委会、区安委会各成员单位要结合工作实际，迅速制定行动方案，明确责任领导、责任部门和责任人，深入基层、深入一线，扎实开展安全生产行动，务必做到隐患排查、整治全覆盖，突出重点行业、重点领域、重点单位，抓住主要矛盾、关键环节；四是加强督查、严肃问责，进一步强化安全生产部门的监管责任，深入基层、深入现场、深入群众，采取明察与暗访、抽查与普查等方式，突出督查重点，务求督察质量，确保督察工作扎实有效。

**【道路交通安全紧急会议】**6月27日，荷塘区为深刻吸取6·26宜凤高速道路交通安全事故的教训，召开全区道路交通安全紧急会议。区委常委、常务副区长刘伟，副区长、公安局局长成良池，区政协副主席、安监局局长冯晓出席会议，区安委会成员负责人参加会议。

会上，冯晓首先通报6月26日发生在郴州的道路安全事故具体情况；传达了省委副书记、省长杜家毫主持召开的全省道路交通安全电视电话会议精神；学习湖南省人民政府办公厅在全省开展道路交通安全大排查大管控大整治的通知精神。会议要求安委会成员单位统筹抓好交通、危险化学品、消防和建筑施工等重点行业，大型超市、KTV、车站、市场和其他人员密集场所等领域专项整治，结合汛期和高温季节的安全生产工作特点，深入开展隐患排查，完善安全生产应急预案

**【领导带队督查】**7月1日，为深刻吸取“6·26”特大交通事故教训，贯彻落实省、市安全生产紧急会议精神，区委、区政府、人大、政协四大家领导组成交通安全、消防安全、农业农村安全、建筑安全及地质灾害、工矿企业及教育安全5个督查小组，赴全区各联点、重点企业，对安全生产大检查工作进行集中督查。区委书记顾峰带队的交通安全督察组先后查看了湘运中心站、万畅旅游客运有限公司，现场检查企业安全生产责任落实、消防应急设施设备、影音监控设备、安全操作规章执行等相关情况。要求企业负责人要提高安全生产意识，及时发现问题，堵塞漏洞，消除隐患，坚决遏制重特大事故发生。区委副书记、区长郭凌云带队往月塘街道、合泰管理办公室等地开展安全生产大检查。对月塘街道一家小型服装加工厂，重点检查消防设施，现场检验烟雾报警器的实际效果。他交待消防部门负责人，要组织人员对烟雾报警器等消防设施进行全面检查，加大安装范围，增强消防保障。

7月30日，区委书记顾峰率区安监、消防、交通等部门负责人，深入客运站、合泰和旅游公司，督查全区安全生产工作，区委常委、常务副区长刘伟参加督查。在长途汽车站，顾峰仔细查看了车站违禁物品登记情况，他强调要把安全放在第一位，对发现的问题及时整改，督查落实到位，确保安全生产。同时要求车站工作人员按照安全生产“五不两确保”的要求，加强安全防范，做好车辆安全检查，杜绝各类安全事故的发生，为旅客出行提供安全保障。在合泰、富家垅等“三合一”场所消防检查现场，顾峰现场听取了月塘办事处、合泰管理办公室负责人就消防工作的汇报。顾峰强调，各有关部门要对辖区内“三合一”场所开展大排查，强化巡防工作，加大对经营户消防安全知识和技能的教育培训，对于不符合要求的场所要彻底排查整治。

9月29—30日，荷塘区为贯彻落实9月18日省、市安全生产会议精神，切实抓好国庆期间安全生产工作，确保全区安全稳定。按照区委区政府统一部署和

安排，区委书记邬凌云、区长王利波、区委副书记赖晓智、区人大常委会主任胡开元、区政协主席候选人何恒仁亲自带队分别对荷塘区5个重点行业和重点领域的10家重点监管单位开展安全生产“三大行动”工作情况及国庆期间安全生产工作情况进行督查。

**【安全生产月活动】**6月16日，荷塘区在红旗广场步步高超市前坪举办2016年全国安全生产月宣传咨询日活动。活动由荷塘区安委会主办，各安委会成员单位共同参与。活动采用现场咨询、资料发放、看板展示等方式。近千名市民参加宣传咨询活动并认真参观各类安全宣传展板。活动发放各类宣传材料4000多份，展示安全宣传展板30多张，各类安全宣传标语、横幅50多条。

**【危化品泄露应急救援演练】**10月27日，荷塘区在湖南铁达能源科技有限公司举行2016年荷塘区危险化学品应液氧泄露、火灾事故应急救援演练。区政协副主席、区安监局局长冯晓担任总指挥，区安监局、荷塘消防大队、区卫计局等单位分管安全负责人、宋家桥办事处主任汤思源及各镇、街道、管委会分管安全工作负责人和部分企业代表等参演人员100多人参会。此次演练深刻汲取江苏靖江新港园区“4·22”江苏德桥仓储危化品仓库爆炸燃烧事故教训，强化安全发展观念、全面检验荷塘区危险化学品事故应急救援处置能力。演练结合实际拟定《2016年荷塘区危险化学品应急救援演练实施方案》，就危险化学品泄漏后人员疏散、应急救援、消防灭火等科目进行演练，通过演练使参演队伍熟知应急管理规定要求、熟悉应急救援程序步骤、熟练应急救援的方式方法，提高了应对突发事件的能力。　（李　莉）

## 统　计

**【概况】**荷塘区统计局成立于1997年，其前身为株洲市东区统计局。统计局下设普查中心、调查中心两个二级机构，全局有在编人员15人，临聘人员2人。全区1个镇6个街道、2个管委会均依法设立统计站，配有专职统计工作人员1~2人，全区有镇街道统计员13名。主要负责本行政区域内的统计工作。

2016年，区统计局围绕区委区政府既定的工作重点，创新理念，坚定目标，勇于担当，奋发进取，各项统计事业取得长足进步。

一、恪尽职守，参政设谋的能力日益增强。一是增强统计监测和预测预警能力，加强对投资重点项目、区域经济等对全区发挥重要支撑作用领域的监测，准确把握经济发展趋势。二是注重统计产品开发。按时发布季度经济形势分析，及时进行每月数据快报，提高监测方法的多样性和有效性。

二、正本清源，依法治统的理念大幅提升。一是强化正章建制，法制工作推进更加有序。年初制定《荷塘区统计局2016年统计法制工作要点》和《统计执法检查工作方案》，并结合我区实际情况，成立由局长任组长、分管领导副局长任副组长执法领导小组。二是加强法规学习、宣传和执行的力度，依法治统意识明显提升。

三、固本强基，统计工作的底子更加扎实。一是全面实施统计规范化建设。全区基本实现部门、乡镇（街道）、企业的统计建设“四个100%”，即制度上墙100%、台账建立100%、人员持证100%、装备达标100%。二是常规调查深入扎实。坚持把常规专业统计调查作为最根本的任务做实做好，不断改进联网直报，持续加强跟踪指导，不断强化与职能部门的沟通，高质量完成10余个专业的常规统计调查工作。

四、善做善成，统计行风的转变更加明显。一是深入开展“两学一做”活动，不断提升党员模范作用。二是全面落实“雁过拔毛”腐败和“纠四风、治陋习”专项整治行动。三是彻底整治“庸懒散奢”,加强作风建设。

【小康指标测评】2016年,荷塘区统计局负责小康监测评价指标体系由五大类指标组成,即经济发展类、人民生活类、社会发展类、民主法治类、生态文明类指标。成立由区委书记任组长的全面建成小康社会领导小组,把22项具体指标重点任务分解到牵头领导、责任部门负责,明确各部门“一把手”为全面建设小康社会第一责任人。经过全区上下共同努力,2016年小康建设实现程度达到92%,顺利达标,并且获得全省小康建设“十快”县区奖项,五类指标实现程度分别达到87.8%、92.2%、100%、90%、和99.2%。

【“民生100”工程指标考核】2016年,荷塘区承担“民生100”工程项目56个,包括就业增收工程8个,社会保障工程9个,素质提升工程8个,全民健康工程1个,安居宜居工程8个,畅通出行工程2个,安全保障工程10个,扶贫解困工程10个。至年底,全区56项考核指标全部完成任务,其中新增农村劳动力转移就业、新增企业养老保险参保人数、资助家庭经济困难学生、发放低收入住房困难家庭租赁补贴、建成农村客运招呼站、建设治安岗亭(警银亭)、为困难群众实施法律援助等22项指标超额完成任务。全区积极落实“民生100”工程任务,制定责任指标分解,落实责任单位和责任人,统计局和实事考核办联合下发考核指标解释和考核指标验收办法及对各责任单位的考核评比办法。各主要责任单位和相关责任单位,按照考核办和统计局的要求,全面及时上报“民生100”进度完成情况和相关资料,对完成情况进行网络公示。区统计局在“民生100”数据评估认定过程中,本着客观、公平、公正的原则进行评估,确保数据来源清楚、客观真实,为“民生100”工程把好数据质量关。

【农业普查】2016年,荷塘区成立以区委常委、常务副区长为组长的第三次全国农业普查工作领导小组,落实专项经费,精选指导员和普查员,组织农业普查业务培训10多场,发放普查专用PDA50多台,完成清查摸底、绘制地图等前期摸底工作,为正式入户普查奠定坚实基础;经过努力,全区普查人员200多人对25个涉农村组进行逐户普查登记,完成1.4万多户数据登记收集工作。区农普领导小组综合各部门数据,严禁弄虚作假,严把数据质量关,严防漏报、虚报现象;做好宣传、指导,强调本次普查的意义;定期对各村、镇上报数据进行抽查,发现问题的将督促其及时整改,按时保质的完成全国第三次农业普查工作。 (左　峰)

# 农 业

【概况】荷塘区农村工作局位于新华东路1468号。2016年1月，荷塘区政府机构改革将荷塘区水利局撤销，其工作职能合并到荷塘区农村工作局。2016年，区农村工作局有在职机关干部20人，内设综合股、农业股、林业股、畜牧水产股、水利股等5个机构，下设区农业技术推广服务中心、区农村经济管理服务站等2个副科级事业单位。主要承担全区农业生产、林业生产、畜牧水产生产、水利管理、新农村建设、农村经营管理、农机管理、乡镇企业管理、农村能源、动物防疫、森林防火、防汛抗旱等工作职能。

2016年，全区有农村人口5.6万人，耕地2735公顷，林地6003公顷，菜地面积600公顷，旱地327千公顷，白石港防洪大堤2公里，建宁港堤防6.8公里；水库17座，其中小Ⅰ型水库1座，小Ⅱ型水库16座，总库容546万立方米，骨干山塘1700多座，总库容2200万立方米，提水泵站200多处，挡水涵闸287处。

荷塘区主要农作物种植模式中，水稻以水旱轮作种植模式为主，蔬菜以轮作、间作、套作、混作等种植模式为主。全年全区实现农林牧渔总产值7.38亿元，增加值4.25亿元，同比增长2.1%。全区粮食播种面积4960公顷，粮食产量3.47万吨，同比增长1.06%。油菜籽播种面积420公顷，收获油菜籽0.08万吨。蔬菜种植面积2770公顷，收获产量11.91万吨，瓜果种植面积190公顷，收获0.13万吨。全区土地流转面积3535公顷，蔬菜、花木、瓜果等基地种植面积不断扩大。全区的春耕生产中化肥、农药、农用薄膜、粮食种子的储备量分别达到2100吨、3.6吨、3.3吨、49吨，有效满足了全区农民的春耕生产需求。全年全区农药、种子、化肥等农资价格与上年同期基本持平。农技培训指导到位。进村入户，深入田间地头，对农户进行实地技术指导与培训。全年组织技术干部下乡50多人次，指导培训农户1000多人。

2016年，荷塘区获全省动物疫病防控绩效考核先进县称号。区农村工作局被市政府评为2016年农产品质量安全监管工作目标管理考核先进单位、2016年森林防火考核先进单位，被株洲市防汛抗旱指挥部评为全市抗洪抢险先进集体，被株洲市农业机械化管理局评为全市农机服务体系建设先进单位、被株洲市农业委员会评为2016年全市农技推广工作先进单位、被株洲市畜牧兽医水产局评定为养殖业先进单位、被株洲市畜牧兽医水产局评为畜禽水产品质量安全工作先进单位。张书清被株洲市防汛抗旱指挥部表彰为抗洪抢险先进个人，邓卫明获评全市先进农机工作者称号。

【农产品提质及食品安全】2016年，荷塘区建设标准化生产基地6个。“三品一标”的认证11个，其中绿色食品10个、无公害产品1个，全区农产品抽样监测4516批次，合格率100%。组织全区认真学习贯彻执行《农产品质量安全法》，并利用农产品质量安全行宣传日、放心宣传周、农产品法制宣传日、食品安全宣传月、农村集市等进行宣传，发放宣传资料8000多份。全年，全区没有发生一起农产品安全责任事故。创办农民田间学校，仙庾镇全年开展技术培训6次以上，技术指导员入户指导20次以上，通过报纸、电视、网络等媒体平台向老百姓宣传无公害农药理念，及时下发病虫情报及关于停止销售和使用百草枯水剂通知等宣传资料近千份。2016年，获株洲市农产品质量安全监管工作目标管理考核先进单位。

**【农机专业合作组织】**2016年，荷塘区农村工作局按照“民生100”工程项目要求，扶持发展株洲市旺鑫农机农民专业合作社，并协助其逐步完备设施，使合作社的农机装备水平与作业能力大幅提高。着力规范农机购置补贴，确保农机购置补贴规范操作，严格管理，全区发放农机具购置补贴36台，补贴资金27.87万元，受益户数23户。对辖区内64台拖拉机开展拖拉机年检年审工作，新上牌拖拉机13台；农机事故发生率严格控制在3%以下；仙庾镇农技推广站被评为“三星级”服务机构。

**【植树造林】**2016年，荷塘区新造林26.6公顷，林地改造33.3公顷。在蝶屏村、仙庾村、霞山村新建义务植树基地，接待千余人的义务植树活动。结合春季造林及油茶补充累计造林41万株。林业生物灾害成灾率控制在4‰以下，无公害85%以上，松材线虫病监测和普查率100%，枯死松木清除率100%，对外省调入的松科植物及其产品检疫复检率100%。

**【森林防火】**2016年，荷塘区各乡办建立防火护林队伍，上半年发布一次禁火令，并在各时节开展防火宣传工作，重要节假日发布森防文件，采购2万多元的防火物资。全区及时调整充实森林防火护林队伍，使护林救火队员增加到80人。明确规定分片包干，在每个防火重要时期召集镇办和各有关部门负责人参加森林防火相关工作会议。落实领导责任、部门责任、岗位责任和地块责任，制定森林防火应急预案，明确森林防火工作各项职责，形成一级抓一级，层层抓落实，做到人人有责，人人尽责，齐抓共管的良好局面，真正使森林防火工作落实到位。运用各种形式营造声势，多渠道、多方位地深入各地开展防火宣传活动，向广大群众宣传森林火灾的严重性、危害性。重要时间节点，如清明、五一、国庆和春节在各村路口，山脚张贴横幅和宣传牌，张贴禁火令，并安排相关工作人员对上山祭祖的市民进行宣传森林防火，教育广大群众自觉遵守野外用火规定，严禁烧山，杜绝火种进山，消除火灾隐患。利用微信平台，及时向乡办负责任人和护林人员发送短信，及时公布省市下发的文件和相关指示。每天将宣传车开到乡间，做到宣传到位。清明期间，护林员戴上袖章、骑着摩托，插着红旗，提着喇叭，录上警示语言，每天在各自防火责任区范围内开展巡逻，村干部则在本村内开展巡逻工作，设关堵卡，提醒村民注意用火，有小火警及时扑灭。区指挥部在重点防火期间开展全面督查，查宣传、查设卡、查队伍器械配备，对措施不到位的，立即通知乡办领导，责令纠正，确保了值班防护到位。按照“队伍军队化、训练军事化、装备现代化、扑火专业化”的四化要求，对各乡镇办事处重新将所辖的队伍进行调整和配备。加强森林防火队伍建设。清明节前，区农村工作局组织各镇办开展培训和演习。对各级防火器材仓库进行清理，及时检修和配备设备，确保人员和设备到位。实行24小时值班和领导带班制度，加强对各村森林防火情况的检查，严防脱漏岗，确保防火信息畅通，做到到岗到位。清明期间，全区发生9起小火情，均在接警后村护林员15分钟内到现场，村干部20分钟内到现场，乡镇干部30分钟内到达现场，实现处置到位。2016年，全区未发生一起森林火灾，森林火灾损失率控制在1‰以下。

**【区农技推广中心被评为株洲市农技推广工作先进单位】**2016年，荷塘区农技推广中心通过市农委相关单位考核，被评为全市农技推广工作先进单位。中心创办农民田间学校，通过报纸、电视、网络等媒体平台向老百姓宣传，及时下发病虫情报及关于停止销售和使用百草枯水剂通知等宣传资料，使农民追求更高的农业产品品质和质量安全。对农民科技示范户在新技术、新品种、新机具的推广应用上进行技术指导，通过示范户的辐射带动作用，吸引更多的农民使用高产高效新品种和科学的种植技术，达到农业增效、农民增收的目的。年内，仙庾镇农技推广站还被被评为"三星级"服务机构。

**【农村三资管理】**2016年，荷塘区出台《荷塘区规范农村集体资金资产资源管理实施细则》。区农村工作局会同区监察局、区财政局对全区39个村的村级财务公开情况进行检查，并对检查中出现的问题及时督促整改，有效促进村级财务管理的规范化。5月，对39个村的"三资"情况进行详细摸底清查统计，归档成册。12月，针对即将进行的村级换届选举，制定《关于开展村居财务清查和村居组织成员任期经济责任审计工作的实施方案》，并由主管副区长组织召开荷塘区村级财务清查和村级组织成员任期责任审计工作部署会，联合区委组织部、区民政局、区农村工作局、区审计局、区财政局等部门，对该项工作进行认真细致的督查指导。

**【农村承包合同管理】**2016年，荷塘区农村工作局继续做好《中华人民共和国农村土地承包法》《中华人民共和国农村土地承包经营纠纷调解仲裁法》的宣传教育活动，及时处理农村土地承包合同纠纷。全年处理土地承包合同纠纷2起，协调解决多起土地纠纷上访事件，为2家苗木种植大户办理了农村土地流转证书。

**【"一事一议"筹资筹劳制度实施】**2016年，荷塘区农村工作局在项目布局上，坚持"三个结合"，即：结合新农村建设规划、结合农村发展实际、结合其他惠农资金覆盖情况。在项目安排上，体现"三个优先"，即：新农村建设示范村和扶贫村优先，项目带动性强和覆盖面广的村优先，村级班子战斗力强和群众积极性高的村优先。在申报审核上，严格把握"村申请，镇(街道、管委会)初审，区审批"三个关键议事环节。同时，严格村民议事程序，加大筹资筹劳管理力度，特别是项目的立项、资金使用等，严格进行跟踪监督和绩效评价。全年全区申报村级公益事业建设一事一议财政奖补项目16个，涉及16个村，12月前全部完成镇(办、管委会)、村两级和区级的现场验收。

**【畜牧水产】**2016年，荷塘区农村工作局完成年度强制免疫计划规定的任务，做到强制免疫病种畜禽群体常年免疫密度90%，春秋季集中免疫期间应免疫动物免疫密度100%、免疫抗体合格率70%，并建立健全规范的防疫档案；全年开展2次查病化疗工作。上半年对4个疫区村存栏耕牛实施粪检，并对4个村所有牛羊进行化疗。9—10月对所有疫区村实施血清学采样，化疗实行人畜同步进行；完成政府下达民生100工程畜禽无害化处理收集点；严格执行产地检疫，加强病死动物无害化处理监管，病死动物无害化处理率100%。强化规模养殖场、养殖小区防疫监管，监管率100%。

**【农田水利建设】**2016年，荷塘区农田水利建设总投资260万元，其中区政府财政投资100万元，整合其他资金160万元，完成荷塘月色管委会仙庾岭村、仙庾镇徐家塘村、樟霞村、宋家桥街道宋家桥村共9口山塘的除险加固，完成仙庾镇兴塘村、徐家塘村、黄塘村10.2公里的田间渠道硬化和衬砌；修复水毁渠道12处，挡水坝站2座。

**【血防工作】**2016年，荷塘区争取国家专项资金530万元，组织实施荷塘区明照灌区水利血防工程，对仙庾镇明照村道岭河段进行水利灭螺治理，完成2.2公里河道边坡整治硬化，改造水闸1座，更换钢板闸门4处，清除挖运含钉螺淤泥3万立方米。

**【水库移民管理】**2016年，荷塘区有水库移民593人。全年发放移民直补资金35.58万元，准确率和发放率均为100%；全年完成移民扶持项目14处，总投资145万元，其中补助整修硬化村级道路5处6.5公里，扶持垦复油茶13.33公顷，节水灌溉工程5处。扶持种植业农民合作社3家。 （刘 欢）

# 工　业

【概况】2011年6月，根据《中共株洲市委株洲市人民政府关于印发〔荷塘区人民政府机构改革方案〕的通知》（株委〔2010〕11号）和《株洲市荷塘区人民政府办公室关于印发〔株洲市荷塘区经济和信息化局主要职责内设机构和人员编制规定〕的通知》（株荷政办发〔2011〕41号）的精神，组建区经济和信息化局，将区企业发展促进局承担的职责及分散在相关部门的信息化管理职责，整合划入区经济和信息化局。2015年12月根据《株洲市荷塘区人民政府办公室关于印发〔株洲市荷塘区经济和信息化局主要职责内设机构和人员编制规定〕的通知》（株荷政办发〔2015〕43号）的精神，区经济和信息化局新增国防科技工业的综合协调和管理职责。编制数10名，内设办公室、经济运行股、中小企业发展指导股（加挂民营经济服务股牌子）、环境与能源综合利用股4个股室。

2016年，荷塘区实现工业增加值227.3亿元，比上年增长1.9%，其中规模以上工业增加值208.0亿元，增长1.9%，增速比上年降低5.1个百分点。在规模以上工业中，股份制企业增加值占比97.7%，增长2.5%，对规模以上工业增长的贡献率128%。全年规模工业企业经济效益综合指数405.0%，比上年降低10.5个点。规模以上工业企业实现主营业务收入640.0亿元，比上年下降13.9%；实现利税82.3亿元，下降10%；实现利润总额58.3亿元，增长5.5%。其中国有及国有控股工业企业实现利润3.4亿元，下降22.3%。主要行业中，轨道交通行业实现利润58.1亿元，增长3.2%。全区亏损工业企业亏损额2.4亿元，亏损面29.4%，同比上升11.8个百分点。

2016年区全规模工业增速7.5%，全市排名第三；新型工业化工作获得全市先进；工业投资增速19.02%，超全市平均水平，年底考核拿到满分；十百千、“株洲制造2025”年底考核均取得满分；小升规全年任务10家，年底完成14家。

【企业安全生产】2016年，荷塘区积极开展安全生产月活动，努力营造安全生产的浓烈氛围。组织900多名辖区企业职工参加2016年全国安全生产月宣传咨询日活动，发放各类宣传资料4000多份，展示安全宣传展板30多张，各类安全宣传标语、横幅50多条。集中开展全区安全生产大排查、大监控、大整治专项行动。重点针对企业设备运行、安全监控、管理机制、应急处置等安全生产措施落实情况进行督查，积极督促44家辖区企业通过自查自纠，发现并整改安全隐患50多处。组织安全工作检查团7个，领导干部带队检查16次，组织检查人员26人次，检查生产经营建设单位27个，发现安全隐患77处，已督促整改到位62处。

【党建工作】2016年，荷塘区经济和信息化局党委下辖党组织22个，其中非公有制企业18家、社会组织4家，有党员600多名，行业涉及高新技术产业、工业、交通运输业、房地产及医疗等多个领域。一是配强非公党建班子。因地制宜，为辖区非公党组织全部配齐专职副书记或专职组织干事。同时健全党建述职评议考核机制，有效增强非公党建力量。二是深入开展“两学一做”学习教育活动和基层党建六项重点工作，严把程序关，按照区委组织部统一部署和要求，认真做好“两学一做”学习教育、党员组织关系集中排查、基层党组织按期换届检查、党费收缴工作专项检查、集中推进非公企业和社会组织“两个覆盖”等各项党建重点工作。对602名党员进行集中排查，全面完成党费补缴工作，共计补缴党费54907.7元。三是结合局中心工作开展特色党建。结合企业帮扶年活动，帮助各基层党组织解决各类问题54个，帮扶企业困难党员、老党员1万元。 （言 彪）

## 企业服务

**【概况】**2016年5月，荷塘区企业服务中心设立，单位隶属于荷塘区人民政府办公室，为独立核算副科级全额财政拨款事业单位，核定事业编制6名，其中主任1名。办公地点设在金山新城一楼。中心主要业务归口于金山工业集中区管委会，负责荷塘区中小企业公共服务平台的建设、管理和运营。单位职能为联合省、市企业公共服务平台、社会服务组织，为全区中小企业提供全方位“一站式”服务。中心按照“打通信息壁垒、整合服务资源、打造服务枢纽、致力企业服务”的原则，通过实体服务大厅、网上服务大厅、“22588718”服务热线、微信公众号、QQ群五种服务渠道，为中小企业提供政府部门决策、项目、规划等公共服务，提供区级社会化服务、商业服务、增值性等服务资源。 （杨光强）

**【企业帮扶年行动】**2016年，荷塘区坚决落实市委、市政府开展“企业帮扶年”的决策部署，积极打造“一中心、八平台”的帮扶体系，努力构建“走访、服务、培植、发展”的企业帮扶长效机制。全区走访企业272家，为企业解决各类问题213个，其中市交办荷塘区问题153个，已办结153个，问题办结率100%，企业综合满意率108.61%。在市级以上媒体发布信息15条。在年底全市考核中获得第二的好成绩。组建区企业项目申报服务小组，为飞鹿、湘药、美特优等企业争取技改专项、军民融合、节能降耗等各类资金1000多万元。 （言 彪）

**【把握契机搭平台】**2016年，荷塘区按照全市企业帮扶年活动总体部署，坚持以政府主导为前提，大力构建企业帮扶有效载体，建设服务全区法人的企业公共服务平台。“一站式”网上服务大厅和实体服务大厅为企业提供咨询服务、融资贷款、代理服务、项目申报、创业孵化、企业信息化、人才服务、企业家协会八大类服务，共计75项服务产品。平台核心服务理念为“为企业着想、替企业解忧、帮企业成长”。 （杨光强）

**【政府资源整合】**2016年，荷塘区企业服务中心制定企业专员制、企业问题交办制、联席会议制、限期办理制等相关工作机制，实现区域内跨部门、跨层级的企业服务大联动。平台运行以来，企业专员跟踪各类企业项目42个，召开部门联席会议4次，全区各相关部门完成企业问题交办87件，为企业解决各类问题和困难200多个。构建“一中心、八平台、多站点”的服务体系。即以企业服务实体窗口为中心，为企业从项目签约开始提供项目代理、融资贷款、人才培训等8个方面的服务，在专业园区和小微企业集聚的乡镇、街道设立多个企业服务站。全年完成全区企业的名录库建设，收集整理国家、省、市、区各类惠企政策信息800多条，推送惠企政策信息2万多条次，全区企业家微信群人数近300人，微信公众

号订阅人数400多人。（杨光强）

**【社会资源集聚】** 2016年，荷塘区企业服务中心平台建立之初，举办第三方服务机构对接会，与省内外代理服务、管理咨询和财税金融等方面的24家服务机构达成合作意向，通过政府购买服务满足企业的需求。由区财政出资1000万元作为企业贷款风险补偿金与高科火炬资产合作成立科技银行，促成三湘硬质合金、同一实业、格斯特动力、铁达燃气等30多家企业与科技银行达成融资贷款意向近8000万元，银行发放贷款近6000万元。与株洲股交分所进行对接，帮助3家企业进行股改工作。按照“一周一主题”要求，开展惠企培训14期，培训企业家、企业高管700多人次。“蓝领工程”培训技术工人500多人次。（杨光强）

# 部分工业企业简介

## 株洲硬质合金集团有限公司

**【概况】** 株洲硬质合金集团有限公司是国家“一五”期间建设的156项重点工程之一，被誉为我国硬质合金工业的摇篮。2009年12月成为世界500强中国五矿集团公司旗下企业，是国内大型的硬质合金生产、科研、经营和出口基地。公司主要生产金属切削工具、矿山及油田钻探采掘工具、硬质材料、钨钼制品、钽铌制品、稀有金属粉末制品等六大系列产品，广泛应用于冶金、机械、地质、煤炭、石油、化工、电子、轻纺及国防军工等领域。公司拥有硬质合金国家重点实验室、国家认定企业技术中心、工业产品质量控制和技术评价实验室、中国有色金属工业硬质合金质检站，被认定为国家技术创新示范企业、国家知识产权优势企业，是湖南省第一家博士后科研工作站挂牌单位。公司还拥有国内最高水平的硬质材料研发中心、切削刀具研发中心和微型钻头研发中心。公司通过质量、职业健康安全和环境管理、军工产品体系认证，具有武器装备科研生产单位保密资格。

2016年，公司与中南大学合作完成的科技成果高性能钨基复合材料及其应用获得国家技术发明奖二等奖；公司武器装备质量管理体系顺利通过中国新时代认证中心认证审核；再次获评环境诚信企业，成为湖南省30家环境诚信企业之一；公司通过国家知识产权优势企业复核，发明专利网状结构硬质合金及其制备方法和组合式液压预紧锁紧装置及硬质合金复合轧辊获得中国专利奖优秀奖。公司科技部部长徐涛被评为全国三八红旗手，公司子公司株洲钻石切削刀具股份有限公司员工江爱胜获得国家第九届发明创业奖·人物奖，知识产权管理主办谢英成被评为全国企业知识产权工作先进个人。

**【生产经营】** 2016年，株洲硬质合金集团有限公司随着中国经济步入新常态，宏观经济增速继续回落，钢铁、房地产、机械加工、建筑、交通、矿产等硬质合金下游行业仍然保持低迷，传统需求市场持续疲弱，硬质合金行业经营仍面临困局。面对复杂的内外部环境，公司把握好我国经济仍然向好的大趋势和公司发展的积极因素，拓市场、优结构、精管理、强队伍、聚人心，进一步增强发展信心，正确研判形势，快速适应市场变化，根据形势变化及时调整工作部署，在宏观经济形势不好的情况下，仍然取得取较好的工作成绩，生产经营总体平稳，整体彰显较好发展态势。全年完成硬质合金产量4844.8吨，且产品结构进一步朝主导优势产品、精深加工产品、高技术高附加值及深加配套产品方向发展，棒材、球齿、顶锤、异型深加、钽铌制件等产品均实现不同程度的增长。同时，产品出口结构不断优化，全年完成硬质合金及钨钼钽铌钴制成品出口1405吨。

【科技创新】2016年，株洲硬质合金集团有限公司固定资产投资2.39亿元，研发费用投入近亿元，科研技改持续发力，企业发展后劲继续增强，支撑作用不断显现。公司创新科研管理模式，进一步建立和完善以生产单位主要负责人为核心的高效科研管理体系。完善科技创新平台，通过硬质合金质量控制与技术评价实验室复核评价；国家技术创新示范企业全国排名第一，满分通过复核；圆满完成首批国家优势企业建设工程，以湖南省第一的优异成绩通过国家复核评价。公司获中国专利优秀奖2项，湖南省专利奖一等奖1项、二等奖1项，湖南省科技进步二等奖1项、省国防科技进步二等奖1项，中国有色金属工业协会科技二等奖1项、株洲市科技进步二等奖1项；全年获得授权专利129项，并加大了公司优势产品在国外专利布局的力度，申报PCT专利1项，获得授权1项。

【班子调整】10月21日，中钨高新材料股份有限公司在株硬干部大会上宣布关于株硬主要领导调整的有关规定，提名谢康德为株洲硬质合金集团有限公司总经理。同时传达中国五矿有关减少管理层级，加快钨产业发展，中钨高新由中国五矿直管，负责钨产业整合等精神。中国五矿党组成员、副总经理李福利在会上希望株硬广大干部员工，开创株硬发展新局面，取得发展新成绩，为实现中钨高新成为“中国第一、世界一流”的钨产业集团，中国五矿成为世界钨工业的领导者的发展愿景，作出自己应有的贡献。

【企业改革】12月，株洲硬质合金集团有限公司对部分机构和职能进行调整，下放事权，对二级单位的管理由直线职能制调整为事业部制，对部分生产单位进行整合，充分发挥基层经营主体的积极性和利润中心的作用。

【肖亚庆到公司调研】5月29日，国务院国资委主任、党委副书记肖亚庆到公司调研。肖亚庆对株硬生产规模居国内外前茅，产品销往世界70多个国家和地区，技术水平达到或接近当代国际先进水平，在国内同行处于龙头地位，在世界同行中有重要的一席之地给予了充分肯定。（孔　娟）

## 湖南千金湘江药业股份有限公司

【概况】湖南千金湘江药业股份有限公司（以下简称湘江药业）是集化药研发、生产、销售为一体的现代制药企业。1998年由株洲千金药业股份有限公司控股，公司固定资产原值2.28亿元，净值1.83亿元，有员工846人。公司有生产批文54个，其中原料14个，制剂40个。主导产品拉米夫定片、缬沙坦胶囊、马来酸依那普利片、阿魏酸哌嗪片、蒙脱石散、罗红霉素胶囊等均在国内占有较大的市场份额。有17项发明专利申请，5项实用新型专利，38项外观设计专利和31项商标；其中，“湘江”“健甘灵”两件商标列为湖南省著名商标。拥有吉非罗齐胶囊、盐酸地芬尼多片、曲匹布通片、酒石酸唑吡坦片、盐酸奥昔布宁、复方益肝灵胶囊、非那雄胺片、拉米夫定片8个国家级新药，2项国家火炬计划项目，3项高新技术产品，5项主持制定的国家药品标准。2016年，公司再次进入到中国化学制药工业企业百强、优秀成长型企业品牌称号。国产首仿拉米夫定片——健甘灵荣获2016年度中国制药品牌榜零售终端品牌金牌产品。2016年，公司销售发货及回款均突破8.2亿元，利润破6600万元，规模连续6年增长超过1亿元，位居湖南省化药生产企业规模第一名，是湖南省高新技术企业和小巨人计划企业。公司经历多年发展，逐步形成以抗感染药、消化系统药、心血管系统用药、内分泌系统药及专科用药为主的五大产品群，先后组建株洲市缓控释制剂工程研究中心、湖南省抗病毒药物工程研究中心、湖南省认定企业技术中心、湖南省转化医学与创新药物工程技术研究中心等平台。截至2016年底，公司获得省级、国家级资金支持4000余万元，获得21个品种的临床批件，抗丙肝药物索非布韦关键技术攻关项目被列为湖南省战略性新兴科技攻关与重大科技成果转化项目。生产方面，公司拥有8条通过GMP认证的生产线，生产原料药、片剂、硬胶囊剂、颗粒剂、散剂、溶液剂(外用)6种剂型。2016年，公司完成9亿元的实物产量，随着金山新城新基地的建成，将新增10亿元的年产能，生产效率全面提升。市场方面，公司组建专业的营销团队，形成以第三终端营销为主体，连锁药店及医院销售并进的立体营销体系。

**【高端制剂车间通过新版GMP认证现场检查】**8月12—14日，湘江药业化学原料药及高端药物制剂研发产业基地开展新版GMP现场认证。来自湖南省药品审评认证与不良反应监测中心选派的认证专家对公司生产质量管理体系进行现场动态检查。检查后，高端制剂车间片剂、硬胶囊剂、颗粒剂顺利通过GMP认证专家组的检查评估。

**【湘江药业高端药物制剂研发产业基地启用】**9月28日，湘江药业高端药物制剂研发产业基地启动典礼在荷塘区金龙东路1号隆重举行。来自食药监局、国资委、荷塘区委、区政府的领导及嘉宾出席此次典礼。新基地2014年9月开始动工，占地面积15.6公顷，分3期工程建设。此次建成投产的为一期工程，耗资2.2亿元，年产能将达10亿元规模。

**【湖南省抗病毒药物工程技术研究中心通过验收】**10月18日，湘江药业湖南省抗病毒药物工程技术研究中心全面通过省科技厅、市科技局专家验收评审。中心2013年经湖南省科技厅批准，湖南省抗病毒工程技术研究中心组建。期内，抗乙肝、艾滋病药物拉米夫定技术项目获得湖南省科技进步一等奖，并被列为湖南省产业技术创新十大标志性成果；抗乙肝、艾滋病药物替诺福韦的研究开发被列为国家级重大项目，并获资金4100多万元；抗丙肝药物索氟布韦项目被列为湖南省战略性新兴产业科技攻关类项目。

**【被评为中国化学制药行业工业企业综合实力百强】**11月15日，在武汉举行的2016中国化学制药行业年度峰会上，湘江药业再次跻身"中国化学制药行业工业企业百强"。此次是湘江药业自2014年以来连续3年荣获"百强"称号。

**【健甘灵牌拉米夫定片入选2016中国制药品牌榜】**11月24日，2016中国制药品牌榜名单揭晓。湘江药业"健甘灵"牌拉米夫定片从零售终端159个候选品牌中脱颖而出，成功入选肝胆疾病用药榜单。湘江药业"健甘灵"牌拉米夫定片为国内首创，自2011年上市以来，销售额持续稳定增长，单品年销售突额突破2亿元大关。 （毛文祥）

## 中车长江车辆有限公司株洲分公司

**【概况】**2016年，中车长江车辆有限公司株洲分公司在册员工2400人，其他从业人员(返聘、劳务)354人。公司占地面积60万平方米，固定资产原值6.32亿元。年生产能力为新造铁路货车6500辆，大批量主导产品为敞车、平车、矿石漏斗车、罐车、棚车，同时具备多品种、小批量生产能力，是唯一拥有铺架设备三种车型修理过轨资格的企业。2016年，新造铁路货车3049辆，实现主营业务收入14.34亿元。

2016年，株洲分公司积极转变观念、适应市场。在"冰火两重天”式的生产经营形势下，主动作为，抢抓机遇，各项工作得到进一步巩固和发展，圆满完成年度生产经营目标。借助精益管理理念推进管理提升、转型升级，全年目标成本和可控费用节约1112万元。规范新产业核心业务的工作流程，形成短、中、长期相结合的项目构架。新产业各板块业务稳步推进，全年新产业薪酬贡献1927万元。优化人员结构，强化用工管理，充分挖掘内部潜能，全年完成净减员122人，有效激发人力资源功效。完善ERP系统和BPM业务流程管理，提升现代企业信息化程度。良好的设备保全状态、优秀的员工作业素养、完善的异常处置机制、全员化的改善氛围等为分公司产能提升、均衡生产打下良好基础，为适应市场形势全面提升分公司快速反应能力，NX70A型国铁平车班产提高到13台，创造出单月交付1500辆车的历史新高，确保全年3049辆车生产任务的完成，订单履约率100%。

**【产品生产】**2016年，株洲分公司针对多品种、大批量、短交货期的生产组织特点，分公司结合模拟生产线建设，扎实做好各车型生产技术准备，通盘谋划多品种生产时的工艺布局，进一步缩短转产铺线时间，阿根廷米轨平车实当月铺线当月生产，NX70A型平车比计划提前两天完成铺线。实现短线配件的动态反馈，进一步规范新产业特殊、专用物料的采购流程，提前做好协作件的产能平衡和过程监控，提高了物料供给的及时性和准确性。在Royhill侧翻车、DK36型落下孔车、贵阳地铁车等项目上，创新实施小批量生产承包制，充分调动员工的生产积极性，用最小的资源高效率的完成生产订单。将新产业生产项目纳入分公司ERP生产管理系统，进一步理顺长大货车及铺架设备的检修规程和技术标准，完成CPG500型长轨条铺机、PJ165型架桥机、D2、D15A凹底平车等7个品种的修理任务。在年末的NX70A型平车生产攻坚战中，分公司提前谋划，积极动员，克服配件供应短缺、存车场地不足、劳动用工紧缺等困难，用最短的时间完成增开两班和产能提升，班产从10辆车提高到13辆。加强与周边企业的联系沟通，解决600多辆完工车辆的委外存车。经过全体员工的共同努力，分公司仅用2个月的时间完成1500辆NX70A型平车的生产，全年累计完成新造货车13个品种2957辆车，为长江公司经营指标的达成做出了重大贡献。

**【产业实现突破】**2016年，株洲分公司新产业“十三五”发展规划，明确各业务板块的发展愿景和产值目标。围绕营销管理、薪酬绩效、技术管理、生产管理、售后服务、成本费用等方面，制定相应的管理制度，规范新产业核心业务的工作流程，新产业管理制度体系基本构建完成。良好的管理运营机制保障了新产业各项业务的顺利开展。启动轨道工程机械制造基地的建设和铁路专用线改造，5台贵阳地铁车的生产，铁路养护设备全面进入城轨地铁领域。加大与襄阳金庸的深度合作，主导设计并试制完成WY70-Ⅱ型物料车，向工程车整机生产迈出坚实的一步。完成4台DK36落下孔车的生产，在长大货车新造市场占有率100%。率先进入空间集成模块化建筑领域，与政府签订示范工程合作协议，并向中车提交项目立项报告。向各车间和主要处室下达自揽业务指标，有效促使全员大营销意识的形成。全年新产业实现产值2亿元，边际贡献额2450万元，实现产业发展的新突破。

**【质量安全管理】**2016年，株洲分公司主动适应新常态下对企业职业健康安全工作的新要求，扎实推进安全生产责任制的落实，规范各单位在安全管理工作中的主体责任。创新开展多纬度立体管控的安全绩效评价，将安全履责工作具体化，提升隐患整改的实效性。以危险源动态管控为重点，对危险源进行层级分类并制定相对应的管控措施，增强安全风险预警能力。在BPM系统中现实安全事故整改工作的信息化管控，有效落实“四不放过”原则。全年组织分公司级安全检查27项142次，形成安全包保检查、专项检查、综合性检查等长效机制。坚持开展精益安全工位建设，总达标率100%。投入530万元用于各类设施的隐患整改和安全性能提升，装备的本质安全度得到提高。全年轻伤率控制在0.42‰，顺利完成“新三零”目标。以生产现场为重点，抓好质量管理体系的监督检查，每季度开展内审评价，顺利通过IRIS年度监督审核和CRCC复评审核。深入推进车间自检工作，提升一线员工质量意识。每月组织专项检查，全年（截至11月）共发布自检、互检检查通报229期。开展质量降损专项整治工作，对质量损失率指标进行分解落实，通过规范数据统计、强化工艺管控、追溯供方责任、加强过程控制等措施，质量损失得到有效控制，全年质量损失率0.029%，低于总部下达的指标。延伸质量管控范围，强化供方产品制造过程和实物质量的控制，发布专项检查通报25期（截至10月）。持续开展惯性质量问题的专项整治，重点提升了制动组装、薄板焊接、油漆涂装等工序的质量。全年锅铁车一次拒收率仅0.59%，无批量返厂修和危险性、重大行车责任事故。

**【技术管理】**2016年，株洲分公司突出工艺支撑作用，全面提升技术管理水平。发挥工艺管理职能，狠抓工艺纪律检查、首件鉴定、特殊过程监控和不合格品处置。以DK36型落下孔车为试点，创新开展工艺成本研究，形成工艺成本分析模板，通过优化原材料排版、调整机加工方案等措施，每台车工艺成本下降12万元。积极开展工艺技术研究，解决工程车薄板焊接变形、凸轮轴箱平面度超差等问题。创新工艺方法，运用激光检测仪对车辆进行水平检测，采用电磁校平解决薄板侧墙平面度超差问题。优化工艺方案，实现动力焊接转向架的试制生产和工程车辆主动车轴的加工。强化装备保障能力，以NX70A型平车生产设备、工装为重点，积极开展预防性检修和设备故障分析，确保在高强度生产下的设备状态。有效推进修旧利废工作，截至10月，完成工具及维修配件的修理228件，节约价值37.77万元。实施鱼腹梁压装胎、起重机大车防撞限位改造、天车主钩防脱装置改进和台车天车改地操等项目，进一步提升装备保障能力，全年设备自主保全实施达标率89%，关键设备故障停机率低于1%。提高信息化管理水平，在BPM系统中建立样板样杆、KPI、工资审批3个流程管理子系统，完成行政管理和绩效薪酬2个板块建设，搭建BPM移动应用平台。持续优化完善ERP系统，开发现场图纸管理、劳动用工配置、党建信息、数控程序等多个管理系统。强化客户端、服务器和网络管理，提升信息安全水平，全年骨干网络故障为零。

**【提质增效活动】**2016年，株洲分公司针对上半年生产任务不足的严峻形势，创新开展员工的安置分流，委派210人外出工作，为企业创收520多万元，保持员工队伍的稳定。优化人员结构，全年管辅人员减少33人，32名非骨干员工办理自谋职业，实现减员增效。强化用工管理，通过班组承包、岗位合并、多能工上岗等措施，充分挖掘内部潜能，NX70A型平车实际用工比计划节约50余人，DK36落下孔车减少用工20余人。加强人才队伍建设，全年举办分公司级培训班73期，培训员工8000多人次，实施委外培训600多人次。组织新一届中层后备人才选拔，47人通过公司核心人才评审，13人获得中高级职称。优化绩效指标体系，新增新产业销售收入、利润、成本、费用等指标。抓好成本费用的过程控制。对车间动能成本、物耗成本指标进行优化，将车间辅助材料指标分解落实到班组和个人。制定分公司成本和费用预算的综合控制检查评价办法，将评价结果运用到各成本主管单位的绩效考评中，全年实现目标成本节约600万元。将新产业事业部和车间自揽业务各项费用纳入全面预算管理体系，初步建立新产业项目成本管理机制。　（张　程）

## 株洲湘江电焊条有限公司

**【概况】**株洲湘江电焊条有限公司是2004年由创建于1958年的国营株洲市焊接器材厂、株洲电焊条总厂、株洲湘江电焊条股份有限公司改制成立，迄今为止已有50多年历史。湘江焊材以其深厚的文化底蕴、独特的地理位置和领先的产品优势，成为国内举足轻重的、南方最大的高端精品焊材生产基地。经过50多年的建设和发展，公司已形成年30万吨的焊材生产能力。公司通过ISO9001国际质量体系认证，主要产品获得中国(CCS)、英国(LR)、挪威(DNV)等国家船级社认可，全系产品通过欧盟(CE)认证。公司生产的“湘江”牌碳钢焊条、低合金钢焊条、耐热钢焊条、低温钢焊条、不锈钢焊条、堆焊焊条、铸铁焊条等七类焊条和气保实芯焊丝、药芯焊丝、埋弧焊丝、氩弧焊丝、焊剂等焊接材料，共300多个品种，远销海内外，广泛用于机械制造、电力建设、高层建筑、船舶、锅炉、桥梁、铁路、石油、化工、冶金、矿山、航天、核工业等国民经济领域，深受广大用户喜爱。公司“湘江”商标荣获中国驰名商标、中国机械工业优质品牌，并多次荣获部优省优产品称号、湖南省名牌产品及著名商标称号，被誉为“江南一枝花”。

公司拥有100多名技术人员的科研团队。拥有化验室2个、理化实验室1个、物理实验室2个、机加工室4个。拥有专利19项，老产品升级及新产品开发立项38项，完成26项，公司在气保药芯焊丝、不锈钢药芯焊丝等高端焊接材料研发生产方面取得重大突破。2012年，公司引进国内外先进生产设备、工艺流程，结合公司技术能力，投资6亿多元打造占地13余公顷的南方最大的现代化、高科技、绿色环保的新型焊接材料研发与生产的综合基地，投产后，将实现年焊接材料生产能力50万吨以上，年销售收入超25亿元，年创利税9000万元，新增就业岗位1000余个。同时，以湘江电焊条为依托，发挥株洲市焊材原材料产地优势，整合上下游，用三到五年时间，打造一个集原辅材料生产供应、高端焊接材料研发生产、焊接人工智能、焊接技术培训、焊接研究成果转化等年产值50亿元的焊接材料产业集群。　（何开良）

## 中材株洲水泥有限责任公司

**【概况】**中材株洲水泥有限责任公司成立于2005年10月11日，是中国建材集团所属中材水泥有限责任公司的全资子公司，项目于2007年5月开工建设，2008年10月点火投产。拥有一条日产5000吨水泥熟料生产线，利用回转窑低温废气配套建设9兆瓦纯低温余热发电站。

近年来，公司相继通过ISO 9001质量管理体系、ISO 14001环境管理体系、GB/T28001职业健康安全管理和GB/T23331-2012能源管理体系认证，是2012年中国首批14个获得“环境标志低碳水泥产品认证”的企业之一。2015年通过水泥企业安全生产标准化一级企业达标验收，是行业内较早通过四大管理体系认证、环境标志认证和一级安全标准化达标企业之一。先后获得湖南省质量AAA级企业、湖南省名牌产品、湖南省第一批循环经济试点示范单位等荣誉。2016年被中国建材联合会评为中国建材行业节能减排示范企业。2009年公司进入生产经营期以来，累计实现销售收入37.72亿元，缴纳各种税费3.14亿元，为荷塘区的经济发展做出了巨大贡献。（黎晓）

## 株洲斯威铁路产品有限公司

**【概况】**株洲斯威铁路产品有限公司创立于2001年9月，是一家由中国中车长江车辆有限公司和美国ABC铁路产品中国投资公司共同组建的中美合资企业，注册资本1.08亿元人民币，其中：中方控股60%，美方40%，是集世界上技术先进的摆动式转向架研发、生产、销售、服务为一体的企业。公司占地面积6万多平方米，有精炼炉、抛砂机、机器人下芯、连续式热处理等各类先进生产设备300多台套；采用潮模砂、树脂砂铸造工艺，具有年产近3万吨铸钢件的生产能力。

公司具有完善的产品质量保证和内部管理体系，通过并获得ISO9001、CRCC（中国铁路产品认证）及北美铁路协会AARM-1003质量体系认证。公司坚持以科学的管理、卓越的品质、完善的服务向全球用户提供优质的产品，其中：国内市场主要为K4、K5(ZT)、K6型的摇枕、侧架、车钩；国际市场主要为：美国470A侧架、澳大利亚FMG，PN车、沙特、非洲加蓬、塞内加尔、塞拉利昂摇枕、侧架、印度牵引杆、各类车钩等产品。经多年的发展程，公司取得良好的经济效益和社会效益，多次获得十佳外商投资企业、A级纳税信用单位等荣誉称号。（汤育新）

## 株洲飞鹿高新材料技术股份有限公司

**【概况】**株洲飞鹿高新材料技术股份有限公司是由原中国南车株洲车辆厂1998年投资创办，2004年主辅分离改制成民营企业，2012年改造为股份有限公司。公司是高新技术企业，省级企业技术中心、湖南省工程研究中心，通过国家认可委员会实验室认可，为湖南省涂料工业协会会长单位，株洲市优秀企业。

公司专注于金属表面防腐和混凝土防护，是国内轨道交通装备防腐涂料、轨道交通建设工程防水地坪涂料、新能源（风电、核电、新能源汽车、海洋及军事装备）装备防护涂料、重防腐及其他特种涂料的主要供应商和涂装防护整体解决方案的服务商。公司围绕客户的需求持续创新，在金属表面防护、混凝土防护等领域构筑了专业为客户提供系统全面的、有竞争力的新材料防护整体解决方案和服务，特别关注环保节能新材料的开发和运用，持续提升客户体验，为客户创造最大价值。

公司拥有专业的技术研发及强大的技术转化能力，具有大规模、低成本的现代化生产能力。公司轨道装备防腐涂料广泛应用于铁路动车及城轨车辆、铁路客车、铁路货车、铁路机车以及铁路特种车辆，获得了铁道部（现铁路总公司）运输局批准的各类铁路货车涂料及铁路客车涂料的生产资质。7项产品通过中铁铁路产品认证中心（CRCC）的认证，公司自主研发的高端涂料产品在中车长客股份和青岛四方的动车和城轨上成功批量试用，成为国内动车与城轨涂料国产化首批厂商。公司参与了武广客运专线、京沪高铁、沪宁城际、沪昆高铁等国家重点高铁建设工程防水项目，参与了南京地铁、武汉地铁、福州地铁、苏州地铁等建设工程防水防渗项目，有丰富的国家重点建设项目经营业绩和运营经验。公司风电叶片涂料已经通过德国GL认证，并承接了时代新材风电涂装业务。公司拥有发明专利17项，核心技术10项，参与起草行业相关技术标准9项。

公司以全面保护和装饰美化我们的工作生活环境为愿景，运用金属表面以及混凝土防护专业经验，并努力不断地提供安全、节能、环保的防护产品和解决方案，帮助客户提升价值以及降低能源消耗和二氧化碳排放，创造最佳的社会、经济和环境效益。2016年3月，公司当选为中国涂料工业协会第八届理事会理事单位。荣获2016中国防腐涂料名牌奖、2016中国涂料行业最具发展潜力奖。

【成立两家子公司】4月12日，株洲飞鹿高新材料技术股份有限公司为进一步做大做强涂装产业，成立株洲飞鹿涂装技术工程有限责任公司。6月15日，公司通过资源整合，与广州铁道车辆厂合资成立广州飞鹿铁路涂料与涂装有限公司。　（董　凯）

## 汉德车桥（株洲）齿轮有限公司

【概况】汉德车桥（株洲）齿轮有限公司于2016年6月30日由陕西汉德车桥有限公司投资组建，其前身为株洲齿轮有限责任公司桥齿轮业务板块。公司注册资本1.3亿余元，现有员工1100多人，其中工程技术人员100多人。

自1958年建厂以来，经过近60年的积淀与发展，公司已成为集研发、制造、销售为一体的中国齿轮行业的重点骨干企业。生产的中重型汽车螺伞齿轮、圆柱齿轮、精锻齿轮、工程机械齿轮及轴已批量装配国内整车和主机企业，主要产品已进入俄罗斯、瑞典、美国等高端市场。公司EQ、ST系列产品先后获得省、部级优质产品称号。

公司长期致力于产品质量提升，具有完善的质量管理体系，先后通过ISO 9001、QS 9000、TS 16949质量体系认证，是湖南省齿轮产品质量监督检测授权站，中国齿轮协会行业标准指定草拟单位。

2010年起，公司紧跟行业发展步伐，进行大规模技术改造，通过引进成套先进生产和检测设备，使公司关键装备保持世界先进水平。先后引进和吸收斯太尔、奔驰、曼、沃尔沃、日野、阿文美驰、洛克威尔等世界先进汽车企业产品技术，拥有国家级齿轮技术研发中心，并与SMT、GIF等国际著名齿轮研发机构建立了长期稳定的技术合作关系，确保公司齿轮技术始终与国际先进水平接轨。

2016年，公司已具有年产螺伞齿轮100万套、精锻齿轮1000万件、主从动圆柱齿轮30万套、高精螺伞齿轮40万套的生产能力，是国内乃领先的中重型驱动桥齿轮研发制造基地。　（李　恒）

# 商贸·金融

## 商务流通

【概况】荷塘区商务和粮食局于2015年12月由商务局、招商局和粮食局合并而成，主要承担招商引资、市场建设调控和粮食执法监控等职能。下设5个内设机构，分别为办公室、市场建设贸易股、市场监控秩序股、经济合作股和电子商务股。编制10人。另有退休干部26人。

2016年，荷塘区有传统大型专业市场10个，总面积约40万平方米，分别为株洲（国家）汽车城、中南蔬菜批发大市场、中南文化艺术品市场、中南建材市场、合泰布料批发市场、亚和国际家居广场、金丰旧货市场、株洲现代五金机电大市场、茶叶市场、国美电器红旗广场店；有大型城市综合体5个，分别是东都商业广场、伟大国际广场和富华商业广场、东方时代广场、银泰财富广场。有大中型商场、超市5个，总营业面积为10万平方米。分别为万润万家购物中心、大润发超市、东都步步高、富华步步高、株百荷塘超市。有农贸市场11家，总面积近2万平方米。分别为中南蔬菜批发市场、晏家湾农贸市场、601农贸市场、月塘农贸市场、合泰农贸市场、荷叶塘农贸市场、文化路农贸市场、430农贸市场、戴家岭农贸市场、东湖农贸市场、财富农贸市场。荷塘区已建成以汽车销售、家居建材、五金机电、布料服装、蔬菜水产等为主要构成的市场体系，能充分满足人民群众日常消费所需，并可以向江西、衡阳等地辐射。

荷塘区有37家限额以上商贸住宿餐饮企业，其中批发零售企业31家、住宿餐饮企业6家。另有14家正在申报。年销售额1亿元以上有株洲东都步步高商业连锁有限责任公司、株洲华润万家生活超市有限公司、株洲润华商业有限公司、株洲市兰天河东汽车销售有限公司、株洲华洋世纪汽车销售服务有限公司、株洲蓝马五菱汽车销售服务有限公司、株洲海联汽车销售服务有限公司、株洲蓝代汽车销售服务有限公司、株洲宏福汽车销售服务有限公司、株洲佳旺汽车有限公司、株洲汽车城海联亚飞连锁有限公司、株洲蓝马汽车销售服务有限公司等11家。

2016年，荷塘区实现社会消费品零售总额65.3亿元，比上年增长12.3%，增幅居株洲市城区第一。全区利用外资到位1.25亿美元，同比增长11.60%，完成进度为105.62%。引进内资到位45.5亿元，同比增长14.93%，完成进度为101.62%。15个履约项目，资金到位15个、注册12个、立项11个、土地报批11个、履约率73.3%，项目开工8个，开工率53.3%。区商务和粮食局荣获2016年度全省商务工作（招商引资）先进单位。

【亚和家居广场改造】2016年，荷塘区亚和家居广场一期提质改造工程竣工，12月9日开业。该项目投资4500万元，提质改造后面积达到4.5万平方米，建成中高档家居市场。

**【招商引资】**2016年，荷塘区委、区政府高度重视项目履约工作，区委常委会、区政府常务会议两次专题研究项目履约工作，区委书记、区长多次召开汇报会和调度会，专题调度招商工作。区委书记、区长、常务副区长、分管副区长多次到现场督查项目进度，并现场解决项目建设中出现的问题。区政府出台《荷塘区2016年招商引资工作方案》和《2016年荷塘区招商引资考核奖励细则》，对招商情况提出明确要求，并纳入绩效考核内容。区商务和粮食局注重做好日常工作，为招商打好基础。先后3次召开调度会和包装策划培训会，并推出4期《招商引资简报》。全年荷塘区完成包装策划项目40个，洽谈对接项目100多次，签约项目15个，其中在沪洽周签约3个。湘台会签约台湾新光集团投资5000万美元建设的高效大棚蔬菜基地项目1个。

**【总部经济招商】**2016年，荷塘区引进4家总部经济项目。中国燃料公司在荷塘区成立子公司。百胜餐饮集团在荷塘设立全市肯德基销售总部基地。分公司注册资本1000万人民币，项目所得税于4月入库荷塘区。湖南万利隆食品有限公司在荷塘区设立株洲销售总部基地，年内开设15家店，销售收入4000万元。省建工集团五公司株洲总部大楼落户新塘路，已动工建设。同时，积极对接鑫糖酒集团总部项目，力争在荷塘区落户。

**【储备粮轮换】**2016年，荷塘区高度重视入库粮源的组织和落实，做到早预测、早计划、早准备，明确收购计划，在收购工作中严格执行依质论价、优质优价的粮食收购政策，确保了入库质量。做好入库前资金、入库器材、仓库腾并、清扫消毒、人员安排等各项准备工作，确保轮换工作公开规范有序。加强粮食质量监督检查，凡是入库的粮食都必须经过检验，防止不合格的粮食入库，并且经过抽样到质检单位检验，达到了质量标准的要求。10月，1000吨储备粮全部轮换完成。

**【放心粮油示范网点建设】**2016年，荷塘区加强对辖区内粮油经销点的监管，确保放心粮油示范经销点产品质量放心、价格放心、计量放心、供给放心、消费放心。7月，经放心粮油示范企业申报，区商务和粮食局初审，市放心粮油示范工程专家评审委员会复审，荷塘区在财富小区的益阳粮油批发部新增放心粮油示范网点1个。至此，全区放心粮油示范点9个。

**【赵文彬调研大润发连锁超市】**1月15日，市委常委、常务副市长赵文彬在区委书记顾峰，区委副书记、区长邬凌云，区委常委、区纪委书记赖晓智，区委常委、副区长刘国梁陪同下考察调研大润发连锁超市。详细了解企业运行情况和存在问题，并嘱咐荷塘区委、区政府要进一步为企业发展提供优质服务，培育企业做大做强。该超市为东方时代广场二期项目，商用面积约2.5万平方米，于2015年12月24日建成开业。

**【冯湘玲检查市场安全】**2月2日，副区长冯湘玲带领区政府办、区商务和粮食局、区食药分局、区工商分局相关负责人，深入各大型市场检查安全生产工作。先后检查步步高、大润发和中南蔬菜批发市场，详细了解市场经营销售、生产安全等情况，并就相关工作提出要求。要高度重视食品安全。不合格、超过保质期的商品绝不能上市销售，特别要加强对食品生产、运输、贮存、销售等各个环节的监管，确保广大人民群众买到放心食品。要高度重视消防安全。突出做好市场消防排查工作，安全用电，安全用气，绝不能出现任何问题。要高度重视交通安全。特别要抓好中南蔬菜市场及周边的交通安全工作，加强交通疏导，维护交通秩序。

**【建党95周年暨“两学一做”推进部署会】**6月24日，荷塘区商务和粮食局党委召开庆祝建党95周年暨“两学一做”推进部署大会，80多名党员参加大会。会议回顾总结党委一年来的工作成绩，部署下一阶段工作任务，对“两学一做”学习教育活动提出明确要求。会议表彰一年来成绩突出的6个先进党支部、10名优秀党务工作者和17名优秀共产党员。会上，全体党员重温了入党誓词并在党旗下庄严宣誓。

**【参加“沪洽周”】**8月19日，2016年湖南(上海)投资贸易洽谈周中国株洲·中国动力谷产业对接暨市情推介会在上海举行。会上，荷塘区成功签约3个重点项目，总投资额近19亿元人民币。区委副书记、区长提名人选王利波，金山科技工业园主任陈柏文出席会议并签约。荷塘区签约的3个项目分别为：中国燃料公司湖南分公司项目、金城华亿标厂项目和金城燃气茶园综合站项目。其中中国燃料公司湖南分公司项目将在荷塘区建设湖南省成品油、船舶油销售总部基地，计划在2年内完成湖南省范围内的布点工作。金城华亿标厂项目建设以健康食品及生物医药产业为主导，辅以交通设备制造、机械加工产业，集研发、生产、物流、企业孵化、专业人才培训、商务服务为一体的多功能复合型产业园。金城燃气茶园综合站项目投资新建茶园门站1座和67.24公里中压燃气管道。

**【党代表选举】**9月8日，荷塘区商务和粮食局党委召开党代表会议，会议选举唐斌、邱运祥、张先其、张静、周濛出席中国共产党株洲市荷塘区第五次代表大会代表。

**【荷塘金秋旅游购物节】**10月22—28日，荷塘金秋旅游购物节举办。活动由荷塘区人民政府、株洲市广播电视台主办，荷塘区商务和粮食局、荷塘区文体旅游局和荷塘月色管委会承办。购物节以“吃、住、游、购，看荷塘”为主题，整合荷塘区旅游、百货、酒店、楼盘、餐饮等多个商业品类的资源，打造荷塘金秋旅游购物节新名片。活动分美丽乡村美食节、美丽城乡、跨境商品展、快乐吃货季三大主题。

美丽乡村美食节在仙庾岭耕食记前坪举行。活动甄选仙庾岭风景区20家特色农家乐参与“舌尖荷韵”农家招牌菜现场制作评比，邀请多名湖南餐饮协会、中国烹饪大师进行现场展示品鉴，同时开展金秋旅游宝、乡村音乐节等活动，吸引5万人到仙庾岭旅游。

跨境商品展在大润发前坪举行。活动引进全球时尚跨境商品、境内外多家知名品牌企业及电商平台参展。同时，设立跨境商品企业入驻荷塘区招商主题日，在吸引市民逛展消费同时，吸引跨境电商企业落户荷塘。展会期间穿插开展“一元嗨购”“每日特价单品”“红包限时派”“幸运抽奖”等活动，提升消费者互动参与性。

快乐吃货季在华润万家前坪举行。活动以印度、美国等国美食为亮点，结合荷塘餐饮企业及个体，设立固定美食展示和展销区，展示商品品牌及企业文明形象。

(张　晖)

## 2016年荷塘区专业市场情况表

| 序号 | 名称 | 地址 | 规模 | 年销售额(万元) |
|---|---|---|---|---|
| 1 | 株洲(国家)汽车城 | 320国道与红港路交汇处 | 总建筑面积23万平方米，990余个门面 | 100000 |

| 序号 | 名称 | 地址 | 规模 | 年销售额(万元) |
|---|---|---|---|---|
| 2 | 中南蔬菜批发大市场 | 红旗中路25号 | 4.5万平方米 | 150000 |
| 3 | 中南文化艺术品市场 | 新华路与大坪路交汇处 | 6000平方米 | 10000 |
| 4 | 中南建材市场(包括中南·亿家惠家居) | 红旗广场东侧 | 中南·亿家惠建筑面积2.2万平方米,其中商业面积1.1平方米万 | 50000 |
| 5 | 合泰布料批发大市场 | 合泰路528路 | 1.5万平方米 | 10000 |
| 6 | 亚和国际家居广场 | 公园路79号 | 4.5万平方米 | 15000 |
| 7 | 金丰旧货市场 | 公园路130号 | 9000平方米 | 8000 |
| 8 | 株洲现代五金机电大市场 | 320国道与石宋大道交汇处 | 总建筑面积为2.5万平方米,商铺7600平方米 | 10000 |
| 9 | 茶叶市场 | 大坪路罗马花园内 | 70个门面,3000平方米 | 8000 |
| 10 | 国美电器红旗广场店 | 红旗广场西北角 | 营业面积3000平方米 | 3000 |

(张　晖)

## 2016年荷塘区农贸市场情况表

| 序号 | 市场名称 | 地址 | 产权单位 | 营业面积(平方米) |
|---|---|---|---|---|
| 1 | 中南蔬菜批发市场 | 红旗中路25号 | 中南蔬菜批发市场有限责任公司 | 20000 |
| 2 | 晏家湾农贸市场 | 桂花路 | 株洲市雅立公司 | 2431 |
| 3 | 601农贸市场 | 钻石路 | 星星股份有限公司 | 960 |
| 4 | 月塘农贸市场 | 石塘冲路 | 株洲铁路建筑段 | 2800 |
| 5 | 荷叶塘农贸市场 | 新华西路105号 | 华夏市场开发服务有限公司 | 2000 |
| 6 | 文化路农贸市场 | 文化路15号 | 陈建平 | 2000 |
| 7 | 430农贸市场 | 430厂家属区 | 创通物业管理有限责任公司 | 1800 |
| 8 | 戴家岭农贸市场 | 向阳村 | 夏长根 | 2200 |
| 9 | 东湖农贸市场 | 裕丰路 | 裕丰实业有限公司 | 1400 |
| 10 | 合泰农贸市场 | 合泰大街五中路口 | 陈　胜 | 970 |
| 11 | 财富农贸市场 | 袁家湾社区 | 刘凤芝 | 950 |

(张　晖)

# 2016年荷塘区产业项目招商情况表

| 序号 | 项目名称 | 项目投资方 | 总投资（亿元） | 项目基本内容 | 进展情况 | 项目类型 |
|---|---|---|---|---|---|---|
| 1 | 金城华亿标厂 | 广州捷大商务服务有限公司 | 4.22 | 项目为标准厂房建设，总用地面积约15.9公顷。 | 已在“沪洽周”签约 | 工业项目 |
| 2 | 金城燃气茶园综合站 | 湖南瑞华能源发展有限公司 | 3.5 | 拟将总部搬迁到金山工业园，包括建设综合楼、燃气产学研基地等。建设成为中国天然气行业的科研和交易中心。建成投产后，预计年税收6000万元。 | 已在“沪洽周”签约 | 能源 |
| 3 | 高效大棚蔬菜基地 | 株洲市新大业农林种养殖发展有限公司 | 3.2 | 选址于仙庾镇亭子前村。用地（流转土地三十年）73.33公顷 | 已注册 | 现代农业项目 |
| 4 | 株洲综合物流园建设项目 | 湖南国联捷物流有限公司 | 5.7 | 打造以现代物流技术为核心，集冷链、汽配、轨道交通、综合仓储、电商等于一体的现代化综合物流园区 | 正在洽谈 | 现代服务业项目 |
| 5 | 金属防腐蚀钛纳米聚合物产业化项目 | 黑龙江中联璧能环境科技发展有限公司 | 待定 | 可入标厂，或0.67公顷工业用地 | 正在洽谈 | 高新技术项目 |
| 6 | 城市饮用水系统与工商业地坪防腐蚀项目 | 哈尔滨鑫科纳米科技发展有限公司 | 待定 | 可入标厂，或0.67公顷工业用地 | 正在洽谈 | 高新技术项目 |
| 7 | v8稀土工业切割天然气项目 | 湖南湘华能源科技有限公司 | 0.13 | 想落户金山工业园占地面积约0.67公顷，年产v8稀土工业天然气1.5亿立方米，预计年税收1000万元 | 正在洽谈 | 工业项目 |
| 8 | 深圳市海拓华擎生物科技有限公司项目 | 深圳市海拓华擎生物科技有限公司 | 待定 | 建立生产研发基地，需求厂房面积约1500—3000平方米，正在和国投集团洽谈合作事宜 | 正在洽谈 | 医疗健康项目 |
| 9 | 贺强外加剂生产项目 | 株洲市贺强混凝土外加剂材料有限公司 | 0.8 | 新建6条化工合成生产线，4条复配生产线，2万吨碱水剂，5万吨聚羟酸系高效碱水剂，项目计划2017年下半年达产，产值可达2.68亿元，税收1100万元 | 正在洽谈 | 工业项目 |
| 10 | 昇兴集团株洲食品制罐基地项目 | 昇兴集团股份有限公司 | 15 | 昇兴集团联合国内领先的食品饮料企业共同打造湖南制罐和食品生产基地，投资方为两家食品饮料企业及两家制罐企业 | 已考察安徽滁州和江西鹰潭昇兴基地 | 工业项目 |
| 11 | 广铁车辆段二期扩建项目 | 广州铁路（集团）公司 | 3 | 项目需用地10公顷，总投资3亿元，拟建成中南地区最大铁路机车机修基地 | 市政府与广铁集团正在协商，待定 | 工业项目 |
| 12 | 一路地产项目 | 一路地产集团 | 40 | 以房地产开发为主、多元化发展相辅 | 已考察武汉碧桂园项目，销售和项目形象好。已多次对接，合作模式初步达成了一致意见 | 房地产项目 |

| 序号 | 项目名称 | 项目投资方 | 总投资（亿元） | 项目基本内容 | 进展情况 | 项目类型 |
|---|---|---|---|---|---|---|
| 13 | 天隆·荷塘国际广场 | 天能房地产公司 | 2 | 占地1.87公顷，建筑面积4.8万玉米，其中商业面积2万平方米，住宅面积2.8万平方米 | 土地已摘牌 | 现代服务业项目 |
| 14 | 荷塘悦色生态养老中心建设项目 | 湖南浩视红桑榆老年疗养有限公司 | 11 | 项目拟建北至仙庾村，东至香草堂村，南至S211省道，西至畅达路，建设生态养老中心，项目总建筑面积30万平方米 | 正在洽谈 | 健康养老项目 |
| 15 | 现代肉牛产业综合园 | 湖南林丰农业开发有限公司 | 3.6 | 建设大型肉牛产业基地、工程技术研究中心、牛庄文化创意园 | 正在洽谈 | 现代农业项目 |

（张　晖）

## 金　融

【概况】荷塘区金融办公室设立于2013年7月，挂靠在区政府办公室。主要负责贯彻执行国家金融工作的方针、政策，研究分析金融形势、国家和省市金融政策以及全区金融运行情况；拟定全区金融业发展规划和政策，提出改善金融发展环境、促进金融业发展的建议，协调解决金融业发展中应由地方解决的矛盾和问题；指导、协调、推进金融改革创新服务工作；组织协调有关部门防范化解和处置地方金融风险，处理地方金融突发事件和重大事件；协调有关部门依法查处非法集资和非法证券活动；协调和推动企业重组上市工作；负责全区小额贷款公司、民间融资服务公司、融资性担保公司的审核上报和监督管理工作。

2016年，金融办工作围绕银行、保险证券期货、资本市场、金融监管、金融生态环境建设开展工作。组织开展小型融资对接会和银企对接10场次，金融培训4场次，帮助中小微企业经营者及管理者获得基本的融资对接知识、财税知识和金融知识。截至年底，已为三湘硬质合金、同一实业、铁达燃化、瑞美包装等企业融资贷款3970万元，意向贷款8500多万元。金科、金城顺利评定为AA信用等级，完成融资31.02亿元，有效化解发展资金瓶颈。加强对小额贷款公司、民间融资担保中介机构的监管，优化金融环境。深入275家机构认真开展对辖内涉嫌非法集资活动的风险排查，其中非融资性担保公司15家、投资管理（含投资咨询、理财等）223家、小额贷款公司2家、保险证券期货机构5家、房地产开发企业27家以及矿山开采企业3家，严格布点控面，坚持每季度日常排查和不定期专项排查相结合，涉嫌违法犯罪的，立即向公安机关移送案件线索情况。全年受理非法集资案3起，立案3起，破案3起，涉案金额5719.9万元，查封、扣押、冻结涉案财物价值560余万元。抓获主要犯罪嫌疑人8人，其中刑拘6人，逮捕4人，取保1人，监视居住3人，上网追逃2人。被评为株洲市2016年度打击和处置非法集资工作先进单位。

2016年，辖内有国有及股份制商业银行机构网点40家，证券营业部2家，保险机构网点14家，小额贷款公司2家。（文珊珊）

## 华融湘江银行东一支行

【概况】华融湘江银行东一支行是华融湘江银行株洲分行下辖的

A类支行。2016年下辖2个网点（东一支行、永发支行），在岗员工25人。2010年10月株洲分行重组成立后，于2011年1月合并设立东一支行。成立以来，始终坚持“听党的话，跟政府走，按市场规律办事”的经营理念，按照“立足荷塘、依托荷塘、支持荷塘、服务荷塘”的发展思路，全力支持株洲市荷塘区本土的基础设施建设、民生行业、重点项目和中小微企业，不断提升综合金融服务水平。近年来，各项业务指标稳居全分行和荷塘区域内金融同业前列。2016年末，一般性存款余额近30亿元；全年为支持荷塘区经济社会发展共投放贷款近8亿元。被评为2016年荷塘区年度金融服务先进单位、全行2016年度优质服务网点等多项荣誉。（黄剑锋）

## 中国建设银行<br>株洲市城东支行

【概况】2016年，中国建设银行株洲市城东支行（简称建行城东支行）设营业部、业务部。位于株洲市荷塘区新华西路399号。年末在职员工18人，设行长1名，副行长2名、委派营业主管1名，客户经理3名。2016年末，建行城东支行各项存款余额13.39亿元，较年初新增2.34亿元。其中对公存款6.29亿元，较年初新增1.57亿元；个人存款余额7.1亿元，较年初新增0.76亿元。全年累计发放贷款8.17亿元，年末贷款余额7.04亿元，其中公司类贷款余额5.45亿元，个人贷款余额1.59亿元。（罗荣武）

## 中国工商银行<br>株洲分行新华路支行

【概况】中国工商银行股份有限公司株洲新华路支行成立于1985年1月，地处株洲市荷塘区新华路东路1507号，内设综合管理部、业务营销部和营业综合部等3个部室和晏家湾、红旗路等2个下辖网点，有在岗员工50人。新华路支行经营规模、效益连续多年占据株洲分行前三名。近年来存贷规模达数十亿，连续5年在全市一级支行经营绩效考评中排名前三。截至2016年年末，各项存款余额159280万元，其中储蓄存款余额121560万元。各项贷款余额172404万元，其中公司贷款余额120858万元。2016年，实现中间业务收入4042万元，拨备前利润9431万元。支行先后获得中国工商银行巾帼文明示范岗、湖南省银行协会百佳示范单位、中国银行业文明规范服务星级营业网点、中国工商银行精神文明建设工作先进单位、中国工商银行湖南分行文明单位、中国工商银行湖南分行先进单位等多项荣誉称号。（谭志美）

## 中国光大银行文化路支行

【概况】中国光大银行文化路支行属于中国光大银行株洲分行下属的支行之一，为国有控股的股份制商业银行，成立于2014年1月16日，是光大银行株洲分行第四家营业机构，地处荷塘区新华西路465号，营业面积1948.59平方米，有4台在行式自助柜员机。支行下属一家湘银社区支行，职工15人，金融服务主要群体为荷塘区重点党政机关和企事业单位及周边居民。2016年末，支行一般性存款时点余额为9.8亿元，比年初新增3.73亿元，支行各项余额为5.2亿，比年初新增1.8亿，支行各项贷款余额1.61亿元，比年初增加9989万元。（丁 晖）

## 中国银行东区支行

【概况】2016年，中国银行东区支行有员工14人，设有行长、副行长、理财经理、客户经理、大堂经理、综合柜员等岗位，自助终端7台。2016年，支行各项存款余额8.41亿元，比年初净增0.82万元。其中储蓄存款余额5.49亿元，比年初净增0.55亿元；对公存款2.87亿元，比上年初净增0.25亿元。支行各项贷款余额1.82亿元，比年初增加0.24亿元。全年实现中间业务收入45.8万元。（刘 芳）

# 财政税务审计

## 财　政

**【概况】**荷塘区财政局前身为株洲市东区财政科，1990年8月更名为东区财政局，1997年1月，按照“一级政府、一级财政、一级国库”的原则，东区正式建立区级国库。1997年7月，市区划调整后，东区财政局更名为荷塘区财政局。担负荷塘区范围内的财政收入和支出管理工作。2016年，在编38人，局机关设办公室、预算股、国库股、行财社保股(政府采购)、国有资产管理股。下设荷塘区非税收入管理局、荷塘区国库集中支付中心、荷塘区乡镇财政服务中心、荷塘区财政投资评审中心。

2016年，区财政局主动适应新常态，积极应对新挑战，深化财税改革，强化预算管理，细化任务落实，着力推动稳增长、调结构、惠民生、补短板、防风险，财政预算执行情况总体良好，为全区经济社会发展提供了有力保障。全区一般公共预算总收入完成112010万元，为年计划的100.17%，同比增长9.19%；地方收入完成81753万元，为年计划的102.85%，同比增长12.07%；上划中央收入完成24166万元，为年计划的93.6%，同比增幅1.99%；上划省级收入完成6091万元，为年计划的93.48%，同比增幅2.44%；税收结构57.11%，同比下降5.39%；全区一般公共预算支出135434万元，较上年增长16.74%，其中民生支出93976万元，占一般公共预算支出的69.39%。年内基本实现收支平衡，略有结余的收支目标。8月，荷塘区财政投资评审中心被湖南省财政厅表彰为2014—2015年度财政投资评审工作先进单位。

**【财政运行】**2016年，荷塘区面对经济下行压力持续、供给侧结构性改革大规模减税降费的双重挑战，财税部门和各协税护税单位密切配合，切实加强税源监测分析，狠抓清查清缴和挖潜堵漏，在减收因素十分突出的情况下，圆满完成财政收入年初制定的目标，保障全年预算到位。进一步完善支出管理措施，加大资金统筹整合力度，严控预算追加，确保全年预算收支平衡。狠抓预算执行进度，推动财政“资金量”及时形成经济社会发展“实物量”，公共财政预算支出进度是历年来最快的一年。

**【民生保障】**2016年，荷塘区直接用于民生的财政支出达到9.39亿元，占公共财政预算支出的比重为69.39%。其中投入教育经费36778万元，充分保障教育系统的高效运行。先后投入近1000万元完成教育城域网升级改造，率先建成校园无线网络全覆盖，100%的班级配备65寸触控一体机，启动“荷塘教育云”大数据中心和网络虚拟社区建设。完成省教育信息化应用试点项目验收，成功创建为湖南省教育信息化创新应用示范区；启动美的荷塘小学、博雅小学改建、601小学扩容等项目建设，使教育资源分配更加均衡。

社会保障和就业投入26880万元。被征地农民参保1855人、城乡居民养老保险参保22876人、企业养老保险参保41250人、机关事业单位养老保险参保2680人、失业保险参保11300人、城镇职工医疗保险参保100212人、城镇居民基本医疗保险参保16.27万人；医疗卫生和计生投入9547万元。其中新农合参合人数48632人，补助人数35295人，补助金额2487万元；建立城乡居民电子健康档案231827份，开展65岁以上老年人免费体检11368人；为15名老年乡村医生发放困难生活补助金、资助困难群众、低保人员看病住院1326人次，救助金额178万元。

**【保基层惠“三农”】**2016年，荷塘区社区经费投入1658万元，较2015年增加107万元；村级运转经费投入438万元，其中村干部工资及离任困难村主干的补助394万元，有力保障最基层单位的人员和运转经费；发放惠农补贴14项1482.44万元，其中发放耕地地力保护补贴452.2万元，发放水库移民补贴34.8万元，自然灾害补贴153.8万元，投入130万元用于农村危房改造。

**【资金争取】**2016年，荷塘区面临财政组织收入异常艰难的情况，积极向上级争取支持资金10.69亿元，其中新增政府债券3700万元，置换到期贷款及债券7.76亿元缓解园区还贷压力，争取上级对荷塘区各专项补助、项目建设资金2.56亿元，缓解了区级财政支出压力。

**【项目管理规范】**2016年，荷塘区所有政府性投资项目均按照相关文件规定严格执行。先评审后招标采购，先评审后拨款，先评审后批复的流程。全年审定预算项目159个，送审金额84593.55万元，审定金额74647.59万元，审减金额9945.96万元，核减率11.76%；审定结算项目79个，送审金额8288.57万元，审定金额6046.67万元，审减金额2241.90万元，核减率27.05%；审定其他资金项目3个，送审金额14669.60万元。

**【预决算公开】**2016年，荷塘区财政局严格指导并督促区直各单位及街镇做好“三公”公开工作，实现所有公开事项均在统一时间以统一格式在区政府网站公布，其中。区直机关59家单位在区政府门户网公开本部门预算和“三公”经费预算，77家单位公开2015年的决算和“三公”经费决算及区本级预算和决算，公开内容更加详细透明；同时，上级下拨的各种补贴、扶持资金、民生资金原文件均在网上公开，有效促进了各单位依法依规使用财政资金，自觉接受社会各方面的监督。

**【非税收入管理】**2016年初，荷塘区财政局对区直各部门2016年政府非税收入收支计划进行全面测算，根据管理和核算的要求，收入计划按照缴入国库和缴入专户分别编制，为区直各部门编制部门预算提供重要依据。在经济状况非常严峻的形势下，围绕非税收入规范管理，将征收管理工作向更深入推进。坚决做到“票款同步，应收尽收”，全年完成非税收入48044万元，同比增长24.88%。严格票据管理，坚持管查结合。全年发放票据307655份；手工核销票据214516份、结算金额41.71亿元。严格控制发放关：做到“有票有收、有收尽收”，防止“跑、冒、漏、滴”现象。坚持专项稽查和日常检查相结合，与会计监督人员一道对区法院、金山工业园管委会等13单位的收入和运行情况进行实地检查，对协会收费进行了专项清理，纠正个别单位用错票据的行为。对非税收入收缴情况和涉企收费情况进行专项检查，规范收费行为，对区法院、荷塘小学、八达小学、六〇一中英文小学，实行电子票据收费管理，运行良好。

**【财政管理】**2016年，荷塘区财政局共执行政府采购预算12600.70万元，实际采购金额11464.12万元，节约资金1136.58万元，节约率9.02%。全年招标52次，其中竞争性谈判方式45次、公开招标方式7次。加强国有资产管理。对全区31个协会进行脱钩审查，并下发各协会与行政机关脱钩进行审核的批复。同时，为管好用好各单位资产，防止资产损失，区财政局开展了对全区行政事业单位的资产清查工作，共清查行政事业单位101家，专项审计工作由湖南建业会计师事务所社会中介机构承担。此次资产清查的资产总额48452.47万元，负债总额13335.78万元，净资产36260.76万元。通过清查对各单位的事务和账面资产进行清点和清理，对资产的盘盈、盘亏进行专业鉴定，全面掌握了行政事业单位闲置资产、担保、资产处置、对外投资等情况，为进一步盘活现有存量资产奠定坚实基础。 (管 婧)

## 2016年荷塘区财政收支情况表

单位：万元

| 科　目 | 金　额 | 科　目 | 金　额 |
|---|---|---|---|
| 收入总计 | 112010 | 支出总计 | 143486 |
| 一.一般预算收入合计 | 33709 | 一.一般预算支出合计 | 135434 |
| 1.增值税(25%部分) | 9522 | 1.一般公共服务 | 37093 |
| 其中:国内增值税(1—5月18.75%部分 ) | 1459 | 2.外交 | |
| 改征增值税(1—5月75%部分 ) | 350 | 3.国防 | 202 |
| 国内增值税(6—当月37.5%部分) | 5680 | 4.公共安全 | 5039 |
| 改征增值税(6—当月37.5%部分) | 2033 | 5.教育 | 36778 |
| 2.营业税 | 2852 | 6.科学技术 | 2177 |
| 其中:营业税(1—4月75%部分 ) | 2113 | 7.文化体育与传媒 | 848 |
| 营业税(5—当月37.5%部分 ) | 739 | 8.社会保障与就业 | 7759 |
| 3.企业所得税 | 2188 | 9.医疗卫生 | 9132 |
| 4.个人所得税 | 1107 | 10.节能环保 | 320 |
| 5.资源税 | 95 | 11.城乡社区事务 | 27431 |
| 6.城市维护建设税 | 2543 | 12.农林水事务 | 5063 |
| 7.房产税 | 1134 | 13.交通运输 | 157 |
| 8.印花税 | 335 | 14.资源勘探电力信息等事务 | 1865 |
| 9.城镇土地使用税 | 1220 | 15.商业服务业等事务 | 64 |
| 10.土地增值税 | 2249 | 16.国土资源气象等事务 | |
| 11.车船使用和牌照税 | 2771 | 17.粮油储备事务支出 | 41 |
| 12.耕地占用税 | 7693 | 18.住房保障 | 114 |

| 科 目 | 金 额 | 科 目 | 金 额 |
|---|---|---|---|
| 13. 契税 | | 19. 其他支出 | 35 |
| 14. 其他税收收入 | | 20. 债务付息 | 1316 |
| 15. 专项收入 | 48044 | 二. 政府性基金支出 | 8052 |
| 其中:(1)排污费收入 | | 1. 教育 | – |
| (2)教育费附加 | 1791 | 2. 文化体育与传媒 | – |
| (3)森林植被和残疾人资金 | 135 | 3. 社会保障与就业 | 178 |
| (4)行政事业性收费收入 | 3795 | 4. 城乡社区事务 | 7288 |
| (5)罚没收入 | 1481 | 5. 农林水事务 | – |
| (6)国有资本经营收入 | 1559 | 6. 交通运输支出 | 30 |
| (7)国有资源(资产)有偿使用收入 | 39283 | 7. 资源勘探电力信息等事务 | – |
| (8)其他收入 | | 8. 工业商业金融等事务 | – |
| | | 9. 其他支出 | 556 |
| 二. 上划省级税收收入 | 6091 | | – |
| 三. 上划中央税收收入 | 24166 | | – |

(管 婧)

## 国家税务

**【概况】**株洲市荷塘区国家税务局成立于2004年4月，其前身为株洲市国税一分局，2001年更名为株洲市国税局荷塘分局。主要担负着荷塘区范围内的增值税、消费税、企业所得税等税种的征收管理工作。2016年，局机关内设14个科室：即办公室、财务管理科、人事教育科、监察室、机关党委办公室、信息中心、政策法规科、收入核算科、征收管理科、纳税服务科(办税服务厅 )、进出口税收管理科、税源管理一科、税源管理二科、税源管理三科。有在职人员112名，其中中共党员71人，大学本科及以上65人。办公地点位于荷塘区文化巷36号。

2016年，荷塘区国家税务局管理辖区内3778户企业，6878户个体工商户，组织税收9.91亿元。区域内4大支柱传统产业为电力、有色金属、医药制造和装备制造行业。全区年纳税额千万元以上企业14户，占全区国税收入61.1%。年内获得株洲市文明窗口、湖南省青年文明号、2016—2018年全省依法办事示范窗口单位等称号。

**【国税收入突破9亿元】**2016年，荷塘区国税局坚持组织收入原则不动摇，做到应收尽收、坚决防止“过头税”和越权减免，对各项工作进行统筹调整，通过扩充一线征管人员，加强税源调查分析，积极挖掘潜在税源，落实税收优惠政策，强化数据质量监控，全年组织税收9.91亿元，比上年增收1.9亿元，增长23.74%。其中增值税83953万元(含新增四大行业营业税改增值税税收13387万元),比上年增加14847万元,增长21.48%;企业所得税15043万元,比上年增加4144万元,增长38.02%;消费税入库105万元,比上年增收25万元,增长31.25%。

**【营改增工作全面推进】**2016年,荷塘区国税局成立以局长陈建冰任组长的营改增领导小组,制定工作方案,在政策法规科设立营改增专项工作办公室,下设政策管理组、征管数据组、税源管理组、纳税服务组、核算分析组、宣传报道组和技术保障组等7个工作小组,明确责任分工。3月18日主动与地税部门联系协调做好交接工作,5月接收地税部门营改增试点纳税人4487户。全年7次组织干部内部培训和举办6期营改增专题纳税人学校。5月9日,在全市国税系统率先开展税控收款机转换,为全市营改增纳税人税控收款机转换工作提供经验借鉴。稳步推行增值税发票管理新系统,新增系统用户2465户。积极应对7月“三报叠加”(按月申报的纳税人办理申报、按季申报的小规模纳税人和金融企业办理申报、按季预缴企业所得税纳税人办理申报)和“双峰叠至”(营改增试点纳税人领用发票高峰和纳税申报高峰),开辟营改增绿色通道,安排业务骨干每天坐班,对营改增纳税人进行涉税咨询和辅导。新设营改增专用办税场所,增加办税业务人员,推行营改增申报表“三级预审”制度,有效分离办税人流。至年底,荷塘区有四大行业营改增正常开业户3346户,全年新增税收13387万元。

**【国地税合作】**2016年,荷塘区国税局联合地税部门建立联席会议、督导检查等多项制度。编发4期国地税工作简报,扩大国地税合作政策的覆盖面和知晓面。联合制定下发合作项目方案37项,开展联合税收宣传、联合纳税评估、联合发票缴销等多项业务,并在9月实现国税、地税办税服务厅互派人员。开展联合欠税管理,国地税双方互通欠税信息,采取调整纳税人风险等级、收缴或减少发票领购量、税源管理部门及时追缴税款等措施进行有效防控,全年追缴税款200多万元,并确保全年无新欠税产生。

**【国家税务总局信息安全检查组到区检查】**9月13日,国家税务总局信息安全检查组一行4人由省国税局信息中心副主任廖欣荣带队对荷塘区国税局信息系统安全工作进行检查。通过现场查验、上机测试、调阅文档和问卷访谈等方式检查,重点抽查办税服务大厅的网络与信息安全。

**【信息化办税】**2016年,荷塘区国税局积极探索“互联网+税务”模式,开通“荷塘国税网校”微信平台,全年推送税收政策解读、涉税提醒、通知公告累计213条,微信端关注人数1000多人,浏览量1.5万人次。加大政务公开力度,定期在市局门户网站更新政务类信息和公告通知,累计浏览量2.93万人次。利用手机APP、二维码等互联网技术,在缩短办税时间、提高办税效率上探索创新。借助第三方涉税平台,最大范围推行政务服务中心、邮政发票代开办理业务,方便纳税人就近办税。推行纳税人发票“免认证”工作,为1311户纳税人取消增值税专用发票和机动车销售统一发票认证,让纳税人多跑网路、少跑马路。

**【纳税服务优化】**2016年,荷塘区国税局开展“便民春风行动”,适时推出提前和延时服务并行新举措,将每天办税服务厅上班时间提前10分钟,为提前到来的纳税人及时办理涉税业务,有效解决办税拥堵现象。8月,办税服务厅荣获株洲市文明窗口称号。推行小规模纳税人申报“月改季”,为5788户小微企业简并申报次数23152户次。开展纳税人需求大征集、服务大走访活动，走访纳税人2922户，现场解决纳税人咨询疑问95条。启动2015年度纳税信用评价，为1366户纳税人评定纳税信用等级，其中A类纳税人34户。联手建设银行推行诚信联合激励，拓展“银税互动”推广面，向银行推送367户次纳税人信息，协助16户守信小微企业融资提供信贷1450万元。维护纳税人权益，对4起投诉和28起举报迅速处理，第一时间核实细节情况并做好回访工作，处理结果满意率100%。

**【税收执法规范】**2016年，荷塘区国税局对2015年度汇算清缴中存在申报数据问题的218户企业进行风险排查，调增应纳税所得额11664.30万元，弥补以前年度亏损2250.90万元，查补企业所得税税款2348.33万元。应用所得税汇算清缴风险识别模型，查补企业所得税入库302.13万元。围绕非居民税收风险分析工作，完成非居民企业国地税情报交换。完善简政放权后续管理，认真落实规范性文件的清查及报备。深化税务行政审批制度改革，规范行政许可的实施，落实受理单制度和办理时限承诺制，防范对已取消审批事项实行变相审批。

**【税收风险防控】**2016年，荷塘区国税局开展税收风险应对，对2户大企业开展税务审计，并配合市国税局对信用社开展国地税联合审计。组织开展纳税评估和核查43户，累计入库税款975.47万元，冲抵多缴税款538万元，弥补以前年度亏损6550万元，入库税款比上年增加352万元，增长56.3%。开展税收执法督察和防风险、堵漏洞、促增长专项督查，对发现的日常征管薄弱环节加强管理，避免执法过错产生。加强发票管理，对失控发票和异常发票进行逐户核查，减少税收流失。开展邮政委托代开发票和办税服务厅代开发票专项检查，对发现的问题进行分析整改。

**【税收优惠政策落实】**2016年，荷塘区国税局密切关注小微企业税收优惠政策落实，对未能及时享受优惠情况的小型微利企业采取电话告知、上门提示等跟踪服务的方式确保受惠面100%。全年为655户小微企业减免企业所得163.68万元。做好享受增值税即征即退企业优惠政策的落实，辅导企业健全退税项目核算、管理，为11户享受增值税即征即退企业退税3356.27万元。加快出口退税进度，提高企业资金周转速度，年内为出口退税企业办理免抵税额1183.75万元，退税5923.53万元。做好出口退税函调回复，重新对所管辖的70户出口企业进行分类评定。对103户出口供货企业及69户出口企业逐户进行进口退（免）税风险预警排查，并加强后续管理。（邓一擎）

## 地方税务

**【概况】**荷塘区地方税务局前身为1994年成立的株洲市东区地税局，1997年更名为株洲市地方税务局一分局，2004年再次更名为荷塘区地方税务局。2016年有在职干部职工90人，内设办公室、人事教育课、财务管理科、监察审计科、税收政策法规科、征管科技发展科、收入规划核算科、税源管理一科、税源管理二科、税源管理三科、税源管理四科11个科室，办税服务中心、信息中心、稽查局3个直属单位，第一税务分局、第二税务分局、第三税务分局3个分局。

2016年，被评为全市地税系统优秀基层党组织、全市地税系统综治先进单位，获全市地税稽查工作一等奖及2016年大案优秀办案集体奖、全市地税系统工会先进集体等多项集体荣誉，黄艳被国家税务总局表彰为全国税务系统先进个人，20多人次被省市级表彰。

**【税收收入】**2016年，荷塘区地方税务局努力克服实体经济下行、营改增试点全面推行、宏达电子非常规税源造成的虚高基数、两税税源枯竭等严峻挑战，坚持形势早研判、预案早研究、措施早部署、责任早落实，牢牢把握收入工作主动权。全年预算内合计7.79亿元，比上年减收3817万元，下降4.67%，预算内收入下降主要受营改增因素的影响。按区政府口径6.33亿元，超额完成区政府计划6.23亿元的101.6%。

**【营改增试点】**3月18日，荷塘区地税局营改增试点工作启动，5月1日完成全面推开营改增（营业税改增值税）试点，将建筑业、房地产业、金融业、生活服务业纳入试点范围，至此营业税步入历史。荷塘区政府统一部署试点纳税人基础信息移交工作，依法依规、实事求是地提供营改增试点纳税人基础工作，确保数据完整、准确。区地税局向区国税局移交营改增纳税人信息，总户数4604户，其中查账征收1194户、双定征收1913户、项目登记1497户。

**【国地税合作】**2016年，荷塘区国地税双方主管领导就国地税合作和具体工作问题进行开展4次合作协商，制定荷塘国地税合作方案，对国地税合作任务进行分解，建立合作工作联席会议制度。双方建立荷塘国地税合作交流微信群，联合举办税法宣传活动，联合开展纳税评估，确定税收风险管理年度合作计划，双方联合对纳税人进行纳税信用等级评定，互设窗口联合办税。

**【征管重心转变】**2016年，荷塘区地方税务局推进征管重心向财产行为税、企业所得税转变，围绕“以地控税”强化财产行为税管理，入库土地使用税4965万元，比上年增长15.56%。加大土地增值税清算力度，完成清算项目22个，清算收入3280万元，占土地增值税入库总收入51%。抓好企业所得税管理，入库企业所得税7217万，增长33.41%。

**【风险管理】**2016年，荷塘区地税局充分发挥区地税局风险管理团队作用，辅导税管员进行纳税评估，熟悉风险应对工作流程，加强与市局风险管理部门沟通，及时反馈风险管理应对工作中出现的问题，落实附征税费缴纳不足金额129万元，补缴入库200万元，对纳税人依法催缴228户次、限缴134户次、责令限期改正1216户次，通过简易处罚程序处罚163户次，通过一般处罚程序处罚18户次。加强第三方信息税收核查，实现对个人股权转让的税收控管，共对46户股权转让信息核查，查补税款126.42万元。

**【办税服务】**2016年，荷塘区国地税大厅窗口互派人员，初步实现“进一家门、办两家事”。深入开展便民办税春风行动，推行办税服务“一次性告知二维码”，办理“五证合一”（“五证”是指营业执照、组织机构代码证、税务登记证、社会保险登记证和统计登记证）“两证整合”（“两证”是指个体工商户营业执照和税务登记证），全年受理设立税务登记1600多户次，变更1300多户次，注销191户次，受理窗口申报2000多户次，窗口征收税款2.78亿元，接听服务热线2400多户次。

**【税收优惠】**2016年，荷塘区地税局为困难企业办理土地使用税减免169.6万元，呈报省局减免278.1万元；办理房产税减免78.6万元，呈省局减免257.1万元。全面落实小微企业税收优惠政策，小微企业所得税优惠受惠面100%，减免税额150万元。（高明理）

## 2016年荷塘区地税局预算内税收收入情况表

单位：万元

| 预算科目 | 本期 | 上年同期 | 增减额 | 增减比率% |
|---|---|---|---|---|
| 增值税 | 65.64 | 0.00 | 65.64 | 净增长 |
| 营业税 | 13556.90 | 26707.85 | -13150.96 | -49.24 |
| 企业所得税 | 7217.46 | 5409.99 | 1807.47 | 33.41 |
| 个人所得税 | 7466.82 | 11043.29 | -3576.47 | -32.39 |
| 资源税 | 362.07 | 400.79 | -38.72 | -9.66 |
| 城市维护建设税 | 6737.69 | 6137.57 | 600.12 | 9.78 |
| 房产税 | 3217.80 | 2971.94 | 245.86 | 8.27 |
| 印花税 | 892.35 | 849.54 | 42.81 | 5.04 |
| 城镇土地使用税 | 4965.78 | 4297.31 | 668.47 | 15.56 |
| 土地增值税 | 6426.14 | 5481.88 | 944.26 | 17.23 |
| 车船税 | 13.38 | 25.55 | -12.16 | -47.61 |
| 耕地占用税 | 7692.93 | 9506.89 | -1813.95 | -19.08 |
| 契税 | 13812.99 | 3719.36 | 10093.62 | 271.38 |
| 教育费附加 | 2870.14 | 2622.89 | 247.25 | 9.43 |
| 地方教育附加 | 1899.51 | 1743.28 | 156.23 | 8.96 |
| 文化事业建设费 | 4.84 | 17.33 | -12.48 | -72.05 |
| 残疾人就业保障金 | 222.86 | 236.68 | -13.82 | -5.84 |
| 水利建设专项收入 | 506.51 | 577.00 | -70.49 | -12.22 |
| 预算内合计 | 77931.83 | 81749.14 | -3817.31 | -4.67 |
| 政府口径 | 63384.62 | 77198.77 | -13814.15 | -17.89 |

（高明理）

## 审　计

**【概况】**荷塘区审计局成立于1997年11月3日，其前身为株洲市东区审计局。办公地点为株洲市荷塘区新华东路1468号，编制9名，在编人员7名，内设办公室、法制业务股、经济责任审计股。区审计局在区长和上一级审计机关的领导下，负责本行政区域内的审计工作。

2016年，全区经审批的审计项目计划安排了14个项目，跨年度审计项目1个，全年安排15个审计项目。其中：财政预算执行审计项目1个，领导干部经济责任审计项目11个，均为离任审计，专项资金和财务收支审计项目3个。截至2016年底，已全部完成，项目实施率100%。查出违规和管理不规范问题金额72079.74万元，促进拨付到位705万元，归还原资金渠道金额55.3万元。

2016年3月，区审计局实施的荷塘区城管局局长汤文辉任期经济责任审计获由株洲市审计局授予的市优秀审计项目奖；11月，荷塘区审计局实施的荷塘区城管局局长汤文辉任期经济责任审计获由湖南省审计厅授予的全省表彰项目奖。12月，荷塘区审计局的采集模板方正春元行政事业单位升级版__xml获由湖南省审计厅授予的全省审计技术成果应用奖1个、全省审计技术成果鼓励奖1个。

**【民生资金项目审计】**2016年，荷塘区审计局围绕医疗、卫生、住房等方面，安排对保障性安居工程、医疗保险基金审计，南岳岭、上月塘棚改项目财务收支审查等3个项目，占项目总数的20%。同时，在其他审计项目中，全面关注影响民生和群众切身利益的问题，如：水利局项目中加强了对水库移民资金使用情况、五小水利工程建设情况的审计，残联项目中残疾人就业保障金使用及管理情况。通过城镇保障性安居工程审计，揭示了安居工程资金使用和筹集管理、保障性住房分配和使用的问题，并依据《中央财政城镇保障性安居工程专项资金管理办法》进行处理；通过医疗保险基金审计，揭示了困难群体未参加基本医疗保险等问题，完善医保体系和医保服务管理，督促及时纠正，保障群众权益。

**【财政资金审计】**2016年，荷塘区审计局对区级预算执行情况以及区安监局、区水利局、区招商局的预算执行情况开展审计。在审计内容上，对区本级预算执行情况重点关预算编制、调整、执行情况，转移支付拨付、使用，财政资金的存量和增量，审查财政资金安排、分配、使用环节存在的问题，如：对区本级安排的、上级专项转移支付资金进行审查，揭示挤占挪用水利专项资金、湘江流域环境保护和污染治理专项资金等问题，促进及时纠正，追回资金110万元。部门预算执行审计牢牢盯住行政运行绩效，重点关注“三公经费”，着力揭露铺张浪费和侵害群众利益等问题。同时，积极回应人大关切，对区人大常委会的提议，专门安排全区债务资金专项调查，掌握全区债务规模，债务风险。

**【政府投资项目审计】**2016年，荷塘区审计局完成结算审计项目33个，累计送审金额4237.63万元，审定金额3884.71万元，在初审基础上核减金额352.92万元，核减率6.45%。一是严把事前审计关。做好政府投资项目控制价审查、合同审核、方案评审等工作，全年完成招标控制价审查达32个，特别是对日月湖PPP项目的实施方案、框架协议书、PPP项目合同、招标控制价、招投标文件请有经验专家进行多次开会论证严把审查关。二是严把事后审计监督关。审计过程中敢于揭露发现问题，确保审计结论准确。2016年，在对水利局发包的高塘水库除险加固工程审计中，审计人员多次到现场走访当地村民及村委班子，了解施工过程的相关情况，审计在财评初审基础上核减11.47万元，核减率15.04%。2016年，区审计局率先提议对区政府投资项目实施全过程工程造价管理，以荷塘区政府的名义起草了规范性文件《株洲市荷塘区政府性投资项目全过程工程造价管理办法》。并已对金科发包的美的小学和金城发包的PPP日月湖项目探索进行全过程跟踪审计。

**【领导干部经济责任审计】**2016年，荷塘区审计局在全面审查领导干部经济责任履行情况基础上，重点审查领导干部贯彻执行经济法律法规、党和国家方针政策和决策部署情况，落实中央八项规定、厉行节约和国务院“约法三章”相关要求情况，把机构设置、编制使用、“三公”经费等作为重要内容纳入审计范围。根据荷塘区2015年出台的《株洲市荷塘区党政主要领导干部和国有企业领导人员离任经济事项交接办法》，对1年内开展了任中审计、1年内不能及时开展审计以及规模不大、债权债务清晰、内控较健全的14个部门领导干部进行离任经济责任事项交接工作，节约审计资源，提升审计监督时效，实现审计全覆盖。

**【服务能力和基础建设】**2016年，荷塘区审计局对区本级预算执行和其他财政收支审计查出的问题明确划分整理成清单，由区人大以督办函下发到责任单位，要求各相关单位按照问题清单进行整改，并改变以往模式，由各单位负责人将整改情况向区人大常委会报告。区审计局加强对各相关单位的业务指导，制定具体整改措施，促进整改落实到位。加强审计公开，将2016年区本级预算执行情况在门户网站上向社会进行公告，接受社会监督，促进问题整改。抓好审计队伍建设，以“两学一做”为契机，组织深层次学习研讨、多层级谈心谈话，坚持边学边查边改，努力打造一支清风正气，严守政治纪律政治规矩的审计队伍。增强服务意识，积极协助区纪委查办案件，对发现的重要线索进一步核查，如在仙庾镇审计项目中对南郊垃圾场财务收支情况延伸等，并以审计专报上报区委、区政府。投身南岳岭、上月塘片区棚改项目3期征收工作，顺利签约12户。

**【曹菁槿当选市党代表】**曹菁槿，1990年7月生，湖南永兴人，荷塘区审计局政府投资审计中心干部，在2016年中国共产党荷塘区第五次代表大会上被选举成为出席中国共产党株洲市第十二次代表大会的代表。（吴玲娴）

# 城市建设与环境保护

## 城乡规划

【概况】株洲市规划局荷塘分局成立于2001年，为株洲市规划局的外派机构。主要职责为是宣传贯彻国家、省、市有关城乡规划的法律、法规和政策；协助辖区内乡、镇（村庄）规划编制，参与辖区内重大规划编制审查；负责城市规划建设用地范围内私人住宅建设的规划许可和村民集中安置房项目建设的规划许可；负责城市规划区内集体土地上乡镇企业、乡村公共设施、乡村公益事业和村民住宅（乡镇）规划许可；负责辖区内信访工作，协助辖区内违法建设来信、来访、来电的处理，并及时通知移送监察大队；参与园区内各项大、中型建设项目的可行性研究；承担园区内建设项目选址意见、建设用地和建设工程的规划许可工作；承担园区内建设项目的景观规划管理工作；参与园区范围内有关城乡规划编制审查工作等。2016年，有在职人员7名，办公地点位于荷塘区政务服务中心10楼。全年完成仙庾镇总体规划编制，发放乡村建设规划许可证》133份（其中南郊垃圾场集中安置户80份）。

【仙庾镇总体规划编制】荷塘区乡镇行政区划调整，明照乡并入仙庾镇，各行政村进行了并，仙庾镇辖14个行政村。总面积调整87.12平方公里。仙庾镇急需对城镇定位、发展方向，空间结构、用地布局、产业发展、道路交通等问题进行研究调整，以指导城镇及乡村建设。本次规划以多规合一示范点的方式，实施城乡空间一张图管理，有效统筹空间资源，进而推进新型城镇化。8月召开仙庾镇总体规划多规合一动员会，启动总体规划编制，同步进行现状调研，资料收集。至11月，完成多规合一初步方案编制。12月，召开仙庾镇多规合一方案专家评审会。年底完成全区村庄规划编制。

【服务园区】2016年，规划局荷塘分局始终坚持一切为园区服务的思想理念。按照市政府项目攻坚年和企业帮扶年工作的统一部署，主动加强与区政府各部门和平台公司协调，及时了解情况，安排专人与各企业对接。整理21个项目纳入区政府与市规划局的联席会议题。完成金山工业园的东环北路（金山路至香榭路段）东侧工业用地项目、日月湖别墅、车辆段二期等5个项目规划优化调整协调工作；协调明照安置房、金山新城公租房等8个项目完善规划手续等。发放《建设用地规划许可证》9份，总用地面积14.54公顷。分别是：株洲金泰硬质合金有限公司及株洲海德硬质合金有限公司的金泰硬质合金棒材生产标准厂房；株洲宏达电子股份有限公司的高能钽混合电容器及导电高分子片式钽电解电容器生产线；株洲百姓大药房连锁有限公司的司综合厂房；株洲湘江电焊条有限公司的药芯焊丝及整体搬迁项目二期；株洲科能新材料有限责任公司的年产3500吨原子电极材料(OLED)产业化项目(地块一)、(地块二)、(地块三);株洲科盟车辆配件有限责任公司的金山工业园生产基地;株洲国投金汇置业投资有限公司的新创业服务中心。发放《建设工程规划许可证》2份,总建筑面积23.24万平方米。项目分别为株洲市广成置业有限责任公司的郦城项目;株洲市金科建设投资经营有限责任公司的红旗中路城际铁路拆迁安置小区。 (肖榕峰)

## 城乡建设

**【概况】**荷塘区城乡建设局前身为始建于1978年9月的东区建设科。1995年11月更名东区城市建设局。1997年区划调整,更名荷塘区城市建设局,城市管理工作职能从城建局划出,城管监察队伍的所有人员一并转入城管局。2001年更名荷塘区城乡建设环保局。2004年5月更名荷塘区城乡建设局。

2016年,荷塘区城乡建设局内设综合办公室、财务室、村镇办,有行政编制8名。下辖2个股级事业单位,区建筑安全办公室和区市政维护队,有事业编制17名。另辖1个副科级事业单位区绿化管理处,有事业编制59名。区城乡建设局主要负责市政设施和农村公路建设、维护,建安,农村危房和土坯房改造,城镇绿化,棚户区改造,三供一业(供水、供电、供气和物业管理)等工作。区城乡建设局获株洲市2016年度文明建设先进单位、2016年度市交通运输发展目标管理先进单位、2016年度住房和城乡建设工作目标管理红旗单位、2016年度住房和城乡建设系统计划生育综合治理红旗单位、2016全市抗洪抢险先进集体。

**【基础设施建设】**2016年,荷塘区继续实施"北联""东拓""南进"发展战略,全面构建"五纵七横"道路路网。通过建成金龙路、金桥路、北环路、向阳路连接云龙大道,促进与云龙示范区的融城发展;通过建成荷塘大道延伸段跨沪昆、新塘路、金塘路、金瑞路、升龙路推进向东发展;通过建成东环北路、铁东路、金塘路、新文化路、建宁港路,发展荷塘商贸城和太阳片区,与芦淞区对接。形成"五纵七横"道路路网(五纵:升龙路、新塘路、新华路、东环北路、金塘路;七横:金瑞路、金龙路、金桥路、北环路、向阳路、红旗路、铁东路)。全年实施市政基础设施项目19项,其中14项列入城市交通畅通行动路网工程实施项目,道路总投资32.83亿元,实施总里程27.42公里。其中,石宋路拓宽及建宁港排水整治、白云路、枫丹路、新塘路三期、新塘西路等5个项目竣工通车。金桥路、建宁港路、湘运路拓宽改造、荷塘大道延伸段,金塘大道、金精路、罗湾路、桂花路、金荷大道、香榭路(又名次湾路)、丽舍路等11个项目正在施工;年内还启动新文化路、金城东路、芙蓉路等3条道路的建设。

**【城区绿化】**2016年,荷塘区完成向阳广场等33个小游园绿化精品工程、荷塘大道等多条道路绿化建设,新增绿化面积1.2万平方米,全区城区绿化覆盖率42.01%。绿地养护总面积97.7万平方米。主干道34万平方米绿化养护实行市场化,8月以来绿化处相继将荷塘大道、向阳中路,22条小街小巷纳入专业化养护管理范围,解决新建绿化多年来无人管理困局。创新管理模式,完善长效管理机制,将部分绿化先行改革试点推行市场化运作,争取到区财政投入198万元,将33.2万平方米(荷塘大道绿化面积未计入)绿化向社会公开招标。改革后的绿化管理效果明显,半年时间内在全市夺得3个第一名,考评总成绩直线上升,市场化试点成功经验引同行借鉴。

【村镇建设】2016年，荷塘区城乡建设局改造农村危房130户(包含126户土坯房)，其中仙庾镇98户、荷塘月色12户、金办11户、宋办9户，中央补助资金7500元/户，共计97.5万元，市补助资金1250元/户，共计16.25万元，区补助资金1250元/户，共计16.25万元。新修农村公路22.61公里，区补助资金234.576万元；生命安全防护工程共投入74.5万元，其中区排查隐患点29处26.5万元，东山村、金塘村校车路线隐患48万元；太阳能路灯维修212盏共计21.2万元；建设农村招呼站6个，国省补助12万元，区配套3万元。农村公路窄路加宽2公里，国省补助23万。

【建安生产】2016年，积极"大排查大管控大整治"活动，分别对建筑施工、瓶装燃气、老旧危楼及边坡、农村公路及长途汽车站安进行排检查。9月，组织开展全区范围内瓶装燃气打非治违专项行动，参加检查人员100余人次，市燃气办、区安监局、区公安分局、区消防大队、区工商分局、街道办事处、社区等多个部门联合行动，对辖区内的30余个非法网点进行专项打击，收缴非法钢瓶193个。开展老楼危楼和危险护坡的排查。组织辖区各街道办事处(管委会)、社区对老旧危楼和危险护坡进行全面安全隐患的摸底排查，分别对金山派出所挡墙抢险加固、原轮胎厂护坡抢险加固、十九中护坡抢险加固、煤机厂生活区护坡抢险加固。全年排查各类安全隐患60条，整治隐患60条；下发督办函20余份，各类整改通知40份；出动检查人员500人次。

【小康社会建设】2016年，荷塘区城镇化率91%，人均住房使用面积37平方米，行政村客运班线通达率100%，城镇污水处理率96.3%，城镇建成区绿化覆盖率42%。

【棚户区改造】2016年，市下达荷塘区棚户区项目7个，计1789户，其中改扩翻建项目3个，为煤田小区596户、内燃机配件厂生活区632户、轮胎厂茨恺小区298户，共改造1526户；城中村项目4个，为富家垅城中村，金钩山太阳村城中村133户，宋家桥村、戴家岭村城中村(汽车职院项目)60户，金塘村城中村(农副产品批发交易中心项目)70户计货币安置户数263户。

【廉租房工作】2016年，荷塘区发放低收入住房困难家庭200户，按300元/户/月发放，租赁补贴应按月或季度及时发放，12月25日全部发放到位。全年完成发放廉租住房租赁补贴家庭983户，完成任务目标的491%。按照市房产局统一部署安排，6月25、26日，荷塘区城乡建局协同公安、维稳、卫计、信访、保安、街道等6个部门的30多人在区信访大厅组织"金彩明天"保障房项目意向登记工作，全区6个办事处符合意向登记的保障户对象820户，实际办理意向登记471户，其中无意向登记223户，其他原因126户(死亡、通知不到等)，通过市房产局对已做意向登记家庭的住房保障资格进行配租前复审，区有446户可分配"金彩明天"保障房。结合工作实际及"金彩明天"保障房意向登记的成功经验，12月17、18日，在区政务服务中心进行"水竹湖"保障房项目意向登记工作，办理意向登记319户，圆满完成登记工作。

【党建工作】2016年，区城建局党委有机关支部、绿化支部、金科支部、3个非公支部(长兴、海天、天顺)等6个支部，有党员95名。全年始终坚持落实"三会一课"制度，认真组织开展城建系统"两学一做"学习教育，围绕"四讲四有"开展4次集中研讨。积极创新党建活动形式，创建"两学一做"专题研讨微信群，开展"党务知识微信平台百分制答题"竞赛，积极参与脱贫攻坚、在职党员进社区、党代表驻室等活动，先后3次深入对口扶贫的茶陵县秩堂镇黄草村，送去扶贫资金5万元，走访和接待基层党员群众260余人次，及时解决路不平、灯不明、下水不畅等居民急需解决的难题。先后组织召开党委会12次，定期分析、研究解决重点困难问题。认真落实“一岗双责”，坚持把党建工作与业务工作同安排、同部署、同检查、同考核，强力推进基层党建7项重点工作，圆满完成党代表、人大代表、政协委员推选工作，实现组织意图。通过抓党建工作，有效地推动全局工作的开展。年内完成新塘路三期、白云路等道路建设，全区通车里程创历史之最，向阳北路被评为湖南省优质工程，农村公路养护工作保持全市第一。

**【向阳北路被评为湖南省优质工程】**向阳北路（水园路－新塘路）工程是株洲市的重要城市主干道，道路起于云龙大道止于新塘路，全长1600米，宽40米，双向六车道。其中荷塘区（新塘路－水园路）范围长1210米，总投资约2.2亿元，分为两个标段实施。一标段（水园路—升龙路）长535米，施工单位为株洲市政建设有限公司；二标段（升龙路—新塘路）长675米，施工单位为湖南省第五工程有限公司，两个标段监理单位均为湖南湖大建设监理有限公司。道路工程施工内容包括路基土石方、道路、排水、绿化、交通标志标线、照明工程等。二标段主干道设置上跨430铁路专用线桥，桥梁长165米，双幅桥设置，单幅桥宽16米，为现浇预应力混凝土连续梁结构形式。项目于2016年全面竣工通车，获得2016年度“省优”工程。

**【精准扶贫】**黄草村是隶属于秩堂镇十八个行政村之一，1997年列入省级贫困村名单，2014年建档立卡贫困户36户。贫困户占总户数的30.8%，贫困人口发生率为21.5%。2016年4月13日，荷塘区驻茶陵县秩堂镇黄草村工作队（队员刘岳辉、言展、吴妙林、汤岚）入驻扶贫村开展工作，全年荷塘区注入帮扶资金共计100余万元。各项工作进展顺利并取得实效，基层党建得以全面加强和完善，村级集体经济收入达6万元，贫困村出列达标，贫困人口发生率控制在2%以下，村级基础设施明显改善，公共服务能力建设优化提质，人民群众的获得感和幸福感显著增强。

**【房地产开发建设】**2016年，荷塘区房地产施工面积为257.2万平米，商品房屋销售面积为80.4万平米，商品房屋销售均价为4277.7元／平米。房地产是荷塘区地方财政收入的主要来源、支柱性产业，约占全区固定资产总投资的12%，房地产税收约占全区税收收入的30%。荷塘区已形成以红旗广场为中心、新华路和红旗路为主轴、红港路及合泰路为两翼的房地产立体开发格局。五矿集团、中房集团、外海集团、湘建房产等一大批房地产大腕，金色荷塘、嘉盛华府、亿都铂金时代、新桂广场、玫瑰名城等楼盘成为株洲现代化生态宜居大型住宅小区典范。

**【农村公路养护第一名】**2016年，荷塘区有农村公路401公里，其中县道57公里，乡道54公里，村道290公里，按市里统一养护经费标准：县道（4000元／公里）、乡道（3500元／公里）、村道（1000元／公里），养护费用共需70.7万元，而实际株洲市仅拨付养护资金41.04万元，存在资金缺口29.66万元。农村公路路网多、线长、面广，区财政薄弱，资金短缺，投入有限。城建局工作人员每周都要上路对公路路基路面的巡查，多走多看，通过和各乡镇、街道办事处、管委会工作的对接接，发现公路哪里有“病”立即告知城建局，工作人员第一时间去现场勘查，然后针对“病情“及时给出合理治理方法。及时掌控路况信息，发现问题及时解决，把每一分钱用在刀刃上。在人员和资金短缺情况下，荷塘区农村公路养护工作却在全市五区养护评比中以397.22分的成绩获得全年第一名，并获得株洲市交通局颁发的先进单位称号。

**【全市抗洪抢险先进集体】**6月15日，株洲市发生历史以来最大强度降雨天气，荷塘区多处出现险情。为切实做好全区抢险救灾工作，保障人民群众生命和财产安全，局长朱福兴带领全局上下100多人，迅速成立抢险救灾工作组，分6个小分队奔赴现场进行抢险救灾。从15日凌晨4时开始，对全区多处内涝严重、房屋及护坡垮塌等受灾地点进行全面抢险，并第一时间赶到联点单位查看险情和受灾情况，指导村支两委做好抢险和人员疏散工作，转移人民群众百多人。对全市易涝点逐一排查时，发现影响全市供电的市电业局供电机房的地下室进水，经用大马力水泵抽水无果后，抢险人员迅速跳进1米高的水中寻找出水口并成功疏通。24小时进行值班值守，排除险情30处，疏通下水道22处，设置安全围挡15处，全区无一例人员伤亡和财产损失事故发生。区城建局获得2016全市抗洪抢险先进集体。 （韩 娟）

## 城市建设和管理

**【概况】**荷塘区城市建设和管理委员会办公室（以下简称区建管办）成立于2009年6月，为区人民政府直属的全额拨款正科级事业单位。核定事业编制人员8名，实有在编在职人员7名。内设综合办公室，归口管理区治理违法建设综合管理大队。办公地点设荷塘区政府大院内兴楼三楼。

2016年，区建管办围绕征地拆迁和项目攻坚的要求，强力治违控违，拆除违法建设418处，总面积496776.96平方米；围绕湘江保护和治理第二个“三年行动计划”要求，协调推进建宁港沿线5家洗水企业关停、荷塘工业集中区污水处理设施建设、东西湖连通渠改箱涵工程、畜禽养殖污染整治、仙庾镇农村饮用水续建工程、仙庾镇樟霞村农村环境综合整治示范点创建、添丰屠宰场关停整治等项目建设。获得2016年度株洲市城市创建和长效管理社会评议第三名、2016年度株洲市湘江保护和治理工作优胜单位称号。

**【设立党组】**2月5日，中共荷塘区委批准设立荷塘区城市建设和管理委员会办公室党组，设党组书记1名，党组成员2名；4月5日，区委任命王树清为党组书记，田勇、刘克章为党组成员。5月26日，因岗位调整，区委决定晏毅任党组书记。

**【出台治违控违考评办法】**2016年，区建管办根据项目攻坚和大拆违形势发展的需要，在总结梳理、学习借鉴好经验和好做法基础上，提请区政府常务会议、区委常委会议审定出台《株洲市荷塘区制止和拆除违法建设工作考评办法（试行）》（株荷政办发〔2016〕48号）。新办法坚持属地管理、公开讲评、重奖重罚三大原则，明确和强化镇、街道、管委会治违控违的属地管理主责及激励约束举措。新办法设立治理违法建设工作考评小组，由分管副区长任组长，区建管办主任任副组长，考评成员单位由区建管办、规划荷塘分局、国土荷塘分局、区治违大队、区人大城环工委、区政协提案法制委等组成。新办法设立专项考评奖励基金380万元，其中区级财政投入经费200万元，镇、街道、管委会以及治违大队各上缴工作保证金20万元，分月度、季度、半年度、全年度兑现奖惩。

**【拆除违法建设】**2016，区建管办、治违大队以服务项目为中心，攻坚克难，组织拆违三级行动3次、二级行动11次、清表5次，行政排危拆除10次，司法强拆2次，全年拆除违法建设418处，拆除总面积496776.96平方米，其中拆除项目内存量违法建设200处，总面积310657.26平方米，有力保障了南岳岭、上月塘片区棚改，农副产品批发市场，职教城以及水竹湖片区，太阳村储备地C、D、E地块，美的城，外海玫瑰丽苑，新塘路三期、中美医院以及金山工业园等项目建设进度。

**【编制三年行动计划项目库】**7月，区人民政府印发《荷塘区湘江保护和治理第二个“三年行动计划”项目库》。项目库明确荷塘区2016–2018年湘江保护和治理主体项目15个，白石港水利血防工程为荷塘区、云龙示范区共同实施项目。涉及水资源保护类项目1个、工业污染防治类项目7个、城镇生活污染治理类项目2个、农业农村污染治理类项目1个、饮用水水源地保护类项目1个、不达标水体整治类项目3个，涉及项目资金14.86亿元，资金来源为中央投入141万元、省级资金投入31.02万元、市级资金投入2419.27万元、区本级资金投入14.61亿元。其中要求在2016年度完成的项目7个，涉及项目资金1.03亿元。

**【湘江保护和治理项目】**着力抓好荷塘区建宁港沿线5家洗水企业关停整治。由区建管办和环保荷塘分局牵头，月塘街道办事处协助配合，对全能、鑫达、勤丰、天天、东湖等5家洗水企业严查严促。12月19日，区政府组织环保、公安、经信、城管、电力等部门，对鑫达、全能、天天、勤丰4家洗水企业采取强制断电措施。至年底，东湖洗水厂完成设备拆除，其余4家实现停产；着力抓好畜禽养殖污染整治。430铁路专用线提质改造区域3家生猪养殖场所关停拆除，桂花街道辖区2处生猪养殖场清栏关停；依法关停株洲添丰新农高效开发有限公司（屠宰场），并对周边养殖污染进行综合治理。完成仙庾镇樟霞村生态绿心示范点创建、仙庾镇农村饮用水续建、白石港水利血防项目；协调推进荷塘工业集中区污水处理设施建设。完成嘉德工业园临时工业污水处理设施和明照安置房小区生活污水处理设施建设，工业集中区和安置小区污水全部进入管网；四是推进不达标水体整治。天鹅湖启动不达标水体治理工程，东西湖连通渠改箱涵工程进入施工阶段，完成港面清淤、雨污分流、箱涵铺设等工程，污水管网直通龙泉污水处理厂。

**【株浏（金山）公交基地建设】**株浏（金山）公交基地是株洲市公交都市示范创建工程的重点项目，也是市委、市政府“民生100工程”和“百日攻坚”重点项目。位于荷塘大道与康乐路交汇处，规划占地面积44020.63平方米，总建筑面积7207平方米；建筑物以修理厂以及标准化仓库、油气站两个单体工程为主，配套建设充气站、洗车区、停车坪等附属设施。2016年项目完成主体工程建设。（刘　波）

## 城市管理和行政执法

**【概况】**2000年，成立荷塘区城市管理局。2001年12月28日，更名为荷塘区城市管理行政执法局，为荷塘区人民政府工作部门。2015年，根据株荷发〔2015〕17号文件精神，设立株洲市荷塘区城市管理和行政执法局，为区人民政府工作部门。

2016年，荷塘区城市管理和行政执法局机关行政编制为8名。内设办公室、财审室、市容环卫管理室3个机构，下设城管行政执法大队、环卫处、数字指挥中心和物管办4个副科级二级机构。全系统干部职工183人，区聘合同工173人，城管监督员40人，一线环卫工人1146人。另设有考评办和南郊垃圾填埋场2个临时管理机构，分别负责组织全区城管考评工作和接收处置全市垃圾应急和填埋工作。

2016年，区城管局紧紧围绕“保二争一”的目标，以迎检“创文”复检重点工作为中心，加大人力、财力、物力投入，完善城市管理体制机制，使城管工作逐步走向长效化。全年获得1个第一名，1个优秀，2个第二名，2个良好，夺得考评奖金400万元，年度城市五区排名第二名。

【城管体制改革】2016年，荷塘区重新制定《荷塘区城市管理考评办法》，以城市管理转型升级为总目标，充分运用现代科技信息手段，进一步创新管理方式方法，完善考核体制。一级考核中，将城区进行“按档评分”考评，分为优秀、良好、达标、不合格4个档，乡镇不再纳入城区考核范畴，启动对城区实行日检查、周反馈、月评比、双月讲评、年总结的考评方式。对市场化作业公司承包经费实行浮动制，评优秀上浮10%，良好上浮4%，达标下浮4%，不合格下浮10%。在二级考核中，对作业公司强化监管力度，承包经费实行浮动制，评优秀上浮10%，良好上浮4%，达标下浮4%，不合格下浮10%，采取不奖则罚的措施，打破吃“大锅饭”的现象。其次，通过手机微信等平台，快捷及时处置城市管理难题，有效提升城市管理效率。针对全区环卫保洁质量下降、保洁人员到岗率不高的情况，区出台《关于加强对城管工作人员到岗率考核的通知》，区考评办分上、中、下旬3个时间段不定期对城管大队、环卫处及各市场化作业公司（含镇办）的一线工作人员进行抽检。通过清查，凡对不在岗的人员实行了每人每次处罚500元的经济手段，市场化作业公司每月抽检到岗率达不到80%的，第二年将终止合同；协管员连续3次发现不在岗将立即予以辞退。截至2016年，对仁仁洁、宏达月塘项目部等6个单位40人进行处罚，共罚款2万元。

【环卫市场化】2016年，由区城管局牵头，区财政局、监察局等部门参与，对全区环卫事业启动第三轮市场化作业承包。第三轮市场化作业承包将区辖600多万平方米区域面积，按5个区域的清扫保洁、垃圾清运、机械化作业清洗等相关作业项目打包，以年度总价3146万元，推向社会公开招标承包。结果有湘银、仁仁洁、天园、宏达、清荷5家清扫保洁公司以其实力中标。承包方将建成区划分为8大格69个小格，以网格为单位进行作业、监管、检查、考评，定人定责；两级管理，两级考核，形成城市管理长效机制，做到“横向到边，纵向到底”的城乡环卫作业全覆盖。它包括：城区主次干道、小街小巷、公共场地、无物业管理小区、农村主次干道、城中村、城郊结合部、铁路沿线、河港堤坝、农贸市场周边等。区域环卫市场化率、城区主次干道机械化清扫率、24小时保洁率均100%。

【大城管队伍建设】2001年12月批准成立的荷塘区城市管理行政执法局仅有8名干部，29名城管协管员；2007年11月，分布在4个街道办事处18名队员的行政事业编制问题得到解决；2011年8月下派基层的29名城管及协管员统一收归城管执法大队管理，并在社会上公开招聘47名城管协管员和13名数字化信息采集员，由此形成200余人的城管队伍。辖区有按各街道办事处设立6个行政执法中队、中南蔬菜批发大市场和株洲汽配城2个商贸重点部位执法中队。2015年12月，区城管局有干部职工183人，区聘合同工173人，城管监督员40人。2016年机构调整和城市扩容之后，将宋金桂中队、月茨中队划分为东西中片区，建立健全各项规章管理制度，适时对队伍进行军事化训练，培育队员服从指挥的团队意识，整肃行政执法的作风、纪律、风容风貌。实行统一管理，统一指挥，定任务、定指标、定奖罚。划分54个管理网格，实行“五定”机制（定人、定时、定点、定标、定责）和“八个无”（无乱贴乱画、无乱拉乱挂、无乱堆乱放、无乱摆摊设点、无乱停乱靠、无乱扔乱倒、无非围挡施工和无随意户外宣传活动），构架全区网格化管理的大城管队伍的格局。

**【数字化运行】**2009年6月，投资350万元按照54个网格板块将数字城管系统植入区域治安电子防控和智能交通管理的两大系统9月投入运行，实现全区第一次将3G通讯技术融入数字城管系统，第一次将视频实时监控技术融入GPS系统运用，使传统数据与实时、实景影像数据有机结合，区域27.79平方公里全部纳入数字化城管监控覆盖范围。城管监控对象涵盖公用设施、道路交通、市容市貌、园林绿化、房屋土地、扩展部件及其他设施7大类和6大事件类：市容环境、宣传广告、施工管理、突发事件、街面秩序、扩展事件，为客观、公正、有效地城管行政执法奠定了基础。至2016年，城管数字化平台系统信息采集和城市管理问题的处理机制日益完善，考评办法也逐步健全。区数字化城市管理发挥的作用越来越凸显，数字化城市管理模式已成为管理单位落实责任的催化剂，成为市巩固国家卫生城市和全国文明城市的助推器。

**【市容整治】**2016年，区城管局积极开展创文迎国检工作，联合交警、工商、交通等部门多次开展专项整治行动。开展车辆违停集中整治。投入4.2万元购入锁车设备，7.8万元安装限行桩，对城区主次干道严密巡控，处理违停行为1.8万余起，依法清除人行道私设停车位580个，车辆乱停乱放现象得到明显改善；开展占道经营、店外经营整治。按照堵疏结合、宣传教育的原则，对城区主要干道、校园周边等重点区域的店外经营、马路市场进行规范整治，整治清理违章出店经营和流动摊点400余起；开展清除各类宣传条幅、乱贴乱画专项整治。按照“物还本色”的原则，城管大队组织专门力量，对全区所有门店、临街楼面、广告栏等地段开展集中清理，全年清除乱贴乱画1.8万处，清理乱拉乱挂400条，清除“高空牛皮癣”100处。开展渣余土专项整治。采用从源头抓的方法，逐一排查的原则。处理撒漏车辆17余台，规范10余处施工现场；开展农贸市场专项整治。定期对吉田、六〇一、晏家湾、荷叶塘、中南菜市场、四三〇等几个市容秩序较差的农贸市场展开全面治理，破解脏、乱、差问题。引导摊担入市300余人次，拆除搭棚占道经营100余处，市场周边环境得到改善。

**【提质改造】**从2015年开始，区委、区政府在着力规划建设城市整体基础设施的同时，注重城区原有基础设施的提质改造，优化城市环境，提升对外开放品位，促进区域经济社会快速发展。2016年，全区环卫基础设备投入93.37万元，提质改造天鹅湖垃圾中转站公厕，并于11月底启动使用；添置1089个果皮桶，增加密闭车多能斗、密闭垃圾车、自卸式清运车、集装箱、多功能收集车，实现垃圾密闭式收集转运，城区生活垃圾无害化处理率100%；完成对月桂小区、新塘坡小区、铁路医院生活区、新华一村及市政公司生活小区提质改造工作，在月桂小区、新塘坡小区、市政公司生活小区成立业主委员会，基本实现5个小区的193栋房屋、4251住户、面积256073平方米的物业管理全覆盖。

**【改进作风】**2016年，区城管局全年下发督查通报11期，通报违纪人员6人、开除违纪人员3人、诫勉谈话1人、党内警告处分1人。承办6件人大建议、3件政协提案工作，均在规定时间内办结，满意率、见面率、办复率100%。积极调处物业矛盾纠纷工作。区物管办协调解决金域半岛、富华广场、新桂广场、格林家苑、东环新城、锦玉华庭等小区的重大矛盾纠纷，全年调处纠纷300余起，处理市长热线290件，处理来信来访131件。市民投诉受理工作。通过城管数字化平台受理城市管理问题175691件，立案171174件，结案170418件，处置率99.85%，结案率99.89%；承办上级交办督办49件，12345市长热线495件，城管服务热线、短信平台受理市民投诉7000余件，市民满意率99%。

【区环境卫生管理处】荷塘区环境卫生管理处于2000年7月成立，成立时，属正科级财政差额拨款事业单位。2015年8月，区环境卫生管理处(荷塘区环卫处)改为荷塘区城市管理和行政执法局(荷塘区城管局)所属事业单位，由正科级降为副科级。2016年编制170人，实有在职职工130人，退休职工156人。内设办公室、财务股、劳资股、考评办、监察队、收费科、物业办、合泰项目事业部。

2016年，全区有公厕23座，垃圾中转站14座。保洁道路72条，作业面积192万平方米。环境卫生管理全面推行市场化，下辖3个作业公司，分别从事清扫保洁，机械化清扫，垃圾清运。全年围绕荷塘区城管工作在全市“保二争一”的目标，真抓实干，严格落实各项制度，严格依据作业标准对作业公司进行考评，努力打造荷塘区优美的城市环境。在全市城市管理考评中，夺得2个红牌，获得环卫专项成绩排名第一2个、机械化成绩排名第一2个。

【党建工作】2016年，荷塘区环卫处以努力建设高素质干部队伍为目标，对广大党员和全处职工进行系统培训，通过月例会、周调度会、职工培训、党员大会、专题研讨会等形式提升职工综合素质，全年组织党员学习和职工培训40余次。组织党员到井冈山参观学习，接受红色教育。邀请党校教授讲党课，党员同志自己谈感受。贯彻落实全面从严治党要求，开展党员组织关系排查工作。全处80名党员，在职党员54名，退休党员26名，没有失联党员，党员信息准确。对每位党员2008—2015年党费缴费基数、应交党费、实际缴纳费、需补缴党费的情况进行清查，全处党员补交党费36843元。

【日常考评工作】2016年，采取车考与步行考相结合的办法，高密度、广覆盖、无规律地进行考评，检查普扫、保洁作业质量，督促业务质量。对不达标路段，发现问题迅速处置，并做好考评记录，作为每月对各承包公司的考评依据；严查保洁人员上岗情况，要求到岗率100%，不得缺岗、离岗。强化考评人员及公司业务管理人员的业务素质，组织考评员、仁仁洁、天园、湘银3家公司业务管理人员进行环卫业务知识和安全意识教育培训。

【环卫设施设备改造换新】2016年，一是对天鹅花园南门口垃圾站进行改造，对15座老旧公厕、垃圾站贴瓷片、粉刷进行美化，对存在的2处卫生死角进行清理。改造后由原来的水平压缩式垃圾站改造成垂直式压缩站，每车次处理垃圾8吨。每天运2车垃圾就能保证垃圾站的正常运转。全年对垃圾站维修500余次，期中小修350次，焊补或更换大件的维修150次，公厕设施、设备维修更换300余次，做到全年垃圾中转站无垃圾积压，无安全事故，公厕设施、设备完好，无粪便爆棚，无下水堵塞。二是调查、摸底果皮箱，维修更换不锈钢果皮箱125个、镀锌板果皮箱50个、增加大小内桶900个，添置小白斗垃圾桶8个、多功能斗2个、垃圾清运板车10台，提升了荷塘区环卫设施设备的档次。

【监察队伍管理】2016年，充分发挥监察队部门协作监管职能，对责任区域市容市貌，进行认真巡查，发现问题及时协调处理，并及时报告。配合渣土中队，有效控制路面污染。成立市容市貌处置应急队。队员手机24小时保持畅通，遇有突发事件以最快速度赶赴事发现场，全年处置突发事件10余起，处置路面污染1000多处。

【投诉处理】2016年，荷塘区城管局接到市、区两级检查中各类督办、交办、投诉146条，“12345”市长热线128条。第一时间将督办需要整改内容通知各作业公司，在有效时间内督促其将督办落实到位。完成率、处置率、群众满意率均为100%。（谭 荣）

## 国有土地上房屋征收

**【概况】**株洲市国有土地上房屋征收处荷塘中心成立于2011年9月，为全额财政拨款事业单位。有在编在岗人员10名，临聘人员9名。内设综合部、业务部、项目实施部。主要负责辖区内国有土地上房屋征收与补偿、对建设业主单位提交的房屋征收申请文件及资料进行初审、调处荷塘区范围内国有土地上房屋征收与补偿纠纷等。成立以来，完成城际铁路荷塘段、东环北路、新塘路、桂花路延伸段等省市区重点道路建设、新兴医院民生工程、太阳村土地储备等房屋征收项目30多个，协助区棚改办完成跃进村、汽车制造厂和制药三厂棚户区的征收扫尾工作。

2016年，在积极攻坚南岳岭、上月塘片区棚改一、二期项目收尾工作的同时，按照区委、区政府进度节点的要求，全面完成南岳岭、上月塘片区棚改项目除三期涉铁外的签约任务，并及时为南岳岭、上月塘片区棚改项目被征收户办理好契税减免相关工作。4月，启动外贸包装厂项目调查，6月召开方案论证会，并发布征求意见公告，7月发布征收决定，分户初评结果公示13天签约100%。

**【以法促征收】**2016年，发布征收公告9个；回复各类信访件19起；协助区政府准备11户行政诉讼资料；下达补偿决定14份；下达履行房屋征收补偿决定催告书19份；参与7户行政诉讼中院开庭；法院司法强制执行并拆除房屋1户。

**【业务培训】**2月24—27日，市房产局征收处组织各街道、相关部门参与征地拆迁和房屋征收的工作人员到湘潭大学法学院进行为期4天的业务培训。培训内容：《土地所有权的宪法解读》《国有土地上房屋征收与补偿中的几个难点问题》《省政府268号令解读与分析、征收评估经验和分析》《沟通与调解技巧》《房屋征收过程中所涉及的物权法问题》《房屋征收中的“民告官”——行政诉讼问题分析》《株洲市国有土地上房屋征收政策研讨》等，通过本次房屋征收政策业务培训，将进一步加强并更新房屋征收一线人员的业务知识，确保在今后的房屋征收工作中严格按照规程实施，依法依程序征收，做到阳光征收，公平公正，廉洁自律，营造株洲市和谐、合法的房屋征收氛围，加速房屋征收进度。

4月13日，市房产局征收处、荷塘区政府在区政府1号楼4楼会议室召开南岳岭、上月塘片区棚改项目3期工程征收工作人员业务培训会，对300余名参与征收的工作人员进行培训。此次培训由区委常委、副区长刘国梁主持，培训会围绕着荷塘区房屋征收业务、司法强制执行、房屋测量与未经登记认定等工作实际，对荷塘区房屋征收补偿政策、司法强制执行流程、房屋测量、未经登记认定等进行解读，并对各位学员进行房屋征收廉政教育。课堂上，学员们都严格遵守纪律，认真听讲，效果良好。（唐晓玲）

## 治理违法建设

**【概况】**荷塘区治理违法建设综合管理大队成立2009年6月。主要负责全区违章、违法建筑的调查工作；发现并制止辖区内的违章、违法建筑，控制其蔓延；负责组织全区违章、违法建筑的拆除工作。2016年，有事业编制6人，实有在职劳务派遣队员48人。下设1个内设机构(综合办公室)。办公场所设荷塘区新华东路区政府院内。

2016年，区治违大队认真落实市委、市政府“项目攻坚年”活动，加强制度建设，明确工作职责，完善防控网络，确保管控到位。开展不间断、全方位、高频度的巡查，严防突击抢建行为的发生，对新增的违法建设做到“第一时间发现、第一时间查处、第一时间拆除”，做到拆控并举、以控为主、以拆促控。全年拆违控违形势良好，取得较好成效。

**【完善机制】**2016年，荷塘区坚持实行主要领导责任制，各负责人实行连带责任制，定期召开整治违法建设工作会议，部署阶段性工作任务。重新细化规范《荷塘区治理违法建设综合管理大队内部考评办法》，明确考核细则，实现奖惩分明，对不作为、慢作为行为严格追究责任。年内先后约谈和查处3名队员。

**【严格杜绝增量】**2016年，区治违大队50余位工作人员，不断走访违建户家庭及征拆户家庭做工作，使得整治违法建设行动家喻户晓，深入人心。全年拆除新增违法建设55处，面积10238.44平方米。

**【违建拆除】**2016年,荷塘区拆除违法建设418处，总面积496776.96平方米。其中简易结构104处，面积45546.34平方米；砖混结构314处，面积451230.62平方米。在控违法建筑85处，面积102646平方米。为确保年初下发的“项目攻坚年”活动顺利推进，区治违大队抽调部分人员进驻重点项目，拆除项目内违法建设200处，面积310657.26平方米。用“拆违促拆迁”的手段强势推进南岳岭项目、上月塘片区棚改项目、农批市场、北环线、桂花办事处职教城项目、水竹湖片区、太阳村储备地地块、太阳村物流中心、美的城、外海玫瑰丽苑、金科大厦、金山工业园、新塘路3期、中美医院等项目建设工作，有效遏制违法建设增长势头。

**【宣传报道】**2016年，荷塘区充分利用电视、报纸等载体，扩大拆违影响。年内，《株洲日报》拆违行动报道11次，株洲法制频道报道7次。在全区范围内的主要路口段围墙上涂刷永久性宣传标语1000余处，悬挂横幅600多条。全年接收并处理投诉70起，均做到快速处置，及时回复。（漆泰虹）

## “两型”建设

**【概况】**荷塘区“两型”社会建设综合配套改革领导小组办公室2015年12月正式由区发展和改革局所属事业单位调整为区人民政府直属事业单位，机构为区人民政府专门负责管理辖区内资源节约型和环境友好型社会建设综合配套改革工作的全额拨款正科级事业单位。负责荷塘区“两型”社会建设政策研究实施、项目前期策划实施、“两型”示范创建以及“两型”相关考核评价和奖惩工作，统筹和协调全区，特别是生态绿心地区的生态建设和环境保护工作。2016年，编制5名，实有人数4人。办公场所设政府大院二号楼三楼。区“两型”办被市两型办评为党组先进单位、全市绿心地区生态基础评估工作优秀单位。

**【规划引领】**2016年，《荷塘区国民经济和社会发展第十三个五年规划纲要》中明确荷塘区定位为“宜业宜居宜游”。坚持医学健康、复合新材料、轨道交通配套三大主导产业定位，按照“东拓南进、西改北联”发展布局，打造东部新城引领区、城际商圈中心区、湘东物流集聚区、“两型”生态宜居区、民生共享标杆区。

**【清洁低碳技术推广】**2016年，区“两型”办积极推广清洁低碳技术。一是节能环保型热加工炉窑改造项目。由区经信局、区“两型”办牵头并由经信局实施，采用全纤维炉墙结构、高速调温自控烧嘴、温度自动控制、管路系统自动控制、空燃比自动控制、炉压自动控制和空气预热等各项先进技术，使炉窑控温精度、温度均匀性、自控操作水平和节能效果都达到国家标准(ZBJ01004)《热处理炉能耗分等》中特等炉能耗水平；二是煤田小区外墙改造项目。该项目由区城建局、区“两型”办牵头并由区城建局实施，全部采用建筑节能环保涂料，对株洲市荷塘区煤田小区1—22栋外墙进行节能改造，即对原外墙处理后涂一遍建筑节能底漆再涂两遍建筑节能面漆，总建筑面积为47680平方米。

**【湘江保护和治理】**2016年，区两型办依托430铁路专用线提质改造，完成畜禽养殖污染整治项目，关停沿线禁养区内3家生猪养殖场。推进建宁港黑臭水体治理项目，文化路与石宋路交界处至石宋大桥段港面实现公司化、常态化保洁。完成仙庾镇樟霞村生态绿心示范点建设，并对农村饮用水源、农村生活污水、畜禽养殖等项目开展综合整治。圆满完成省政府湘江保护和治理“一号重点工程”年度工作任务。

**【“两型“示范建设】**2016年，制定并完善《株洲市荷塘区绿心及周边地区“两型”标准化综合建设项目实施方案》，督促开展两型村庄、机关、景区、生态养殖、家庭等标准化建设，开展“两型”标准实施和认证试点工作的集中培训，组织申创单位比较系统地学习两型标准及其认证实施指南等规范性文件，启动“两型”村庄的认证申报工作。“两型”标准化建设的时间是2016到2020年，所以现在正处在创建阶段。2016年荷塘区樟霞村和仙庾岭村通过“两型”村庄认证，成为湖南省首批通过认证的村庄。

**【重点区域创建】**2016年，成立绿心地区“两型”示范片区创建领导小组，区“两型”办、仙庾镇多次组织召开专题会议，研究部署创建工作。制定《株洲市荷塘区绿心地区“两型”示范片区创建方案(2016—2020年)》，将创建任务项目化，确立生态环境优美、村域经济活跃、村民安居乐业的美丽乡村和花园式“两型”村庄的建设目标。启动合并后的村庄规划修编工作。启动实施两型村庄创建、“两型”合作社创建、“两型”家庭创建、“两型”机关创建、“两型”产业发展、“两型”改革促进等6大工程。开展机关、学校、企业、门店、景区、社区、医院、城镇、村庄、农民合作社、小区、家庭等类别单位示范创建工作，成功培育1个省级“两型”示范创建单位——袁家湾社区，1个市级“两型”示范创建单位——晏家湾社区。实施“两型”文化进社区活动，通过社区志愿服务活动，不断渗透传播“两型”理念，利用宣传单、宣传窗、横幅和电视等媒体，开展资源节约、环保节能方面宣传教育。在11月30日株洲“两型”微信公众号发布的信息全市“两型社会”建设综合评价指数为85.15分，城区中荷塘区的综合评价指数最高，为86.41分，比全市指数高出1.26个百分点。 （龙香兰）

## 环境保护

**【概况】**荷塘分局为市环保局驻区分支机构，内设二个中队、办公室、综合办、管理股和法制股，有17名干部职工。环境监察能力已经达到国家中部三级标准，承担荷塘区环境现场监管、排污费征收、污染纠纷调处、应急处置及“12369”、“12345”投诉热线日常处理等工作。

**【落实责任】**全面完成2016年环保目标责任书。一是洗水企业停产搬迁。分局多次开展“零点行动”，在凌晨对鑫达、天天、全能、勤丰四家洗水企业实施突击检查。12月19日，区政府组织环保、公安、经信、城管、月办与市经信、电力部门联合执法，对洗水企业采取了强制断电措施，实现停止排污。二是违规建设项目清理整治。全面完成59个违规建设项目清理整治任务，其中备案9个、关闭搬迁3个、补办手续47个，解决一批环保历史遗留问题。三是全面完成减排任务。关闭搬迁了泡沫所料厂，拆除华维包装锅炉，完成千金湘药设施改造及雨污分流项目，全面完成化学需氧量、氨氮、二氧化硫、氮氧化物要分别下降4%、3%、2%、2%的年度减排目标。

**【强化服务】**2016年，荷塘区环保分局认真落实项目攻坚年和企业服务年的各项要求，主动与重点项目和融资项目单位对接，加强指导，确保尽快通过环保审批，尽快开工建设，服务经济发展。2016年，环评审批建设项目51个(报告书2个，报告表31个，登记表18个)。组织核实和调整生态保护红线划定方案，顺利将沪昆高速以北规划建设的2.5 平方公里医药健康产业园从水土保持二类管控区扣除，既促进了生态环境保护，又为我区项目建设和经济发展预留了必要空间。

**【环境污染整治】**2016年，荷塘区投入240万元(省专项120万元，区财政配套120万元)，完成绿心农村环境综合整治项目，并通过市环保局验收。省市有关领导多次查看现场，推进环境污染整治。荷塘区农村环境综合整治整区推进项目获批500万元省级专项资金。争取生态流域补偿资金47万元，支持湘药公司和人民医院落实环保设施改造。争取土壤污染调查资金25万元，已完成调查，将为下一步污染治理提供技术支撑。

**【监管执法】**2016年，荷塘区环保分局征收排污费71万元，超额完成排污收费指标。认真落实“双随机抽查”和日常巡查制度，结合全省执法“大练兵”活动要求，进一步加大环境执法力度，共立案查处环境违法行为24起，对违法行为形成有效威慑。依法督促添丰新农高效屠宰场自行搬迁整合到市区其他屠宰点，彻底杜绝了现址环境污染问题。 (胡继权)

# 园区建设

## 金山科技工业园

**【概况】** 中共株洲金山科技工业园工作委员会、株洲金山科技工业园管理委员会为中共荷塘区委和区人民政府的派出机构(副处级),始建于2003年,是经湖南省科技厅、株洲市人民政府批准设立的科技产业基地,纳入株洲高新区"一区四园"政策范围。2008年获批国家硬质合金产业基地,2012年获批省级工业集中区,2014年获批国家高新技术产业基地,2015年获批湖南省复合新材料特色产业园、湖南省创新创业带动就业示范典型。管理委员会代表党委和政府行使有关职能,对工业园区实行统一领导、统一规划、统一管理,有编制15名,下设办公室、招商产业科、规划建设科3个科室。园区总规划面积约61平方公里,主要包括太阳商贸集聚区、金山科技工业园和荷塘月色康养休闲区3个片区,以医学健康、复合新材料以及轨道交通配套3大产业为主导。太阳商贸集聚区,总规划面积4.9平方公里,位于东环北路以北,金塘大道以西,文化南路以北,建宁港路以南,主要以现代商贸、现代物流、专业市场为主导产业。金山科技工业园,总规划面积30.1平方公里,位于金升路——金溪路——东环北路以东,金环大道——通园路——金塘大道以西,建宁港路以北,沪昆高速以南,主要以装配式建筑新材料、生物医药及医疗器械生产、轨道交通配套和复合新材料等为主导产业。荷塘月色康养休闲区,总规划面积26平方公里,位于升龙路以东,沪昆高速以北,北临荷塘区黄塘村,东接浏阳市,主要以医学健康、康养休闲为主导产业。

2016年,金山科技工业园完成固定资产投资78.14亿元,同比增长20%;完成技工贸收入197亿元,同比增长15.48%;完成规模工业增加值71.89亿元,同比增长11.8%;完成高新技术产值198.89亿元,同比增长10%;上缴税金7.79亿元,同比增长18%;园区建成铁达轨道交通装备制造配套项目、嘉德工业园一期(二批)等标准厂房面积24.4万平方米;引进株洲红亚电热设备有限公司、湖南铁达能源科技有限公司等企业35家;引进金山新城天然气利用项目,总投资8.47亿元,金城华亿标厂,总投资7.18亿元;新开工格斯特航空发动机生产及配套零部件生产,三湘硬质合金二期等工业项目10个;完成总部经济园、产品展示及物流配送中心二期等项目征拆面积59.33公顷;完成土地批让44.85公顷;完成土地出让28.73公顷;实现融资15.422亿元,新增资产20亿元;新增株洲金泰硬质合金有限公司、株洲茂翔硬质合金有限公司、株洲长江硬质合金设备有限公司、株洲市三江水玻璃有限公司4家规模以上企业。

**【运动公园竣工开园】** 4月23日,荷塘区运动公园正式开门迎客。运动公园位于金龙路以南、荷塘大道以东，占地面积约3.27公顷，由株洲金城投资控股集团有限公司投资建设，总投资约4000万元。公园设计理念为绿色、开放、自由，通过景观化处理打造成以球类运动为主兼休闲、游憩功能的生态型运动主题公园。

**【张伟达到荷塘工业集中区调研】** 4月28日，省委政研室副主任、省小康办常务副主任张伟达，省统计局科研所所长郭文峰，省委政研室机关党委专职副书记姚杰等到荷塘工业集中区调研指导项目建设，考察嘉德工业园和千金湘药项目建设情况。在项目现场，张伟达详细了解项目进展情况，听取了相关情况汇报并对金山工业园的建设和发展给予了充分的肯定，他表示要总结推广工业园区在标准厂房建设、产业招商上所取得的成功经验，共同推动园区科学发展。市委政研室主任、市全面小康办主任易湘东，区委常委、常委副区长刘伟，区委正县级领导王定国，金山工业园管委会主任陈柏文等陪同考察。

**【湘江药业高端药物制剂研发产业基地竣工】** 5月，株洲千金湘江药业高端药物制剂研发产业基地竣工。该项目为医学健康产业类项目，位于金龙路以北、金塘大道以西，总投资5.4亿元，占地面积11.73公顷，建筑面积3.8万平方米，包括生产车间、动力车间、研发楼、员工倒班房。

**【金城·国投新材料示范园一期项目竣工】** 5月，金城·国投新材料示范园一期项目竣工，该项目位于向阳路以北、金达路以西，为标准厂房项目，占地5.67公顷，建筑面积6万平方米，总投资5亿元。

**【赫崇成到园调研企业发展和项目投资情况】** 5月22日，水利部财务司副司长赫崇成带领国务院督导组在省政府督查室主任毛健刚，市委书记毛腾飞及市直相关部门负责人的陪同下先后到荷塘区嘉德工业园、东都美的城等企业和项目建设现场，调查了解荷塘区促进民间投资工作、企业发展和项目投资等各方面情况，并与区民营企业家代表座谈。赫崇成对荷塘区促进民间投资工作给予肯定，要求通过进一步加强和改善政府服务，发挥政府投资的引导带动作用，促进创业创新投资发展等措施，不断激发民间投资潜力和创新活力，促进民间投资回稳向好。

**【张剑飞到园考察调研】** 5月22日，副省长张剑飞在市委书记毛腾飞、副市长何剑波陪同下到金山工业园考察嘉德工业园项目建设情况。参观后，张剑飞对嘉德工业园优美环境、以商招商的模式及后工业时代运营服务予以肯定，期望嘉德工业园能够规模化，加大规模，加快发展，成为湖南省“135”工程样板园区，在长株潭作为标杆来参观学习和推广。

**【嘉德工业园一期二标项目竣工】** 6月，嘉德工业园一期二标项目竣工，该项目位于金精路以北、金塘大道以东，为标准厂房项目，占地面积4.07公顷，总投资1.2亿元，建筑面积5万平方米。

**【郭开朗考察重点项目建设】** 6月20日，省委常委、组织部部长郭开朗在市委书记毛腾飞，市委常委、组织部长彭爱华，市委常委、市委秘书长、醴陵市委书记周晓理，区领导顾峰、邬凌云、何恒仁、尹念群、刘伟、张赐华、刘国梁、方靖、王定国、陈柏文陪同下到荷塘工业集中区视察重点项目建设情况。郭开朗对荷塘区大力推进园区建设和在项目建设中取得的成绩给予了充分的肯定。他指出，要抓准发展中面临的重大机遇，重点把握项目建设，进一步改进作风，推动经济加速、发展升级。

**【两项目落户园区】** 6月23日，金城燃气茶园综合站项目签约落户金山工业园。项目总投8.47亿元，用地1.73公顷。新建茶园门站1座(含CNG加气母站1座、CNG加气站1座、LNG储配站1座),将铺设中央管道20公里,庭院管网50公里。

9月26日,锂云母中提取碳酸锂项目正式签约落户园区。本项目的主要原料为稀缺的锂云母矿,采用混合法工艺从中提取碳酸锂。项目建成后,预计生产碳酸锂5100吨,销售收入68850万元,税收7500万元。

**【毛腾飞考察荷塘工业集中区】** 10月16日,市委书记毛腾飞一行在区领导郛凌云、王利波、赖晓智、陈柏文、文韶松陪同下考察荷塘工业集中区株洲市农副产品批发交易物流中心项目。考察现场,毛腾飞对市农批项目表示充分,要求政府充分发挥管理、服务职能,加快项目建设进度,能两年半完成的,不要拖到3年完成,以切实提升居民的幸福指数。

**【荷塘区企业服务中心试运营】** 12月1日,荷塘区企业服务中心投入试运营。中心为辖区5000多家中小微企业提供项目代理、融资贷款、人才服务等8大类别75项服务。

**【金山新城企业服务大楼规划展览馆竣工】** 12月25日,金山新城规划展览馆竣工。该项目由湖南华凯创意公司施工建设,于2016年5月动工,总投资额400多万元,总面积约600平方米。规划展览馆位于企业服务大楼一楼,由沙盘模型区、专项规划区、产业规划区、招商引资区等部分组成,为展示城市未来宏伟蓝图、宣传城市美好形象的重要阵地,将成为展示规划远景的重要窗口,是对外宣传金山科技工业园的重要载体和介绍城市发展全貌的重要平台。

**【金山新城举行企业服务大楼揭牌仪式】** 12月26日,金山新城举行企业服务大楼揭牌仪式。该楼201520国投金汇置业投资有限公司、株洲金城燃气发展有限公司2家参股子公司。

**【枫丹路竣工通车】** 枫丹路2015年6月25日启动建设,从香榭路至丽舍路,全长668米,路幅宽15米,车行道10米,人行道两边各2.5米。建设内容为道路、交通、给排水、照明、强弱电等,项目总投资2724.26万元,由湖南红旗市政建设园林股份有限公司负责施工,2016年11月1日通车。

**【金龙西路通车】** 此路是金山新城的横向主干道,西接云龙新城,东与荷塘大道交会。该路2013年10月26日开工,全长2.6公里,路幅宽40米,建设内容为道路、桥梁、人行地下通道、给排水、照明、景观、交通标志标线及信号设施等工程项目。项目总投资约33052.32万元,由湖南鑫成建设有限责任公司负责施工。2016年2月15通车。

**【两项目签约园区】** 6月23日,金城燃气茶园综合站项目签约落户园区。项目总投1.05亿元用地1.73公顷。新建茶园门站1座(含CNG加气母站1座、CNG加气站1座、LNG储配站1座)。

9月26日,锂云母中提取碳酸锂项目签约落户园区。项目主要原料为稀缺的锂云母矿,采用混合法工艺从中提取碳酸锂。项目建成后,预计生产碳酸锂5100吨,销售收入68850万元,税收7500万元。

**【日月湖及配套路网PPP项目开标】** 12月19日,金山新城日月湖及配套路网PPP项目在株洲市公共资源交易中心正式开标。此项目为大型城市水利配套及城市主干道建设项目,包含日月湖生态水利综合开发、日月湖生态修复工程、配套路网(金城西路一期、金荷大道五期A段)工程3个子项目,总投资7.26亿元,占地面积54.47公顷。

【标准厂房建设】2016年，株洲国投金汇置业投资有限公司承建金城·国投新材料示范园项目，项目总占地面积约14.07公顷，总投资5亿元，分3期建设，其中，一期规划工业用地5.67公顷，用于标准厂房建设，建筑面积约6万平方米，二期综合配套建设用地1.73公顷，建筑面积约2.6万平方米，其中，硬质合金材料检测与研发中试公共服务平台投资3350万元，建筑面积约2400平方米；三期净用地6.67公顷，拟作为装配式建筑生产基地，建筑面积3.5万平方米。（陈　静）

## 金城集团

【概况】株洲金城投资控股集团有限公司前身是株洲市金城建设投资有限责任公司，成立于2011年3月9日，是负责投资和开发金山新城的大型国有控股公司。截至2016年12月31日，公司注册资本10亿元，总资产75.6亿元，净资产34.98亿元，总负债40.62亿元，资产负债率53.73%。公司股权结构为株洲市国资委持股51%，荷塘区国资委持股49%。主营业务为土地一、二级开发、城市基础设施建设等领域的投融资、建设及经营管理。

2016年，公司有人员95人。下设综合管理部、投融资财务部、工程建设部、土地开发部、审计合约部、策划招商部、总工办7个部门。拥有株洲金城集团基础设施建设有限公司、株洲金城集团资源开发建设有限公司、株洲金城华亿发展有限公司、株洲金城日月湖置业有限公司4家全资子公司，株洲国投金汇置业投资有限公司、株洲金城燃气发展有限公司2家参股子公司。

【枫丹路竣工通车】11月1日，荷塘区枫丹路竣工通车。该路2015年6月25日启动建设，从香榭路至丽舍路，全长668米，路幅宽15米，车行道10米，人行道两边各2.5米。建设内容为道路、交通、给排水、照明、强弱电等，项目总投资2724.26万元，由湖南红旗市政建设园林股份有限公司负责施工。

【金龙西路通车】2月15日，荷塘区金龙西路通车。此路是金山新城的横向主干道，西接云龙新城，东与荷塘大道交会。该路2013年10月26日开工，全长2.6公里，路幅宽40米，建设内容为道路、桥梁、人行地下通道、给排水、照明、景观、交通标志标线及信号设施等工程项目。项目总投资约33052.32万元，由湖南鑫成建设有限责任公司负责施工。

【日月湖及配套路网PPP项目开标】12月19日，荷塘区金山新城日月湖及配套路网PPP项目在株洲市公共资源交易中心正式开标。此项目为大型城市水利配套及城市主干道建设项目，包含日月湖生态水利综合开发、日月湖生态修复工程、配套路网（金城西路一期、金荷大道五期A段）工程3个子项目，总投资7.26亿元，占地面积54.47公顷。

【标准厂房建设】2016年，由株洲金城投资集团所辖株洲国投金汇置业投资有限公司承建金城·国投新材料示范园项目开工。项目总占地面积约14.07公顷，总投资5亿元，分3期建设，其中，一期规划工业用地5.67公顷，用于标准厂房建设，建筑面积约6万平方米，二期综合配套建设用地1.73公顷，建筑面积约2.6万平方米，其中硬质合金材料检测与研发中试公共服务平台投资3350万元，建筑面积约2400平方米；三期净用地6.67公顷，拟作为装配式建筑生产基地，建筑面积3.5万平方米。（黄　冠）

## 金科投资经营

【概况】株洲市金科建设投资经营有限责任公司（以下简称金科

公司)是株洲市荷塘区人民政府2009年出资成立的非自然人投资或控股的法人独资有限责任公司，公司编制60人。成立以来，以责任、进取、合作、共赢为核心价值，以实现国有资产价值，服务荷塘发展建设为使命，以尊重、沟通、协作、尽责为团队理念，以规范、专业、高效为管理理念，以重细节、重结果为执行理念，以知人善用、适才适用为用人理念，以超越自我为修身理念，以学有所思、学有所获、学以致用为学习理念，以自重自省、慎初慎微为廉政理念。

2016年，公司下设综合管理部、工程管理部、财务融资部、土地开发部、招商营销管理部、审计合约部、物业管理部7个部门，下设株洲市金科城市建设开发有限公司、株洲市金科房地产开发有限责任公司、株洲市金科投资有限公司3个子公司。有员工55人，其中党员14人，中级职称以上11人。注册资本2.16亿元，资产规模56.3亿元。主要承担荷塘区安置房建设、棚户区改造，以及市政基础设施项目的融资、建设等。公司定位为基础设施发展商、国有资产运营商、土地整理开发商、中小微企业投资商。全年实现营业收入总额6.89亿元，新增融资15.76亿元，完成年度融资计划的263%，贷款余额22.48亿元，综合融资成本6.73%，同比上年综合成本7.98%降低1.26个百分点。年内，公司经外部机构评定为AA级信用企业。

**【招商引资】**2016年，金科公司完成东部美的城二期、东环北路项目二期、车辆厂棚改项目、美的荷塘小学、市医药公司戴家岭宿舍5个招商项目的包装策划。成功签约东部·美的城配套建设荷塘小学等，年内实现内资引进8.53亿元。

**【房屋及车位营销】**2016年，金科公司配合区征管办及各街道办事处完成安置房分配380套，签订安置房购销合同180套，总金额3655万元；公司与株洲市金港置业有限公司合作开发御景龙湾项目安置房，年内对往年已团购的单位签订销售合同68套，总金额2569万元。对预计的剩余房源委托金港置业对外销售93套，销售房款4439万元。截至年底，御景龙湾项目安置房部分签订合同305套，销售额11919万元；对安置房地下车位进行全面摸底，并分项目建立相关台账，销售地下车位29个，收取车位款71万元。

**【土地开发】**2016年，金科公司完成土地报批、批回13.33公顷，共计批回土地20.61公顷，实现年度目标任务154.6%。计划完成土地出让10公顷，实现土地出让10.74公顷，完成年度目标计划的107.36%。计划完成征地拆迁13.33公顷，实现征地拆迁20公顷，完成年度目标的150%。

**【安置房项目建设】**2016年，金科公司6个安置房项目，有5个全面完工，完成安置房建设1751套，总建筑面积228514.24平方米。1.金科·新塘家园(新塘路安置房)。项目位于荷塘区红旗中路东程大中华酒店后，安置房建筑面积41204.66平方米，规划总户数293户。4栋房屋全部完工，正陆续办理安置户交房手续。2.金科·和益轩(城际铁路茨茹塘、桂花街道办事处安置房)。项目位于红旗中路铅丝厂，安置房建筑面积14391.95平方米，规划总户数128户，已全部完工，正办理安置户交房手续。3.金科·幸福365(宋家桥城际铁路安置房)。项目位于荷塘区宋家桥学林路旁，其中安置房建筑面积46284.44平方米，安置户数336户。已全部完工，正陆续办理安置户交房手续。4.金科·伴山溪谷(东环北路安置房)。项目位于荷塘区东环北路与黄泥塘路交汇处，其中安置房总建筑面积59571.03平方米，安置户数368户。项目已全部完工，正对接区征管办及办事处，配合区征管办及办事处启动该项目的分房工作。5. 御景龙湾(城际铁路国有土地拆迁安置房)。项目位于荷塘区红旗中路东程大中华酒店后,其中安置房建筑面积67062.16平方米,安置户数626户。项目已全部完工,已完成分房。6.绿韵荷塘(红旗中路城铁安置房)。项目位于新塘西路铅丝厂生活区旁,其中安置房建筑面积12150平方米,安置户数108户,已完成主体工程。

**【棚户区改造】**2016年,按照区委、区政府统一部署,公司有序推进旧城改造,着力改善百姓居住环境,正逐步完善13个棚改项目。其中包括株硬集团生活区、金德生活区、外贸包装厂、原城建局大院家属楼、医药公司戴家岭宿舍5个拆除新建棚改项目。完成车辆厂月桂社区、新塘坡小区、钻石小区、模具小区、粮贸小区、轮胎厂茨凯小区、内燃机配件厂生活区、煤田小区8个老旧小区改建项目。

**【"狼性执行"演讲比赛】**1月20日,金科公司在金科大厦10楼会议室组织"打造企业卓越执行力——狼性执行"主题演讲比赛,共11位参赛选手。区档案局马艳花、区财政局彭治凯、区城建局蔡聃、编办王伟、公司董事长袁洪武任此次演讲比赛评委,评选出一等奖1名、二等奖2名、三等奖3名。

(张梦欣)

# 社会事业

## 教 育

【概况】荷塘区教育局位于荷塘区红旗南路332号。1997年8月成立，其前身为东区人民政府1973年成立的教卫科，1979年7月教卫科改为教育科，1988年1月教育科改为东区教育局，是区政府直属正科级全额拨款事业单位。2016年，内设办公室(加挂“中小学幼儿园安全管理办公室”)、人事教师股、基础教育股、社会力量办学股、发展建设股、教育督导室(对外称荷塘区人民政府教育督导室)6个职能股室，下辖教育科学研究室、教育技术装备站、勤工俭学管理办公室、教育系统会计集中核算中心、青少年活动中心5个二级机构，在编人员37人。

2016年，全区有义务教育阶段学校24所(公办学校22所，民办学校2所)。在编教师1330人，在校中小学生共31574人(公办学校26704人，民办学校共4870 人)，其中外来务工人员子女学生 17925人，占全区在校中小学生总量的56.77%，全区接收外来务工人员子女就读人数为城市4区之首。全区有幼儿园103所，其中公办幼儿园5所，普惠性民办幼儿园45所，在园幼儿约1.3万人。

2016年，荷塘区获评湖南省青少年校园足球试点县(区)、湖南省教育信息化创新应用示范区、株洲市首批中小学心理健康教育示范区;区教育局获第三届中国未来教育家成长论坛优秀案例奖、湖南省关心下一代工作先进集体、湖南省“十二五”科研课题优秀管理单位、株洲市优秀教育学会、株洲市教育系统安全工作优秀单位等荣誉。 (唐彩金)

【基础教育】2016年，荷塘区小学适龄儿童入学率100%，初中入学率100%，外来务工子女入学率100%，小学辍学率为零，初中辍学率为零，小学毕业生初中的直升率98.12%，位列株洲城区五区第二。年内中考，全区初三AAAAA生53人，初二生地会考AA生95人。第十九中学获评株洲市首批中小学心理健康教育特色学校，实验小学获评湖南省第四批生态文明示范学校，晨荷小学获评湖南省四星级红领巾示范校，天鹅湖小学获评株洲市素质教育先进学校。 (唐芬奇)

【学前教育】2016年，荷塘区水竹公办幼儿园开园，新增公办园位120个。支持荷塘区幼儿园成为全区公办园总园。金色梯田幼儿园、东湖幼稚园通过市示范性幼儿园评估验收，其中金色梯田幼儿园被评为株洲市优质资源建设单位。爱丁堡幼儿园获评省优质资源建设单位。至年底，全区有省级骨干园2所，省规范民办学校建设单位1所，市级骨干园2所，市示范性幼儿园4所。区教育局获株洲市幼儿园习惯养成教育优秀案例评选展示活动优秀组织奖。 (吴晓凤)

【特殊教育】2016年，荷塘区依托601中英文小学、第五中学2所随班就读试点学校，对41名残疾儿童开展随班就读以及特殊教育送教上门服务，实现三类残疾儿童义务教育全覆盖。6月中旬，湖南省特殊教育与随班就读工作研讨会上，六〇一中英文小学接受各市县区特殊教育学校代表参观学习，荷塘区教育局作典型经验发言。（罗　芳）

【国学吟诵首期种子教师培训】2月26日，《湖南教育》杂志社主编李统兴博士携知常国学研修团队核心成员到六〇一中英文小学，开启株洲市首批校园文化吟诵名师工作室（张昂波国学吟诵工作室）第一期种子教师培训。同时拉开2016年湖南省国学经典教育示范校师资培训的序幕。来自株洲12所国学经典教育示范校盟校种子教师和吟诵名师工作室成员，以及致力于国学经典教育、国学吟诵爱好者近160名同行参加活动。国学吟诵文化名师工作室是2015年株洲市评选的首批6个文化名师工作室之一，落户于荷塘区六〇一中英文小学。该工作室将“国学吟诵传承”作为研究与推广的主题，结合语文课堂教学、学校德育活动、教师专业发展、学生养成教育等方面在全市范围内组织文化传承、创新和传播活动。（张昂波）

【市足球现场推介暨荷塘校园足球节开幕】4月22日，株洲市足球现场推介会暨荷塘区校园足球节开幕式在第十五中学举行。推介会通过资料汇编、板报展演等形式，各县（市）区交流全市校园足球工作成功经验。授牌揭牌仪式上，荷塘区被市文体广新局授牌株洲市学训中心足球训练基地。同时举行了株洲狼腾足球俱乐部揭牌仪式。荷塘区成为全市第二个学训中心足球训练基地。（谭　杰）

【第五届金色童年校园阳光秀】5月17日，荷塘区第五届金色童年校园阳光秀暨音乐社团展示活动总决赛在八达小学举行。经班级、学校、区级层层选拔，共27个优秀节目参加总决赛。总决赛由器乐场、合唱场、舞蹈场、特色场4个模块组成。展示分学校社团和班级社团2个层次，既有校级器乐、合唱、舞蹈社团展示，又有班级器乐、合唱社团展示。每个社团根据自己的特色，制作精致典雅社团徽章，并在现场展示。最后，14个节目获金奖，13个节目获银奖，18个节目获铜奖。（罗　芳）

【荷兰足球外教进校园】5月中旬，荷塘区特邀请荷兰足球外教到区指导校园足球工作，对4支区队、星河小学、戴家岭小学、六〇一中英文小学、第五中学等校园足球特色学校以及娃娃足球试点幼儿园指导工作。此举为荷塘校园足球发展带来新的思路，注入新鲜元素与活力。（谭　杰）

【举行市红领巾相约中国梦少先队主题队会】5月24日，株洲市红领巾相约中国梦少先队主题队会暨中车株洲所爱心少先队室授牌活动在荷塘区戴家岭小学举行。副区长陈三龙在仪式上致辞。中车株洲电力机车研究所有限公司团委书记柴多为爱心少先队活动室授牌。来自中车株洲电力机车研究所爱心人士为戴家岭小学贫困、留守学生送上学习用品，并与10名贫困学生结成帮扶对象。团市委党组成员杨琼代表团市委为荷塘区教育系统捐赠200多本爱心书籍，荷塘区教育局纪检书记陈宁代表区教育局接受捐赠。

（林　佳　凌　彬）

【阳卫国与荷塘学子共庆“六一”】6月1日，株洲市委副书记、市长阳卫国到荷塘小学与孩子们一起共庆儿童节，向孩子们致以节日问候和祝福，向老师们表示亲切慰问。在荷塘小学校史馆，阳卫国了解到荷塘小学为百年老校后，欣然提笔赠言：今天桃李芬芳，明日社会栋梁。（李　艳）

【市特级教师工作站授牌】6月6日，株洲市特级教师工作站授牌仪式在荷塘区进行。上午在八达小学举行授牌仪式、课例展示，下午在戴家岭小学举办专家讲座，开展交流研讨。市教育局党委副书记、副局长毛大训，副区长冯湘玲、市教培中心主任姜野军、区教育局局长韩永斌、市教育局教师科科长王强、市教育科学院副院长帅晓梅等出席。活动旨在激励全市特级教师以此为平台，提升自我，培养他人，成就团队。（袁灿英）

**【特大暴雨防范】**6月15日，特大暴雨袭击株洲，积水蔓延，道路堵塞，房舍受灾。6：00至22：00，荷塘区教育系统暴雨防范应对工作做到确保每位学生、每个幼儿的安全，确保掌握每一所学校的具体情况，确保重点受灾学校尽快恢复教育教学秩序，确保第二天中考考场秩序稳定。期间，株洲市教育局党委书记、局长钟燕，荷塘区委副书记、区长郘凌云，荷塘区分管教育副区长冯湘玲，市教育局副局长李建国等领导纷纷深入重点受灾学校、幼儿园进行现场指导。重点受灾学校星光小学早上7时50分成为“泽国”，最高水位1米左右，区城建局、区环卫处、区绿化、区卫计局、区防疫站、月塘街道等部门齐上阵，市区领导亲自督阵，全体老师奋战15个小时，还校园一片花红草绿。龙洲小学校长唐胜红凌晨5点就关注天气，6点就电话询问附近村民学校校车途经路线路况，得知道路受阻立刻向局里请示停课一天。7点赶到学校和住校老师一起妥善安排早到校的学生，并通知其他学生停课一天。巡查校园安全时，不慎滑倒脚部受伤，唐胜红笑言：“我的小伤，换来全校无碍，心甘！”虽是特大暴雨，荷塘区未发生一起学生、幼儿安全事故，受灾学校、幼儿园以最快的速度恢复正常秩序，最大限度减少了自然灾害对教育教学工作造成的负面影响。（唐彩金）

**【首届小学生乒乓球比赛】**6月17—18日，荷塘区首届小学生乒乓球比赛在区乒乓球协会举行。活动由区教育局举办，由区乒乓球协会和海威乒乓球俱乐部承办，有13个学校参与，300多名运动员参赛。经过两天比赛，六〇一中英文小学获得甲组团体奖第一名，星河小学获得乙组和丙组团体奖第一名。（杨　勇）

**【国务院教育信息化专项督导】**7月4日，国务院教育信息化专项督导检查组组长刘东在省教育厅副厅长应若平、省教育厅副主任督学黄智勇等陪同下，对荷塘区教育信息化工作进行专项督导检查。听取全区教育信息化工作汇报，实地查看第十九中学、六〇一中英文小学、荷塘小学、红旗路小学、晨荷小学、太阳小学等6所学校。刘东一行鼓励全区充分利用信息技术与各学科的整合，有效开展教育教学改革、信息技术应能力提升和共享平台应用，推动教育信息化持续发展。（王　伟）

**【校园足球新长征荷塘站活动】**7月23日，湖南株洲革命老区校园足球新长征从秋收起义到井冈山荷塘站活动在株洲市荷塘区六〇一中英文小学举行。活动分为足球活动展示和经验分享会两个环节。省教育厅副厅长应若平、省教育厅体卫艺处副处长贺照、市教育局局长钟燕、荷塘区区长郘凌云等领导出席。教育部体卫艺司司长、全国红军小学建设工程理事会副理事长、全国校园足球工作领导小组办公室主任、中国足球协会副主席王登峰讲话：“荷塘区为学校体育、校园足球发展，探索出一条因地制宜、非常有效的途径”。湖南株洲革命老区校园足球新长征活动，旨在通过纪念中国工农红军长征胜利80周年，弘扬长征精神，以星火燎原之势，把校园足球种子撒播到祖国大地。此次校园足球新长征活动历经4个站点，即荷塘站、市二中站、醴陵市站、株洲县站。（谭　杰）

**【15名教育工作者获首届“园丁奖”】**9月9日，荷塘区庆祝第三十二个教师节暨首届园丁奖颁奖典礼在八达小学举行。该奖分教学贡献、管理贡献两大类别，面向全区中小学(幼儿园)教育管理员及教师评选。赵腾达、黄健彪、张诲汝、杨姝、罗慧君、袁丽、陈劲松、袁江、丁绍槐、谭志奇、谢超、杨丽娟、黄战东、范海玉、胡庆玲等15名优秀教育工作者获评园丁奖。（罗 芳）

**【全国主题阅读实验研究高级研修班在荷塘区举办】**9月28—30日，全国主题阅读实验研究高级研修班在湖南省株洲市荷塘区八达小学举办。围绕小学主题阅读实验研究，台湾著名作家、部编教材入选作者方素珍分享《当童诗遇到课本与绘本》，主题阅读课题组核心专家邢淑红带来题为《聚焦教材，关注阅读；聚焦孩子，关注发展》的研究成果分享。来自福建永安市小陶中心小学黄清秋、主题阅读组核心专家蒋俊彦、山西运城临猗贵戚坊小学赵萌、株洲市荷塘区星光小学刘姝琼、荷塘区八达小学赵姜艳等5位老师进行主题阅读精品课程展示。通过专题报告、课例展示、专家点评、网络互动交流的方式，研修班全体学员学习和掌握了语文主题阅读教学的框架和思想内涵，进一步深入理解和领悟语文教学的基本方法和先进理念。（李玲瑛）

**【美的荷塘小学开建】**10月14日，荷塘区美的荷塘小学新建工程项目开工。该建设项目在东部美的城项目内，新塘路片区G地块西南侧，选址位于向阳中路以东，新塘路二期以北，430铁路专线以南，北环线以西。占地面积约3.33公顷，建筑面积1.8万平方米。新建设的美的荷塘小学为公立小学，项目概算总投资1.05亿元，有36个教学班1620个学位。(田芳骐)

**【省教育信息化创新应用示范县(市、区)考察】**11月21日，省电化教育馆副馆长石福新一行通过听取汇报、查阅资料等形式，对荷塘区申报湖南省教育信息化创新应用示范县(市、区)工作进行考察。听取荷塘区关于湖南省教育信息化创新应用示范县市区创建工作的汇报，实地考察区教育局网络中心机房、红旗路小学。石福新表示，荷塘区委、区政府总体部署、统筹推进，全区教育信息化创新应用工作进展和成果令人振奋，涌现出了很多在全省具有示范引领价值的经验，为全省教育信息化创新应用验收工作开创了很好的局面。荷塘区作为全省10个教育信息化创新应用示范县(市、区)之一，建议示范点定位为教育虚拟社区，以湘教云的应用、网络安全管理、微课建设、名师工作室建设为主轴，构建“互联网+教育管理”新体系，建设“互联网+教育服务”新模式，建设“互联网+个性学习”新方式，促进“互联网+教育评价”新变革，教育信息化进一步带动教育现代化，让课堂活起来，让教育靓起来。（王 伟）

**【教育系统党建工作】**2016年，荷塘区教育系统有基层党组织26个，其中基层党委1个，党总支1个，党支部24个。有党员908名，其中预备党员18名，退休党员237名。年内，局机关党支部、学前教育党支部分别代表荷塘区接受市委组织部党建工作督查，均获好评。全区教育系统2016年度履行基层党建工作责任述职评分排名全区行业第一。（严敏娇）

**【学校布局调整】**8月底，荷塘区委、区政府研究决定，按照“一块牌子、一套班子、两个校区、统一管理”的原则，第十五中学顺利并入第十九中学，原十五中校区为十九中东校区，原十九中校区为十九中西校区，两校合并扩大了初中教育优质资源覆盖面，推动荷塘区初中教育走上品牌发展之路。年内，还先后完成桂花小学师生整体搬至陡岭坡小学过渡，博雅小学整体搬迁至原株洲市劳动技校校址过渡，完成戴家岭小学过渡校区装修及新建选址的前期工作，启动美的荷塘小学建设。学校布局的调整，维护了社会大局的稳定，为实施小学教育集团化、品牌化办学奠定基础。（田芳骐）

**【教学研究改革】**2016年，荷塘区抓实教师成长“四项行动”（阅读、课堂、科研、写作），稳步实施未来教育家成长工程，有效促进教师专业发展。全区科研课题成果获省教育学会优秀课题成果二、三等奖4个，湖南省“十三・五”规划课题1个，湖南省学会课题8个、湖南省科学者协会“十三五”课题7个成功立项。教师教学竞赛课获国家、省、市级奖励30多节，教学论文获省、市级奖励160多篇。11项成果获株洲市第六届教育教学改革研究优秀成果一、二、三等奖。荷塘区未来教育家成长工程项目获评株洲市第四届教育工作创新奖，其经验作为唯一代表被株洲市教科院推送参评湖南省中小学教师队伍建设先进经验和典型案例，相关经验先后在省小学科学工作会议、市教育科研工作会议、中国教育家成长联盟全国二次会议湖南分论坛上交流推介。（蔡建平）

**【获湖南省教育信息化创新应用示范区】**12月，荷塘区获评2016年度“湖南省教育信息化创新应用示范区。荷塘区坚持以教育信息化带动教育现代化，不断加大教育信息化投入，对教育城域专网进行升级改造，实现无线全覆盖，100%完成教学班级教学设备升级换代，启动荷塘教育虚拟社区综合应用平台建设，推进教育信息化深化应用和融合创新，成功创建为湖南省教育信息化创新应用示范区，代表湖南省迎接国务院教育督导委员会教育信息化工作专项督查，获得专家组的充分肯定和赞赏，获评株洲市实施教师素养提升“十百千万”工程2016年度工作先进单位。（吴世伦）

**【荷塘成为省青少年校园足球试点县（区）】**2016年，荷塘区在全市率先启动幼儿园“娃娃足球”项目，开展区小学生足球精英队训练，着力培养优秀足球后备人才。先后邀请长春亚泰足球俱乐部、荷兰外籍足球教练来区进校园开展交流。承办株洲市校园足球现场推介会，被授牌为株洲市文体广新局学训中心足球训练基地。成功举办第二届“区长杯”校园足球联赛。六〇一中英文小学、戴家岭小学、第十九中学获评全国校园足球特色学校。全区全国校园足球特色学校增至6所。荷塘区成为湖南省青少年校园足球试点县（区）。（谭　杰）

**【教育扶贫】**2016年，荷塘区资助家庭经济困难学生、幼儿893人次，金额45.7万元。走访慰问困难教师，发放慰问金25万元。出台《荷塘区人民政府乡村教师支持计划（2015—2020年）实施细则》。按照细则落实乡村教师待遇，发放乡村教师生活补助15万元，新进教师分配优先满足农村学校教师需求。派驻1名工作人员到茶陵县梯垅村长期扶贫。落实“三区”（边远贫困地区、边疆民族地区和革命老区）支教计划，选派6名优秀骨干教师赴赴湘西永顺县羊峰学校支教。12月中旬，副区长程轶辉代表区委、区政府到湘西自治州永顺县慰问支教教师，与永顺县共商教育发展大计，有效助推永顺教育均衡发展。（唐彩金）

**【两人获评正高级教师】**2016年，荷塘区有2名教育获评正高级教师。阮千峰，男，1969年7月出生，中共党员，湖南师大教育硕士，湖南省特级教师。1991年任中学教师，先后任班主任、年级组长、教务干事和高考招生专干、教务主任、校长助理、副校长，被评为株洲市第四、五届中学物理学科带头人，株洲市课堂改革十大人物，湖南省基础教育资源网初中物理名师工作室首席名师。被遴选为2015年湖南省初中未来教育家班高端研修成员。自创“一五三”有效课堂教学模式并得到全面推广，辅导学生参加物理竞赛有十多名学生获得全国奖励，撰写教育教学论文有10多篇在省部级掌柜刊物发表，主编或者参与编写教辅用书5册，2014年始任湖南省初中物理网络名师工作室主持人。2016年4月主持研究的湖南省规划课题《青少年“三礼教育”的实践研究》结题，2016年7月阮干峰名师工作室审批为湖南省第三批网络名师工作室，被评为2016年度株洲市创新型校长。

施联华，女，1971年11月出生，湖南科技大学数学系本科毕业。1995年7月参加工作，先后任教师、班主任、教研组组长、学生成长导师。2011年1月获评株洲市初中数学学科带头人，2003年获评株洲市市级骨干教师。2007–2010年获评荷塘区初中数学学科带头人，2007年、2008年、2012年荣立个人三等功，2009年、2010年、2012年先后获评市优秀教师，市百优教师。被《中学数学教学参考》《数学周报》《少年智力开发报——数学专页》《数理报》等报纸杂志聘为特邀编辑。2010年晋升为中学高级教师。（丁绍槐）

## 2016年荷塘区中小学基本情况一览表

| 学校 | 地理位置 | 校园面积（平方米） | 建筑面积（平方米） | 学生数（人） | 开班数（个） | 教职工（人）在岗 | 教职工（人）在编 |
|---|---|---|---|---|---|---|---|
| 第十九中学 | 西校区：株洲市荷塘区新华西路56号；东校区：株洲市车辆厂内 | 40790 | 21769 | 2762 | 53 | 218 | 231 |
| 第五中学 | 株洲市荷塘区育才路29号 | 40153 | 16464 | 1860 | 37 | 159 | 155 |
| 荷塘小学 | 株洲市荷塘区红旗南路320号 | 8615 | 10049 | 3074 | 51 | 156 | 130 |
| 红旗路小学 | 株洲市荷塘区红旗路中路191号 | 12505 | 2878 | 1904 | 32 | 83 | 78 |
| 株洲六O一中英文小学 | 株洲市荷塘区茨菇塘路319号 | 11908 | 10290 | 1604 | 34 | 103 | 83 |
| 八达小学 | 株洲市荷塘区宋家桥430社区内（育才路5号） | 16000 | 12135 | 2001 | 44 | 113 | 69 |
| 博雅小学 | （在原劳动技校过渡） | 过渡 | 过渡 | 1463 | 28 | 80 | 66 |
| 晨荷小学 | 株洲市荷塘区华南路29号 | 7808 | 6487 | 1805 | 31 | 83 | 63 |
| 戴家岭小学 | 株洲市荷塘区戴家岭村 | 14280 | 5609 | 1052 | 18 | 56 | 44 |
| 陡岭坡小学 | 株洲市荷塘区长兴路 | 4802 | 3787 | 1012 | 19 | 55 | 44 |
| 荷塘外国语学校 | 株洲市荷塘区东环路 | 80049 | 32019.6 | 1776 | 42 | 190 | 3 |
| 景弘中学 | 株洲市荷塘区桂花路252号 | 49780 | 60352 | 3087 | 57 | 184 | 8 |
| 黄塘小学 | 株洲市荷塘区仙庾镇黄塘村 | 11000 | 3000 | 276 | 6 | 18 | 17 |
| 金钩山小学 | 株洲市荷塘区金钩山路 | 6040 | 3177 | 661 | 12 | 31 | 24 |

| 学校 | 地理位置 | 校园面积 | 建筑面积 | 学生数 | 开班数 | 教职工（人） | |
|---|---|---|---|---|---|---|---|
| | | （平方米） | （平方米） | （人） | （个） | 在岗 | 在编 |
| 实验小学 | 株洲市荷塘区育才路11号 | 10653 | 3616 | 2260 | 40 | 105 | 91 |
| 星光小学 | 株洲市荷塘区华南路161号 | 10138 | 2839 | 1093 | 18 | 47 | 40 |
| 文化路小学 | 株洲市荷塘区石宋路401号 | 9125.9 | 6320.22 | 964 | 18 | 50 | 25 |
| 星河小学 | 株洲市荷塘区湘华社区 | 9979 | 3250 | 880 | 16 | 50 | 43 |
| 天鹅湖小学 | 株洲市荷塘区麻园路123号 | 4278 | 2721 | 412 | 9 | 28 | 25 |
| 龙洲小学 | 株洲市荷塘区宋家桥街道办事处龙洲村 | 7325 | 2294 | 260 | 6 | 18 | 13 |
| 太阳小学 | 株洲市金山街道太阳村大王坝组 | 5500 | 2016 | 268 | 6 | 18 | 14 |
| 仙庾中心学校 | 株洲市荷塘区仙庾镇仙庚村中间组 | 24470 | 9329 | 480 | 12 | 49 | 38 |
| 明照乡中心小学 | 湖南省株洲市荷塘区仙庚镇星星村 | 15264 | 6005 | 587 | 12 | 37 | 29 |

说明：2016年，荷塘区中小学合计24所，其中桂花小学因市政道路升龙路建设需拆除。8月底，桂花小学师生搬至陡岭坡小学过渡。

## 科学技术

**【概况】** 荷塘区科学技术局设立于1997年11月，其前身为东区科学技术委员会；2001年10月，荷塘区科学技术委员会更名为荷塘区科学技术局，由政府组成部门改为部门管理机构，由政府办公室管理，内设办公室、成果计划股、科普法规股3个职能股室。区科学技术协会并入科学技术局，保留牌子；2008年11月，区科学技术局增设二级机构知识产权局；2012年11月，区科学技术协会重新单设。2015年12月，设立荷塘区科学技术局，为区人民政府工作部门。撤销区知识产权局，将原区知识产权局职责划入区科学技术局。2016年，区科学技术局内设办公室、科技创新与知识产权管理股，行政编制6人。主要负责全区科学技术进步工作、研究全区科技促进经济与社会发展的重大问题、拟订全区科学技术发展的中长期规划和年度计划并组织实施、负责各类科技计划项目申报、推荐、组织实施区级科技项目、参与对经济社会发展有重大影响的跨部门综合性项目的论证与决策、管理本部门及归口管理的区级科技经费，负责全区科技成果、科技奖励、科技保密、科技信息、科技统计、防震减灾、科学技术普及和高新技术管理等工作。

成立以来，荷塘区获得国家科技计划85项，省级科技计划72项，获得部省资金5000多万元。硬质合金国家重点实验室、中国化工株洲橡胶研究设计院有限公司工业（乳胶产品）产品质量控制和技术评价实验室、株洲硬质合金集团有限公司工业（硬质合金及钨制品）产品质量控制和技术评价实验室等优质服务平台扎根荷塘区，成为荷塘区加快科技成果转化重要基础和依托。有色金属材料产业是荷塘区的主导产业，其中硬质合金是亚洲第一、世界第二大硬质合金生产和研发基地。境内有硬质合金企业146家，其中产值1000万元以上的28家，年销售收入过亿元的3家，拥有资产25亿元以上，专业技术人员6800多人，拥有国家技术中心1个，分析测试中心1个，省级工程技术中心2个，其产品占国内33%的市场份额，产品销往70多个国家。另有省级工程技术研究中心3家（湖南省高性能切削刀具工程技术研究中心、湖南省抗病毒药物工程技术研究中心、湖南省女性健康药物工程技术研究中心），院士工作站1家（方岱宁院士工作站—光电能源材料及器件产业），享受政府特殊津贴的专家50多人。2011—2015年，高新技术产业产值154.8亿元，占工业总产值60%以上，连续2次荣获全国科技进步先进城区。2016年，荷塘区的科技综合实力、科技进步水平均保持在全市前列，成功申报并获批湖省科技成果转移转化示范县，作为株洲市唯一获此荣誉的县（区），将连续3年争取省科技厅共1000万元的专项资金支持。

**【创新创业空间】**2016年，荷塘区科技局指导企业成立创新创业众创空间5个，其中株洲宏达电子有限公司成立的众创空间通过省级众创空间，孵化11个子公司；绿缘仙踪农业合作联社成功申报省级星创空间。区政府企业服务中心创客中心初具规模，荷塘区创新创业氛围日趋浓厚。

**【科技成果】**2016年，荷塘区科技局通过各种方式组织企业引进高水平、高层次各类人才。株洲宏达电子有限公司、湖南千金湘江药业股份有限公司等企业吸引30多名专业专家型人才聚集。株洲科能新材料有限责任公司、株洲飞鹿涂料有限责任公司、株洲春华实业有限责任公司与中南大学、湖南大学、中科院等高校和科研院所建立合作关系，20多项科学技术创新项目在国家、省市立项。

**【知识产权工作】**2016年，荷塘区科技局查处专利侵权案件20件，专利纠纷案件立案3件；全区专利技术申请量657件，年均增长12%。8月17日，由荷塘区科学技术局牵头，与市科学技术局组成联合执法组对华润万家商场开展专利行政执法专项检查行动。此次行动重点检查涉及日化用品、家电等几十类近百种商品，发现近20件商品专利标识不规范，执法人员就专利标注相关知识进行宣讲，提高商家规范商品专利号标注，提高商家对假冒专利行为的认知能力和知识产权保护意识。

**【科技创新培训会】**6月17日，荷塘区科学技术局组织召开2016年科学技术创新培训会，邀请株洲市生产力促进中心就高新技术企业认定、研发等相关政策进行详细解读。全区各高新技术企业科技、财务负责人40多人参加培训。会上，市生产力促进中心负责人分别从高新技术企业认定新政策解读、高新技术企业研发费用归集及加计扣除政策、高新技术企业认定网上申报流程及注意事项、知识产权专利运营等有关知识进行讲解，并与培训人员进行交流与探讨，解答企业提出的疑问。

**【一批科技成果获奖】**2016年，株洲硬质合金集团有限公司“Ni3Al强化黏结相的WC-Co-Ni-Al硬质合金制备关键技术及应用”项目获得中国有色金属工业协会科学技术二等奖；株洲硬质合金集团有限公司“碳化钨粉游离碳国家标准样品的研制”项目获得2016年度中国有色金属工业协会科学技术二等奖；株洲宏达电子股份有限公司“CAK55型可靠性指标的片式高分子固体电解质钽电容器”项目获省国防科技进步二等奖；中国化工株洲橡胶研究设计院有限公司“高弹性防水密封材料”项目荣获湖南省国防科学技术进步三等奖。（皮青秋）

# 2016年荷塘区高新技术企业表

| 序号 | 单位详细名称 | 属 性 | 经营范围 | 地 址 |
| --- | --- | --- | --- | --- |
| 1 | 株洲硬质合金集团有限公司 | 高新企业 | 硬质合金、超硬材料及工具；钨、钼、钽、铌等难溶金属制品、化合物及深度加工产品 | 荷塘区钻石路 |
| 2 | 株洲齿轮有限责任公司 | 高新企业 | 汽车驱动桥齿轮、变速器、分动器及减速机的研发、制造和销售。 | 荷塘区华南路 |
| 3 | 湖南千金湘江药业股份有限公司 | 高新企业 | 生产、销售(限自产)片剂、硬胶囊剂、颗粒剂、散剂、溶液剂(外用)、原料药 | 荷塘区文化路1号 |
| 4 | 株洲千金药业股份有限公司 | 高新企业 | 中成药 | 荷塘区金钩山路 |
| 5 | 株洲科能新材料有限责任公司 | 高新企业 | 自营或代理各类商品及技术的进出口业务；经营进料加工和“三来一补”业务。 | 荷塘区金山民营科技园 |
| 6 | 株洲宏达电子有限公司 | 高新企业 | 电容器、电子模块及其他电子元器件、零配件研发、制造、销售。 | 荷塘区新华东路 |
| 7 | 株洲科盟车辆配件有限责任公司 | 高新企业 | 铁路车辆配件加工、销售；配件除锈、除尘、喷漆生产线的制作、安装； | 荷塘区宋家桥 |
| 8 | 株洲星联铁道车辆机电装备有限责任公司 | 高新企业 | 铁路货车、电力机车的各种零部件制造；铁路车辆模具设计、制造；大型非标工装设计、大型组合专用设备、生产线的研制，设备维修和设备安装，以及各类刀具、量具、模具和医疗器械等的制造。 | 荷塘区宋家桥 |
| 9 | 株洲春华实业有限责任公司 | 高新企业 | 锻造、铸造、冲压件、工模具制造 | 荷塘区金山工业园 |
| 10 | 株洲新通铁路装备有限公司 | 高新企业 | 铁路铺轨机、架桥机及捣固机设计、制造及修理 | 荷塘区宋家桥 |
| 11 | 湖南铁达能源科技有限公司 | 高新企业 | 压缩气体和液化气体 | 荷塘区宋家桥 |
| 12 | 株洲飞鹿高新材料技术股份有限公司 | 高新企业 | 醇酸漆类、丙烯酸漆类、环氧漆类、 | 荷塘区金山工业园 |
| 13 | 株洲市九洲传动机械设备有限公司 | 高新企业 | 高速电力机车及内燃机车齿轮 | 荷塘区金山民营科技园 |
| 14 | 株洲科迪亚实业有限公司 | 高新企业 | 矿产品、金属产品、竹木制品、包装制品加工及销售；化工产品、机电产品、机械配件、水暖器材、硬质合金销售；法律法规允许范围内的进出口及“三来一补”业务。 | 荷塘区金山民营科技园 |
| 15 | 株洲钻石钻掘工具有限公司 | 高新企业 | 硬质合金钻掘工具的研发、生产、销售 | 荷塘区钻石路 |
| 16 | 中国化工橡胶株洲研究设计院 | 高新企业 | 乳胶制品、橡胶制品、高分子合成材料 | 荷塘区新华东路818号 |

| 序号 | 单位详细名称 | 属 性 | 经营范围 | 地 址 |
| --- | --- | --- | --- | --- |
| 17 | 现代农装株洲联合收割机有限公司 | 高新企业 | 农业机械、机电产品的开发、生产、销售 | 荷塘区金山路589号 |
| 18 | 株洲美特优硬质合金有限公司 | 高新企业 | 硬质合金加工、销售 | 荷塘区大坪路56-3号 |
| 19 | 株洲迪远硬质合金工业炉有限公司 | 高新企业 | 冶金、机电设备及工业炉配件的设计、制造、销售；仪器仪表、阀门、金属材料、耐火保温材料、机械零部件批发零售。 | 荷塘区金山工业园内 |
| 20 | 株洲市赛富自动门有限责任公司 | 高新企业 | 金属自动门设计、生产、销售、安装及维修；金属材料、电器机械及器材、金属自动门配件销售；电光源设备、隔音降噪产品的设计、生产、销售及进出口贸易。 | 荷塘区新华东路332号 |
| 21 | 株洲翔宇硬质合金有限公司 | 高新企业 | 粉末冶金及硬质合金制品生产、销售以及上述产品的进出口业务 | 荷塘区仙庾镇人民政府旁 |
| 22 | 株洲三湘硬质合金工具有限公司 | 高新企业 | 硬质合金制品、五金工具、机电产品及配件 | 荷塘区金山路500号 |
| 23 | 株洲宏达陶电科技有限公司 | 高新企业 | 陶瓷电容器、陶瓷材料以及相关材料、电子元器件研制、生产、销售。 | 荷塘区新华东路1297号 |
| 24 | 株洲市源创科技有限公司 | 高新企业 | 运输车辆产品配件研发、制造与销售；非标工装设计、制造与销售；车辆科技咨询与服务 | 荷塘区同心路丰泽园办公楼 |
| 25 | 株洲通达合金材料有限公司 | 高新企业 | 钨钼合金、金属陶瓷的生产、销售；以上产品的进出口业务 | 荷塘区红旗中路新塘坡村 |

（皮青秋）

# 文化体育旅游

**【概况】**荷塘区文化体育和旅游局于2015年12月由原区文化体育新闻出版局、原区旅游管理局整合成立，为区人民政府工作部门。2016年，内设办公室、文化体育股、旅游管理办公室，下辖事业单位区文化馆，有机关行政编制6名。在职人数为15人办公地点株洲市荷塘区新华东路20号。

**【文体活动精彩纷呈】**2016年，荷塘区文化体育和旅游局通过多层次的文化艺术活动的开展实现周周有演出、月月有电影、季季有比赛和展演，丰富和活跃了群众文化生活。1月，举办全区机关干部“迎新春、金城杯”乒乓球比赛；2月，举办荷塘区首届舞龙舞狮大赛、送全家福、送春联等系列文化活动；3—9月，举办荷塘区2016年“欢乐潇湘·欢乐株洲”群众文艺会演10场以及2016年荷塘区首届艺术节大型群众文艺会演，参与演员2000多人，节目数量171个，观众万人次，其中选送节目获得省三等奖1个、市特等奖1个、金奖1个；4月上旬，启动“足球进校园”系列培训及比赛；完成区机关文化建设方案，启动区机关文体活动中心建设，与机关文化建设领导小组一起建立和完善各类活动小组、协会并组织开展系列文化、体育活动；5月，在庆祝中国共产党成立95周年“红旗颂”大型群众合唱比赛株洲复赛中荷塘区派出84人的合唱代表队获得银奖，举办荷塘区“劳动杯”乒乓球比赛；6月，举办2016荷塘艺术节“忠孝荷塘”——荷塘区首届书法、美术作品展，共有120幅书法、美术作品参展；6月底开展荷塘区文化志愿者下乡义演活动；6-7月，举办荷塘区社区文化周活动；7月，组织辖区队伍参加市局举办的群众排舞、广场舞比赛；7-8月，开展荷塘区“我的书屋，我的梦”暑期农村少年儿童读书活动；8月，举行全民健身日宣传活动；10月，国庆期间举办3场株洲市群众文艺团队星级评定展演暨社区大舞台荷塘区专场演出；9-11月，开展“忠孝荷塘”读书征文活动；10月，参加株洲市首届艺术节广场舞、声乐、器乐、小品4场展演；11月，组织文化志愿服务团进行流动车演出，走进仙庾村、仙庾敬老院、金山街道太阳村。这些活动扩大荷塘区的知名度，提升了荷塘区文化内涵，丰富了群众文化生活。

**【群众文化组织蓬勃发展】**2016年，荷塘区有民间艺术团体上百支，比较稳定团队23支，总人数达到750多人，年活动场次超过2000多场，为每个民间艺术团队配备音箱、乐器、服装等，总价值50万元以上。荷塘区民间艺术团体每年都举办活动2次以上，其中全省百佳剧团1家、全市百佳剧团2家。

**【文化遗产保护】**2016年，荷塘区认真做好文物普查和文化遗产保护工作。境内有省级文物保护单位文昌阁；市级文物保护单位流芳园、仙庾庙、齐雨坡遗址、毛围岭遗址、凤形山墓群、乌龟山墓群、株浏古道、牛形山抗战遗址、抗日阵亡将士墓(大观塘)、抗日阵亡将士墓(东流)、刘劭民墓等11处；市级非物质文化遗产仙庾庙会；区级文物保护单位16个。

**【文化市场管理】**2016年，荷塘区文化体育和旅游局将21项行政审批事项纳入荷塘区“一门式”，以红头文形式确定荷塘区文化体育和旅游局“一门式”首席代表AB岗人员，办理各种审批服务事项，实现网上申请和网上审批。开展安全生产专项整治、净化出版物市场、净化学校周边环境以及出版物市场的地摊游商等“扫黄打非”以及旅游市场安全生产专项整治行动；加强校园周边、网吧、娱乐场所、演出市场、网络文化市场、书画艺术品市场、旅行社、星级旅游饭店的日常监管和专项治理。进一步规范了文化旅游市场管理。

**【全民健身网络完善】**2016年，荷塘区为唯一将全民健身专项经费列入财政预算的城区。区级建立体育总会和体育单项协会，乡镇街道建立体育分会，社区建立体育健身俱乐部、青少年体育俱乐部，企业建立职工体育俱乐部等组织，形成社会化全民健身组织网络。辖区内现有体育舞蹈、武术、乒乓球、羽毛球、健身广场舞、校园足球等10多个门类，共有社团、队伍、小组130多个；有获得技术等级证书等社会指导员300多人。年内新成立荷塘区广场舞协会。

**【体育资源】**2016年，荷塘区将全民健身事业纳入全区国民经济和社会发展规划，是株洲市唯一将全民健身活动经费列入财政预算的城区。公共体育设施建设近年来得到较快发展，2011年荷塘区开始实施“农民健身工程”，每年有3套以上健身路径免费发放到社区。2012年，争取专项资金20万元，完成明照乡农民健身广场建设。2013年，全区39个村落实建设资金30万元，健身器材27套（价值27万元），建成农民健身场地10个；至2016年，全区（不含教育资源）建有各类体育场、馆48个，全民健身活动点140个，全民文化志愿者送春联。

**【旅游资源】**2016年，荷塘区孝文化园项目概念性规划、景观单体设计、项目可行性研究报告及立项批复已经完成，通过评审；组织开展老莱子墓遗址考古勘探，建宁古城遗址考古调查；完成仙庾庙相关历史资料收集和整理，正式出版发行书籍——《仙庾岭》；流芳园公园扩园建馆项目完成一期烈士陵园建设；启动龙山寺佛教文化园AAA级旅游景区创建工作；新增旅游厕所2个；完成旅馆业普查，新增旅馆19家，客房402间，床位974张；指导星级旅游示范点提质改造，打造杨家寨、王家冲山庄等特色山寨、山庄；协助开展2016荷塘金秋旅游购物节；积极为龙山寺游客服务中心等6个旅游项目争取旅游发展专项资金，并全方位进行推介。

**【国家公共文化服务体系创建】**2016年，荷塘区政府与株洲市政府签订创建国家公共文化服务体系工作责任状，荷塘区文化体育和旅游局对照市、区两级对创建工作的有关要求，迅速启动该项工作。一是成立以区长为组长，宣传部部长、区政府副区长为副组长，区直机关、镇、街道办事处、管委会行政负责人为成员的荷塘区创建国家公共文化服务体系示范区工作领导小组，统筹协调创建工作；二是结合实际制定创建工作方案。结合荷塘区文化体育和旅游局实际情况制定实施方案、工作任务分解表、建设规划（2015—2017），以及领导小组季度例会制度、工作预排机制、督办机制、考核机制等4项工作制度；三是铺开相关创建工作全面。区政府常务会研究明确荷塘区创建国家公共文化服务体系工作经费60万元，通过荷塘区文化馆、图书馆馆舍建设方案，重点打造6个基层公共文化服务示范点以及荷塘区4大文化品牌活动。召开全区创建工作动员大会，对辖区各文化艺术资源情况以及各乡镇、街道、村、社区文化基础设施情况进行走访调研，组织摸底建立荷塘区业余团队和文化志愿者名录，学习外地成功创建经验，组织召开全区创建国家公共文化服务体系示范区资料员培训会，加强区、镇办、社区公共文化基础设施建设。

**【民生实事完成】**2016年，荷塘区直播卫星户户通工程建设任务目标1200户，配套资金15.6万元，为村民免费安装使用，率先在全市完成安装任务，并获得省先进单位。农村公益电影放映任务516场，国产优秀影片投放区内3个固定放映点以及4个流动放映点进行放映，并送电影进学校、敬老院；全区文化体育设施建设面积3.6平方米／人；文化体育旅游产业发展增加值占GDP比重大于8%；文化教育娱乐服务消费支出占消费总支出比重大于18%的“小康”任务；全年收到市人大建议1件，区政协提案4件，建议提案交办获100%非常满意；区文化馆开办公共文化免费培训班，内容包括合唱指挥培训班、葫芦丝培训班、舞蹈培训班、创建国家公共文化服务示范区培训、戏曲培训班以及时装秀培训班，有400多名文化骨干接受培训。

**【首届舞龙舞狮大赛】**2月21日（正月十四），荷塘区首届舞龙舞狮大赛在耕食记前坪举行。月塘街道、茨菇塘街道、金山街道、桂花街道、宋家桥街道、合泰管理办公室、荷塘月色示范区管理委员会、仙庾镇9条龙进行比赛。月塘街道和茨菇塘街道各一头狮子进行表演。舞龙舞狮比赛过程中穿插荷塘区业余团队的文艺节目。

**【首届艺术节大型群众文艺汇演】**3月—10月，荷塘区首届艺术节大型群众文艺会演活动分别在辖区社区大舞台、文化广场、演艺剧场、礼堂等地举行。辖区内的镇、街道、管委会各组织一场文艺会演，按照海选、精选和会演三个环节开展活动。从海选中精选优秀节目，进一步指导完善、修改提高；打磨一批精品文艺节目，结合自身特点，组织一台综合晚会进行会演展示。展演活动旨在全面展示荷塘区群众文艺成果，提高群众文艺水平、激发群众文艺热情，重点凸显本次活动的群众参与性。

**【荷塘区社区文化周活动】**6月29日—7月2日，举办荷塘区社区文化周活动（文艺演出19时30分至21时，其他项目白天另行安排。）活动地点为辖区社区大舞台、文化广场等。活动以露天的形式搭建舞台演出。荷叶塘社区"社区大舞台"的喜相逢文体艺术团联系市文化艺术馆和社会文艺团体共同参与演出。活动内容为四类：一类是文艺会演：歌、舞、花鼓戏、京剧、黄梅戏、曲艺、乐器演奏等；二类是趣味体育竞技运动：齐心合力奔小康、拔河、端乒乓球、背老婆等、舞龙、舞狮、威风锣鼓等丰富、形式多样的节目交叉进行；三类是书法竞赛：自愿报名参加；四类是政策宣传：由社区安排相关工作人员进行政策解答和发放宣传资料。

**【首届艺术节广场舞】**10月9日，荷塘区首届株洲艺术节群众音乐舞蹈大赛广场舞专场在钢琴广场举行，这是2016年首届株洲艺术节整体赛事的第一场比赛。株洲市各县市区的13支广场舞队伍参加比赛。（何香绮）

## 卫生和计划生育

**【概况】**荷塘区卫生和计划生育局于2016年1月由原荷塘区卫生局、荷塘区人口和计划生育局、爱国卫生运动委员会办公室合并而成，主要承担全区临床医疗、疾病预防、妇幼保健、农村社区卫生、公共卫生服务、卫生计生综合监督、爱国卫生、和计划生育服务管理等职责。区卫计局编制数为23个，其中行政编制9个、事业编制14个；实际在编人数18人。内设5个行政股室：办公室、医疗管理股（中医管理股）、计划生育基层指导股、计划生育家庭发展股（综合治理办）、爱国卫生工作股；3个事业单位：区医改办、区卫计会计核算中心、区流管站。下属事业单位12个：区妇幼保健计划生育服务中心、区疾病预防控制中心、区农合办、区卫计综合执法局、7个基层医疗机构（月塘街道社区卫生服务中心、茨菇塘街道社区卫生服务中心、桂花街道社区卫生服务中心、金山街道社区卫生服务中心、宋家桥街道社区卫生服务中心、仙庾卫生院、明照卫生院）、新华医院（现租赁给同济医院）。

2016年，全区卫生计生系统有医疗卫生机构280家，其中市直医疗卫生机构13家，镇卫生院（妇幼保健计划生育服务站）2家，社区卫生服务中心（妇幼保健计划生育服务站）5家、民营医疗卫生机构221家，村卫生室24家。2016年末全区拥有床位数2938张，每千人拥有床位数9.41张。

2016年，荷塘区卫生和计划生育局荣获2014—2016年全国计划生育优质服务先进单位、2014—2016年湖南省计划生育优质服务先进单位；株洲市文明单位；区疾控中心血防办荣获湖南省血吸虫病防治工作优秀单位；仙庾镇卫生院获全国群众满意的乡镇卫生院；桂花街道社区卫生服务中心、月塘街道社区卫生服务中心获2016年度省级群众满意社区卫生服务中心。

**【计划生育优质服务先进单位创建】**2016年，荷塘区卫计局对创建新一轮全国计划生育优质服务先进单位工作高度重视，一把手亲自抓、亲自调度，检查每周一调度、每月一总结的工作模式，全面整合卫计系统工作资源和力量，完善基础工作、收集整理资料。10月20日，迎接省综合调查暨创建“新国优”工作调查组检查，调查组在经过查看资料、实地调查、听取汇报后，对荷塘区卫生计生工作给予高度评价。省卫计委将“荷塘区互联网‘一门式’服务提效能惠民生”作为典型向全省推介。获得2014—2016年全国计划生育优质服务先进单位称号。

**【计生利导服务】**2016年，荷塘区卫计局做好农村部分家庭奖励扶助对象、计划生育特别扶助对象、城镇独生子女父母奖励对象等对象确认与奖励落实。全年全区享受农村奖励扶助612人，计生特别扶助309人，城镇独生子女父母奖励20456人。

**【中医药管理】**2016年，荷塘区卫计局加大社区卫生服务中心服务能力建设，投入60多万元建设资金，对宋家桥街道社区卫生服务中心、金山街道社区卫生服务中心、桂花街道社区卫生服务中心、月塘街道社区卫生服务中心、茨菇塘街道社区卫生服务中心进行标准化的中医馆建设，总建设面积1800余平方米，统一中式风格，突出中医药传统文化特色。开设了中医诊室、针灸室、推拿室、康复室、理疗室、熏蒸室、中医房，煎药室。配备针灸器具、艾灸仪、电针仪、推拿治疗床、颈腰椎牵引等设备，为社区居民开展基本医疗、康复服务、中医药健康管理服务，提升了为社区居民健康服务的能力。

**【基层卫生体系建设】**2016年，荷塘区强化基层卫生体系建设。一是全面提升医务人员综合素质。强化基层医务人员培训，积极组织各类基层专业技术业务培训，开展岗位练兵及技能比武活动，推选出37人参加区级竞赛，提高基层医护人员的医疗水平和服务意识。对乡村医生开展定向培养，政府对其学费予以适当补助。二是加大财政投入。2016年进行基层医疗机构中医馆、数字化门诊、卫生院的污水处理、标准化村卫生室的建设，完善以社区卫生服务中心(卫生院)和村卫生室为基础的基层医疗卫生服务网络。三是积极开展群众满意乡镇卫生院和社区卫生服务机构创建活动，其中仙庾镇卫生院获2015—2016年度国家级群众满意的乡镇卫生院称号；桂花街道社区卫生服务中心、月塘街道社区卫生服务中心获2016年度省级群众满意的社区卫生服务中心称号。

**【公共卫生服务】**2016年，荷塘区建立城乡居民电子健康档案248695份，开展义诊、健康咨询12450次，举办健康知识讲座75次，发放健康教育资料42578份；免费接种一类疫苗66233剂次；开展65岁以上老年人免费体检10865人；管理高血压患者16060人、糖尿病患者5925人、重性精神病1068人；分别新增管理高血压、糖尿病和重精患者2187人、794人和181人，孕产妇健康管理率96.7%，儿童健康管理率82%，全年无孕产妇死亡，5岁以下儿童死亡率控制在4.87‰以下；2016年完成39人重性精神病救治救助目标任务，比任务目标多救助11人。

**【基本药物制度】**2016年，荷塘区卫计局继续巩固基本药物的实施面。辖区所有基层医疗机构、村卫生室继续认真落实国家基本药物制度，严格执行网上集中采购、统一配送与零差率销售。

**【“家医签约”服务】**2016年，荷塘区卫计局继续推行家庭医生服务模式，让基层医疗卫生机构医务人员成为群众的健康管家，为公众提供主动、全面、精准、便捷的医疗健康服务。至2016年底，有31330户、95156人城乡居民签订服务协议，城区签约率30%，农村签约率80%以上。为使签约居民享受到更便捷、优惠的转诊服务，区二级、三级医院签订技术指导与转诊协议书。对于合作医院建议转诊门诊或住院的签约患者，双方可以为患者安排好具体的科室或诊室，患者持基层医疗机构的转诊单及家庭医生、乡村医生签约协议书，便可以直接进入相关科室接受诊疗。签约患者在享受便捷转诊的同时，还可以享受免挂号费、检查治疗及其他项目等10%的优惠。至年底，转诊签约居民1800多人次，优惠费用46万多元。

**【妇幼保健计划生育服务】**2016年，荷塘区妇幼保健计划生育服务中心于2016年1月由原荷塘区妇幼保健所、原区计划生育服务站职责整合而成，为区卫生和计划生育局所属全额拨款正科级事业单位。主要职责为辖区内妇女、儿童提供保健服务，负责基层医疗机构妇女、儿童保健工作的管理、业务培训及指导；承担辖区内划生育宣传教育、技术服务、优生指导、药具发放、信息咨询、随访服务、生殖保健、人员培训；承担辖区助产医疗机构的产科质量管理；开展婚前检查、孕前优生健康检查和出生缺陷综合防治等工作。内设6个股室，分别为办公室、儿童保健股、妇女保健股、计划生育技术服务股、检验科、婚前保健科。核定事业编制9名，实有人员14人（主任1人、副主任1人、专技人员7人）。临聘人员5人。

**【标准化区级妇幼保健机构建设】**4月，荷塘区标准化区级妇幼保健机构投入使用，为荷塘区妇女儿童提供环境温馨的优质服务场所。6月3日，迎接国家卫计委妇幼健康司副司长宋莉等领导先后考察，对荷塘区工作给予充分的肯定和高度评价。

**【"两癌"筛查】**2016年，荷塘区对进行农村妇女"两癌"筛查3646人，普查率100.2%。可疑宫颈癌、乳腺癌患者均已通过电话及上门通知进一步检查，实现早发现、早治疗、早干预的目标。

**【疾病预防控制中心概况】**2016年，荷塘区疾病预防控制中心在原卫生防疫站的基础上于2016年将原区疾控中心（卫生监督所）的疾控和监督执法职能分开后重新组建的全额拨款副科级事业单位，核定事业编制25名；实有人员31人，其中编制内17人，聘用人员13人，外单位借调1人。承担全区疾病预防控制、突发公共卫生事件应急处置、疫情报告、健康相关因素信息管理、健康危害因素监测与干预、实验室检测分析与评价、健康教育与健康促进、全区病媒生物防制工作的技术指导等工作。负责指导辖区内医疗卫生机构开展疾病预防控制工作，业务技能培训、基层医疗机构落实国家基本公共卫生服务项目疾控项目。内设办公室、疾控一科（传染病防控、应急、免疫规划、血防、地寄）、疾控二科（艾防、慢病、健教、公卫、结防）、卫生监测科、检验科。

**【疾病防治】**2016年，荷塘区制定"十三五"期间血吸虫病防治规划及方案，开展监测点流动人员的查病工作。组织辖区内学校开展消除疟疾、麻风病和碘缺乏病的健教活动，并对辖区医疗机构开展春、秋季查、灭螺专用知识培训及消除疟疾、麻风病、碘缺乏病和土源性线虫病相关知识培训和督导。完成居民户碘盐监测工作，调查居民户碘盐300份，组织开展第9个全国疟疾日、第23个全国防治碘缺乏病日宣传活动及血防宣传周等活动。12月，区疾病预防控制中心荣获省血吸虫病防治工作绩效考核优秀单位。

**【荷塘区新型农村合作医疗管理办公室】**成立于2008年，属全额拨款副科级事业单位，编制4名。内设办公室（财务股）、审核股、稽查股。负责落实新型农村合作医疗有关政策，拟定有关规章和制度；执行新型农村合作医疗基金财务管理办法和基金会计核算办法，确保基金安全；指导镇办开展新型农村合作医疗的宣传、发动和筹资工作；承办定点医疗机构、参合农民费用审核、结算和支付业务；管理、维护全区新型农村合作医疗信息网络；承办收集、汇总、统计、分析新型农村合作医疗信息并及时上报等工作任务。

**【参合筹资】**2016年，荷塘区新农合参合人数48632人，参合率99.2%。筹资标准540元/人，其中个人缴费120元/人，政府配套420元/人。全年筹资总收入2643.12万元，其中农民个人缴费567.77万元，区政府“一进二访”资助缴费15.82万元，中央财政补助1167.17万元，省级财政补助313万元，市级财政补助422.69万元，区级财政补助139.71万元，利息收入16.96万元。

**【基金补偿】**2016年，荷塘区有35295人次得到新农合基金补助，补助金额2487万元。其中住院医疗补助7427人次，实际补助金额2135万元。普通门诊补助25050人次，补助金额80万元。定额住院分娩补助621人次，补助金额43万元。大病特殊门诊补助1434人次，补助金额135万元。意外受伤等其他补助510人次，补助金额89万元。计生二次补偿253人次，5万元。年内政策范围内住院补偿率75%。

**【卫生计生综合监督执法局成立】**4月，荷塘区卫生计生综合监督执法局成立。该局是在原荷塘区卫生监督所的基础上合并计生有关执法职能成立的全额拨款事业单位。负责开展公共场所、医疗机构、打击“两非”、社会抚养费征收、饮用水安全、传染病防治、学校卫生的监督检查，以及上级交办的有关工作任务。2016年，全区有公共场所432家，医疗单位280家，二次供水单位14家，学校25所。全局编制9人，有工作人员10人。内设办公室、环境卫生科、医疗和学校卫生综合监督科、计生综合监督科。

**【“两个率先”】**2016年，荷塘区卫计局有两项工作走在全市前列。一是率先在全市进行公共场所卫生许可证办证“一门式政务服务”。将新办卫生许可证的发放时间。由原规定的20天缩短为10天，延续时间由到期前30天压缩为5天，变更、补办和审核办理确定为即办件，确保方便办证群众。二是率先在全市卫生计生监督执法系统推行行政执法现场全记录工作。按照全省关于推进执法全记录工作的要求，投入资金为每位监督员配备现场执法记录仪，制定《现场执法全记录制度》，对开展现场执法取证提供了有力的技术支撑。

**【监督协管】**2016年，荷塘区卫生计生综合监督执法局对432家公共场所单位、263家医疗机构、14家二次供水单位开展日常监督工作。新办卫生许可证102个。医疗监管单位的建档率和监督覆盖率100%。公共场所单位的建档率和监督覆盖率95%以上。

**【计生执法】**2016年，荷塘区卫生计生综合监督执法局查处社会抚养费案件7件，征收社会抚养费195625元。查处“两非”案件3例，处理医务人员3人，经济处罚4.5万元。（杨龙霞）

## 2016年荷塘区医疗机构（医院）表

| 名称 | 性质 | 级别 | 地址 | 床位（个） | 建筑面积（平方米） |
|---|---|---|---|---|---|
| 株洲四三0医院 | 非营利性 | 2级 | 株洲市荷塘区宋家桥 | 160 | 10506 |
| 株洲新兴医院 | 营利性 | 2级 | 株洲市荷塘区石宋路365号 | 210 | 28728 |

| 名称 | 性质 | 级别 | 地址 | 床位 | 建筑面积（平方米） |
| --- | --- | --- | --- | --- | --- |
| 株洲同济医院 | 非营利性 | 未定级 | 株洲市荷塘区新华东路1015号 | 100 | 7500 |
| 强生肛肠医院（原株洲中西医结合医院） | 营利性 | 未定级 | 株洲荷塘区合泰大街63号 | 20 | 3450 |
| 株洲恺德心血管病医院 | 非营利性 | 3级 | 株洲市荷塘区茨菇塘恺德路99号 | 386 | 38717 |
| 株洲仁和妇产医院 | 非营利性 | 2级 | 株洲市荷塘区合泰商业大街159号 | 100 | 11581 |
| 株洲阳光泌尿专科医院 | 营利性 | 未定级 | 株洲市荷塘区新华西路51号 | 20 | 1212 |
| 株洲市劳动卫生职业病防治所 | 非营利性 | 未定级 | 株洲市红旗中路467号 | 32 | 4090 |
| 株洲安贞妇科医院 | 营利性 | 未定级 | 株洲市荷塘区钻石路3号 | 30 | 1200 |
| 株洲耳鼻喉专科医院 | 营利性 | 2级 | 株洲市荷塘区新华东路1029号 | 50 | 3000 |
| 株洲海福祥护理院 | 非营利性 | 2级 | 株洲荷塘区新华东路319 | 200 | 4200 |
| 株洲市三医院 | 非营利性 | 2级 | 株洲市荷塘区向阳广场 | 580 | 22854 |
| 株洲市人民医院 | 非营利性 | 3级 | 株洲市荷塘区新华西路新屋街300号 | 700 | 42201 |
| 株洲仁心医院 | 营利性 | 1级 | 株洲市荷塘区汽车城B区一栋服务大楼 | 95 | 5000 |
| 株洲博大医院 | 营利性 | 1级 | 株洲市荷塘区裕丰路裕丰广场1区20栋 | 30 | 2600 |
| 株洲光大医院 | 营利性 | 1级 | 株洲市荷塘区文化路火把冲东环新城53栋 | 20 | 1000 |
| 株洲红十字博康医院 | 非营性 | 1级 | 株洲市荷塘区红旗中路27号 | 40 | 1800 |

（杨龙霞）

# 镇·街道办事处

## 仙庾镇

**【概况】**仙庾镇境内有名山仙庾岭，镇以山名。1956年为蝶屏乡；1959年划归株洲市郊区，1961年成立蝶屏公社；1979年恢复乡建制，属株洲县；1984年划归株洲市郊区；1997年划归荷塘区；2001年撤销蝶屏乡，设立仙庾镇；2015年撤销明照乡，与原仙庾镇整建制合并成立新仙庾镇。仙庾镇地处株洲市东大门，毗邻浏阳、云龙新区。全镇面积87.31平方公里，常住人口3.4万人。2016年6月合并村工作完成后，辖金塘、明照、分路口、兴塘、联星、黄陂田、徐家塘、黄塘、东山、樟霞、亭子前、星星12个行政村和永福社区。镇党委下设1个党委，10个党总支，4个党支部，党员1223名。辖区产业为以水泥为主的建材业、以仙庾岭农家休闲为主的休闲旅游业和以金塘、明照片区项目为主的园区经济三大产业。沪昆高速、长株高速邻近而过，境内有省道211线、茶马公路、县道龙樟公路等。植被资源丰富，森林覆盖率达到70%，属于长株潭生态绿心核心区。

2016年，全镇生产总值12.96亿元，同比增长8.2%；社会固定资产投资43.10亿元，同比增长24%；社会零售总值预35264万元，同比增长11.9%；财政收入4200万元，同比增长9.5%；农民人均纯收入18000元，新增规模企业2家，全镇经济发展势头强劲。仙庾镇被评为全省信访工作先进集体、全市先进基层党组织、全市武装工作先进单位、全市计划生育工作先进单位、全市卫生乡镇、樟霞村被评为省“两型”村庄、黄陂田村被推荐为省重点民生实事美丽乡村示范村、金塘村被评为全市文明建设先进单位。

**【项目攻坚】**2016年，仙庾镇重点项目16个，其中续征项目8个、新征项目8个。所有项目实行每天一调度，每日一督查。组织开展“党旗飘在项目上”活动，在株洲市农副产品批发交易物流中心、华亿标厂、明照限价商品房等项目多个指挥部成立临时党支部，镇党委书记、镇长带头放弃休息，全员进入“白+黑”“5+2”“雨+晴”工作状态，有效推动项目攻坚。年内，各项目已交土地122.27公顷，签约房屋351栋，拆除房屋255栋。其中株洲农副产品批发中心、日月湖、总部经济园、铁达燃化、华亿标厂一期、金精路等项目交地并开工。

**【镇村改革】**2016年年初，仙庾镇顺利完成乡镇合并，原明照乡、仙庾镇所有人员、工作实现无缝融合、高效运行；7月，完成建制村合并和区划调整工作，撤并11个村、区划调整5个村，合并后下辖12个行政村，1个社区；完成“多规合一”规划试作，并切实推动新型城镇化试点建设工作；全面完成镇本级和13个村（社区）便民服务中心（站）建设并投入使用。

**【党建基础建设】**2016年，仙庾镇按照“集体领导、民主集中、个别酝酿、会议决定”要求，建立健全镇党委议事规则；先后召开9次党委会、11次基层党组织书记会议研究部署党建工作；积极开展党建集中整改月活动，认真开展党员组织关系集中排查、党代表和党员违法违纪清理、基层党组织按期换届排查、党费收缴专项检查、非公企业和社会组织“两个覆盖”和机关党员干部学习教育；发展新党员21名，批准预备党员转正33名；在七一期间组织开展重温入党誓词、手抄党章、开展文艺会演等“10个一”系列活动；积极开展党员冬春训；结合年度党员管理积分制打分情况，表彰一批先进基层党组织、优秀党务工作者和30名我身边的好党员。

**【党风廉政建设】** 2016年，仙庾镇党委严格落实主体责任，切实把纪律和规矩挺在前面，抓好换届选举、建制村合并风气监督，确保风清气正；深入开展“雁过拔毛”式腐败问题和“纠‘四风’、治陋习”专项整治行动。年内查处案件3起、结案3起，诫勉谈话14起，退还廉洁账户资金5.9万元。

**【基层干部队伍建设】** 2016年，仙庾镇实施“一定二评三挂钩”考核机制，充分激发村干部干事创业积极性；完成支村两委换届，选优配强村干部队伍，完成2个软弱涣散村级党组织的整顿工作，基层队伍战斗力进一步加强。在建制村合并工作中，完成涉及合并的21个村8300户的签字表决工作，入户率100%，签字率99.29%，同意率95.39%以上，其中4个村同意率100%。

**【基础设施建设】** 2016年，仙庾镇修缮、提质改造农村道路60余公里；投入资金300余万元在樟霞、联星、徐家塘、东山等4个村全面安装路灯1200余盏；修缮莲塘水库，疏通水渠33处，被覆山塘15口；对全镇433.33公顷农田进行，重金属污染综合治理；加快土地流转步伐。

**【环境整治】** 2016年，仙庾镇投入资金200余万元，集中整治樟霞村“绿心”区农村综合环境，规范黄塘、分路口集镇管理，城乡同治工作获评全市先进；加大治违控违力度，全年拆除违法建筑39处2.8万平方米。

**【卫计工作】** 2016年，仙庾镇新增享受奖励扶助对象114人，准确率100%，新增享受独生女子女保健费对象48人，落实率100%，免费孕前优生检查完成223对，居民健康卡人员信息采集完成匹配37816人，完成率89%；全面规范卫生治理工作，荣获全市卫生乡镇。

**【保障民生】** 2016年，仙庾镇新增劳动力转移就业430人；扶残助残56人，大病医疗救助79人，完成危房改造98户；春节期间投入资金60余万元慰问困难党员、群众1600余人；扎实抓好食品安全，全年未发生一起重大食品安全事故。

**【抗灾救灾】** 6月，仙庾镇境内发生2次强暴雨洪灾。镇党委、政府果断处置各类险情169处，疏通道路75处，转移、安置受灾群众55人，确保灾情损失最小化，未发生人员伤亡。

**【社会综合治理】** 2016年，仙庾镇收集各类问题211件，解决问题195件，化解各类矛盾34件；有效摸排清理各类不稳定因素，做好全国两会、市委、区委换届等重大活动期间维稳工作，确保全年进京赴省非访零登记。 （黄　成）

## 月塘街道办事处

**【概况】** 月塘街道办事处是1969年7月划属东区。同年9月始设月塘街道。1997年7月划属荷塘区。2001年，办事处迁驻文化路。辖区西界京广铁路，南至东湖渔场，东北面与茨菇塘街道接壤。2016年，辖区面积6.33平方公里，下辖7个社区和1个村，分别是袁家湾、南岳岭、野鸭冲、水竹、东环、石子头、石塘冲社区和荷塘铺村。常住人口4.5万人。机关在职干部职工24人，居委会在职干部职工56人；有44个基层党组织，其中社区、村党组织43个，机关支部1个，党员1310人。

【队伍建设】2016年，月塘街道办事处党政班子年龄结构进一步优化。年内，根据工作需要对社区干部进行了调整。集中开展4次党风廉政建设专题研究和学习。2016年7月，组织党员赴文家市秋收起义纪念馆和胡耀邦故居接受革命传统教育和廉政教育，深情缅怀革命先烈的丰功伟绩，重温党的光辉战斗历程，筑牢廉洁从政思想防线。

【阵地建设】2016年，月塘街道办事处加强阵地建设。一是打造“智慧型”政务服务大厅。由省建筑设计院担纲设计，精心打造占地面积200平方米，集咨询导办区、自助服务、休息等候为一体，配备3个综合窗口、2个后台窗口，新增档案查询、退休办理窗口，设置业务办理情况查询机、取号叫号系统等智能系统的“一门式”政务服务大厅。二是营造“观光型”办公环境。街道办公楼年久失修，配套设施老化，干部工作、群众办事条件欠佳。街道对相关配套设施进行提质改造，将街道办公区域打造成环境优美、绿树成荫、整洁明亮的“风景线”。充实文体活动室设施设备，新添置一批图书和体育设备。每层办公楼均设置“能量吧”，配备跑步机和书籍，供干部闲暇时健身和阅读。

【组织建设】2016年，月塘街道办事处以“两委员一代表”、在职党员、党小组长、党员队长、楼栋长、志愿者为代表的力量融入基层工作中，拓展基层组织覆盖面，提升基层组织的影响力和话语权。开展“一进二访”活动，成功与69名贫困户结成对子。建立16个党代表工作室，省、市、区党代表接待党员群众185人次，走访慰问困难党员105人次，帮助解决问题84件。设立不同类型的党小组，实现社区网格化管理；在征地拆迁项目上设立临时党支部，走出一条党建工作与项目建设相结合的新路子。

【文明创建】2016年，月塘街道办事处作为创文迎检的主战场，办事处克服改制老旧小区多、农贸市场多、征地拆迁项目社情民意复杂等困难，实现街道、社区、区直机关以及在职党员和志愿者的多级多方联动。思想道德教育实效突出。一是宣传阵地全覆盖。重点用好46个大型户外广告、63个宣传栏，322个遵德守礼提示牌、61个电子显示屏，不间断公益宣传内容；突出用好道德讲堂，定期宣传道德模范先进事迹；广泛开展以“忠孝荷塘，崇德向善”为主题的善行教化宣传教育活动，及时将身边好人好事、道德模范通过善行义举“四德榜”进行展示宣传；二是志愿服务有实效。街道构建完善的学雷锋组织领导机制，以党代表工作室、在职党员进社区、“我是党员我来帮”“党旗飘楼栋服务百姓家”为载体，广泛动员、长期开展“关爱留守儿童·关心下一代”、义务劳动、走访慰问等志愿服务活动，引导居民在志愿服务中践行社会主义核心价值观。街道被评为2016届省级文明单位。

【安全生产】2016年，月塘街道办事处坚持领导干部带队检查机制，制定领导干部联系社区责任包干制度，确保1名街道党政领导至少联系1个社区，承担起社区安全生产监督检查工作的责任，督促和指导社区及时进行安全隐患的排查和整改。2016年，对“三合一”场所强化隐患排查整治，组织“三合一”整治专门团队，对“三合一”服装加工场所及生产单位进行集中整治行动。共摸排“三合一”场所1380家，发现隐患3000多处。签订安全责任状

1380份，每家每户由工作人员张贴上墙。下发宣传资料2100份，签收安全隐患告知书1380份，停业整顿13家，并及时向区安监局、区消防大队汇报相关情况。社区成立义务消防者队伍，进行日常消防安全隐患的排查，每晚派有专人进行巡逻，通过相关演习培训，辖区居民扑救初级火灾能力进一步提升。并在财富小区服装加工厂内安装烟雾报警器100个。2016年，街道办事处被评为湖南省安全生产示范街道。

**【计划生育】**2016年，月塘街道办事处辖区出生315人，计划外出生1人，符合政策生育率92.37%，达到责任状指标。全年采集居民健康卡28765条；计生服务零投诉；新增录入流动人口11550人，孕前优生检查80人，目标人群覆盖率105%；正确指导备孕妇女规范服用叶酸，叶酸发放应发尽发，服用率和依从率均达到考核指标。扎实开展“两癌”（子宫颈癌和乳腺癌）筛查工作，应检100人，实检114人，完成比率114%。提供“两非”（非法终止妊娠和非法销售终止妊娠药品）线索1例；新增特别扶助9人；开展大型计生协会活动3次，完成计生保险4万元；献血168人，完成责任状指标；顺利迎接市流动人口专项调查，东环社区计生协居民自治创示范点验收成功。

**【劳动保障】**2016年，月塘街道办事处新增就业2000人，为年计划的100%；城镇下岗失业再就业1050人，为年计划的100%；就业困难人员实现就业300人，为年计划100%。零就业家庭安置率100%。城镇居民医疗保险参保人数1.8万人。城镇登记失业率均值3.1%。3月15日、9月28日，劳保站在华润万家举行2场招聘会，70余家单位提供近300余个就业岗位，现场达成双向意向共80人。年内还召集辖区就业困难人员参加多场招聘会，为失业人员提供就业机会。通过切实加强与辖区企业沟通联系，了解企业用工需求，及时推荐有就业愿望并符合条件的失业人员上岗。结合小额贷款工作，开展创业培训和创业指导，提高他们的创业能力。对高校毕业生自主创业的大学生创业者，街道大力扶持和指导创业工作，年内帮助8名大学生申请创业补贴，涉及快递、网店、水果经营等多种行业。街道劳保站大力宣传2015—2016年度新注册个体工商户及私营企业创业补贴政策，辖区有205个人申请创业补贴，创业氛围浓厚。全年辖区内新增经济实体509家，创业带动就业1700多人。

**【社会救助】**2016年，月塘街道办事处通过对申请对象资料的筛查、邻里之间的情况反映、社区评议小组的公正评议，新增社会救助25户32人。至年底，城镇低保对象407户，保障人口597人，发放低保金213万元。农村低保对象24户40人，发放低保金42210元。对辖区内因病致贫的患者救助65户。全面开展各种形式的“帮、包、带、扶”活动，将105名重残无业人员纳入低保救助范围，33名残疾人纳入居家托养服务，209名重度残疾人纳入护理补贴范围，195名重度残疾人纳入特殊生活补贴范围，无障碍设施家庭改造3户，发放辅助器具21件。

**【便民服务中心】**7月11日，月塘街道办事处便民服务中心上线运行。截至12月31日，受理服务量8779件。其中咨询件2429件，办理件6350件。日平均办理量为54件，其中街道日平均量8—10件。列事项数量前五名：企业退休人员领取养老金资格认证（普通人群）3954件，城镇居民基本医疗保险集中参保955户，就业失业登记证核发445本，城镇居民基本医疗保险信息修改367件，申领“生育服务证”342件，业务涉及部门分别为人社、民政、残联、卫计等。

**【城市管理】**2016年，月塘街道城市管理重点整治农贸市场，对月塘、文化路、荷叶塘、财富和谐等农贸市场进行整治，每日安排8名城管工作人员值班对市场周边出店经营户劝导和纠章，联合区城管大队整治30次以上。发动辖区党员、门栋长开展地毯式大扫除活动，清理清运生活、建筑垃圾、废弃家具80车次/700吨，清理“牛皮癣”1万处。处理市、区交办、督办300余件。适时组织指导成立小区业委会，组织指导一些成熟小区及时选举业委会，确保小区自主管理，减轻街道负担。做好爱国卫生和健康教育工作，年内投鼠药1000公斤，通过开展春、秋两季灭鼠、灭蚊突击周等活动，采取垃圾处理密闭化，将“四害”密度始终控制到较低水平。年内数字城管工作遵从“少花钱，多办事，争成绩”的思路，确保每月按期结案率不低于99.5%。全年收到上级派遣案卷34588条，按期结案率99.72%，单月按期结案率均在99.5%以上。

**【文化艺术活动】**2016年，月塘街道办事处以“全民健身”为理念，采取“上级援助一点、辖区单位赞助一点、自己筹措一点”的办法，有效改善街道、社区室内外文体活动基础设施条件。辖区内7个社区有独立的文体活动室，形成华润万家广场等5个晨晚练活动点供辖区居民娱乐。街道组织徒步活动、歌唱比赛、羽毛球赛等大型活动，举办健身比赛、残疾人趣味运动会、庆七一、文明社区残健同行、欢乐潇湘等群众文艺会演，举办健康文化大讲堂、“我们的中国梦”摄影展等一系列活动。通过一系列特色活动，弘扬优良传统，唱响红色旋律，汇聚正能量，展示文明幸福、平安和谐的月塘好形象。

**【综治维稳】**2016年，月塘街道办事处构建“大信访、大综治、大维稳”的工作格局，从源头上化解矛盾。全年接待来访群众116批，1006人次，受理人民调解74起。街道联合派出所开展大清查行动3次。清查房屋216户，登记流动人口637人，发放各类宣传资料5000多份。 （杨　萍）

## 茨菇塘街道办事处

**【概况】**茨菇塘街道办事处成立于1969年9月。辖区东起红旗中路，西至京广线，南至新华西路，北临白石港，地处荷塘区西南部，东与金山街道相邻，东南、东北分别与月塘街道、桂花街道接壤，西南临铁路京广线，与芦淞区贺家土街道为邻，西北濒白石港，与石峰区响石岭街道隔水相望，面积约6.7平方公里。茨菇塘街道为纯城市街道，是我国硬质合金重要生产基地，驻有亚洲最大的硬质合金生产、科研、经营和出口企业株洲硬质合金集团，有中南地区最大的国家级汽车专业市场株洲（国家）汽车城等，有城市水上公园天鹅湖公园。

2016年，茨菇塘街道辖有六〇一、前进、余家冲、黄家塘、红旗村、上月塘、新月塘、荷叶塘、长征、红旗路、天鹅、麻园、汽车城13个社区居委会，有居民100429人，32496户。全年生产总值52.9亿元，同比增长7.8%；规模工业增加值12.2亿元，同比增长5%；固定资产投资10.3亿元，第四季度同比增长0.4%；完成“小升规”（规模以下小型、微型企业升级为规模以上企业）7家，其中工业企业1家，“四上企业”（规模以上工业企业、资质等级建筑业企业、限额以上批零住餐企业、限额以上服务业企业）6家；新增规模以上企业7家，其中房地产企业1家、商贸业企业3家、服务业企业3家。街道荣获湖南省“六好”（党政重视支持好、组织网络健全好、履行基本职责好、指导帮助基层好、服务职工群众好、围绕中心开展工作好）乡镇街道工会、株洲市依法办事示范窗口、株洲市职工之家示范基地等多项荣誉。

**【基层组织建设】**2016年，茨菇塘街道办事处辖区有党员2766名，党委13个，党支部52个，党小组257个。落实街道流动党员、离退休党员难管理的问题。集中排查失联党员155人，通过多方查找有106人经批评教育后纳入组织管理，有49名失联党员依照程序，按自行脱党予以除名。针对基层党务工作力量不强问题，通过狠抓队伍建设，落实各社区党委配备1名党建专干，并先后组织书记和专干进行业务培训5次。深入开展“三联三促”（乡镇（街道）干部联村、联社区、联党员，促党建、促发展、促和谐），建立党员帮扶机制，定期走访，全年走访居民5518户，企业77家，慰问困难群众133户282人次。发现问题539个，妥善解决320个，做到事事有回音、件件有落实，居民、企业满意率100%。

**【重点项目】**2016年，茨菇塘街道办事处强力推进重点项目，确保重点工程建设顺利推进。南岳岭上月塘片区棚改项目3期涉征产权住户912户（楼栋户585户，散户191户，公租房136户），涉征范围常住人口3326人，涉征企事业单位10家（涉铁单位7家，非涉铁单位3家），涉征国有土地上房屋面积约6.5万平方米。此项目茨办任务有涉征国有土地产权户124户（其中楼栋户73户、散户51户），涉征房屋总面积11456.43平方米。4月17日正式开始签约，至7月20日基本完成任务。2户进入司法程序。8月20日，金科储备地块八、九项目征地拆迁工作启动。此项目征收范围涉及桂花办事处桂花村芦塘组、王旦冲组、赵家冲社区佘家塘组，涉征房屋99栋，其中集体92栋，国有7栋，涉征集体土地15.91公顷67户，涉征农村户口236人，专业厂房11户13栋，拆除房屋面积28428.23平方米。项目9月10日开始签约，至12月23日完成项目全部房屋的拆除并交地。该项目被区委、区政府评为红旗项目及特殊贡献奖。

**【城市管理】**2016年，茨菇塘街道办事处及社区投入先后15万元，添置垃圾桶308个，清理卫生死角46处，清运基建垃圾和乱堆186车次/400多吨，清除小区“牛皮癣”1.8万条和蜘蛛网3000多处，疏通沟渠42处，铲除违规菜地210多块，整治违规饲养家禽家畜360只，清离僵尸车44辆，与辖区单位和社区签订目标责任状36份。组织开展专项整治行动20次，纠正违规占道、出店经营2100起，乱停乱放430起，乱拉乱挂650处，整改流动摊贩360人次，拆除违规横幅及破损招店牌180处，清洗农贸市场16次。开展拆除违法建筑专项行动50多次，拆除违法建筑共计1403平方米。2016年7月，全市城市管理考评考核中，街道排名全市第二。

**【民生保障】**2016年，茨菇塘街道办事处城镇新增就业人数3161人，失业人员再就业1205人，就业困难对象再就业385人零就业家庭实现动态管理为零。城镇登记失业率在3.5%以内。扶持大中专学生开展微创业人员新增5人，为79名失业人员办理灵活就业医疗老保险优惠补贴，为56名退休人员家属办理丧葬费手续，为103名职工及时办理退休手续。建设上月塘、荷叶塘、麻园、红旗村、红旗路、佘家冲6个社区就业创业保障平台；完成大型现场招聘会4场，政策设点宣传6次。

**【卫计服务】**2016年底，茨菇塘街道办事处总人口41902人，已婚育龄妇女为6554人。其中人口出生394人，死亡315人。全员系统流动人口总入库11002人，流动人口主要信息反馈到位率100%。对辖区流入已婚育龄妇女进行2次孕检，孕检1926人，孕检到位率100%。全年完成孕前优生检查目标人群111例，覆盖率100%；早孕随访率以及妊娠随访率均为100%；辖区孕产妇叶酸服用率95%以上，叶酸服用依从率85%以上；办理一孩生育证183本，再生育证192本；奖励扶助对象102人，新增10人。

【综合治理】2016年，茨菇塘街道办事处积极配合茨菇塘派出所开展重点整治行动，严厉打击各种违法犯罪，盘查流动人员3万多人次。积极开展预防工作，主动参与恺德医院患者死亡、建富酒店意外坠楼死亡、海达宾馆房客自杀等事件的维稳处置工作。全年调处各类矛盾纠纷102起，书面调处成功31起，口调71起，调解成功率100%；化解3起越级上访、群体上访和闹访缠访案件。综治维稳工作被区委区政府评为先进单位。

【社会事务】2016年，茨菇塘街道办事处有优抚对象133人，发放优抚金91.114万元。其中慰问革命烈士及家属6人，发放慰问金3000元；老复员军人1人，发放补助500元；参站人员68人，发放补助34.47万元；义务兵优待30人，发放优待金45.1万元；退伍士兵14人，发放自主就业金11.1万元；优秀士兵3人，发放奖金900元。街道城市低保对象903户，发放城市低保金422余万元。认真做好低保对象年审及排查工作，通过低保年审排查，取消不符合条件城市低保户21户，新审批城镇低保36户，提标86户。大病医疗救助44户，救助金额13.2万元。除申报天鹅、余家冲社区养老服务机构，使境内社区养老服务机构达3家。辖区90岁以上高龄老人76人，发放高龄补贴4.78万元；百岁老人3人，发放高龄补贴1.35万元。审核通过345名残疾人享受困难残疾人生活补贴，有326名残疾人享受重度残疾人护理补贴。为新增10户符合条件的贫困残疾人申请“阳光家园居家托养”，为辖区7户贫困残疾家庭学生申请补助，为32名贫困残疾人申请残疾人免费轮椅、拐杖、助听器、坐厕椅、助行器、手杖等辅助器具用具，并全部发放到位。为3户符合条件的残疾人家庭进行家庭无障碍改造；对所辖570名困难职工进行审核，确定40个困难家庭。为158名干部职工购买职工医疗互助保障，为108名女职工购买特殊疾病互助保障。

【文明建设】2016年，茨菇塘街道办事处对辖区宣传设施进行地毯式排查，新增大型户外广告4处、宣传栏30处、遵德守礼提示牌114块、电子显示屏30块。成立荷塘区志愿者联合会茨菇塘街道分会，组建物业家政志愿者服务队、助学助老助残志愿者服务队、文化医疗志愿者服务队、科普法律志愿者服务队4支队伍。所辖13个社区组建29支志愿者服务队，设立18个学雷锋志愿服务岗，招募志愿者576名，开展志愿活动86次，其中特色志愿活动11次。组建荷塘区综治协会茨菇塘分会，邀请辖区物业、货代、金融、餐饮、教育等企事业单位参加，发展14家成员单位。围绕居民小组长志愿服务员、信息员、调解员、义务巡逻员“四员一体”的工作职责，完善相关管理、会议、考勤、考核制度；建立居民小组长管片、楼栋长管点的二位一体管理服务网络，实现无人管理小区、散户全覆盖。

【武装工作】2016年，茨菇塘街道办事处投入5万元资金对资料室、器材室、国防教育室进行改造升级。成立32人组成的应急排，按季度开展民兵集训，全年训练45天。开展兵役登记集中宣传，共印发《告适龄青年家长的一封信》3000份，兵役手册5000份，宣传横幅30条，报名通知7000张。对年满18周岁的适龄青年进行兵役登记232人，送检43人，体检合格25人，入伍新兵5人。

【安全生产】2016年，茨菇塘街道办事处安全生产工作全面打响“大排查、大管控、大整治”三大战役。共计开展集中执法行动27次、出动执法人员85人次、检查生产经营单位46家次、排查发现安全隐患147处并督促相关单位全数整改、责令停产整顿企业2家、取缔非法生产应经建设单位2家、提请关闭企业2家。投入经费共计50余万元，组织抢险六〇一社区护坡垮塌、“8·17”火灾、天鹅湖公园护坡垮塌事件。全年未出现安全生产事故，无人员伤亡。（易 洲）

## 金山街道办事处

**【概况】**荷塘区金山街道位于北纬27°50'43"—27°51'58"，东经113°10'18"—113°12'33"。地处新华东路以南，红旗中路以东、金山路以西，南接芦淞区白关镇，下辖3个社区4个村，总面积约20平方公里，土地面积10.2平方公里，其中陆地9.8平方公里，占96.1%，水域0.4平方公里，占3.9%，总人口约3.8万人。境内多属平岗、小岗地貌，有窄小冲垅及小河谷、平垅，皆从东北向西南顺延，往东高程增加。属亚热带季风气候，气候温暖、四季分明，热量充足、雨水集中。民族以汉族为主，占99.5%；有土家族、苗族、回族、侗族、瑶族、彝族、满族、傣族、壮族、哈尼族、布依族、黎族、景颇族、仫佬族、蒙古族、藏族、白族、拉祜族、水族、土族等20个少数民族，占总人口的0.5%。

荷塘区金山街道办事处成立于2005年，位于太阳村雷塘组，编制28人，实有人员24人。设党政办、财政所、重点办等14个部门。2016年，金山街道各项经济考核指标全面完成。实现地区生产总值15.4亿元，同比增长7%；规模工业增加值6.5亿，同比增长7.2%；固定资产投资30.6亿元，同比增长4.6%；社会消费品零售额完成4.1亿元，增长11.7%。招商引资超额完成任务，内联引资固纳特硬质合金厂房建设等10个项目，引进亿元项目1个（香槟小镇房地产开发项目）；申报小升规企业9家（下达任务7家）。对企业帮扶年交办的4个问题全部予以办结，满意率100%。街道先后获得全国模范人民调解委员会、湖南省卫生计生依法办事示范窗口、株洲市文明建设先进单位、株洲市残疾人工作示范街道、株洲市公共文化服务示范乡镇（街道）等荣誉称号。

**【基层党组织建设】**2016年，金山街道办事处组织落实7项基层党建重点工作。对辖区1426名党员进行全面排查，发现失联党员6名已全部查找到位；指导41个党支部按照社区(村)3年、非公(机关)2年的要求，按期进行换届；全年按实缴纳党费74549元，补交2008—2015年党费27725元；两新组织排查出非公企业57家，已建6家，新建1家(宏信人力资源公司非公党支部，属晏家湾社区党委管理)；发现15名党员违法，已对1名予以开除党籍处分；组织党员开展好四个专题讨论，开好组织生活会；扶贫帮困慰问1000余人次，慰问财物15万余元；对1426名党员的档案全部查明去向，并对在街道管理的249名党员档案进行了统一汇编、存档，实现电子化管理。

**【从严治党】**2016年，金山街道办事处建章立制，规范权力运行，修订完善《关于印发〈金山街道贯彻落实“三重一大”事项集体决策制度的实施办法〉的通知》等多项制度，进一步规范人、财、物的管理；强化督查，规范日常管理，明确1名干部专项负责干部作风的日常监管，每月28日定期汇总作风建设监督检查情况并及时通报。至年底，已通报13次，对3人进行诫勉谈话，立案2起；街道开展“雁过拔毛”式腐败问题和“纠‘四风’治陋习”专项整治行动，制作7块宣传板报、30条横幅、7个信访举报箱、5000份信访宣传手册；全年组织机关干部廉政主题学习6次，观看警示教育片3次，案例通报会1次，制作名人名言和警句20多块，发放信访举报知识宣传单3000份，用电子显示屏发布纪检监察信访举报知识宣传标语80条，张贴信访举报集中受理通知40条。

【征地拆迁】2016年，金山街道办事处启动集体土地征拆项目14个(含6个续征项目)，涉征土地82.67公顷，涉征房屋280栋，是荷塘区征地拆迁的“主战场”。截至12月，累计签订房屋203栋，拆除房屋235栋，全部完成区征管办下达的任务。续征项目方面，完成产品展示及物流配送二期、东环北路安置地(二期)、外海玫瑰丽苑二期一标段、悦舍路4个项目；桐梓坪普通商品房二期、南郊垃圾场周边500米房屋搬迁2个项目已交地。新征项目香榭路(3栋)、枫丹路(2栋)、餐厨项目、C地块、D地块、E地块、石宋路拓宽项目(4栋)、高新材料项目(11栋)8个新征项目全部交地。通过采取行政强拆、司法强拆前置的程序，营造征拆氛围，凝聚征拆合力，全年完成拆除存量违建60处26762平方米，拆除新增违建15处3600平方米。在2016年荷塘区考核中，获得2次第一、4次第二、2次第三的成绩。

【民生100工程】2016年，金山街道新增城镇就业人数1255人，失业人员再就业491人。发放株洲市创业者购买租赁门面(写字楼、住房)创业资金补贴33人；发放退役军人公益性岗位补贴48人，发放金额49.9万元；协助社保机构做好养老金资格认证3265人，协助死亡退休人员家属领取丧葬费21人；发放低保金290万元；大病救助100人，金额约30万元；新农合参合3000多人、新农保参保470多人、居民医保参保192人、失地农民养老保险人数324人。其中残联工作被评为株洲市残疾人工作示范街道。

【一门式和自治家园】2016年，金山街道办事处每季度召开党政联席会，专题部署一门式工作；组织召开一门式现场交流会、座谈会，并特邀市妇联组织部部长刘建梅对公共礼仪进行授课；每月对街道本级和各社区进行督查，情节严重的约谈主要负责人。至年底，街道本级和3个社区均完成便民服务中心阵地建设。为宣传和推广“智慧荷塘”手机APP下载，街道首创印发便利贴5000份，发放钥匙扣、易拉宝等，将“塘宝”形象深入到千家万户。其中流芳社区及湘华社区在全市率先启动老年人日照中心，为老年人提供膳食供应、个人照顾、保健康复、休闲娱乐等日间托养服务。

【安全生产】2016年，金山街道办事处成立安全生产委员会，落实安全工作“一岗双责”责任制。每月对13个销售网点、禁放点、燃放区等重点区域进行1次安全检查；在全国安全生产“三大行动”期间，检查103家企业，3个建筑工地、43家烟花爆竹经营店及300多家临街门面，下达限期整改通知书433份，收缴无证烟花25个，鞭炮2箱；联合荷塘区消防大队等相关单位，在银泰广场开展现场应急演练活动，观看人数50多人；对康力力工业园进行全面排查，发放火灾隐患告知书77份，督促康力力工业园新增企业配置灭火器材280个，清理消防通道25处，整改电线乱拉乱接35家，新建消防栓4处；全年签订“一岗双责”责任书12份，安全生产责任状1700多份，消防安全责任书11份，安全生产目标管理责任书5份，发放火灾隐患告知书77份，宣传年画2000多份，宣传标语5000多条。

【卫生计生】2016年，金山卫生服务中心每季度为全街道常住和流动人口育龄妇女免费进行生殖健康检查和孕检。至年底，组织222人参加孕前优生检查，组织查环查孕4213例，落实“四术”(上环、结扎、引产、流产)72例；对新增流入人口进行实行登记，其中，流动人口入库率98.33%，儿童预防接种率100%，流入6个月以上的流动人口健康档案录入率93.36%；开展“亲情牵手、结对帮扶”活动，结对帮扶困难计生家庭36户46

人，帮扶资金5万余元，为36户计生困难家庭办理计生保险，慰问5人，慰问金额5000元。

**【文化体育活动】**2016年，金山街道办事处结合党建工作，通过文艺会演、抢答赛、演讲比赛等多种形式，丰富学习活动载体。7月12日，开展“欢乐潇湘、金山新貌”主题文艺会演活动，演出有大合唱《四渡赤水出奇兵》、舞蹈、古筝、戏曲、配乐诗朗诵、三句半原创节目《金山新貌》、大合唱《团结就是力量》，道出金山街道积极的工作导向和浓厚工作氛围。开展乒乓球比赛、羽毛球比赛、庆元宵趣味运动会等等活动，丰富街道文娱生活。

**【抗洪救灾】**6月，金山街道辖区内受到洪涝影响。农村农田、菜地被淹8.4公顷，其他农作物受灾9.8公顷(其中水田受灾5.47公顷，葡萄园4.33公顷)，房屋积水达120余户，坍塌杂屋、土坯房6处，山体滑坡26处，农村道路受损10处，辖区内积水16处，影响300多人。灾情发生后，金山街道第一时间联合交通部门对城市内涝路段进行封闭；组织房屋进水人员撤离受灾现场，对不能及时撤离的，安排往高处走，对受灾情况较严重、被困在家中的居民，街道联合区武装部、公安等进行救援，无任何人员伤亡；荷塘铺村新农业组后由于仓库垮塌，部分物资被冲出，现场有人哄抢，金山街道联合金山派出所进行治安维护，没有人员伤亡。（张良莅）

## 桂花街道办事处

**【概况】**桂花街道办事处成立于2005年2月，地处荷塘区西南部，东与宋家桥街道为邻，东南、南与金山街道、月塘街道接壤，西南与茨菇塘街道毗邻，西北、北与仙庾镇相连。下辖西子、新荷、赵家冲、向阳四个社区及新桂、戴家岭两个行政村，土地面积10.8平方公里，常住人口约5万人。机关现有干部职工65人。成立以来，先后荣获全国模范人民调解委员会、全国民族团结进步创建活动示范街道、湖南省模范司法所、株洲市乡镇街道经济发展十快街道等国家、省、市级荣誉10多项。

2016年，桂花街道地区生产总值222026万元，同比增长8.9%；社会零售品销售总额141658万元，同比增长12.2%；规模工业总产值11546万元，同比增长63.9%；固定资产投资779300万元。完成8家升规任务。

**【政务服务】**2016年，街道、社区服务大厅全部投入使用，“一门式”政务服务改革全面铺开，通过实行对内要求做加法、对外服务做减法的“加减法”工作模式，建立健全调度、督察、考核、问责于一体的六大考评体系，提高工作效率。全年累计受理事项5822件，办结件5089件，咨询件733件，办结率100%，先后发放宣传资料2万余份，智慧荷塘的知晓率和使用率两项指标均有较大幅度提升。

**【自治家园平台建设】**2016年，桂花街道办事处积极开展自治家园信息收集、录入工作，进行网格化登记，分区域、板块信息细化。居民基本数据采集和录入25615人，采集率、录入率均100%；党建等11个板块83类子目录共录入信息35670条，为社区自治提供大数据支撑，打造居民幸福家园。

**【项目建设】**2016年，桂花街道办事处累计完成新征和续征项目9宗，总面积117.25公顷，签约房屋409栋。重大项目建设完成情况居全区前列。一是扫尾项目全部完成，水竹湖669项目土地完成交付，木鱼塘普通商品房A地块、南岳岭上月塘片区棚户区改造项目完成征拆任务。二是新征续征项目同步推进，续征项目新塘路三期、桂花路延伸段、美的小学征拆任务全部完成；6月8日，街道打响征地拆迁“百日大会战”以来，运用征拆"8+X"新模式，4个项目党支部联合作战，30余名党员干部日夜奋战，北环线项目完成签约86栋，职教城一、二、三职项目签约172栋，3个月交地83公顷。6月28日成功签约26户，创造荷塘区集体土地上单日签约和集体土地签约速度历史"双新高"。7月28日，《株洲日报》头版头条刊出《抓党建，促发展——荷塘区桂花街道"巧解"职教城项目征拆难题侧记》的专题宣传报道予以推介。三是开工项目平稳推进。东部美的城、省建五公司总部按计划进度顺利推进。

**【邬凌云督察征地拆迁工作】**6月13日，区委副书记、区长邬凌云深入桂花街道项目指挥部督导重点工程项目征地拆迁工作。在征地拆迁指挥部，邬凌云充分肯定桂花街道现阶段征地拆迁工作中所取得成绩，并对职教城项目中，党员村干部识大体、顾大局，带头签订征拆协议，充分发挥党员先锋模范作用给予高度评价和赞扬。邬凌云强调，桂花街道职教城、明礼路、智慧路、北环线等重点工程项目，工程繁重，任务艰巨，时间紧迫。各片区指挥部要迅速统一思想，充分认识此次征地拆迁工作的重要性和紧迫性。要按照区委、区政府的安排部署，把此项工作作为当前最紧迫、最关键的工作抓紧抓好抓出成效。要坚定信心，下定决心，迎难而上，全力攻坚，以大拆迁、大拆违保障大建设，以大建设推动大发展。

**【荷塘区征地拆迁工作现场交流会在街道召开】**7月2日，荷塘区征地拆迁工作现场交流会在桂花街道召开，与会人员来到桂花街道办事处一、二职项目指挥部现场，观摩学习桂花街道办事处在征地拆迁工作中的经验做法。区委副书记、区长邬凌云，区委常委、副区长刘国梁出席会议。各乡镇(街道)、管委会、区征地拆迁事务所、荷塘征收中心、区征管办负责人参加。座谈会上，桂花街道首先以"创新征拆新机制开创征拆新局面"为主题进行经验发言，从条块结合、充实力量、加大协作、严格奖罚、提前介入、"一管三带"、以人为本、项目图解等八个方面建立制度完善机制，逐步形成规范有序的征地拆迁"新模式"。期间，宋家桥街道办事处、仙庾镇、金山街道办事处负责人做了工作汇报和经验介绍。征地拆迁事务所、荷塘征收中心、区征管办负责人作了发言。邬凌云强调，征地拆迁工作意义重大，是全面推进荷塘区发展建设的迫切需要，各镇办要认真总结推广征地拆迁工作的做法和经验，形成赶比学超的良好干事氛围，努力推动荷塘区征地拆迁工作再上新台阶。同时，征地拆迁政策性强、涉及面广，需要进一步加强组织领导和协调配合，相关部门各负其责，齐抓共管，形成合力，确保工作取得实效。

**【职教城项目征拆难题解决】**7月28日，《株洲日报》头版头条刊出《抓党建，促发展——荷塘区桂花街道"巧解"职教城项目征拆难题侧记》的专题宣传报道对桂花街道项目建设经验及成效予以推介。该篇报道以党建提升，软弱村不再"软弱涣散""学""做"合一，党员干部争当先锋、党建引领，"实力新荷塘"的最亮底色等3个小标题，从选优配强村党组织班子、支部建在项目上、支部"集训""一示范三带动"、主动承诺、公开公正、区委领导靠前指挥、班子成员一线作战、基层干部定岗定责等九个方面"巧解"职教城项目征拆难题，再创集体土地上房屋征收的株洲新速度。

**【邬凌云现场办公】**8月17日，荷塘区委书记邬凌云率相关部门负责人到桂花街道项目指挥部就项目征地拆迁工作召开现场办公会议，调度重点项目推进工作。区委常委、副区长刘国梁出席会议。邬凌云指出，要明确项目建设的先后顺序，坚持优先推进市级重点项目建设。特别是要把市里重要的基础设施建设项目和市委、市政府下决心要建的项目，作为头号任务来抓好、抓实。要妥善处理、化解好征地拆迁过程中出现的各种矛盾和问题，做到不留隐患、不留矛盾，确保项目早交地、早开工。

**【湖南(株洲)职业教育科技园重大项目开工】**12月30日，湖南(株洲)职业教育科技园重大项目集中开工仪式举行，湖南汽车工程职业学院、株洲市职工大学(工业学校)、株洲市幼儿师范学校3校新校区正式开工建设。副省长向力力宣布开工。市委书记毛腾飞致辞。市属3所职业院校建设项目位于桂花街道新桂村，占地面积79.8公顷，计划投资20亿元。2016年底，市属3所职业院校作为职教科技园最后一批开工建设的学校，标志着湖南(株洲)职业教育科技园10所入园院校全部开工建设。

**【城市管理】**2016年，桂花街道办事处按照“统一领导、分片包干、各负其责”的网格化管理原则，运用环卫市场化管理机制，实行城乡同治村民自治改善农村环境。全年对中南蔬菜批发大市场、晏家湾农贸市场等大型市场进行专项整治20多次，整治车辆乱停乱放100多辆、违规占道经营300多处，清理乱堆乱放400多处；组织社区、村清理牛皮癣9000多处。迎全国文明城市复检期间，街道投入23万元，更换新增建筑围挡、垃圾桶200个、灭火器70个，组织保洁员、卫生突击队、文明劝导员200人对背街小巷150处卫生死角进行彻底清除，清运垃圾180车次。

**【拆违控违】**2016年，桂花街道办事处推进网格化管理模式，实行队伍半军事化管理，日常巡防，重点防控，强力打击，拆除违法建筑面积6500平方米。1月、2月、5月、8月、9月在区拆违控违考核中排名第一，其他月份月考核均排名前三，年度综合考核排名第一。

**【综治司法】**2016年，桂花街道办事处有效处置突发性事件8起，排查10多起较大涉稳矛盾，调处一般矛盾纠纷90多起，全年没有发生一起群体性赴省进京上访事件。组织21名社区服刑人员参加集中教育近200人次，个别谈话教育100多人次，组织社区服务近300人次，年内服刑人员未出现脱管、漏管问题，未发现重新犯罪及其他严重违法行为。

**【安全生产】**2016年，桂花街道办事处全面开展消防安全生产大排查大管控大整治活动，发放1000多套安全生产宣传册，实地检查单位157家，责令整改违法行为242起，对2家因存在重大安全隐患的单位责令停产。年内街道安全态势平稳。

**【桂花街道被评为市文明卫生单位】**2016年，桂花街道办事处建立条块结合、点线面三级管理机制，居民健康卡采集匹配21783人，录入率84%，清查流动人口12895人，组织优生优育健康检查134例，完成率100%，被评为株洲市文明卫生单位。

**【桂花街道被评为省档案宣传工作先进单位】**2016年，桂花街道档案管理紧紧围绕党工委和办事处的中心工作，推行以自查审核促常态整理、以规章制度促持续整顿、以教育培训促素养提升、以完善设施促安全保障、以科学利用促优质服务等五大工作机制，并采取多种形式，利用微信公众号、QQ群等媒介积极开展档案文化宣传，有力地推动了街道档案事业的发展，被 评为湖南省档案宣传工作先进单位。

**【社会保障】**2016年，桂花街道城镇新增就业人员1350人，失业人员再就业530人，困难人员就业155人；新增城乡低保35户48人；

对享受城乡低保及低保边缘户101人给予城乡医疗救助，累计支出救助资金30万元。桂花街道西子社区获2015年度湖南省创新创业带动就业示范社区称号。

【党建工作】2016年，桂花街道办事处认真抓好党建工作。一是打好"学"的基础。高要求、严标准学深学透党章党规、习近平总书记系列讲话，创新学习教育载体，率先运用"桂花党员之家"微信公众号组织开展学习教育活动，累计推送"两学一做"各类图文信息150期，作风建设典型案例50期。二是把握"做"的关键。运用"党建+"模式，推出"支部建在项目、岗位设在一线、党员攻坚在一线"的工作机制，广大党员干部践行党的宗旨，在征地拆迁、结对帮扶、"6·15"特大暴雨救灾等工作中积极发挥党员先锋模范作用。全年走访慰问困难党员群众50户，走访群众3000户次，收集问题及建议100个，为群众解决民生实事问题50个。桂花街道西子社区被授予湖南省先进基层党组织、湖南省2015届文明社区荣誉称号、全省民族团结进步创建活动示范单位。三是整改落实基层党建任务。集中排查55名失联党员，查找到51名，129名党员补缴党费25390元，新组建非公企业党组织3家，基层党组织均按要求如期换届，每周五党员干部集中学习教育实现常态化。

【作风建设】2016年，桂花街道办事处强化作风建设。一是落实党委主体责任。对照"两个责任"清单，结合"雁过拔毛""纠四风、治陋习"专项整治工作，抓好班子成员自身建设和干部队伍建设。二是落实纪委监督责任。不定期开展作风督查、效能监察，深化廉洁教育，加强换届风气监督，严格依法依规选举，"两代表一委员"换届选举风清气正，全部实现组织意图。2016年累计开展作风督查、效能监察12次，谈话提醒15人，通报批评2人，调整岗位1人，给予党纪处分2人，对2名存在"慵懒散"作风的工作人员予以辞退处理。

【赖馨正到桂花街道调研】10月21日，市委常委、纪委书记赖馨正在区委书记邬凌云，区委常委、纪委书记郑志富陪同下调研到桂花街道调研指导纪检监察工作。赖馨正充分肯定桂花街道在落实纪检监察工作方面做法和成效。他强调，对基层纪检组织而言，就是要适应新常态、展现新作为。要调整角度，"一门式"政务服务改革、项目建设要和党风廉政建设相结合，多深入一线开展监督，冲着纪律去抓纪律审查；要保持力度，抓专项整治、抓纪律审查一定要有力度，责任心、主动性、执行力缺一不可；要体现温度，纪检监察工作是关心人、保护人、爱护人的工作，要注重以人为本、公平公正、秉公执纪。 （汤　瑶）

## 宋家桥街道办事处

【概况】宋家桥街道成立于2005年2月，地处株洲市东大门，"南北通衢"之要冲，交通便捷。沪昆高速公路(G60)，211省道穿境而过，辖区内主要干道新华路西通京港澳高速公路(G4)、北通长株高速、南通京广、湘黔、浙赣三大铁路干线，距黄花国际机场50公里。通讯发达，可直拨国际国内长途程控电话。面积12.1平方公里，总人口38451人，管辖四三〇、月桂、芙蓉3个社区和宋家桥村、天台村、龙洲村3个行政村。街道党工委下设4个党委，2个党支部，共有党员539名。宋家桥街道属亚热带季风性温润气候，热量丰富，雨水充沛。矿产资源主要有石灰石。宋家桥街道是个典型的城郊型街道，经济产业结构以第二产业为主，特别是以中国南车集团长江公司株洲分公司铁路装备为主的工业产业优势明显。辖区内有法人单位166家，规模以上工业13家。

【党员教育管理】2016年，宋家桥街道“两学一做”教育活动在完成4个专题讨论等规定动作的同时，创新开展各项特色工作。结合专题二“讲规矩，有纪律”，出台《街道内部管理制度》，加强机关管理。开展“手抄党章100天”活动，制作口袋书400余本；评选学习之星、干事先锋。新发展党员10名；首次组织街道全体612名党员在八达小学参加七一总结表彰大会，表彰7个“五好”党支部、18个“三好”党小组及十佳优秀共产党员。出台专门针对社区书记、主任考核办法，人均考核奖励800元/月，季度考核，季度兑现，第一名2800元/季度，第二名2400元/季度，第三名2000元/季度；对五好党支部、三好党小组分别给予3000元、1000元的党建工作经费，共计4.9万元/年；连续两年为社区所有支部书记、党小组长订阅《株洲日报》1份。

【党风廉政建设】2016年，宋家桥街道按照荷塘区委区纪委的工作部署，街道全面深入开展“纠四风治陋习”和反对“雁过拔毛”式腐败问题的专项整治活动，收缴违规发放补助、福利2800元至区纪委廉政账户。街道党工委、纪工委组织廉政谈话30多人次，诫勉谈话4人次，收到并处置线索2条，办理案件2件。9月开始，开展以“五个一活动”(开展一次集中培训、上一堂党课、请先进典型介绍一次事迹、观看一场群众路线教育专题片、开展一次专题讨论)为内容的作风整顿活动，制作并发放《警示案例汇编》200余册，召开统一思想的干部作风整顿大会，谈心交心和批评与自我批评活动。11月18日，组织全体机关干部、村(社区)主要负责人、拆违、城管队员到株洲市第一看守所进行警示教育，每位机关干部撰写学习心得，通过开展此次专项整顿活动，改善了部分街道机关干部及村(社区)干部中存在的责任心不强、不讲规矩不讲纪律、精神状态不佳的问题。

【调整行政区划】2016年，宋家桥街道按照荷塘区委、区政府乡镇区划调整改革建制村合并工作总体要求，街道拟由原宋家桥村与新村村合并一个建制村。6月2日，16名机关干部和28名村干部对合并村村民就合并、选址、村名进行投票，经上户签字表决入户率100%、投票率97%、同意率96%。同意将宋家桥村与新村村合并为宋家桥村。新村村部设在原宋家桥村村部。合并后，新设立的宋家桥村有小组14个，人口2448人，辖区面积2.81平方公里。7月18日，区划调整将仙庾镇龙洲村划入宋家桥街道。龙洲村人口1726人。

【经济稳健发展】2016年，宋家桥街道完成地区生产总值328842万元，同比增长8.9%；第一产业1670万元，同比增长4.3%；第二产业246929万元，同比增长4.8%；第三产业80243万元，同比增长12.8%；社会消费品零售总额15539万元，同比增长13.4%；规模工业总产值605249万元，同比增长2.4%；规模工业增加值201750万元，同比增长4.8%；固定资产投资总额150840万元，同比增长4.2%。招商引资工作超额完成。全年预计完成内联引资15000万元，完成全年目标任务1亿元的150%；包装项目2个，分别为宋家桥村城镇化项目2公顷用地、天台村工业项目用地3.33公顷地企业帮扶更加到位。全年走访企业40家次，收集．月桂社区办公楼旁，建筑面积349平方米，由街道办事处投资近50万元于2014年1月建成。新建成的“吾老吾幼之家”集文体、娱乐、教学于一体，服务人员全部来自小区居民爱心岗志愿者和在职党员志愿者，为辖区居民提供全方位服务。2016年，设置社会工作部，履行“宣传、解难、管理、服务”四项基本任务；设置爱心超市，为辖区孤寡老人等特困群体提供力所能及的救助；设置2个活动室，为居民提供棋牌娱乐；设置居民康复健身室，供居民体育健身；设置近千册图书室，为居民提供学习去处；设置电子阅览室·绿色网吧，装有10台电脑，为青少年及辖区居民提供绿色上网的平台；设置月桂社区文苑，为居民提供琴棋书画展示的平台；设置歌舞室，为唱歌跳舞爱好者提供教学、练习平台。

【医疗卫生】2016年，宋家桥街道卫计融合实现“1+1>2”；与责任单位、责任部门签订责任状30份，严格执行一票否决；采集并录入居民健康卡信息20198人，完成80%；农村合作医疗参保3402人，完成96.8%。为奖扶对象34人、特扶对象28人、失独家庭11户、伤残家庭17户、特困家庭及学子197户“送保险、送健康、送温暖、送慰问、送服务”5万多元；采集流动人口信息3010人，孕检率100%；在辖区各小区及人口密集场所设立便民药具箱26个，方便育龄群众。

【就业安置】2016年，宋家桥街道新增城镇就业1250人，失业人员再就业499人，就业困难对象再就业140人，零就业家庭动态援助100%。新增创业担保贷款100万元，扶持高校毕业生微创业5人。新增创业主体350户，带动城乡就业700人；城乡居民养老保险征缴金额9.78万元。

【便民服务中心】2016年，荷塘区推行一门式政务服务改革后，宋家桥街道对月桂和四三〇社区便民服务中心进行改造升级，重新装修，为工作人员统一配备工作服和工作牌。组织相关工作人员参加区政务中心组织的系统培训，取得平均分第一。率先出台街道考核办法，设立2800元/月考核奖金，一月一考核、一月兑现奖惩一次。芙蓉社区率先在全区34个社区中试点，并树为全区典范。接待全国各地学习考察团80多次。宋家桥街道一门式政务服务改革工作取得全区第一阶段综合考核排名第一名、自治家园第一名、综合成绩第一名。

【社会救助】2016年，宋家桥街道完成重度残疾人护理补贴和困难残疾人护理补助登记工作，获株洲市残疾人工作示范街道。街道办事处、派出所、村（社区）、企事业单位联动，听民心、察民情，排查矛盾纠纷，把矛盾纠纷化解在基层，消除在萌芽状态。全年开展矛盾纠纷排查48次，排查矛盾79起，成功调处65起。

【城市管理】2016年，宋家桥街道城市管理工作在市级月度考评中，均排在全市前七名以内，其中上半年排名前三名3次，下半年优秀2次，良好3次；在区级上半年月度考评中，上半年排名前3名2次，下半年优秀2次，良好3次。加强信息化建设。新建了宋家桥街道综治维稳QQ群、微信群，各村（社区）配有1名以上信息联络员，便于开展工作。一是及时收集情报信息。各村（社区）每天一个电话，每周一份总结，每月一张报表，确保收集情况及时准确，信息报送畅通无阻，充分掌握辖区重点群体、重点人员动态信息，发现问题及时上报，做好稳控，确保小问题不出村（社区），大事不出街道，全面摸排，及时沟通，互通有无，出现问题及时化解，形成维稳合力，确保辖区平安稳定。二是仔细排查矛盾纠纷。街道办事处、派出所、村（社区）、企事业单位四家联动，结合大走访活动，听民心、察民情，排查矛盾纠纷，把矛盾纠纷化解在基层，消除在萌芽状态。对群众的合法要求和提出的实际问题认真研究，及时解决，对已发生的进京、赴省、到市上访人员，党政主要领导和分管领导亲临现场，面对面做工作，了解上访人的需求，派专人接访处访，防止矛盾升级。三是切实实行矛盾化解机制。实行一个信访件一个预案，将突发性事件控制在最小范围并及时化解。

【社会治安防控体系建设】2016年，宋家桥街道加强社会治安防控体系建设。一是开展大走访活动。街道全体机关干部、村(社区)干部以及派出所全体公安干警利用晚上、周末等节假日时间,走访辖区居民7000余户,发现问题,解决矛盾,并收集整理群众意见300余条,及时协同有关部门加以解决,得到了居民的积极响应,辖区内居民的满意度得到了空前的提高。二是开展义务巡防工作。各村(社区)充分发挥居民小组长、党员和志愿者的力量,并有着健全的巡逻机制,有条不紊的开展义务巡逻工作,义务巡逻队员由各村(社区)民警进行指导,并配备袖章、巡逻棒、手电筒等巡防器具。三是增设摩托车停放点。今年,新增设两个专门的摩托车停放点,停放点有专门的停车位置、锁车环、防雨措施以及24小时监控,辖区内摩托车被盗率明显下降。（黄　蓉）

## 合泰管理办公室

**【概况】**荷塘区合泰管理办公室2009年3月设立,2010年12月经市、区编办批复正式定名为荷塘区合泰管理办公室,办公地点位于荷塘区石宋路426号(晨光小区内)。管辖区域为合泰后街以南、快速环道东环线以北、新文化路以西、京广线以东,现辖合泰、东湖、文化路3个社区。区域面积约3平方公里,户籍人口为3万人,常年流动人口保持在7万人左右,服饰加工生产高峰期7万~8万人。合泰地区原属月塘街道管辖,为荷塘区流动人口最为密集、社情最为复杂、消防安全隐患最为突出、主导产业高度集聚的区域,也是株洲市服饰加工生产三大区域之一(芦淞龙泉、醴陵船湾)。合泰管理办公室有在编工作人员7名(含公安和司法局编制各1名),履行街道办事处一级职责。

2016年,合泰地区生产总值52346万元,同比增长8.5%;第三产业50946万元,同比增长8.2%;社会消费品零售总额47791万元,同比增长12%;规模工业总产值49602万元,同比增长29.2%;固定资产投资总额70661万元,同比增长13.1%。2家房地产企业、1家服务业企业升为规模企业。完成辖区内市级重点项目西园商业广场招商引资工作,引资资金2.06亿元。

**【项目建设】**2016年,合泰管理办公室成功签约裕丰公司2.43公顷国有农垦用地。完成南岳岭、上月塘一期、二期项目征收工作任务,建筑面积18250平方米,土地面积约24307平方米,所有房屋均完成拆除。成功解除湘泰大厦业主与租户租赁协议事务,大厦完成拆除。配合完成合泰大街1栋、3栋、4栋、6栋、101栋、汽车南站等房屋拆除工作。协调解决汽车南站临时过渡场地建设等系列事务,完成上月塘三期项目建筑面积约1600平方米28户签约、腾房工作,签约与腾房率100%。

**【组织建设】**2016年,合泰管理办公室召开"两学一做"学习教育活动部署动员会11次,制定"两学一做"学习教育计划12份,开展专题讨论会32次,发放"两学一做"学习记录本117本,资料560份,上党课26次、上交心得体会186份。把"两学一做"学习教育、"三联三促""在职党员进社区""争当先锋、做好表率主题活动"作为党建提升年活动重要载体,彻底解决在群众工作日、民调走访等访民情活动中收集的11个问题。制定《党员积分制管理制度》《流动党员管理制度》,通过定期更新流动党员台账、定期联系、定期打分形式,规范了党员干部的行为和流动党员的管理。

**【党风廉政建设】**2016年,合泰管理办公室设立纪检监察信访举报接待室,配备1名纪检工作负责人和2名纪检委员,强化纪律审查工作。年内召开党风廉政建设专题会议4次,发出作风通报12份,通报批评16人,约谈5人,组织廉政培训6次，培训党员干部168人，入户宣传596户，发放纪检宣传资料694份，制作宣传板报6期、制作张贴横幅14条，通过狠抓作风纪律，机关干部作风明显好转。

**【城市管理】**2016年，合泰管理办公室每月平均开展10次整治行动，全年整治违规摊担1200多处，劝导违规门店2600多家，平均每月整治违停车辆200多台，违停摩托300多台。每月耗资3万多元，对辖区卫生死角进行全面清理，平均每月清运成堆基建垃圾、废旧杂物40多车。拆除私自安装地锁200多处，划定停车位500多个，拆除破损招牌255处。处理终端案卷32850条，按期处置率90%以上。微信交办处理2195条，处置率90%以上。纸质交办处理24份，处置率100%。平均每月清理牛皮癣9000多处。加大拆违控违工作巡查力度，处理群众投诉和市长信箱13起。拆除新增违法建筑钢架结构310平方米、板房结构228平方米、砖混结构154.3平方米，拆除存量违法建筑砖混结构212平方米。

**【安全生产】**2016年，合泰管理办公室完成辖区内875家服饰、辅料生产加工场所消防和安全生产隐患排查，协同消防大队排查重点监管公共聚集场所11家，排查合泰大街、东湖路、石宋路、宝庆路、汽车南站周边临街门店742家。协同市质监、区安监部门排查加工厂煤锅炉、燃气锅炉、电锅炉等压力容器643台。排查托幼场所17家，烟花鞭炮经营场所4家、休闲娱乐场所38家，客货运站点113家，加油站2家，液化气配送站2家。年内发现火灾隐患7600多处，下达限期整改通知书1350份。联合区安监局、区消防大队、公安派出所查封关停消防安全隐患严重且拒不整改的加工厂17家。全年出警13次，成功处理13起小型火灾。通过网格化排查管理，整改合泰安全生产隐患，建立常态化监管台账。

**【综治维稳】**2016年，合泰管理办公室受理群众来信来访254人次，调解矛盾纠纷67起，调解成功率100%，牵头或参与协处重大矛盾纠纷11起，协调劳资纠纷198起，成功化解79参战涉军群体矛盾纠纷。积极沟通格林嘉园电梯停运和高价水电费矛盾纠纷，及时终结合泰社区湘湖大厦和东湖绿洲两楼盘物业管理矛盾纠纷，有效处置裕丰公司九三年退职人员要求给予后续补偿的矛盾纠纷和西园广场建设纠纷。深入开展平安创建助推综治民调，满意度不断提升，上户走访群众9300多户，发放《平安荷塘》手册8200多本，收回民调问卷10000多份，制作平安创建主题宣传喷绘30余块，评选出平安家庭1680户。

**【文明创建】**2016年，合泰管理办公室组织党员、群众、志愿者们开展志愿活动，发放宣传创建文明城市宣传资料15000多份、新增宣传栏12块、制作遵德守礼提示牌58块、制作大型喷绘12块，更新辖区电子显示屏85多块。

**【劳动保障】**2016年，合泰管理办公室完成城镇新增就业850人，失业人员实现再就业180人，城镇零就业家庭实现动态就业援助100%。新申报、办理就业失业登记证120本，门面补贴142件，大学生微创业5件，小额担保贷款完成50万元，新增创业主体174户，带动城乡就业348人。

**【社会救助】**2016年，合泰管理办公室发放参战人员津贴22080元、现役军人优待金6600元和60周岁农村退役士兵生活补助资金2520元。核实城市低保人数50户70人，发放低保金276570元，新增城市低保10户15人，发放低保金4800元。帮助申请医疗救助3户，救助资金7000元。高龄津贴发放4人2880元。

**【计划生育】**2016年，合泰管理办公室组织各社区计生协会会员在合泰大街开展“5·29”、“6·1”等宣传活动6次，发放宣传资料5000多份，免费发放避孕药具（避孕套）4000多只，接待咨询群众500多人。辖区生育率98.88%，出生人口性别比100:106%，孕前优生健康检查完成率80%，社会抚养费立案率100%，居民健康卡录入（除去空挂户计算）率78%，流动人口综合服务管理到位率98%，孕产妇系统管理到位率95%。

**【教育】**2016年，合泰管理办公室辖区有幼儿园17所，在园幼儿2363人，教职人数282人。公办小学1所，学生964人，在职教职工50人。中学（高中）1所，教学班30个，在校学生1200多名，教师170余人。工业中等专业学校（又名职工大学）1所，在校学生5000余人，教职工222人。辖区内小学适龄儿童入学率、初中适龄人口入学率、升学率、九年义务教育普及率均100%。

**【医疗卫生】**2016年，合泰管理办公室辖区有各类医疗机构4家，即株洲仁和妇产医院、株洲强生肛肠医院、株洲新兴医院和株洲博大医院，有病床620张，医护人员460人。

**【举行建党95年周年文艺会演】**7月1日，合泰党工委为庆祝建党95周年，深入推进“两学一做”学习教育活动，在株洲市荷塘区置信运动公园里举办了“庆祝中国共产党成立95周年暨欢乐潇湘行文艺会演”，向党的生日献礼。

**【邬凌云指导“创文”工作】**8月13日，区委副书记、区长邬凌云到合泰管理办公室督查“创文”工作，区政府办主任文韶松等陪同。邬凌云先后来到东湖公园、东湖农贸市场、仁和医院以及合泰大街周边门面进行督查，邬凌云充分肯定合泰管理办在“创文”工作中取得的进步，同时也指出当前工作中存在的问题，并责令相关单位立即进行整改。

**【开展“打击毁绿”联合整治行动】**10月9日，合泰管理办公室联合市城管支队、市公安局、区城管大队、月塘派出所、区物管办等相关部门展开“打击毁绿”整治行动，严厉打击毁绿占绿等城市不文明行为。出动1台挖机，对居民浇灌的水泥停车场进行强行拆除，并将毁坏的绿化补值到位。（文 鑫）

## 荷塘月色示范区管理委员会

**【概况】**株洲荷塘月色示范区管理委员会筹建于2010年10月，2011年5月，株洲荷塘月色示范区管理委员会挂牌设立。2012年5月，原仙庾镇6个村及仙庾风景名胜区管理处划归荷塘月色示范区管委会管理。2016年7月，荷塘月色示范区管委会管辖2个村，即仙庾岭村（由原仙庾村、夏家塅村、香草塘村合并）和蝶屏村，有常住人口0.56万人，面积16.7平方公里，其中核心景区面积8.2平方公里。有在编干部12人。

**【项目建设】**2016年，荷塘月色示范区完成孝文化园、斗笠古镇2个项目包装策划任务，先后对接黄陂田村养老服务项目、仙庾生态动物园、香草塘“福田”休闲农业等项目，组织赴湘潭盘龙大观园和湖北孝感考察学习，赴长沙捞刀河镇考察了蕊藤“有点田”项目。积极服务“孝文化园”项目建设，完成概念规划、单体景观设计和可行性研究报告编制。同时完成区委、区政府交办的上月塘棚改3期68户征拆工作任务，无一起强制征拆，无一起矛盾上访。

**【组织建设】**2016年，荷塘月色示范区高标准发展党员6人，确定入党积极分子11人。落实“两学一做”，全年开展学习讨论20次，党政班子成员带头讲党课12次，各支部书记讲党课24次，邀请市委党校讲师讲党课2次，为年老体弱党员“送学上门”60多人次，为外出流动党员发送学习信息60多次。做好"党员活动日+学、做、评",全年开展形式多样党员活动40余次,各支部组织党员慰问困难老党员40多人,"一对一"帮扶困难户70多户。仙庾岭村组织长沙年轮骨科医院的医生对村里老年人、残疾人200多人开展义诊;组织60岁以下党员开展"大爱仙庾"募捐活动,募得资金12万多元。完成七项重点任务,全年6人转接组织关系,党员信息登记翔实,无失联党员和口袋党员;对"两代表一委员"和222名党员逐一排查,共收缴和补缴党费26798元,新建非公联合党支部1个。

**【党风廉政建设】**2016年,荷塘月色示范区以集体廉政谈话、个人廉政谈话等方式层层传导压力,推动"两个责任"落地生根。有针对性地开展廉政谈话23次。通过上门走访、电话询问村民方式,从老百姓身边收集党员干部"雁过拔毛"式等腐败问题线索。对中共十八大以来农村低保、五保、危房改造、建房等200多名对象进行地毯式调查,对1名违纪党员给予留党察看2年的处分。

**【基础设施建设】**2016年,荷塘月色示范区重点加强道路硬化到组工作,硬化道路4.5公里、沙化道路3公里;开展乡村道路隐患排查和整治工作,安装护栏和标志标识8处,重新硬化建设2处,新装太阳能路灯380盏,修缮路灯140盏;编制仙女湖及其周边片区综合治理方案,做好生活垃圾整治、生活污水整治和饮用水水源地保护工程的计划。

**【社会救助】**2016年,荷塘月色示范区新批低保户12户27人、清减6户14人,新批"五保户"2人,报送大病资料51份,审批通过45人,审核报送自然灾害资料198份,完成安居工程12户。采集辖区40多户贫困户信息,实行动态管理,精准扶贫。

**【计划生育】**2016年,荷塘月色示范区管委会辖区新出生人口70人,其中政策内出生67人,符合政策生育率95.7%,社会抚养费征收平台录入及时率和立案及时率均为100%;全员系统流动人口总入库224人,主要信息反馈到位率100%,匹配率67.08%。孕前优生检查目标人群94例,完成人数117例,超过覆盖率24.5%;早孕随访率以及妊娠随访率均为100%;辖区孕产妇叶酸服用率90%以上,叶酸服用依从率80%以上;"两癌"筛查完成人数315人,超过区考核任务数8.6%;收取计生保险费8.6万元。

**【文明创建】**2016年,荷塘月色示范区新增22块大型公益宣传广告、15块创文宣传栏、40余块遵德守礼提示牌、50余条宣传标语,宣传氛围浓厚。在游客赏荷高峰期,仙庾岭村组织党员在风景区重要路段义务执勤,疏导交通,维护风景区交通秩序,文明劝导,为游客提供帮助。

**【环境卫生】**2016年,荷塘月色示范区开展环境集中整治专项行动,清除牛皮癣860处,破旧横幅340条,破旧牌匾门店招牌220处,清运垃圾1300吨,新增垃圾桶200个,新增小白斗10个,新建垃圾池10个,道路绿化30公里,环境卫生得到明显改善。

**【安全生产】**2016年,荷塘月色示范区坚持"安全第一,预防为主,综合治理"的原则。走访辖区重点企业8家,开展安全生产宣传2次,分批次开展企业安全生产知识培训2次,培训100余人次,全年无一起安全事故。

**【舞龙舞狮闹元宵】**2月21日,"福满株洲"荷塘区2016年欢度元宵舞龙舞狮大赛在荷塘月色示范区管委会仙庾岭耕食记前坪上演。9支舞龙舞狮队伍为元宵佳节增添喜庆氛围,金龙献瑞、仙腾龙舞、龙凤呈祥、东海蛟龙、庚(鱼)

跃龙门等15个节目依次登场，台上队员精神抖擞，台下观众热情高涨，喝彩声不绝于耳，场面十分热闹。经过激烈角逐，荷塘月色示范区代表队获得本次比赛一等奖。举办此类活动，不仅能够营造节日浓郁氛围，也能让群众领悟传统文化的精髓。

**【策划仙庾庙会】**农历九月初九重阳节，也是仙庾古庙“仙女娘娘”沈珍珠生日。每年，仙庾岭村村民自发在仙庾古庙举办几天民间庙会来纪念这位“慈沾黎庶、惠及苍生”的仙女娘娘。10月9日，由民间自发组织的仙庾庙会如期举行，庙会活动历时3天，集祭祀、花鼓戏表演、民俗活动于一体，周边1000多名村民纷纷前来逛庙会、祈福、听花鼓戏，村民听得津津有味。活动期间，荷塘月色管委会制定应急预案，安排党员干部轮流值勤，做好安全维稳工作，为庙会活动提供安全保障，确保村民度过一个安全、欢乐、祥和的重阳佳节。

**【承办金秋旅游购物节】**10月23日，荷塘金秋旅游购物节在仙庾岭村耕食记前坪隆重开幕。此次旅游购物节由荷塘区人民政府主办，荷塘区商务和粮食局、区文体和旅游局、荷塘月色示范区管委会承办，株洲市广播电视台广告中心策划执行，金城集团全程冠名支持。为期7天的荷塘金秋旅游购物节，以“吃、住、游、购，看荷塘”为主题，全面整合全区旅游、百货、餐饮、汽车、房产等多种商业资源，通过开展“荷花盛宴”主题美食秀、“舌尖荷韵”农家招牌菜评比、金秋寻宝美食行、跨境商品汽车联展、“美丽城乡、爱在荷塘”等一系列精彩纷呈活动，进一步丰富全市全区人民精神文化生活，有效助推荷塘旅游产业发展和美丽乡村建设，助力打造荷塘文化旅游品牌。

**【全市首个村级便民服务中心成立】**8月16日，荷塘月色示范区仙庾岭村挂牌成立荷塘区首个村级便民服务中心，为群众提供立体化、全方位的服务。便民服务中心设5个窗口，村干部实行8小时集中办公制，村民足不出村就可以办理计生、民政、劳动保障、户籍等综合服务。便民服务中心的投入使用，有效地方便了群众办事，提高了办事效率，真正实现一个窗口受理，一站式、一体化服务，真正让群众更加便捷地享受到改革发展带来的实惠。(李　丹)

# 人　物

## 2016年荷塘区领导简介

**邬凌云**　男，汉族，湖南娄底人，1972年11月出生，1990年3月参加工作，1992年2月加入中国共产党，研究生毕业，管理学硕士。现任荷塘区委书记。

1990年3月至1992年8月，广州军区工程兵工兵十三团三营战士。1992年8月至1996年8月，长沙工程兵学院一大队一队工程兵指挥专业学习，工学学士。1996年8月至1998年7月，长沙工程兵学院一大队副连职区队长。1998年7月至1999年12月，长沙工程兵学院教育部副连职参谋。1999年12月至2002年11月，国防科大工程兵学院训练部教务科正连职参谋。2002年11月至2004年1月，国防科大工程兵学院训练部教务科副营级参谋。2004年1月至2005年7月，湖南省政府办公厅秘书二处副主任科员；2005年7月至2008年8月，湖南省政府办公厅秘书二处主任科员；2008年8月至2009年3月，湖南省政府办公厅会议处副调研员。2009年3月至2011年12月，湖南省政府办公厅会议处副调研员，荷塘区委常委、副区长；(其间：2007年9月至2011年11月，中南大学公共管理学院行政管理专业在职研究生学习，管理学硕士)。2011年12月至2012年11月，湖南省政府办公厅会议处调研员，荷塘区委常委、常务副区长。2012年11月至2016年8月，荷塘区委副书记、区政府区长（其间：2015年3至7月，省委党校中青班学习）。2016年8月至今，荷塘区委书记。

**王利波**　男，汉族，湖南南县人，1972年8月出生，1991年7月参加工作，1995年11月加入中国共产党，电大本科毕业，工程硕士。现任荷塘区委副书记、区人民政府区长。

1987年9月至1991年7月，株洲冶金工业学校粉末冶金专业学习。1991年7月至1993年12月，株洲硬质合金厂三分厂技术员。1993年12月至1995年5月，株洲硬质合金厂团委干事。1995年5至9月，株洲硬质合金厂团委副科级干事。1995年9月至1995年12月，株洲硬质合金厂团委正科级干事。1995年12月至1997年1月，株洲硬质合金厂团委代理副书记。1997年1月至1999年4月，株洲硬质合金厂团委副书记（其间：1990年4月至1998年6月，湘潭大学行政管理专业自考专科学习）。1999年4至6月，株洲硬质合金厂团委书记。1999年6月至2000年1月，株洲硬质合金厂钨冶炼分厂副厂长（其间：1997年7月至1999年7月，中国社会科学院研究生院工业经济系企业管理专业研究生课程班学习）。2000年1月至2001年12月，海南金海股份有限公司综合部副经理。2001年

12月至2003年12月，株硬集团钨钼事业部党支部书记兼副经理。2003年12月至2005年4月，株硬集团综合管理部副部长、党委办公室副主任、宣传部副部长、统战部副部长（其间：2002年1月至2004年1月，中央广播电大工商管理专业本科学习）。2005年4至12月，株硬集团市场部部长。2005年12月至2006年10月，株硬集团硬材事业部副总经理。2006年10月至2009年12月，株硬集团营销部部长兼党支部书记（其间：2006年9月至2008年9月，攻获武汉大学软件工程领域工程硕士学位）。2009年12月至2010年11月，株硬集团公司总经理助理兼营销部部长。2010年11月至2011年8月，株硬集团公司总经理助理（其间：2011年4至7月，中央党校国资委分校处干班学习）。2011年8月至2016年8月，株硬集团董事、党委副书记兼纪委书记、工会主席。2016年8月，任荷塘区委副书记、代区长。2016年11月，当选荷塘区人民政府区长。

**赖晓智**　女，汉族，湖南醴陵人，1976年12月出生，1995年8月参加工作，1996年12月加入中国共产党，省委党校在职研究生毕业。现任荷塘区委副书记。

1991年9月至1995年8月，湖南省粮食学校储检专业学习。1995年8月至2000年1月，醴陵市金穗实业公司工作（其间：1996年12月，湖南商学院市场营销专业自考专科毕业；1997年8月至1999年12月，中央党校函授学院经济管理专业本科学习）。2000年1月至2004年3月，醴陵市粮食局政工股副股长、股长。2004年3月至2005年11月，醴陵市委组织部办公室、绩效考核科科员。2005年11月至2006年8月，醴陵市招商旅游局副局长（公开招考）。2006年8月至2008年1月，醴陵市委宣传部副部长（其间：2007年9至11月，市委党校优秀女干班学习）。2008年1月至2011年3 月，醴陵市东堡乡党委书记、人大主席（其间：2009年2月至6月，市委党校中青班学习）。2011年3月至6月，醴陵市嘉树乡党委书记。2011年6月至2012年6月，醴陵市委常委、宣传部部长（其间：2009年9月至2012年6月，省委党校经济学专业在职研究生学习；2011年9至11月，市委党校县处级干部进修班学习）。2012年6月至2016年9月，荷塘区委常委、纪委书记。2016年9月至今，荷塘区委副书记。

**陈友元**　男，汉族，湖南湘潭县人，1963年11月出生，1983年8月参加工作，1983年7月加入中国共产党，函授本科学历。现任荷塘区人大常委会党组书记、主任。

1980年9月至1983年7月，湖南农学院衡阳分院农学系农学专业大专学习。1983年8月至1984年5月，醴陵市长岭乡人民政府干部。1984年5月至1984年10月，醴陵市长岭乡人民政府副乡长。1984年10月至1987年5月，株洲市委组织部青干科干事。1987年5月至1996年3月，株洲市委组织部青干科副科长，1992年6月，任正科级组织员。1996年3月至1999年5月，株洲市委组织部干教科科长（其间：1996年6月至1998年6月，中国人民大学区域经济研究所研究生课程班 学习）。1999年5月至2000年7月，株洲市委组织部干部三科科长。2000年7月至2002年10月，芦淞区委常委、组织部部长。2002年10月至2006年6月，芦淞区委副书记、纪委书记（其间：2003年8月至9月，中纪委北戴河培训中心监察综合室主任研讨班学习；2003年9月至10月，市委党校县干班学习；

2003年8月至2005年12月，中央党校函授学院行政管理专业本科学习）。2006年6月至2007年3月，政协芦淞区委员会主席候选人。2007年3月至2012年11月，政协芦淞区委员会主席，2007年4月，任党组书记（其间：2010年11月至2011年1月，省委党校处干班学习）。2012年11月至2016年9月，芦淞区人大常委会党组书记、主任。2016年9至12月，荷塘区人大常委会党组副书记（排第一）、主任候选人。2016年11月，当选主任。2016年12月，荷塘区人大常委会党组书记、主任。

**何恒仁**　男，汉族，湖南株洲县人，1964年10月出生，1985年7月参加工作，1995年6月加入中国共产党，函授本科毕业。现任政协株洲市荷塘区委员会党组书记、主席。

1983年9月至1985年7月，郴州商业学校财会专业中专学习。1985年7月至1988年8月，株洲市档案局干部（其间：1985年8月至1988年8月，湖南电大株洲分校档案专业学习）。1988年8月至1991年3月，株洲市监察局干部。1991年3月至1993年5月，株洲市监察局副科级监察员。1993年5月至1995年11月，株洲市纪委副科级纪检监察员。1995年11月至1998年5月，株洲市纪委正科级纪检监察员（其间：1997年11月至12月，市委党校科局长班学习）。1998年5月至2003年8月，株洲市纪委纪检监察一室副主任（其间：2001年9月至12月，市委党校中青班学习）。2003年8月至2007年11月，株洲市纪委纪检一室主任（其间：2001年8月至2003年12月，中央党校函授学院法律专业本科学习）。2007年11月至2010年12月，株洲市纪委常委。2010年12月至2011年6月，株洲市纪委常委，芦淞区委常委、纪委书记。2011年6月至2016年9月，荷塘区委副书记（其间：2012年9月，省委党校县市区委副书记任职培训班学习）。2016年9月，政协株洲市荷塘区委员会党组书记、主席候选人；2016年11月，政协株洲市荷塘区委员会主席。

**王顺安**　男，汉族，湖北孝感人，1967年11月出生，1989年6月参加工作，1987年1月加入中国共产党，大学毕业，工学学士。现任荷塘区委常委、统战部部长、政协党组副书记。

1985年9月至1989年6月，中南林学院林机系森林采运工程专业学习、工学学士。1989年6月至1991年4月，株洲汽车制造总厂技干。1991年4月至1992年6月，株洲汽车制造厂团委书记。1992年6月至1996年10月，株洲市科委干部。1996年10月至1997年6月，株洲市科委政工科副科长。1997年6月至2000年3月，株洲市委组织部建整扶贫办助勤。2000年3月至2001年2月，株洲市委组织部组织一科工作。2001年2月至2003年9月，株洲市委组织部组织一科副科长；2001年3月，正科级组织员。2003年9月至2008年12月，株洲市委组织部干部一科副科长、公务员办主任。2008年12月至2013年11月，株洲县委常委、办公室主任。2013年11月至2015年6月，株洲县委常委、办公室主任、组织部部长。2015年6月至2016年9月，株洲县委常委、组织部部长、统战部部长。2016年9月，荷塘区委常委、统战部部长、政协党组副书记。

**崔家盛**　男，汉族，湖南衡阳市人，1969年8月出生，1993年7月参加工作，2000年8月加入中国共产党，大学毕业，文学学士。现任荷塘区委常委、政法委书记。

1989年9月至1993年7月，湖南师范大学中文系汉语言文学专业学习，文学学士。1993年7月至1995年1月，株洲广播电台新闻部记者。1995年1月至1996年8月，株洲市广播电视局办公室秘书（借调）。1996年8月至1998年7月，株洲电视二台副台长。1998年7月至2001年12月，株洲电视台社教中心副主任（其间：1999年5月至2001年5月，中南林学院研究生课程班结业；2000年1至12月，攸县凉江乡扶贫队员）。2001年12月至2002年3月，株洲市广播电视局产业办主任（聘）。2002年3月至2003年9月，株洲市委宣传部新闻科副科长（正科级）。2003年9月至2008年4月，株洲市委宣传部文化产业办主任。2008年4月至2009年11月，株洲市委宣传部新闻出版科科长（其间：2009年2月至4月，株洲市委党校科干班学习）。2009年11月至2010年6月，炎陵县委常委、宣传部部长。2010年6月至2010年12月，炎陵县委常委、宣传部部长兼炎陵县旅游局局长。2010年12月至2011年6月，炎陵县委常委、宣传部部长。2011年6月至2015年7月，株洲市委宣传部部务委员。2015年7月至2016年9月，荷塘区委常委。2015年8月，任宣传部部长。2016年9月，荷塘区委常委、政法委书记。

**刘国梁** 男，汉族，湖南衡阳县人，1967年6月出生，1983年12月参加工作，1990年11月加入中国共产党，函授本科毕业。现任荷塘区委常委、区人民政府党组副书记、常务副区长。

1983年12月至1985年5月，株洲市湘运公司工作。1985年5月至1987年12月，株洲市郊区水利水电局工作。1987年12月至1996年5月，郊区区委办工作。1996年5月至1996年10月，郊区区委组织部科员。1996年10月至1997年1月，郊区荷塘铺乡人武部副部长。1997年1月至2001年11月，郊区荷塘铺乡党委委员、人武部部长（其间：1997年3至4月，郊区党校中青班学习；1996年9月至1999年6月，株洲市委党校经济管理专业专科学习）。2001年11月至2004年1月，荷塘区明照乡党委副书记（其间：2000年8月至2002年12月，中央党校函授学院经济管理专业本科学习）。2004年1月至2007年4月，荷塘区明照乡党委副书记、乡长（其间：2006年2月至6月，市委党校中青班学习）。2007年4月至2010年6月，荷塘区财政局局长。2010年6月至2011年8月，荷塘区政府副区长，区财政局局长。2011年8月至2015年1月，荷塘区政府党组成员、副区长；2012年5月，任荷塘区委常委、统战部部长（其间：2012年2月至4月，市委党校县干班学习）。2015年1月至2016年9月，荷塘区委常委，区政府党组成员、副区长。2016年9月，荷塘区委常委，区人民政府党组副书记、常务副区长。

**欧阳权** 男，汉族，湖南益阳人，1973年3月出生，1990年3月参加工作，1993年11月加入中国共产党，省委党校在职研究生毕业。现任荷塘区委常委、人武部政委。

1990年3月至1992年9月，天津警备区独立营特务连战士。1992年9月至1995年7月，工程兵指挥学院学员。1995年7月至1997年12月，二十四集团军坦克一师工兵营道桥连排长。1997年12月至1998年4月，二十四集团军坦克一师工兵营道桥连副连长。1998 年 4 至 12 月，株洲陆军预备役师步兵三团政治处副连职干事。1998 年 12 月至 1999 年 4 月，省陆军预备役步兵师高炮团政治处干部股副连职干事。1999 年 4 至 11 月，湖南省陆军预备役步兵师高炮团司令部副连职参谋。1999 年 11 月至 2000 年 4 月，湖南省陆军预备役步兵师高炮团政治处组织股副股长。2000 年 4 至 10 月，湖南省陆军预备役步兵师政治部组织科正连职干事。2000 年 10 月至 2001 年 7 月，湖南省益阳市资阳区人武部政工科正连职干事。2001 年 7 月至 2002 年 11 月，益阳军分区政治部组干科正连职干事。2002 年 11 月至 2003 年 3 月，益阳军分区政治部组干科副营职干事。2003 年 3 月至 2005 年 12 月，益阳军分区司令部副营职参谋。2005 年 12 月至 2008 年 12 月，益阳军分区政治部正营职干事。2008 年 12 月至 2009 年 2 月，省益阳军分区政治部副团职干事。2009 年 2 月至 2011 年 3 月，湖南省军区司令部直属工作处协理员。2011 年 3 月至 2013 年 6 月，炎陵县人武部政治委员、党委书记。2012 年 6 月，任炎陵县委常委。2013 年 6 月，荷塘区委常委、区人武部政委。

**郑志富**　男，汉族，湖南株洲市人，1967年2月出生，1999年12月参加工作，1988年5月加入中国共产党，省委党校在职研究生毕业。现任荷塘区委常委、纪委书记。

1990 年 12 月至 1997 年 10 月，株洲市郊区龙泉村委会，龙泉实业公司工作。1997 年 10 月至 2001 年 2 月，株洲市芦淞区建宁乡政府工作，1999 年 12 月录干。2001 年 2 月至 2003 年 2 月，芦淞区五里墩乡政府副乡长。2003 年 2 月至 2006 年 9 月，芦淞区五里墩乡党委副书记、乡长（其间：2002 年 8 月至 2004 年 12 月，中央党校函授学院行政管理专业本科学习）。2006 年 9 月至 2007 年 5 月，芦淞区城乡建设局局长。2007 年 5 月至 2010 年 3 月，芦淞区城乡建设局局长、党总支副书记（其间：2006 年 9 月至 2009 年 7 月，湖南省委党校经济学专业在职研究生学习）。2010 年 3 月至 2011 年 2 月，芦淞区城乡建设局党委书记、局长。2011 年 2 月至 2012 年 6 月，芦淞区政府党组成员、副区长（其间：2011 年 5 至 7 月，市委党校县处级干部进修班学习）。2012 年 6 月至 2015 年 7 月，株洲县政府副县长。2015 年 7 月至 2016 年 9 月，茶陵县委常委、纪委书记。2016 年 9 月，荷塘区委常委、纪委书记。

**陈三龙**　男，汉族，湖南茶陵人，1966年2月出生，1987年7月参加工作，1993年6月加入中国共产党，函授本科毕业。现任荷塘区委常委、宣传部部长。

1984 年 9 月至 1987 年 7 月，长沙基础大学政治专业大专学习。1987 年 7 月至 1989 年 4 月，茶陵县乡镇企业局干部。1989 年 4 月至 1996 年 3 月，株洲市东区检察院书记员、助理检察员、检察员、办公室副主任，1996 年 1 月任主任。1996 年 3 月至 2001 年 3 月，株洲市东区（荷塘区）检察院办公室主任、副科级检察员。2001 年 3 至 11 月，荷塘区委办副主任。2001 年 11 月至 2004 年 1 月，荷塘区委办副主任、政策研究室主任（其间：2002 年 3 月至 4 月，市委党校科局长班学习；2000 年 9 月至 2003 年 7 月，株洲工学院法学专业函授本科学习）。2004 年 1 月至 2007 年 4 月，荷塘区茨菇塘街道办事处主任、党工委副书记。2007 年 4 月至 2011 年 6 月，荷塘区政府党组成员、办公室主任，区直机关党工委委员（其间：2008 年 3 月 7 月，市委党校中青班学习）。2011 年 6 至 12 月，荷塘区政府党组成员，株洲金山科技工业园管委会主任；2011年10月，任党工委副书记。2011年12月至2012年11月，荷塘区政府党组成员、副区长，株洲金山科技工业园党工委副书记（其间：2012年5月至7月，株洲市委党校县干班学习）。2012年11月至2016年9月，荷塘区政府党组成员、副区长。2016年9月，荷塘区委常委；2016年10月，任宣传部部长。

**刘政凯** 男，汉族，湖南茶陵人，1973年9月出生，1991年8月参加工作，1997年8月加入中国共产党，函授本科毕业。现任荷塘区委常委、组织部部长。

1988年9月至1991年6月，湘潭农业学校园艺专业中专学习。1991年8月至1992年1月，茶陵县委驻下东乡金星村社教队。1992年1月至2000年12月，茶陵县农业局经作站、水果公司、农技推广中心、局办公室工作任职（其间：1994年9月至1996年7月，湖南广播电视大学电大法律分校法律专业大专学习）。2000年12月至2001年8月，茶陵县委办公室干部。2001年8月至2004年4月 茶陵县招商局副局长、县外贸总公司副经理（其间：2001年9月至2003年12月，湖南省委党校法律专业本科学习）。2002年4月至2003年11月，茶陵县委办公室副主任科员。2003年11月至2004年1月，茶陵县委办公室主任科员。2004年1至5月，茶陵县委办公室副主任、主任科员。2004年5月至2005年2月，石峰区委办公室副主任。2005年2月至2008年3月，石峰区办公室副主任、政研室主任。2008年3月至2009年8月，石峰区云田乡党委副书记、乡长。2009年8月至2011年3月，云龙示范区云田乡党委书记，2011年3至12月，云龙示范区云田镇党委书记（其间：2011年3月至6月，株洲市委党校中青班学习）。2011年12月至2012年1月，株洲市云龙发展投资控股集团有限公司副总经理，云田镇党委书记。2012年1月至2015年6月，株洲市云龙发展投资控股集团有限公司副总经理（其间：2014年9月至11月，市委党校县处级干部进修班学习）。2015年6月至2016年9月，云龙示范区管委会综合管理部部长。2016年9月，荷塘区委常委、组织部部长。

**文韶松** 男，汉族，湖南攸县人，1973年5月出生，1993年8月参加工作，1999年10月加入中国共产党，函授本科毕业。现任荷塘区委常委、区委办公室主任。

1991年9月至1993年7月，湖南省司法学校法律专业学习。1993年8月至1998年5月，攸县人民法院工作（其间：1996年12月湘潭大学自考大专法律专业毕业）。1998年5月至2001年7月，中共攸县县委办公室（其间:1998年8月至2000年12月，在中央党校函授学院法律专业学习）。2001年7至11月，荷塘区政府办公室。2001年11月至2002年12月，荷塘区政府办公室副科级督察员。2002年12月至2004年7月，荷塘区政府办公室副主任。2004年7月至2007年4月，荷塘区政府办公室副主任、主任科员。2007年4月至2011年8月，荷塘区桂花街道党工委副书记、办事处主任。2011年8月至2013年2月，荷塘区宋家桥街道党工委书记。2013年2月至2014年1月，荷塘区宋家桥街道党工委书记，株洲金山科技工业园党工委副书记（兼）(其间:2013年3月至7月，市委党校中青班学习)。2014年1月至2016年9月，荷塘区政府党组成员、政府办主任、区直机关工委委员。2016年4月，任政府办党组书记。2016年9月，荷塘区委常委、区委办主任。

**胡志飞**　男，汉族，湖南永州人，1971年9月出生，1990年3月参加工作，1991年8月入党，大学文化，上校军衔。现任荷塘区人武部部长。

1990年3月，第四十二集团军一二四师三七〇团二连战士；1993年9月，桂林陆军学院学员；1995年7月，第四十二集团军一二四师三七〇团一连排长；1998年4月，第四十二集团军一二四师三七〇团九连副连长；1999年1月，第四十二集团军一二四师三七〇团司令部作训股副连职参谋；2000年7月，湖南陆军预备役师第三团一营炮兵连连长；2002年4月，湖南省军区司令部军务动员处正连职参谋；2003年6月，湖南省军区司令部军务动员处副营职参谋；2006年6月，湖南省军区司令部军务动员处正营职参谋；2009年6月，湖南省军区司令部军务动员处副团职参谋；2012年3月，湖南省军区司令部军务动员处副团职参谋；2013年3月至今，任荷塘区人武部部长。

**张赐华**　女，汉族，湖南株洲县人，1963年5月出生，1984年7月参加工作，1987年7月加入中国共产党，函授本科毕业。现任荷塘区人大常委会党组副书记、副主任。

1982年9月至1984年7月，湖南省供销学校物价专业学习。1984年7月至1986年8月，株洲市东区商业局团总支书记。1986年8月至1989年4月，东区团委副书记（其间：1988年6月，湘潭大学党政干部专业自考专科毕业）。1989年4月至1993年3月，东区团委书记（其间：1992年5至7月，市委党校中青女干班学习）。1993年3月至1995年3月，东区统计局局长。1995年3月至1997年11月，东区计划统计物价局局长。1997年11月至2001年4月，荷塘区计划统计局局长（其间：1995年8月至1997年12月，中央党校函授学院经济管理专业本科学习；2000年2月至4月，市委党校科局长班学习）。2001年4至11月，荷塘区计生委主任（其间：1997年9月至2001年7月，湘潭大学经济管理专业研究生课程班学习）。2001年11月至2002年12月，荷塘区计划生育局局长（期间：2001年9月至12月，市委党校中青班学习）。2002年12月至2003年12月，荷塘区劳动人事和社会保障局局长。2003年12月至2007年8月，荷塘区政府副调研员，区劳动人事和社会保障局局长；2005年12月，兼区委组织部副部长（其间：2005年9月至11月市委党校县干班学习）。2007年8月至2009年11月，荷塘区委常委、办公室主任。2009年11月至2012年6月，荷塘区委常委、纪委书记（其间：2010年9月至11月，市委党校县干班学习）。2012年6月至2015年8月，荷塘区委常委、组织部部长（其间：2013年3至4月，全国组织干部学院县委组织部部长任职培训班学习）。2015年8月至2016年9月，荷塘区委常委、组织部部长、统战部部长、政协党组副书记。2016年9月，荷塘区人大常委会党组副书记、副主任候选人；2016年11月，当选荷塘区人大常委会副主任。

**刘湘林**　男，汉族，湖南茶陵人，1963年3月出生，1983年8月参加工作，1985年8月加入中国共产党，省委党校在职研究生学历。现任荷塘区人大常委会党组成员、副主任。

1980年9月至1983年7月，湖南农学院衡阳分院农学系农学专业学习。1983年8月至1985年4月，株洲县太湖乡团委书记。1985年4月至1987

年2月，株洲县太湖乡副乡长（其间：1986年9至11月，市委党校中青班学习）。1987年2月至1989年7月，株洲县太湖乡党委副书记。1989年7月至1990年10月，株洲市东区纪委办公室主任。1990年10月至1995年3月，东区茨菇塘街道党委副书记、办事处主任（其间：1992年2月至4月，市委党校中青班学习）。1995年3月至1997年11月，株洲市东区经贸科委主任（其间：1993年8月至1995年12月，中央党校函授学院经济管理专业本科学习）。1997年11月至2001年4月，荷塘区月塘街道办事处主任，1997年12月，任党委副书记（其间：1999年11月至2000年1月，省委党校选调生班学习）。2001年4月至2002年11月，荷塘区月塘办事处党委书记。2002年11月至2011年6月，荷塘区政府副区长（期间：2005年9月至11月，湖南行政学院县市区长班学习；2005年9月至2008年7月，湖南省委党校工商管理专业在职研究生学习）。2011年6月至2012年5月，荷塘区委常委、统战部部长，区政府副区长。2012年5月至2015年6月，醴陵市委常委、组织部部长（其间：2013年3月至4月，全国组织干部学院县委组织部部长任职培训班学习）。2015年6月至2016年9月，石峰区委常委、株洲清水塘循环经济工业区党工委委员（兼）、提名任石峰区政府副区长。2016年9月，荷塘区人大常委会党组成员、副主任候选人；2016年11月，当选荷塘区人大常委会副主任。

**彭物明**　男，汉族，湖南茶陵人，1964年10月出生，1986年8月参加工作，1994年3月加入中国共产党，硕士研究生毕业，法学硕士。现任荷塘区人大常委会党组成员、副主任。

1983年9月至1986年7月，湘潭师范学院外语系英语专业学习。1986年8月至1991年9月，茶陵一中教师。1991年9月至1994年6月，湖南师范大学政治系中共党史专业硕士研究生学习，法学硕士。

1994年6月至1996年1月，株洲市检察院助理检察。1996年1月至2000年7月，株洲市检察院副科级助理检察员。2000年7月至2001年4月，株洲市检察院办公室副主任（其间：2001年3月至4月，省委党校县干班学习）。2001年4月至2002年2月，株洲市检察院办公室副主任，醴陵市人民检察院检察员、检察委员会委员、党组成员、副检察长。2002年2至10月，株洲市人民检察院研究室主任，醴陵市人民检察院党组成员、副检察长。2002年10月至2007年11月，醴陵市人民检察院党组书记；2002年12月，任检察长。2007年11月至2016年9月，株洲市荷塘区人民检察院党组书记、检察长（其间：2013年9月至11月，市委党校县处级干部进修班学习）。2016年9月，荷塘区人大常委会党组成员、副主任候选人；2016年11月，当选荷塘区人大常委会副主任。

**喻秋良**　男，汉族，湖南宁乡人，1966年8月出生，1988年7月参加工作，2004年11月加入致公党，硕士研究生毕业，理学学士。现任荷塘区人大常委会副主任（兼）、区计划生育协会会长。

1982年8月至1986年9月，湖南师范大学化学系化学专业学习，理学学士。1986年9月至1988年7月，浙江大学化学系物理化学专业研究生学习。1988年7月至1994年12月，株洲硬质合金厂工作。1994年12月至1996年5月，株洲市东区人民检察院干部；1995年4月，任书记员。1996年5月至1999年1月，市东区（荷塘区）政法委干部。1999 年 1 月至 2002 年 12 月，荷塘区司法局副局长（其间：1998 年 8 月至 2000 年 12 月，中央党校函授学院政治法律专业本科学习）。2002 年 12 月至 2004 年 1 月，荷塘区政府办副主任兼法制办主任、正科级督查员。2004 年 1 月至 2005 年 5 月，荷塘区招商局局长。2005 年 5 月至 2007 年 3 月，荷塘区司法局局长。2007 年 3 月至 2008 年 9 月，荷塘区政协副主席（兼）、司法局局长。2008 年 9 月至 2009 年 6 月，荷塘区政协副主席（兼）、商务局局长。2009 年 6 月至 2012 年 11 月，荷塘区政协副主席（兼）、招商局局长（其间：2010 年 5 月至 7 月，市委党校县处级干部进修班学习；2011 年 10 至 11 月，省社会主义学院政协副主席培训班学习）。2012 年 11 月至 2013 年 5 月，荷塘区人大常委会副主任（兼）、招商局局长。2013 年 5 月至 2015 年 12 月，荷塘区人大常委会副主任（兼）、区红十字会长。2015 年 12 月，荷塘区人大常委会副主任（兼）、区计生协会长。

**郭　莉**　女，汉族，湖南道县人，1968 年 5 月出生，1989 年 9 月参加工作，1994 年 6 月加入中国共产党，函授本科学历。现任荷塘区人大常委会党组成员、副主任。

1987 年 9 月至 1989 年 9 月，湖南省司法学校法律专业中专学习。1989 年 9 月至 1992 年 5 月，株洲市城建局园林队办公室秘书，城建局办公室秘书。1992 年 5 月至 1996 年 3 月，株洲市东区妇联科员（其间：1993 年 12 月，湘潭大学法律专业自考专科毕业）。1996 年 3 月至 1997 年 11 月，株洲市东区妇联副主席。1997 年 11 月至 1999 年 1 月，株洲市荷塘区妇联副主席（其间：1995 年 8 月至 1997 年 12 月，中央党校函授学院经济管理专业本科学习；1998 年 3 至 4 月，湖南省委党校妇干班学习）。1999 年 1 月至 2001 年 4 月，荷塘区荷塘铺乡党委副书记。2001 年 4 月至 2002 年 12 月，荷塘区宋家桥街道党工委副书记、办事处主任。2002 年 12 月至 2005 年 5 月，荷塘区计划生育局局长（其间：2004 年 9 月至 2005 年 1 月，市委党校中青班学习）。2005 年 5 月至 2008 年 3 月，荷塘区人口与计划生育局长。2008 年 3 月至 2011 年 2 月，荷塘区医卫总支副书记、卫生局局长。2011 年 2 月至 2013 年 1 月，荷塘区人大常委会副主任；2011 年 8 月，任区人大常委会党组成员（其间：2011 年 3 月至 5 月，市委党校县干班学习）。2013 年 1 月至 2015 年 12 月，荷塘区人大常委会党组成员、副主任，计生协会会长。2015 年 12 月，荷塘区人大常委会党组成员、副主任。

**程轶辉**　女，汉族，湖南醴陵人，1971 年 3 月出生，1990 年 2 月参加工作，自考专科学历。现任荷塘区人民政府副区长。

1990 年 2 月至 2002 年 2 月，醴陵市建设局城建档案室工作（其间：1990 年 11 月至 1998 年 6 月，湘潭大学法律专业自考专科毕业）。2002 年 2 月至 2003 年 1 月，醴陵市建设局办公室干部。2003 年 1 月至 2005 年 3 月，醴陵市妇联副主席（其间：2004 年 3 月，市委党校优秀党外干部班学习）。2005 年 3 月至 2007 年 3 月醴陵市法制办副主任（其间：2005 年 9 月至 2006 年 1 月，市委党校中青班学习）。2007 年 3 至 11 月，醴陵市工商业联合会会长。2007 年 11 月至 2009 年 2 月，政协醴陵市委员会副主席（兼）、醴陵市工商业联合会会长（其间：2008 年 9 月至 10 月，市委党校县干班学习）。2009 年 2 月至 2010 年 4 月，政协醴陵市委员会副主席（兼）、醴陵市招商（旅游）局局长。2010年4至5月，政协醴陵市委员会副主席（兼）、醴陵市旅游局局长。2010年5月至2016年9月，芦淞区政府副区长（其间：2011年9月，省社会主义学院党外处干班学习）。2016年9月，荷塘区政府副区长候选人；2016年11月，当选荷塘区人民政府副区长。

**王　冬**　男，汉族，湖南株洲市人，1968年12月出生，1990年7月参加工作，1995年12月加入中国共产党，大学毕业，工学学士。现任荷塘区人民政府党组成员、副区长。

1986年9月至1990年7月，厦门水产学院机械与电子工程系机械设计及制造专业本科学习，获工学学士。1990年7月至1992年6月，株洲市轮胎厂工作。1992年6月至1995年10 月，株洲市郊区畜牧水产局工作。1995年10月至1997年1月，市郊区畜禽水产鱼苗鱼种场场长（副科级）。1997年1至6月，市郊区畜牧水产局副局长、畜禽水产鱼苗鱼种场场长。1997年6至8月，市郊区畜牧水产局副局长。1997年8至11月，芦淞区畜牧水产局副局长。1997年11月至2001年11月，芦淞区畜牧水产局局长兼农村工作部副部长、农办副主任。2001年11月至2005年2月，芦淞区农村工作局局长（其间：2000年4月至2002年4月，中国政法大学经济管理专业研究生课程班学习；2001年9至12月，市委党校中青班学习；2004年3月至7月，市委组织部干部英语培训班学习）。2005年2月至2006年6月，芦淞区五里墩乡党委书记。2006年6月至2011年6月，株洲市芦淞区副县级干部、五里墩乡党委书记；2006年10月，兼任乡人大主席团主席。2011年6月至11月，芦淞区政府党组成员、副区长，五里墩乡党委书记、人大主席团主席。2011年11月至2016年9月，芦淞区政府党组成员、副区长。2016年9月，荷塘区政府党组成员、副区长候选人；2016年11月，当选荷塘区人民政府副区长。

**成良池**　男，汉族，湖南武冈人，1973年8月出生，1997年7月参加工作，1997年6月加入中国共产党，研究生毕业，公共管理硕士。现任荷塘区人民政府党组成员、副区长、公安分局党委书记、局长。

1993年9月至1997年7月，中国人民公安大学警察管理系思想政治教育专业学习，法学学士。1997年7月至1998年7月，湖南省公安厅交通警察总队见习民警。1998年7月至2002年6月，湖南省公安厅交通警察总队科员。2002年6月至2003年4月，湖南省公安厅交通警察总队副主任科员。2003年4月至2004年7月，湖南省公安厅政治部人事处副主任科员。2004年7月至2011年7月，湖南省公安厅政治部人事处任免科科长（其间：2005年2月至2008年12月，国防科技大学公共管理系公共管理专业硕士研究生学习，公共管理硕士学位；2008年8月至2010年8月，挂任湖南省湘潭县公安局副局长、党委委员）。2011年7月至11月，湖南省公安厅政治部人事处副调研员。2011年11月至2014年12月，湖南省益阳市公安局党组成员、副局长（挂职）。2014年12月至2015年3月，湖南省公安厅政治部人事处副处长级干部。2015年3月，荷塘区人民政府党组成员、副区长，株洲市公安局荷塘分局党委书记、局长。

**陈柏文**　男，汉族，湖南茶陵人，1973年11月出生，1991年7月参加工作，1998年6月加入中国共产党，

函授本科毕业。现任荷塘区人民政府党组成员、副区长。

1988年9月至1991年7月，湖南省攸县师范学习。1991年7月至1995年7月，茶陵县第六中学任教。1995年7月至2002年9月，荷塘区明照中学任教（其间：1993年9月至1996年7月，株洲师专物理专业函授大专学习；2001年6月至2002年4月，区委组织部助勤；2002年5至8月，区改制办助勤）。2002年9月至2003年12月，荷塘区纪委工作（其间：2000年6月至2003年6月，湖南师大教育管理专业函授本科学习）。2003年12月至2004年7月，荷塘区纪委办公室主任（副科）。2004年7月至2007年3月，荷塘区政府办公室副主任。2007年3月至2009年6月，荷塘区政府办公室副主任、主任科员。2009年6月至2011年9月，荷塘区宋家桥街道党工委副书记、办事处主任（其间：2011年3月至6月，市委党校中青班学习）。2011年9月至2013年11月，荷塘区财政局局长。2013年11至12月，株洲金山科技工业园党工委副书记、管委会主任、荷塘区财政局局长。2013年12月至2014年1月，株洲金山科技工业园党工委副书记、管委会主任、荷塘区政府党组成员、区财政局局长。2014年1月至2016年9月，株洲金山科技工业园党工委副书记、管委会主任、荷塘区政府党组成员。2016年9至11月，株洲市荷塘区政府党组成员、副区长候选人、金山科技工业园管委会主任。2016年11月，荷塘区人民政府党组成员、副区长。

**刘必林**　男，汉族，湖南株洲县人，1973年9月出生，1992年8月参加工作，1995年6月加入中国共产党，电大本科毕业。现任荷塘区人民政府党组成员、副区长。

1989年9月至1992年8月，株洲师范学习。1992年8月至1998年1月，株洲市荷塘小学任教。1998年1月至2002年1月，株洲市金钩山小学任教（其间：1998年9月至2001年6月，株洲师范高等专科学校教育学专科学习）。2002年1月至2003年8月，株洲市星河小学任教。2003年9月至2004年7月，株洲市戴家岭小学任教（其间：2004年7月，在中央广播电视大学修完本科汉语言文学专业）。2004年7月至2005年5月，荷塘区委组织部副科级组织员、党建组长。2005年5月至2007年4月，荷塘区委组织部副部长。2007年4月至2011年9月，荷塘区茨菇塘街道党工委副书记、办事处主任。2011年9月至2014年1月，荷塘区月塘街道党工委副书记、办事处主任。2014年1月至2016年9月，荷塘区月塘街道党工委书记。2016年9月，荷塘区政府党组成员、副区长候选人；2016年11月，当选荷塘区人民政府副区长。

**余　鹏**　男，汉族，湖南攸县人，1974年10月出生，1995年7月参加工作，1997年1月加入中国共产党，大专毕业。现任荷塘区人民政府党组成员、副区长。

1993年9月至1995年7月，长沙工业高等专科学校公关文秘专业学习。1995年7月至1999年1月，攸县县委办公室机要员。1999年1至3月，攸县坪阳庙乡政府。1999年3月至2004年3月，攸县坪阳庙乡副乡长。2004年3月至2006年4月，攸县皇图岭镇党委副书记。2006年4月至2007年9月，县皇图岭镇政法委员。2007年9月至2009年3月，县皇图岭镇人大主席。2009年3月至2011年12月，攸县皇图岭镇镇长。2011年12月至2015年12月，攸县皇图岭镇党委书记。2015 年 12 月至 2016 年 9 月，攸县联星街道办事处党工委书记。2016 年 9 月，荷塘区政府党组成员、副区长候选人。 2016 年 11 月，当选荷塘区人民政府副区长。

**朱兴来** 男，汉族，湖南醴陵人，1963年5月出生，1984年8月参加工作，1987年2月加入中国共产党，函授本科毕业。现任政协株洲市荷塘区委员会党组副书记、副主席。

1981 年 9 月至 1984 年 7 月，湘潭农业学校农学专业学习。1984 年 8 月至 1990 年 10 月，株洲市北区云田乡任农技员。1990 年 10 月至 1993 年 1 月，北区云田乡党委委员。1993 年 1 月至 1994 年 12 月，株洲市郊区委员会组织部副科级组织员。1994 年 12 月至 1995 年 11 月，郊区五里墩乡党委副书记。1995 年 11 月至 1996 年 10 月，郊区五里墩乡党委副书记、纪委书记。1996 年 10 月至 1997 年 8 月，郊区供销社委员会副书记。1997 年 8 月至 11 月，芦淞区供销社副主任。1997 年 11 月至 2001 年 11 月，芦淞区供销社党委书记、主任（其间：1996 年 8 月至 1998 年 12 月，中央党校经济管理专业本科学习）。2001 年 11 月至 2003 年 8 月，芦淞区董家塅高科技园副主任。2003 年 8 月至 2007 年 4 月，荷塘区政府区长助理、金山科技工业园管委会办公室主任、金山科技工业园发展有限责任公司董事长、总经理。2007 年 4 月至 2011 年 6 月，株洲市金山工业园管委会主任。2011 年 6 月至 2012 年 11 月，株洲市金山工业园党工委书记。2012 年 11 月至 2016 年 9 月，政协株洲市荷塘区委员会党组成员、副主席。2016 年 9 月，政协株洲市荷塘区委员会党组副书记、副主席。

**廖　山** 男，汉族，广东大埔人，1967年6月出生，1988年8月参加工作，函授本科学历。现任政协荷塘区委员会副主席（兼）、区红十字会会长。

1985 年 9 月 至 1988 年 7 月，湖南省地质矿产局长沙技工学校钻探专业学习。1988 年 8 月至 1993 年 5 月，湖南省地质矿产局水文一队工作。1993 年 5 月至 2000 年 6 月，株洲市城建局余土管理办公室工作（其间：1994 年 9 月至 1996 年 6 月，株洲工业大学装饰设计专业函授专科学习）。2000 年 6 月至 2001 年 11 月，荷塘区城市管理局工作。2001 年 11 月至 2003 年 4 月，荷塘区宋家桥街道办事处副主任。2003 年 4 月至 2005 年 5 月，株洲市金山科技园管理办公室副主任（其间：2002 年 8 月至 2004 年 12 月，中央党校函授学院法律专业本科学习）。2005 年 5 月至 2007 年 11 月，荷塘区工商业联合会（商会）会长。2007 年 11 月至 2016 年 4 月，政协荷塘区委员会副主席（兼）、区工商联会长（其间：2011 年 5 月至 7 月，市委党校县处级干部进修班学习）。2016 年 4 月，政协株洲市荷塘区委员会副主席（兼），区红十字会会长。

**肖宏琳** 男，汉族，湖南祁东人，1966年4月出生，1988年7月参加工作，2000年4月加入九三学社，大学毕业，工学学士。现任政协株洲市荷塘区委员会副主席（兼）、区工商业联合会主席。

1984 年 9 月至 1988 年 7 月，华东化工学院复合材料专业学习。1988 年 7 月至 1993 年 1 月，化工部株洲乳胶研究所工作。1993 年 1 月至 1994 年 3 月，佛山兆峰陶瓷设备有限公司工作。1994 年 3 月至 1996 年 3 月，佛山亿德机电公司工作。1996

年3月至1997年3月，湖南省东山实业公司工作。1997年3月至1998年8月，株洲市东区人武部工作（其间：1997年4月至1998年8月，借调区体改办工作）。1998年8月至2001年4月，荷塘区统计局工作。2001年4月至2002年12月，荷塘区统计局副局长（其间：2002年3月至5月，株洲市党外优秀干部培训班学习）。2002年12月至2009年6月，荷塘区科技局副局长、科协主席（兼）（其间：2007年3至5月，湖南省社会主义学院中青班学习）。2009年6月至2012年11月，荷塘区统计局局长（其间：2010年9月至2011年1月，株洲市委党校中青班学习）。2012年11月至2015年12月，政协荷塘区委员会副主席（兼）、统计局长（其间：2013年5月至7月，市委党校县处级干部进修班学习）。2015年12月至2016年4月，政协荷塘区委员会副主席（兼）、区安监局长。2016年4月，政协株洲市荷塘区委员会副主席（兼）、区工商联主席。

**冯　晓**　男，汉族，湖南宁远人，1974年9月出生，1996年12月参加工作，自考本科学历。现任政协株洲市荷塘区委员会副主席（兼）、区安监局局长。

1993年9月至1996年6月，湘潭大学法律专业大专学习。1996年6月至1996年12月，待分配。1996年12月至2001年12月，荷塘区计生委科员、办公室主任（其间：2000年12月，湘潭大学法律专业自考本科毕业）。2001年12月至2005年3月，荷塘区荷塘铺乡政府副乡长。2005年3月至2011年8月，荷塘区金山街道办事处副主任。2011年8月至2012年11月，荷塘区金山街道办事处副主任、主任科员。2012年11月至2015年12月，政协株洲市荷塘区委员会副主席（兼）；2013年1月，任文体新局局长（其间：2013年3月至5月，市委党校县处级干部进修班学习）。2015年12月至2016年4月，政协株洲市荷塘区委员会副主席（兼）、红十字会长。2016年4月，政协株洲市荷塘区委员会副主席（兼）、区安监局局长。

**方　芳**　女，汉族，浙江东阳人，1969年2月出生，1989年8月参加工作，1993年10月加入中国共产党，函授本科学历。现任政协株洲市荷塘区委员会党组成员、副主席。

1986年9月至1989年6月，湖南大学岳麓书院文化研究所系历史专业大专学习。1989年8月至1995年11月，株洲市东区茨菇塘街道办事处工作。1995年11月至1997年11月，东区计划统计物价局工作。1997年11月至2001年11月，荷塘区计划统计局副局长（其间：1996年8月至1998年12月，中央党校函授学院经济管理专业本科班学习）。2001年11月至2004年7月，荷塘区委组织部正科级组织员、编办副主任（其间：2004年5月至7月，科局长进修班学习）。2004年7月至2005年3月，荷塘区委组织部副部长、正科级组织员。2005年3月至2009年6月，荷塘区宋家桥街道党工委副书记、办事处主任（其间：2008年9月至12月，中青班学习；2009年4月至5月，农村改革研讨班学习）。2009年6月至2011年8月，荷塘区宋家桥街道党工委书记。2011年8月至2013年12月，荷塘区月塘街道党工委书记。2013年12月至2014年2月，政协株洲市荷塘区委员会党组成员、月塘街道党工委书记。2014年2月，政协株洲市荷塘区委员会党组成员、副主席（其间：2014年3月至5月，市委党校县处级干部进修班学习）。

**黄玉丰**　男，汉族，湖南衡山人，1968年10月出生，1990年6月参加工作，1997年11月加入中国共产党，自考本科毕业，法学学士。现任荷塘区人民法院党组书记、院长。

1986年9月至1990年6月，中南林学院林产工业系林产化工专业学习，工学学士。1990年6月至1995年1月，株洲市林化厂干部。1995年1月至1999年12月，株洲市中级人民法院干部、书记员。1997年4月，助理审判员（其间：1995年9月至1998年6月，湘潭大学法学审判专业自考本科学习，法学学士）。1999年12月至2002年3月，株洲市中级人民法院副科级助理审判员。2002年3月至2004年4月，株洲市中级人民法院政治部副主任、审判员。2004年4月至2007年4月，株洲市中级人民法院政治部副主任、组织干部科科长、审判员。2007年4月至2010年3月，株洲市中级人民法院立案庭庭长。2010年3月至2012年11月，茶陵县人民法院院长、党组书记（其间：2010年9至11月，市委党校县处级干部进修班学习）。2012年11月至2016年9月，株洲县人民法院院长（其间：2013年3月至5月，市委党校县处级干部进修班学习）。2016年9月，荷塘区人民法院党组书记、代院长；2016年11月，当选荷塘区人民法院院长。

**黄伟波**　男，汉族，湖南长沙县人，1968年9月出生，1990年7月参加工作，1996年6月加入中国共产党，大学毕业，法学学士。现任荷塘区人民检察院党组书记、检察长。

1986年9月至1990年7月，中南政法学院法律系法律专业学习，法学学士。1990年7月至1993年12月，株洲市中级人民法院书记员。1993年12月至1996年8月，株洲市中级人民法院助理审判员。1996年8月至1998年7月，株洲市中级人民法院副科级助理审判员；1997年5月，任审判员。1998年7月至2002年3月，株洲市中级人民法院民事审判庭副庭长。2002年3月至2007年1月，株洲市中级人民法院政研室主任；2006年6月，兼审管办主任（其间：2005年9月至2006年1月，市委党校中青班学习）。2007年1月至3月，株洲市中级人民法院副处级审判员，市中级人民法院政研室主任兼审管办主任。2007年3月至2010年2月，株洲市中级人民法院副处级审判员；2007年4月，审监庭庭长。2010年2月至2016年9月，天元区人民法院党组书记；2010年3月，天元区人民法院院长；2011年6月，天元区区委委员；2016年9月，荷塘区人民检察院党组书记、代检察长；2016年11月，当选荷塘区人民检察院检察长。

**章党兵**　男，汉族，湖南省沅江人，1975年6月生，1995年12月入伍，大学学历，中共党员，中校军衔。现任荷塘区人武部副部长。

1995年12月至1998年8月，海南省军区一三二师三九六团服役，先后任战士、班长；1998年9月至2001年6月，就读于桂林陆军学院；2001年6月至2002年8月，任湖南省慈利县人民武装部军事科正排职参谋，2002年9月至2008年6月，湖南省军区警卫连先后任排长、副指导员、指导员、连党支部书记（其间：2002年8月至2004年12月，中央党校法律专业函授学习）。2008年6月至2011年3月，任长沙民兵装备仓库副营职管理员，2011年3月至2014年1月，任湖南省军区桃江民兵装备仓库正营职主任。2014年1月至今，任荷塘区人武部副部长。　（袁夕辉　张浩　李莎）

# 荷塘区党政军及各部门、单位负责人

## 中共荷塘区委及工作部门负责人

### 中共荷塘区委

| | |
|---|---|
| 书　记 | 邬凌云 |
| 副书记 | 王利波 |
| 副书记 | 赖晓智（女） |
| 常　委 | 王顺安 |
| 常　委 | 崔家盛 |
| 常　委 | 刘国梁 |
| 常　委 | 欧阳权 |
| 常　委 | 郑志富 |
| 常　委 | 陈三龙 |
| 常　委 | 刘政凯 |
| 常　委 | 文韶松 |

### 区委办公室

| | |
|---|---|
| 主　任 | 文韶松 |
| 常务副主任兼党史办主任 | 刘骞晖 |
| 副主任兼政研室主任 | 刘　晔 |
| 接待办主任 | 龚丽君（女） |
| 主任科员 | 吴　琼（女） |

### 区纪委·监察局

| | |
|---|---|
| 书　记 | 郑志富 |
| 纪委副书记、监察局局长 | 王　伟（女） |
| 常委、纪检监察室主任 | 王洪连 |
| 常委、案件审理室主任 | 郭运明 |
| 监察局副局长、纪委办公室主任 | 杨能华 |
| 常委、监察局副局长、信访室主任 | 周　璐（女） |
| 常委、党风政风监督室主任 | 李　剑（女） |
| 区纪委派驻城建局纪检组长 | 吴志敏 |
| 区纪委派驻教育局纪检组长 | 陈　宁（女） |
| 区纪委派驻卫计局纪检组长 | 李　艳（女） |
| 区纪委派驻城管局纪检组长 | 赖　婧（女） |

### 区委组织部

| | |
|---|---|
| 部　长 | 刘政凯 |
| 常务副部长 | 周　波 |
| 副部长 | 张智春 |
| 副部长 | 陈乐红（兼） |
| 区党教中心主任 | 聂　炼 |
| 党联办主任 | 欧阳鲲 |

### 区委宣传部

| | |
|---|---|
| 部　长 | 陈三龙 |
| 常务副部长 | 汤文辉 |
| 副部长 | 汤云峰 |
| 网宣办主任 | 刘晶晶（女） |

### 区委统战部

| | |
|---|---|
| 部　长 | 王顺安 |
| 常务副部长 | 赵怀松 |
| 副部长 | 刘　卫（女） |

### 区委政法委

| | |
|---|---|
| 书　记 | 崔家盛 |
| 副书记、综治办主任 | 刘金耀 |
| 副书记 | 王德忠 |
| 副书记 | 刘石平 |

### 区社管办

| | |
|---|---|
| 主　任 | 张新春 |
| 副主任 | 王理蓉（女） |
| 副主任 | 彭新华 |

**区防范和处理邪教问题办公室**

主　任　刘清毅(女)

**区维护稳定办公室**

主　任　刘海荣
副主任　李俊伟

**区直机关工委**

书　记　黄继刚
副书记、纪工委书记　易继锋
主任科员　王　敏(女)

**区老干局**

局　长　陈乐红(女)
副局长　文铁柱
副局长　王　娜(女)
主任科员　唐春曲(女)

**区信访局**

局　长　刘志勇
副局长　颜俊龙
副局长　刘国照
主任科员　粟元先(女)

## 荷塘区人大常委会及各委办负责人

**区人大常委会**

党组书记、主任　陈友元
党组副书记、副主任　张赐华(女)
党组成员、副主任　刘湘林
党组成员、副主任　彭物明
副主任　喻秋良(兼)
党组成员、副主任　郭　莉(女)
党组成员、办公室主任　龙丽娜(女)
法制委主任委员　余　前
财经委主任委员　黄克忠
城环委主任委员　林玉清(女)
农业农村工委主任　陈丽平(女)
教科文卫工委主任　唐　倩(女)
选举任免联工委主任　彭　栋
预算工委主任科员　刘　利(女)
联工委副主任　陈　翊(女)
办公室副主任　刘　勇

## 荷塘区政府及工作部门负责人

**区人民政府**

党组书记、区长　王利波
党组副书记、常务副区长　刘国梁
副区长　程铁辉(女)
党组成员、副区长　王　冬
党组成员、副区长　成良池
党组成员、副区长　陈柏文
党组成员、副区长　刘必林
党组成员、副区长　余　鹏
党组成员　向前进
党组成员　易海平
党组成员　王　伟(女)

**区政府办公室**

党组书记、主任　向前进
党组成员、副主任　王佳佳
党组成员、副主任　李正玉
法制办副主任、金融办副主任　文　丽(女)

**区政务服务中心**

党组书记、主任　邓思思(女)
党组成员、副主任　刘　群(女)

党组成员、副主任　李挺美
副主任　郭　栋

**区征地工作协调管理办公室**
主　任　魏　星
副主任　范又明
副主任　田映平（女）

**区土地储备中心**
党组书记、主任　李　斌
党组成员、副主任　王珊珊（女）
党组成员、副主任　黎　健

**区人防办**
主　任　陈跃纯（女）
副主任　顾彩霞（女）
主任科员　武雷娜（女）

**区科技局**
党组书记、局长　周伟群（女）
党组副书记、副局长　王汉林
主任科员　葛怀强

**区发改局**
党组书记、局长　唐　坚
党组成员、副局长　谭　宇
党组成员　曹　彧
重点办主任　蔡群英（女）

**区"两型"办**
副主任　曹　彧
副主任　朱　珍（女）

**区统计局**
党组书记、局长　苏　智
党组成员、副局长　周　凯
党组成员、副局长　谭　琦
社会经济调查中心主任　叶里平
普查中心主任　赵　凯

**区经信局**
党委书记、局长　周树根
党委委员、副局长　赖健鹰（女）
党委委员、副局长　陈霞霞（女）
副局长　凌水根
主任科员　易春辉（女）

**区教育局**
党委书记、局长　韩永斌
党委副书记、副局长　刘美贞（女）
党委委员、主任督学　董海军
区纪委派驻教育局纪检组长、
党委委员　陈　宁（女）
党委委员、副局长　王晓红（女）
党委委员、副局长　王沧海
主任科员　张景奇

**区民政局**
党组书记、局长　邓吏辛
党组成员、副局长　熊曼生
党组成员、副局长　罗智玲（女）
慈善办主任　杜　杨（女）
主任科员　李跃珍（女）

**区司法局**
党组书记、局长　易　东
党组成员、副局长　王菊生
党组成员、副局长　彭丽华（女）

**区财政局**

| | |
|---|---|
| 党组书记、局长 | 易海平 |
| 党组副书记、副局长 | 彭治凯 |
| 党组成员、副局长 | 唐朝晖(女) |
| 党组成员、总会计师 | 李　莉(女) |
| 党组成员、副局长 | 谭　轩 |
| 非税收入管理局局长 | 张　珂 |
| 乡镇财政服务中心主任 | 凌跃新 |
| 财政投资评审中心主任 | 彭小龙 |
| 国库集中支付核算中心主任 | 高小平(女) |
| 主任科员 | 向宏武 |

**区人社局**

| | |
|---|---|
| 党组书记、局长 | 丁国祥 |
| 党组成员、副局长 | 夏昌顺 |
| 党组成员、副局长 | 宾海燕(女) |
| 党组成员、副局长 | 邹　琼 |
| 党组成员、副局长 | 漆　琳(女) |
| 劳动社保局局长 | 黎　剑 |
| 退管办主任 | 吴莉华(女) |
| 医疗保险中心主任 | 凌　湘(女) |
| 劳动就业管理局局长 | 刘　涛 |
| 劳动监察大队队长 | 余　雷 |
| 主任科员 | 甘　宇(女) |

**区城建局**

| | |
|---|---|
| 党委书记、局长 | 朱福兴 |
| 党委副书记、副局长 | 蔡　聃 |
| 党委委员、副局长、主任科员 | 熊金星 |
| 区纪委派驻城建局纪检组长、党委委员 | 吴志敏 |
| 党委委员、副局长 | 王　荣 |
| 党委委员、副局长 | 罗　铭 |
| 党委委员、总工程师 | 宋永中 |
| 主任科员 | 袁小玲(女) |

**区绿化处**

| | |
|---|---|
| 主　任 | 易　旭 |
| 正科级干部 | 凌正明 |

**区城管局**

| | |
|---|---|
| 党委书记、局长 | 赵文喜 |
| 党委副书记、副局长 | 谢爱武(女) |
| 党委委员、副局长 | 傅平辉 |
| 党委委员、副局长 | 田　畅 |
| 区纪委派驻局纪检组长、党委委员 | 赖　婧(女) |
| 党委委员 | 刘　伟 |
| 党委委员 | 郭文明 |
| 数字化城管指挥中心主任 | 易勇强 |

**区城管大队**

| | |
|---|---|
| 大队长 | 刘　伟 |
| 副大队长 | 易洋华 |
| 副大队长 | 李动奇 |

**区环卫处**

| | |
|---|---|
| 主　任 | 郭文明 |

**区农村工作局**

| | |
|---|---|
| 党组书记、局长 | 龙祖勇 |
| 副局长 | 袁宏伟 |
| 党组成员、总农艺师 | 刘潘雄 |
| 党组成员、副局长 | 刘硕果 |
| 党组成员、副局长 | 陈斯娜(女) |
| 党组成员、副局长 | 刘文进 |
| 农技推广中心主任 | 胡　敏(女) |
| 农村经济管理服务站站长 | 刘丽君(女) |
| 主任科员 | 陈雪英(女) |

**区文化体育和旅游局**

| | |
|---|---|
| 党组副书记、副局长 | 贺春庆 |

党组成员、副局长　贺　伟
党组成员、副局长　刘光荣
主任科员　杨　红(女)
主任科员　何建辉

**区卫生和计划生育局**

党委书记、局长　蒋国荣(女)
党委委员、副局长　付　妙(女)
党委委员、副局长　李春梅(女)
区纪委派驻卫计局纪检组长、党委委员　李　艳(女)
党委委员、副局长　刘剑锋
党委委员、副局长　欧阳劲梅(女)
党委委员、副局长　谭爱平
新农合办主任　唐国先
主任科员　张林春(女)
主任科员　刘　平(女)

**区妇幼保健计划生育服务中心**

主　任　陈红阳(女)
副主任　何　瑛(女)

**区疾控中心**

主　任　谭光明
支部书记　谢爱萍(女)
副主任　胡晓玲(女)

**区卫生计生综合监督执法局**

局　长　欧阳江帆

**区审计局**

党组书记、局长　张苏龙
党组成员、副局长　栗产辉
党组成员、副局长　廖　敏(女)

**区商务和粮食局**

党委书记、局长　唐　斌
党委委员、副局长　肖　伟
党委委员、副局长　刘国强
党委委员、副局长　王　毅
党委委员、副局长　张　晖
副局长　潘献春(女)
项目投资服务中心主任　谭前勇
主任科员　肖平安

**区安监局**

局　长　冯　晓
党组书记　佘富华
党组成员、副局长　王　华
党组成员、副局长　佘高平
副局长　罗　宁

**区机关事务服务中心**

党组书记、主任　刘石建
党组成员、副主任　毛建源
党组成员、副主任　吴进文
党组成员、副主任　余　玲(女)

**区档案区志局**

局　长　马艳花(女)
副局长　何爱辉(女)

**金山科技工业园**

党工委书记　丁国祥
管委会主任　易海平
党工委副书记(兼)　王　巍
原党工委副书记、纪工委书记　潘红波
副主任　曹晓晖(女)
招商产业科科长　宋红娆(女)

规划建设科科长　曹　伟
办公室主任　陈春贵（女）
主任科员　李细平
主任科员　王姣智（女）
主任科员　吴　雄

**区建管办**

主　任　龚新胜
党组书记　晏　毅
党组成员、副主任　田　勇
　刘克章

**区治违大队**

大队长　王海亮
教导员　宾　倪

## 政协荷塘区委员会及各委办负责人

**区政协委员会**

党组书记、主席　何恒仁
党组副书记　王顺安
党组副书记、副主席　朱兴来
副主席　廖　山（兼）
副主席　肖宏琳（兼）
副主席　冯　晓（兼）
党组成员、副主席　方　芳（女）
党组成员、秘书长　谭二勇
经科委主任　蒲葛红（女）
文教卫体委主任　柴　卉（女）
学联群团委主任　袁　博
提案法制委副主任　豁　波（女）
提案法制委副主任　张含英（女）
学联群团委副主任　唐花平（女）
经科委主任科员　文　琼（女）

## 荷塘区法院、检察院负责人

**区人民法院**

党组书记、院长　黄玉丰
党组副书记、副院长、正科级审判员　蒋　弘（女）
党组副书记、副院长、云龙法庭庭长、正科级审判员　余　胜
副院长、正科级审判员　黎　胜
党组成员、副院长　陈正刚
党组成员、副院长　林　华
党组成员、工会主席、正科级审判员　唐建林
正科级审判员　吴珉庆（女）
党组成员、办公室主任　喻志强
党组成员、政工科长　王　艳（女）
审委会专职委员、刑庭庭长　唐　玲（女）
正科级审判员　凌　灿（女）

**区人民检察院**

党组书记、检察长　黄伟波
党组副书记、副检察长、正科级检察员　康文辉
党组副书记、副检察长、正科级检察员　方清华
党组成员、副检察长、正科级检察员　谭　熠
副检察长、正科级检察员　黎　静（女）
党组成员、副检察长　谭政频（女）
党组成员、工会主席　章　戈
党组成员、纪检组长　罗君峰
检委会专职委员、公诉科科长　戴树忠
检委会专职委员、技术科科长　肖　煊
正科级检察员　欧阳伟

## 荷塘区群团及工商联负责人

**区总工会**

副县级干部、主席　张　岚（女）

副主席 黄 勇

**团区委**

书 记 赵 虎

副书记 贺 娟(女)

**区妇联**

主 席 刘 梅(女)

副主席 周文洁(女)

**区残联**

理事长 宋周伟(女)

副理事长 张 勇

**区工商联**

主 席 肖宏琳

党组书记 张玉升

副主席 席卫国(女)

**区文联**

主 席 蔡灵敏(女)

副主席 胡 嵩

**区科协**

主 席 朱 勇

副主席 潘书巧(女)

**区红十字会**

会 长 廖 山

常务副会长 周 兴

副会长 谭可勇

**区计生协会**

会 长 喻秋良

常务副会长 陈小伟

## 荷塘区镇·街道办事处负责人

**仙庾镇**

党委书记 周湘雄

党委副书记、镇长 谭件美

党委委员、人大主席 龙 卉(女)

党委委员(政协联络工作负责人) 贺志德

党委委员、组织委员 唐 杜

党委委员、副镇长、武装部部长 龚大力

党委委员 刘永学

党委委员、纪委书记 胡震宇

副镇长 谭 昕

副镇长 刘青松

**月塘街道办事处**

党工委书记 黄大平

党工委副书记、办事处主任 许太相

党工委副书记、人大工作委员会主任 陈 靖

党工委副书记、纪工委书记、主任科员(政协联络工作负责人) 丁圣民

党工委委员、副主任 罗 政

党工委委员、副主任 黄海平(女)

党工委委员、武装部部长 杨 龙

党工委委员、组织委员 王杨辉

办事处副主任 文 浪

办事处副主任 周 辉

劳保站站长 吕 艳(女)

**茨菇塘街道办事处**

党工委书记 黄国初

党工委副书记、办事处主任 刘胜贤

党工委副书记、人大工作委员会主任 唐 波(女)

党工委委员、纪工委书记、主任科员

（政协联络工作负责人） 刘雪峰

党工委委员、办事处副主任 廖结文

党工委委员、组织委员 彭文瑾（女）

党工委委员、武装部部长 李海林

办事处副主任 曾国旺

劳保站站长 何　立

**桂花街道办事处**

党工委书记 蔡世华

党工委副书记、办事处主任 肖昊昕

党工委副书记、纪工委书记、

人大工作委员会主任 钟　杨

党工委委员、主任科员

（政协联络工作负责人） 黎　伟

党工委委员 易　锋

党工委委员、武装部部长、办事处副主任 刘三毛

党工委委员、办事处副主任 刘　强

党工委委员、组织委员 何　毅

办事处副主任 马涛涛

办事处副主任 吴　娟（女）

劳保站站长 黄生发

主任科员 刘　奇

**金山街道办事处**

党工委书记 王　虎

党工委副书记、办事处主任 肖　勇

党工委副书记、人大工作委员会主任 石治国

党工委副书记、纪工委书记 赵　冰

党工委委员、主任科员

（政协联络工作负责人 ） 丁宗喜

党工委委员、武装部部长 晏　蕾

党工委委员、组织委员、办事处副主任 杨艳红（女）

党工委委员 黄　炜

办事处副主任 黎　婷（女）

劳保站长 胡新宇

**宋家桥街道办事处**

党工委书记 张　茂

党工委副书记、办事处主任 汤思源

党工委副书记、人大工作委员会主任 李伟斌

党工委副书记 曾　健

党工委委员、纪工委书记、

主任科员（政协联络工作负责人 ） 朱航宏

党工委委员、办事处副主任 罗飞跃（女）

党工委委员、组织委员 刘　皓（女）

党工委委员、武装部部长 王　穗

办事处副主任 熊　军

办事处副主任 罗周明

劳保站站长 周　威

**合泰管委会**

党工委书记、管理办主任 谭洪勇

党工委副书记、管理办副主任 游　隽（女）

党工委委员、管理办副主任 周　剑

**荷塘月色示范区管理委员会**

党工委书记 张海湘（女）

党工委副书记、管委会主任 汤　灿

党工委委员、管委会副主任 杨思维

党工委委员、管委会副主任 苏　轩

党工委委员、仙庾风景管理处主任 言莫依

## 荷塘区人武部、公安及消防、部队负责人

**荷塘区人武部**

部　长 胡志飞

| | |
|---|---|
| 政　委 | 欧阳权 |
| 副部长 | 章觉兵 |
| 政工科长 | 付利勇 |
| 后勤科长 | 李学丰 |

**市公安局荷塘分局**

| | |
|---|---|
| 党委书记、局长 | 成良池 |
| 党委副书记、政委 | 罗　浪 |
| 党委副书记、常务副局长 | 张志祥 |
| 党委委员、副局长 | 常家胜 |
| 党委委员、副局长 | 刘拥军 |
| 党委委员、副局长 | 李壮志 |
| 党委委员、副局长 | 田　颖 |
| 党委委员、纪委书记 | 陈文兵 |
| 党委委员、政工室主任 | 刘　淦 |
| 工会主席 | 刘和平 |

**武警荷塘消防大队**

| | |
|---|---|
| 教导员 | 江　禾 |
| 大队长 | 李勇军 |

## 荷塘区“双管”机构及金融单位负责人

**市国税局荷塘分局**

| | |
|---|---|
| 党组书记、局长 | 陈建冰 |
| 党组成员、副局长 | 曾纯武 |
| 党委委员、副局长 | 李龙辉 |
| 党委委员、副局长 | 向晨序 |
| 党组成员、纪检组长 | 盛立新 |

**市工商局荷塘分局**

| | |
|---|---|
| 党委负责人、纪委书记、副局长 | 陈　刚 |
| 党委副书记、副局长 | 刘晓兵 |
| 党委委员、副局长 | 张罗生 |
| 党委委员、副局长 | 李洪斌 |
| 党委委员、副局长 | 张志勇 |
| 党委委员、副局长 | 易　平 |

**市国土局荷塘分局**

| | |
|---|---|
| 局　长 | 蔡凤美 |
| 副局长 | 王建文 |
| 副局长 | 李卫伟 |
| 副局长 | 言　剑 |
| 执法大队长 | 陈智敏 |
| 工会主席 | 彭　赟 |

**市地税局荷塘分局**

| | |
|---|---|
| 党组书记、局长 | 王　磊 |
| 党组成员、副局长 | 杨苏齐 |
| 党组成员、副局长 | 胡　浩 |
| 党组成员、纪检组长 | 刘　红 |
| 党组成员、副局长 | 唐勇军 |
| 工会主席 | 杨海波 |

**市食药监局荷塘分局**

| | |
|---|---|
| 党组书记、局长 | 龙　潭 |
| 党组成员、副局长 | 晏世元 |
| 党组成员、副局长 | 郭　维 |

**市公安交警支队荷塘大队**

| | |
|---|---|
| 大队长 | 王　勇 |
| 政　委 | 周　岿 |
| 副大队长 | 李海燕 |
| 副大队长 | 周喜爱 |
| 副大队长 | 殷星燎 |

**市环保局荷塘分局**

| | |
|---|---|
| 局　长 | 易广志 |

| | |
|---|---|
| 副局长 | 曾亚琦 |
| 副局长 | 郭斌 |

**市规划局荷塘分局**

| | |
|---|---|
| 局　长 | 杨　智 |
| 副局长 | 肖榕锋 |
| 副局长 | 胡继红 |
| 规划所长 | 颜　峰 |
| 监察大队大队长 | 周　辉 |
| 副大队长 | 李殿龙 |

**国有土地上房屋征收中心**

| | |
|---|---|
| 主　任 | 吴红卫 |
| 副主任 | 袁　鲲 |

**华融湘江银行东一支行**

| | |
|---|---|
| 行　长 | 吴意刚 |
| 副行长 | 杨　平 |
| 副行长 | 蔡　婧 |

**中国建设银行株洲市城东支行**

| | |
|---|---|
| 行　长 | 黄伟强 |
| 副行长 | 罗荣武 |
| 副行长 | 倪巧兰 |

**中国工商银行株洲分行新华路支行**

| | |
|---|---|
| 行　长 | 肖义华 |

**中国光大银行文化路支行**

| | |
|---|---|
| 行　长 | 丁　晖 |
| 副行长 | 刘　君 |

**中国银行东区支行**

| | |
|---|---|
| 行　长 | 唐建国 |
| 副行长 | 施水芳 |
| 副行长 | 陈爱萍 |

# 荣 誉 谱

## 2016年荷塘区获得先进集体荣誉一览表

| 单　　位 | 称号名称 | 授予部门 |
| --- | --- | --- |
| 荷塘区 | 全国残疾人工作先进单位 | 国务院残疾人工作委员会 |
| | 2014—2016年全国计划生育优质服务先进单位 | 国家卫计委 |
| | 平安县市区 | 省委、省政府 |
| | 2016年全面建成小康社会达标单位 | 省委、省政府 |
| | 2016年全面小康推进工作十快先进县 | 省委、省政府 |
| | 2016年度全省人口和计划生育工作优秀单位 | 省委、省政府 |
| | 2016年度综治工作合格县市区 | 省委、省政府 |
| | 2016年全省动物疫病防控绩效考核先进县 | 省防治重大动物疫病指挥部 |
| | 2016年度湖南省县（市、区）国安办单项工作先进单位 | 省国家安全工作领导小组办公室 |
| | 湖南省青少年校园足球试点县（市、区） | 省教育厅 |
| | 2016年度教育信息化创新应用示范县（市区） | 省教育厅 |
| | 全省县市区残联教就工作甲等优秀单位 | 省残疾人联合会 |
| | 2016年度全市计划生育工作县市区考核评估优秀单位 | 市委、市政府 |
| | 2016年加速推进新型工业化先进县市区 | 市政府 |
| | 2016年“项目攻坚年”活动先进县市区 | 市政府 |
| | 2016年度全市交通运输发展目标管理考核先进单位 | 市政府 |
| | 2016年度全市农产品质量安全监管工作目标管理考核先进单位 | 市政府 |
| | 2016年度全市森林防火考核先进单位 | 市政府 |
| | 2016年度市长热线（信箱）办理工作优秀县市区 | 市政府 |

| 单　　位 | 称号名称 | 授予部门 |
|---|---|---|
| 荷塘区 | 2016年度株洲市政务公开工作优秀单位 | 市政府 |
| | 2016年企业帮扶工作先进区 | 市政府 |
| | 2016年全市食品药品安全工作先进单位 | 市食品药品安全委员会 |
| | 2016年县市区防范和处置非法集资工作综合治理考评第一名 | 市打击和处置非法集资工作领导小组办公室 |
| | 株洲市首批中小学心理健康教育示范区 | 市教育局 |
| | 2016年度县市区政府环境保护指标绩效考核城区第一名 | 市环保局 |

## 2016年荷塘区各单位获市级以上先进集体荣誉一览表

| 单　　位 | 称号名称 | 授予部门 |
|---|---|---|
| 区工商业联合会 | 全国“五好”县级工商联 | 中华全国工商业联合会 |
| 刑事侦查大队 | 全国优秀公安基层单位 | 公安部 |
| 月塘街道办事处 | 2016届省文明单位 | 省文明办 |
| 区公安分局 | 2016年度全省反恐怖工作先进基层单位 | 省反恐怖工作领导小组 |
| | 全省公安机关“警务实战化”示范单位 | 省公安厅 |
| | 全省公安机关首届“平安湖南杯”微改革微创新大赛银奖 | |
| | 全省“三实”信息集中采集专项行动成绩突出单位 | |
| | 全省公安机关首届“微改革微创新”大赛银奖 | |
| 区公安分局刑侦大队 | 全省公安机关随岗训练示范单位 | 省公安厅 |
| | 全省优秀刑侦大队 | |
| 月塘派出所 | 2016年户政部门优秀服务窗口单位 | 省公安厅 |
| 区委督查室 | 2016年度全省党委督查工作先进基层单位 | 省委 |
| 区卫生和计划生育局 | 2014—2016湖南省计划生育优质服务先进单位 | 湖南省卫生和计划生育委员会 |
| 区国税局、区公安消防大队 | 2016—2018年全省依法办事示范窗口单位 | 中共湖南省委法治湖南建设领导小组办公室 |

| 单　　位 | 称号名称 | 授予部门 |
| --- | --- | --- |
| 桂花街道办事处西子社区 | 全省先进基层党组织 | 省委 |
| 月塘街道办事处 | 2016年度湖南省安全生产示范街道 | 省安监局 |
| 区环保分局 | 2016年度环保重点工作目标责任考核先进县市区环保局 | 省环境保护厅 |
| 桂花街道办事处、月塘街道办事处、区档案区志局 | 2016年度全省档案宣传工作先进单位 | 省档案局 |
| 区纪委（监察局） | 2016年度全省纪检监察信息工作先进单位 | 省纪委 |
| 区商务和粮食局 | 2016年度全省商务工作（招商引资）先进单位 | 省商务厅 |
| 区文联 | 2016年度全省文联系统先进单位 | 省文学艺术界联合会 |
| 区计生协会 | 2016年度全省县市区计生协模范单位 | 省计划生育协会 |
| 区疾控中心（血防办） | 2016年度血吸虫病防治工作绩效考核优秀单位 | 省血吸虫病防治工作领导小组办公室 |
| 茨菇塘街道办事处麻园社区 | 2016年湖南省综合减灾示范社区 | 省减灾委员会办公室、省民政厅 |
| 区交警大队 | 2016年全省五一期间道路交通安全保卫工作成绩突出集体 | 省公安厅 |
| 区工商联 | 湖南省“五好”县级工商联 | 省工商业联合会 |
| 区教育局 | 湖南省关心下一代工作先进集体 | 省关心下一代工作委员会 |
| 区科技局 | 2016年度湖南省专利行政执法工作先进集体 | 省知识产权局 |
| 金山街道办事处卫生计生办 | 湖南省卫生计生依法办事示范窗口 | 省卫生和计划生育委员会 |
| 区文体局 | 湖南省直播卫星户户通工程建设先进单位 | 省新闻出版广电局 |
| 区工商分局 | 2015–2016年度消费维权先进单位 | 省消费者委员会 |
| 桂花街道办事处西子社区 | 全省民族团结进步创建活动示范单位 | 省民族宗教事务委员会 |
| 区公安消防大队荷塘中队 | 株洲“6·15”特大暴雨抗洪抢险救援集体三等功 | 省公安消防总队 |
| 宋家桥街道办事处 | 湖南省农村社区建设示范单位 | 省民政厅 |
|  | 湖南省创业带动就业先进单位 | 省人社局 |
| 区国税局纳税服务科 | 湖南省青年文明号 | 省青年职工工作委员会 |
| 区卫生和计划生育局、区工商分局、金山街道办事处、区公安分局 | 株洲市文明单位 | 市文明委 |
| 金山街道办事处 | 株洲市文明村村镇（街道办事处） | 市文明委 |

| 单　　位 | 称号名称 | 授予部门 |
| --- | --- | --- |
| 区纪委(监察局) | 2016年度全市纪检监察信息工作先进单位 | 市纪委 |
| | 2016年度全市党风廉政建设新闻宣传工作先进单位 | |
| 区财政局 | 2015年度县市区财政总决算工作先进单位一等奖 | 市财政局 |
| 金山街道办事处综合文化站 | 2016年“欢乐潇湘·欢乐株洲”群众文艺会演优秀文艺单位 | 市委宣传部、市文体广电新闻出版局、市总工会 |
| 区档案区志局 | 2016年度全市档案工作先进单位 | 市档案局 |
| 区建设局 | 2016年度全市各区农村公路养护考核第一名 | 市交通运输局 |
| 宋家桥街道办事处、金山街道办事处、仙庾镇、月塘街道办事处 | 2016年度全市计划生育工作乡镇街道考核评估良好单位 | 市委、市政府 |
| 区建设局 | 2016年度全市交通运输发展目标管理考核先进单位 | 市交通运输局 |
| 区农技推广中心 | 2016年度全市农技推广工作考核先进单位 | 市农业委员会 |
| 区“两型”办 | 2016年度市“两型”工作先进单位 | 市“两型”办党组 |
| 茨菇塘街道办事处麻园社区 | 2016年度铁路护路联防工作先进集体 | 市综治委护路护线联防专项组 |
| 合泰管理办事处文化路社区、月塘街道办事处袁家湾社区 | 2016年度株洲十大最美社区 | 株洲市民政局、株洲市文明办、株洲日报社 |
| 区农村工作局 | 2016年度株洲市畜禽水产品质量安全工作先进单位 | 市畜牧兽医水产局 |
| 月塘街道办事处石子头社区 | 株洲市文明社区 | 市创建文明城市工作领导小组办公室 |
| | 株洲市关心下一代工作示范点 | 市关心下一代工作委员会 |
| 月塘街道办事处南岳岭社区、野鸭冲社区 | 2016年度株洲市科普示范社区 | 市科学技术协会 |
| 月塘街道办事处 | 2016年度株洲市十佳微型消防站 | 市消防支队 |
| 仙庾镇 | 2016年度株洲市卫生镇 | 市爱国卫生运动委员会 |
| 区农村工作局 | 2016年度株洲市养殖业工作先进单位 | 市畜牧兽医水产局 |
| 区建设局、区水利局 | 2016年全市抗洪抢险先进集体 | 市防汛抗旱指挥部 |
| 茨菇塘街道麻园社区、茨菇塘街道新月塘社区、仙庾镇兴塘村 | 2016年株洲市综合减灾示范社区 | 株洲市减灾委员会办公室、株洲市民政局 |
| 区食药监荷塘分局 | 2016年食品药品监督管理先进单位 | 市食品药品监督管理局 |

| 单　　位 | 称号名称 | 授予部门 |
|---|---|---|
| 区教育局 | 2016年度安全生产工作优秀单位 | 市教育局 |
| | 2016年度株洲市信息技术应用能力提升工程发展测评工作优秀单位 | 市教师培训中心 |
| | 实施教师素质提升“十百千万”工程2016年度工作先进单位 | 市教育局 |
| 区科技局 | 全市防震减灾工作综合考核先进单位 | 市地震局 |
| 金山街道办事处、宋家桥街道办事处、仙庾镇 | 市残疾人工作示范乡镇(街道) | 市政府残疾人工作委员会 |
| 茨菇塘街道办事处六〇一社区 | 株洲市档案工作示范社区 | 市档案局 |
| 区教育局 | 株洲市第四届教育工作创新奖 | 市教育局 |
| 金山街道办事处晏家湾社区 | 株洲市示范性社区学校 | 株洲市终身教育和学习型社会建设领导小组 |
| 桂花街道办事处 | 株洲市文明卫生单位 | 市爱国卫生运动委员会 |
| 茨菇塘街道办事处工会联合会 | 株洲市职工之家示范基地 | 市总工会 |
| 区委办 | 2016年度全市党委办公室绩效考核工作先进单位 | 市委办 |
| | 2016年全市党委办公室工作先进单位 | |
| 区总工会 | 2016年度株洲市工会工作红旗单位 | 市总工会 |
| 茨菇塘街道办事处工会、区直机关工会、区卫计系统工会 | 2016年度株洲市优秀基层工会 | 市总工会 |
| 区国税局 | 株洲市文明窗口 | 市文明委 |
| 区地税局 | 全市地税系统先进基层党组织 | 市地税局 |
| | 2016年度株洲市地税系统社会治安综合治理工作先进单位 | 市地税局 |
| 区建管办 | 2016年度株洲市湘江保护和治理工作优胜单位 | 市湘江保护和治理领导小组办公室 |
| 区公安消防大队 | 2016年度株洲市消防监督执法先进单位 | 市公安消防支队 |
| 区公安分局 | 2016年度全市政法工作先进集体 | 市政法委 |

| 单　　位 | 称号名称 | 授予部门 |
| --- | --- | --- |
| 区公安分局 | 全市公安三项基本功大比武二等奖 | 市公安局 |
| | 2016年度全市公安机关绩效评估优秀单位 | |
| | 2016年度全市公安机关“破小案”工作先进单位 | |
| | 集体三等功 | |
| | 2016年度全市公安工作“突出贡献奖” | |
| | 2016年度全市公安队伍建设工作优胜单位 | |
| | 2016年度党风廉政建设先进单位 | |
| | 2016年全市公安机关图像侦查工作先进单位 | |
| 区妇联 | 2016年株洲市妇女工作先进单位 | 市妇联 |
| 荷塘公安分局团委 | 红旗团总支部 | 市公安局 |
| 月塘派出所 | 2016年度全市公安机关优秀随岗训练点 | 市公安局 |

## 2016 年各单位获区级先进集体荣誉一览表

| 单　　位 | 称号名称 | 授予部门 |
| --- | --- | --- |
| 湖南株洲湘运集团有限责任公司、株洲市政建设有限公司、株洲市城郊农电服务有限责任公司、向阳社区、芙蓉社区、余家冲社区、上月塘社区、仙庚岭村、仙庾敬老院、株洲金山科技工业园管理委员会、八达小学、区纪律检查委员会、区总工会、区商务和粮食局、区政务服务中心 | 2016年度文明建设先进集体 | 区委、区政府 |

## 2016 年获区文明建设先进个人（文明公民）一览表

| 单　　位 | 称号名称 | 授予部门 |
| --- | --- | --- |
| 阳光海、杨菠、方程、朱毅、陶华、王穗、廖结文、刘江岸、唐亮、谭秋云、汤五一、禹雄飞、宋永中、李丽姣、言彪 | 2016年度文明建设先进个人（文明公民） | 区委、区政府 |

# 重要文件选登

## 荷塘区“十三五”规划纲要

### 第一篇 发展环境

深入分析“十三五”时期国际国内新形势、新变化、新特点，准确把握株洲市和我区“十二五”发展基础和“十三五”面临的新机遇新挑战，是科学谋划“十三五”经济社会发展的基础和前提。

**一、“十二五”时期发展奠定了坚实基础**

“十二五”时期，特别是党的十八大以来，我区国民经济和社会发展取得了令人瞩目的成就，综合实力不断增强，更加注重发展的平衡性、协调性和可持续性，为“十三五”经济社会的发展奠定了坚实基础。五年来，区委、区政府主动应对复杂多变的发展环境，努力克服阻碍发展的各种不利因素，认真组织实施“十二五”规划，奋力推进“四个全面”，全区经济社会步入了创业升级、结构优化、民生改善的新常态，为率先在全省全面建成小康社会奠定了坚实基础。

(一)“十二五”取得的主要成效

1. 综合实力迈上新台阶。2015年全区GDP总量攀升203亿元，是2010年的1.7倍，经济总量稳步扩大，各项经济发展指标相比2010年均有较大增幅，区域经济蓬勃发展。

### 专栏1：“十二五”期间经济社会发展指标

| 序号 | 内容 | | 2010年完成数 | 2011年完成数 | 2014年完成数 | 2015年完成数 |
|---|---|---|---|---|---|---|
| 1 | 地区生产总值 | 总量 | 123.7亿元 | 154.4亿元 | 190.4亿元 | 203亿元 |
| | | 三次产业比 | 1.9:63.9:34.2 | 1.6:66.1:32.3 | 1.8:53.4:38.8 | 1.85:57.3:40.9 |
| 2 | 全社会固定资产投资 | 总量 | 当年完成67.8亿元 | 当年完成63.88亿元 | 四年累计411.1亿元 | 五年累计584亿元 |
| | | 平均增速 | —— | 同比增长35.1% | 四年平均22.6% | 五年平均21% |
| 3 | 财政总收入 | 总量 | 4.6亿元 | 6.25亿元 | 9.2亿元 | 10.26亿元 |
| | | 平均增速 | —— | 同比增长34.5% | 5.2% | 11.3% |
| 4 | 规模工业增加值 | 总量 | 69.2亿元 | 80.8亿元 | 77.3亿元 | 77.7亿元 |
| | | 平均增速 | —— | 同比增长19.8% | 11.5% | 7% |

| 序号 | 内 容 | | 2010年完成数 | 2011年完成数 | 2014年完成数 | 2015年完成数 |
|---|---|---|---|---|---|---|
| 5 | 社会消费品零售总额 | 总量 | 28.6亿元 | 当年完成34.06亿元 | 四年累计169亿元 | 五年累计226亿元 |
| | | 平均增速 | —— | 同比增长19 % | 四年平均12.3% | 五年平均12.5% |
| 6 | 农村居民人均纯收入 | 总量 | 10878元 | 13304元 | 21665元 | 23592元 |
| | | 平均增速 | —— | 同比增长22.2% | 9% | 8.9% |
| 7 | 城镇居民可支配收入 | 总量 | 21086元 | 24128元 | 33480元 | 35857元 |
| | | 平均增速 | —— | 同比增长14.4% | 11% | 8.2% |
| 8 | 城镇登记失业率 | | 4.5%以内 | 4.5%以内 | 3%以内 | 3.5%以内 |
| 9 | 人口自然增长率 | | 7.5‰以内 | 7.5‰以内 | 6.7‰以内 | 8‰以内 |

说明：因全国统计口径的重大调整，本表未体现2012年、2013年数据。

2. 产业结构呈现新格局。全区三次产业结构比由2010年的1.9:63.9:34.2调整至2015年的1.8:57.3:40.9，产业结构不断优化，社会消费品零售额五年达到226亿元。3、财政收入实现新增长。

## 一、二、三产增速

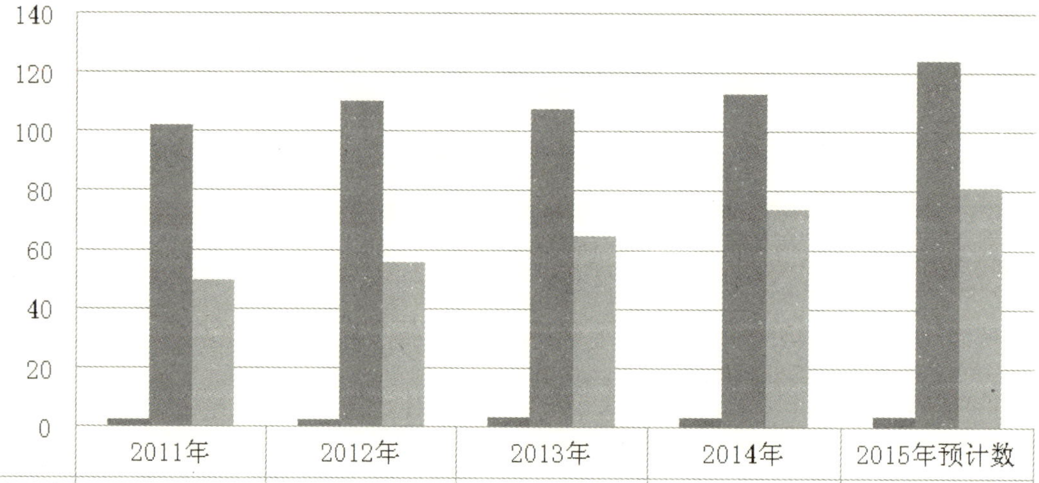


| | 2011年 | 2012年 | 2013年 | 2014年 | 2015年预计数 |
|---|---|---|---|---|---|
| ■一产 | 2.5 | 2.7 | 3.2 | 3.5 | 3.7 |
| ■二产 | 102.0274 | 110.2373 | 107.894 | 113.0113 | 124.3 |
| ■三产 | 49.8818 | 55.7546 | 64.8427 | 73.8997 | 81.2 |

3. 财政收入实现新增长。“十二五”期间，全区财政收入总量由2011年的6.25亿元跨越至2015年的10.26亿元，极大提升了政府资金对经济社会发展的驱动力量。4、人民生活获得新改善。

财政收入对比图

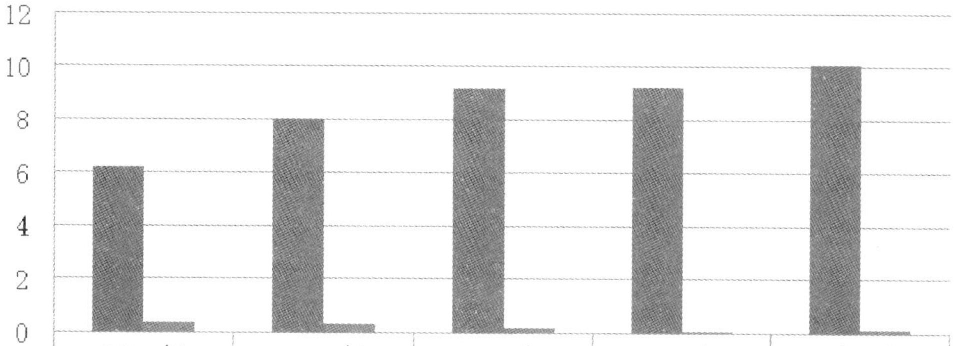


| | 2011年 | 2012年 | 2013年 | 2014年 | 2015年预计数 |
|---|---|---|---|---|---|
| 总量 | 6.2 | 8 | 9.2 | 9.22 | 10.1 |
| 平均增速 | 34.5% | 28.4% | 15.1% | 5.2% | 10.0% |

4. 人民生活获得新改善。“十二五”期间，全区城镇居民人均可支配收入由2011年的24128元增加至2015年的35857元，农民人均纯收入由2011年的13304元增加至2015年的23596元，增幅明显。同时，扎实开展“一进二访”扶贫帮困，重点实施“八个一批”，落实精准扶贫要求。完成低保扩面417人、提标413人，对未享受过大病补助的120名贫困人员实施医疗救助等，贫困对象的生活水平和质量得到进一步提高。

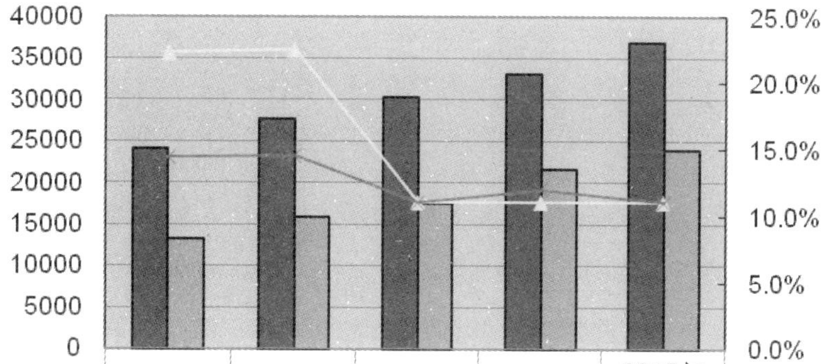


| | 2011年 | 2012年 | 2013年 | 2014年 | 2015年预计数 |
|---|---|---|---|---|---|
| 城镇居民人均可支配收入（元） | 24128 | 27622 | 30384 | 33132 | 36828 |
| 农民人均现金收入（元） | 13304 | 15889 | 17478 | 21665 | 23832 |
| 城镇居民人均可支配收入增幅（%） | 22.3% | 22.5% | 11.0% | 11.0% | 11.0% |
| 城镇居民人均可支配收入增幅（%） | 14.4% | 14.5% | 11.0% | 12.0% | 11.0% |

5. 项目投资实现新跨越。“十二五”期间，实施各类项目600余个，争取各类项目（发债）到位资金近15亿元，策划、包装、争取、引进项目100余个，全区社会固定资产投资四年累计达到411.1亿元，期末累计投资实现584亿元，尤其是2013年、2014年、2015年项目的管理举措、项目的推动力度、项目的调度模式，连续多年是全市红旗单位，创历史新高，年度重点项目投资增幅在全市各县市区中比较优势明显。

固定资产投资（2011-2015）

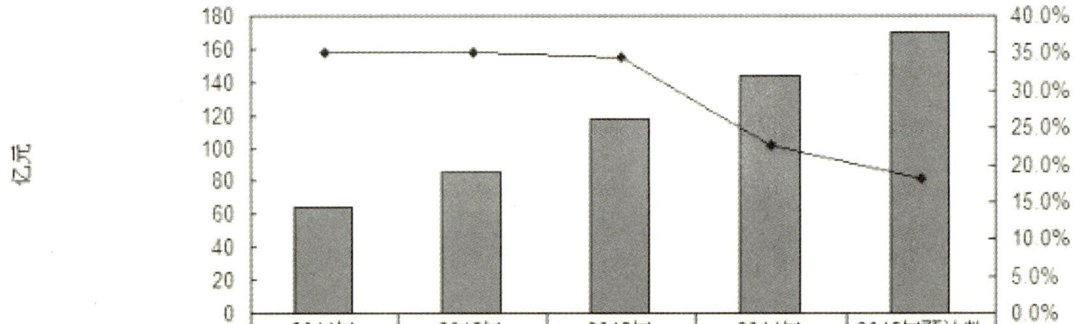


| | 2011年 | 2012年 | 2013年 | 2014年 | 2015年预计数 |
|---|---|---|---|---|---|
| 固定资产投资额 | 64 | 85.6 | 117.5 | 144.1 | 170 |
| 增速 | 35.1% | 35.0% | 34.5% | 22.6% | 18.0% |

固定资产投资额 —◆— 增速

6. 园区发展取得新突破。“十二五”期间，进一步理顺了园区的运行体系与管理机制，荷塘工业集中区2013年获批省级工业集中区，2015年成功获批湖南省复合新材料特色产业园，成为17个省级特色产业园区之一。历经十余年的发展，荷塘工业集中区以金山科技工业园一期为依托，中车集团株洲车辆厂为支撑，以金山新城为核心，初步形成了以医学健康、复合新材料和轨道交通三大产业为主导，电子信息、汽车及零部件产业全面发展的产业体系。固定资产投资由14亿元增长到65亿元，年均增长35.9%；上交税收总值由4.5亿元增长到6.4亿元。园区已引进企业50家以上，新增入园企业14家。入园企业经济快速增长，涌现了产值过亿元的企业18家，利税过亿元企业1家，新增规模企业2家。

7. 城乡建设有了新进步。“十二五”期间，围绕构建“两纵五横”为主的路网体系，5年累计投入基础设施建设资金37.5亿元，新建道路32条150公里。新塘路一期、二期、向阳中路、石宋路三期、东环北路一期、金龙东路、荷塘大道、育才北路、荷塘月色景区道路、S211拓改等10条道路建成通车；新塘路三期、向阳北路、新塘西路一期、荷塘星城周边道路、德政路、向阳南路一期、金龙西路等7条道路基本建成；东环北路二期、白云路、金城东路、金塘大道一期、桂花路延伸段、荷塘大道延伸段、悦舍路等7条道路正在建设。棚户区与老旧小区改造成效显著。完成61个老旧小区的提质改造；全面完成了汽车制造厂（二期）等17个棚户区改造，涉及住户6960户，面积约50万平方米。建设公共租赁住房29个，公租房7849套，总建筑面积约35万平方米。在2015年全面启动了南岳岭片区棚改征收，10个月完成签约任务的98%，创下国有土地上房屋征收进度的株洲速度。新农村建设步伐加快,全力推进城乡同治,优化人居环境。完成150公里农村公路建设,改造农村危房470栋,农村居民安全饮水比率达到100%,农村生产生活条件显著改善。

8. 教育卫计有了新发展。"十二五"期间,推进基础教育质量明显提升,关爱特殊儿童、贫困学生,促进教育公平,大力推进义务教育优质均衡发展,全力化解城区"大班额",完成文化路小学建设和使用,新增学位1080个,完成水竹社区公办幼儿园建设,新增普惠性幼儿园园位730个,组建10个学前教育发展联盟,校园文化建设得到提高。稳步完善卫计机构改革,人口计生逐步实现"确保省优,力争国优"的目标。完善全区7家基层医疗机构,38家村卫生室基本药物制度,推进乡村一体化管理,完成公卫大楼、仙庾镇卫生院、新兴医院门诊综合楼等医疗基础设施建设。

同时,社会民生实现新改善,全面推进惠民工程,就业规模持续扩大,社保水平稳步提高,公共事业等加快发展,并取得长足进步,实力荷塘、幸福荷塘日益彰显。

(二)"十二五"积累的宝贵经验

"十二五"期间我区取得显著成效,为全面建成小康社会、加快发展积累了宝贵经验,所取得的成绩来之不易,积累的经验弥足珍贵:一是始终坚持创业升级的发展战略,突出产业优先的发展理念,坚持培育发展新兴产业和改造提升传统产业"双轮驱动",一手抓环境优化,一手抓产业发展,是建设实力新荷塘的根本途径;二是始终坚持"三个倡导"总揽干部队伍建设,大力倡导雷厉风行、敢于担当的工作作风,大力倡导凭发展评价干部、凭实绩使用干部的用人导向,大力倡导激情干事、实干兴区的良好氛围,是建设实力新荷塘的强大动力和组织保障;三是始终坚持团结务实、激情担当、争先创优的精神,在攻坚克难中开拓奋进,是建设实力新荷塘的有力支撑。

(三)"十二五"存在的问题

我区发展仍然存在的主要问题有:一是产业结构有待优化。主要体现在产业特色不明显,高新技术产业和战略性产业发展不强,第三产业中现代服务业发展依然乏力;二是财政结构亟待调整。收入规模不大、可用财力不强、结构不优、增长乏力;三是项目质量有待加强。大项目、好项目不多,尤其是产业项目不多,工业项目偏少,项目落地率和项目质量还须进一步提升;四是发展后劲有待增强。从有效需求看,投资仍然是拉动经济增长的主动力,消费拉动经济增长的作用还不明显;五是社会治理有待提高。社会治理基础比较薄弱,民生保障水平还需加强。这些都是需要在"十三五"期间急需解决的问题。

## 二、"十三五"面临的发展环境

未来五年与进入新世纪的前15年、改革开放以来的37年相比,有着较大的不同,将是一个重大的全面转型时期。

国际政治环境复杂多变。国际局势将长期处于大国相互制衡下的总体稳定、虽有局部动荡但整体和平的状态。美国、俄罗斯、欧盟等国家和地区相互依赖度增加,同时战略对抗加剧,全球战略重心东移,重返亚洲战略的实施,在军事、外交、意识形态上将对我国造成多方面的影响。朝鲜半岛未来走势不甚明朗,半岛的局势变化将对我国带来未知影响。全球范围内的地区冲突难以平息,世界热点问题频发,分裂主义和极端主义持续处于活跃期,并有进一步加强的趋势。随着我国全球影响力进一步提升,地缘政治关系更加复杂,部分周边国家借领土领海问题对我国核心利益发起挑战。"十三五"期间,处于政治博弈背景下的国家竞争合作将进一步加剧,新型国家关系逐步构建,全球范围内竞争与合作共存。

全球经济竞争愈加激烈。世界经济格局正在经历深度调整，处于缓慢复苏阶段。主要经济体中，经济复苏势头较好，量化宽松政策逐步退出，增加了人民币贬值的压力，但受高失业、低通胀和结构问题的牵制，经济复苏乏力。日本受政府债务高企和结构性问题拖累，经济状况依然不甚理想。金砖国家等新兴经济体虽保持了较快增长率，但面临外需疲软、资本外流和通胀的巨大压力，对世界经济拉动作用较弱。中国“一带一路”战略的推出和亚投行的成立，将沿线各国政治关系、地缘毗邻、经济互补等优势转化为务实合作、持续增长优势，为中国的发展注入新内涵和活力。总体来看，世界经济处于后危机时代，全球跨区域经济体的竞争与较力愈演愈烈，经济疲软和复苏压力下的合作呈现多元模式，挑战与机遇共存。

产业技术变革步伐加快。发达国家“再工业化”、“制造业回归”和新兴产业发展吸引高端制造业回流，新兴经济体依靠低成本优势吸引传统劳动密集型产业加快集聚，对我国形成双重挤压。全球科技革命进程加快，互联网、云计算、人工智能、生物工程、新能源、新材料等领域取得重大突破，新技术和信息技术的广泛运用正在引发影响深远的产业变革。第三次工业革命将迎来制造业的数字化发展，数字化制造带来生产效率的提高和产品的个性化制造，个别经济将引发新的分工方式。针对产业技术的变革和国际分工的变化，国家做了政策调整。轨道交通装备聚集发展试点，有利于显著扩张株洲轨道交通产业规模，增强竞争力；低空领域的逐步开放，将有效刺激通用航空的市场需求，促进株洲飞机整机制造、航空发动机配套和通用航空运营等产业的蓬勃发展。

国家区域发展战略形成新格局。在继续实施西部开发、东北振兴、中部崛起和东部率先的区域发展总体战略的基础上，中央决定重点实施“一带一路”、京津冀协同发展、长江经济带三大战略，这是从统筹“两个大局”、促进沿海内地协调发展的战略高度做出的重大部署。一方面打开了中国与有关国家既有的双多边机制，有助于形成区域联动的开放合作平台；另一方面有助于将经济布局、产业分工、开放开发等向广大内陆倾斜转移。2015年4月，国务院批复同意了《长江中游城市群发展规划》，这将为株洲融入长江经济带，加强与上海、武汉、重庆、合肥、南昌等中心城市的联系，加快开放开发步伐，主动承接产业转移提供新的发展机遇。

经济发展步入转型升级新阶段。速度层面，经济增速正在从10%高速增长转向7%左右中高速增长。方式层面，经济模式正从规模速度型增长转向质量效率型增长，从粗放破坏环境式增长转向集约绿色化增长。结构层面，经济结构正从增量扩能为主转向调存量、优增量并举的深度调整。动力层面，经济动力正从传统要素驱动为主转向创新驱动、改革促动为主。党的十八大明确提出要坚持走中国特色自主创新道路、实施创新驱动发展战略，长株潭自主创新示范区获得国务院正式批准，这对于加强株洲的科技创新，发展战略性新兴产业，开展先行先试将产生关键性的影响。

深化改革成为助推发展新动力。国企改革将促进经济搞活，不断增强国有经济活力、控制力和影响力；财税改革将提高财政资金的使用效率，扩大政府公共服务规模和提高公共服务质量；行政改革有利于简化行政程序，打造高效、廉洁政府，提高政府的治理能力；社会体制改革激发社会组织活力，扩大就业，促进城市治理有序运行。省委省政府高度重视长株潭一体化，随着交通同环、平台同建、政策同享等融城举措的加快实施，将有利于促进与长沙、湘潭的协同发展，构建湖南开放的新高地和发展的核心极。成为第一批国家新型城镇化综合试点城市，有利于株洲加快实施南向发展战略，推进城镇扩容提质、城乡协同发展步伐。

人民群众的期盼有新的发展方向。随着经济社会的加速发展，我区人民对生存环境、生活品质、精神文化有了个性化、多样化的需求，对就业、住房、社保、教育、医疗等公共服务提出更高的要求。产业和城镇建设，区域文化特色的培育，全面建成小康社会，现已摆在更加突出的位置。必须健全基础设施和公共服务体系，切实提高城乡居民的收入水平，着力加强教育、科技、文化、卫生等方面的建设，实现经济社会的包容性增长，让全区人民共享更多的经济改革、社会发展的成果。

## 第二篇 发展构想

按照党的十八大、十八届三中、四中、五中全会精神，贯彻全面建成小康社会、全面深化改革、全面依法治国、全面从严治党的战略部署，围绕区委建设“宜业宜居宜游”实力新荷塘的目标，明确“十三五”时期区域经济社会发展的指导思想、基本原则和主要发展目标。

### 一、指导思想

高举中国特色社会主义伟大旗帜，全面贯彻党的十八大和十八届三中、四中、五中全会精神，以马克思列宁主义、毛泽东思想、邓小平理论、“三个代表”重要思想、科学发展观，深入贯彻习近平总书记系列重要讲话精神，牢固树立“创新、协调、绿色、开放、共享”的发展理念，以全面建成小康社会为总揽，坚持“四个全面”战略布局，大力实施创业升级总战略，紧扣建设“宜业宜居宜游”实力新荷塘总目标，坚持医学健康、复合新材料、轨道交通配套三大主导产业定位，按照“东拓南进、西改北联”发展布局，打造东部新城引领区、城际商圈中心区、湘东物流集聚区、两型生态宜居区、民生共享标杆区。

### 二、基本原则

“十三五”期间，我区经济社会发展的基本原则是：

坚持改革驱动，增强活力动力。把改革创新作为加快发展的根本动力。着重强调深化改革，理顺政府、市场、关系，加强市场基础性制度建设，发挥市场配置资源的决定性作用和更好发挥政府作用，激发各类社会主体的活力，提高各类要素配置效率。着重强调大力实施创新驱动战略，依托长株潭自主创新示范区平台，激发各类创新主体活力，促进科技经济深度融合，以科技创新带动产品创新、业态创新和商业模式创新，推动经济增长、产业升级和竞争提升，加快推进经济发展由要素驱动向创新驱动转变，建设创新型城市，形成大众创业、万众创新新局面。

坚持创新升级，调整优化结构。把转型升级作为加快发展的重要战略。注重优化需求结构，促进经济增长由投资驱动向消费、投资协调拉动转变。注重优化城乡区域结构，促进均衡协调发展。注重优化产业结构和所有制结构，使发展更富活力、经济运行更有效率、产业更具竞争力。注重通过转变经济发展方式带动社会管理创新、政府职能转变、领导方式和工作方式的转变。

坚持项目引领，推动区域发展。健全项目生成机制，做强产业、弥补短板，力争尽快生成一批项目，引进一批项目，储备一批项目，重点发展战略性新兴产业，不断强化项目对区域经济发展的支撑引领作用；不断创新项目管理服务机制，通过“一对一”服务、专业项目服务小组等措施，真正做到领导在项目一线指挥、干部在项目一线服务、情况在项目一线了解、问题在项目一线解决，为重点项目加快建设营造良好环境；完善产业配套体系，围绕医学、新材料、轨道交通配套等重点领域，积极构建产业配套体系，增强项目辐射带动能力，促进与本地企业的对接，不断提升产业集群竞争力；加强项目督查考评，加强责任落实和督促考评，将项目建设任务层层分解、明确要求、夯实责任、真督实查。形成在谈项目快签约、签约项目快落地、落地项目快建设、建设项目快完工、完工项目快投产、投产项目快见效的良性循环。

*坚持基础先行，破解发展瓶颈。*积极争取上级政策及资金支持，充分利用、改造、完善现有公路网络，构建现代区域交通体系。依托辖区区位优势和丰富的资源，在保护生态资源的前提下，突出人文生态环境，做足“生态文章”，打造生态功能区。利用现有的电力、水、旅游、农业和历史人文等资源优势，积极研究并探索确立园区主导产业、招商项目和发展方向，在节能环保、健康养生产业上多谋划，打通全产业链，做大做强服务业，推动农村劳动力转移和产城融合。

*坚持民生改善，凝聚广大人心。*严守“五个坚持”的原则，坚持既尽力而为、又量力而行；坚持既当期可承受、又长远可持续；坚持既解决民生实际问题、又持续提升民生整体水平；坚持既抓紧抓实具体民生项目、又着力建立完善长效机制；坚持增强民生工作的针对性、实效性和可持续性，在全面推进各项民生事业的基础上，认真研究和抓好民生实事。

*坚持依法行政，建设法治荷塘。*依法全面履行政府职能，完善行政组织制度，完善政府权力清单制度，推进各级政府事权规范化、法制化。完善行政决策机制，严格执行行政决策法定程序，积极推行政府法律顾问制度。建立重大决策终身责任追究及责任倒查机制。推进政府合同审查管理制度建设。深化行政执法体制改革，加强行政执法管理，推进综合执法，理顺城管执法，全面推进政务公开，建设透明政府。

### 三、发展目标

以2017年全面建成小康社会为总目标，全力打造综合交通体系大格局，全力实现城市扩容提质大突破，全力构建幸福荷塘建设大跨越。到2020年，基本实现医学、新材料、轨道交通配套等新兴产业地位、科技创新领先优势、现代服务业规模和层次、城市品质和特色、人民群众生活水平“五个显著提升”。

“十三五”时期，全区要努力实现以下经济社会发展的主要目标：

*——关于经济增长目标。*“十三五”经济增长预期目标的设定，要以全面建成小康为底线，要以实力新荷塘为目标，要以两型社会建设为要求，要以绿色生态为导向，要以周边县市区增速为参考，要以“保二争一”为导向，要以株洲市确定的“十三五”经济年均增速为参照，确保我区经济年均增速不低于全市平均水平，实现经济发展又好又快。

*——关于人民生活目标。*人民生活大幅改善，城镇居民人均可支配收入和农民人均纯收入，到期末，在2015年的基础上翻一番；高中阶段教育毛入学率达到95%以上；城乡居民养老、医疗保险等政策全覆盖，基本社保参保率达到99%以上；城镇登记失业率控制在2.5%以内；每千人医生数达到3人，人民生活水平和质量大幅改善。

*——关于社会发展目标。*发展的最终目的是为了能够不断提升基本公共服务能力，全面提高人民群众的生活水平，让老百姓感受到城市的变化、小康的生活。在扩大就业方面，建议设置反映就业水平和结构等指标；在居民收入方面，建议考虑城乡居民收入与经济同步增长，提出收入增长目标。在基本公共服务方面，建议设置公民受教育年限、社会保障、医疗卫生、住房保障、公共文化、安全生产等方面的指标，积极回应人民诉求，社会发展更加和谐。

*——关于民主法治目标。*党的十八届三中、四中全会分别提出了全面深化改革和全面推进依法治国目标，“十三五”规划和关键环节实现新突破，

逐步解决制约经济社会发展的要素瓶颈、服务交通、发展质量、建设环境和公平正义等问题，力促形成系统完备、科学规范、运行有效的制度体系。法治方面，力保形成完备的法律规范体系、高效的法治实施体系、严密的法治监督体系和有力的法治保障体系，民主法治更加健全。

——关于生态文明目标。生态文明理念在全社会基本树立，形成“两型”产业结构、增长方式和行为模式。五年累计万元GDP能耗下降16%，主要污染物排放总量累计减少14%；城市建成区绿化覆盖率达到50%；生态文明建设走在全市前列。因此，建议设置能源消费总量、水体空气质量、废水垃圾处理率、绿化覆盖率、森林覆盖率等指标，生态文明不断完善。

## 专栏2：“十三五”期间经济社会发展目标

| 指标分类 | 序号 | 指标名称 | 单位 | “十三五”规划目标 | 指标属性 |
|---|---|---|---|---|---|
| 经济发展 | 1 | 地区生产总值 | 亿元 | ≥318 | 预期性 |
| | 2 | 人均地区生产总值(按2010年不变价) | 元 | ≥110000 | 预期性 |
| | 3 | 人均财政总收入 | 元 | ≥12000 | 预期性 |
| | 4 | 税收占财政总收入的比重 | % | ≥85 | 预期性 |
| | 5 | 固定资产投资(五年累计) | 亿元 | ≥1300 | 预期性 |
| | 6 | 二、三产业增加值占GDP比重 | % | ≥98.4 | 预期性 |
| | 7 | 高新技术产业增加值占GDP比重 | % | ≥31 | 预期性 |
| | 8 | 园区规模工业增加值占规模工业增加值比重 | % | ≥90 | 预期性 |
| | 9 | 文化产业增加值占GDP比重 | % | ≥8 | 预期性 |
| | 10 | 非公经济占GDP的比重 | % | ≥65 | 预期性 |
| | 11 | 城镇化率 | % | ≥95 | 预期性 |
| | 12 | 单位GDP能耗 | 吨标煤/万元 | ≤0.6 | 约束性 |
| | 13 | 城镇居民人均可支配收入 | 元 | ≥50000 | 约束性 |
| | 14 | 农村居民人均纯收入 | 元 | ≥25000 | 约束性 |
| 人民生活 | 15 | 人均住房使用面积 | ㎡ | ≥35 | 约束性 |
| | 16 | 人均储蓄存款 | 元 | ≥50000 | 预期性 |
| | 17 | 居民文教娱乐服务消费支出占消费总支出比重 | % | ≥18 | 预期性 |
| | 18 | 农村居民安全饮水比率 | % | 100 | 约束性 |
| | 19 | 行政村客运班线通达率 | % | ≥100 | 约束性 |
| | 20 | 基本医疗保险覆盖率 | % | ≥90 | 约束性 |

| 指标分类 | 序号 | 指标名称 | 单位 | “十三五”规划目标 | 指标属性 |
|---|---|---|---|---|---|
| 人民生活 | 21 | 基本养老服务补贴覆盖率 | % | ≥50 | 约束性 |
| 社会发展 | 22 | 高中阶段毛入学率 | % | ≥95 | 约束性 |
| | 23 | 平均受教育年限 | 年 | ≥11.5 | 预期性 |
| | 24 | 每千人拥有床位数 | 个 | ≥8 | 约束性 |
| | 25 | 5岁以下儿童死亡率 | ‰ | ≤12 | 预期性 |
| | 26 | 人均拥有公共文化体育设施面积 | ㎡ | ≥3 | 约束性 |
| 民主法治 | 27 | 城镇居委会依法自治达标率 | % | ≥90 | 约束性 |
| | 28 | 农村村委会依法自治达标率 | % | ≥90 | 约束性 |
| | 29 | 社会安全指数 | % | 100 | 预期性 |
| 生态文明 | 30 | 城镇污水处理率 | % | ≥95 | 约束性 |
| | 31 | 空气质量达标率 | % | ≥95 | 约束性 |
| | 32 | 地表水质达标率 | % | 100 | 约束性 |
| | 33 | 森林资源蓄积量增长率 | % | ≥3 | 约束性 |
| | 34 | 城镇建成区绿化覆盖率 | % | ≥40 | 约束性 |
| 全面建成小康社会总实现程度 | | | — | ≥95 | |

## 第三篇 重点任务

### 一、加快扩容提质，创新发展新空间

以国家加快推进新型城镇化建设为机遇，坚持“东拓南进、西改北联”的发展布局，优化空间，明确产业定位，完善路网建设，全力构建“一核三线四片区”的发展空间，形成核心引领、板块联动、片区互补、多点支撑的竞相发展新格局。

## 专栏3：扩容提质项目

| 高标准打造新城区 | 提质改造老城区 |
|---|---|
| 金山新城片区 | 城铁交通枢纽片区 |
| 水竹湖片区 | 601（株硬）片区 |
| 商贸城片区 | 红旗广场片区 |
| 荷塘月色片区 | |

(一) 坚持“东拓南进、西改北联”的发展导向

东拓:以金山新城片区、荷塘月色生态休闲集聚区为支撑点,以荷塘大道及延伸段、金龙路“十”字形主干道路为轴,加快完善园区“四纵四横”路网建设,不断扩充城市发展新空间,推动产城融合,建设立足中部、服务全国、面向全球的创新创业高地,促进医学、轨道交通、复合新材料等产业集聚发展,打造东部新城引领区。

南进:以红旗路—莲易高等级公路为轴,加快推进建宁港路、金塘路(含原城东路)建设,重点打造荷塘商贸城集聚区,引导太阳村片区周边土地有序开发,促进汽车贸易和服饰加工、物流产业有序健康发展,依托莲易高等级公路、长株攸快速路,向南辐射芦淞市场群和株洲南四县,打造湘东物流集聚区。

西改:紧紧抓住长株潭城铁综合枢纽建设机遇,加快推进铁东路、新塘西路—新塘路过江隧道、株洲有轨电车2号线一期(车辆厂—株洲西站)建设,全力推进红旗广场西南角,南岳岭、上月塘片区和601钻石中央商务片区的改造建设,推进合泰市场群、月塘富家垅地区提质升级,打造城际商圈中心区。

北联:以新塘路为轴,全力打通6条与云龙示范区连接的道路,即桂花路延伸段、向阳路、北环路、金桥路、金龙路、金瑞路,推进S105省道洞株公路荷塘青草冲段建设,加快与长沙、云龙示范区的对接融合,重点推进恒大御景湾、水竹湖片区综合开发建设,推动云龙职教城向金桥路沿线发展,促进新塘路、金龙西路周边商业土地开发,着力构建以高端住宅、总部经济、职业教育为核心的城市新型综合体,打造两型生态宜居区。

(二) 全力构建“一核三线四片区”的发展空间

“一核”主要是指全面改造升级20平方公里的核心城区。重点抓好三个区域。一是长株潭城铁综合交通枢纽中心暨南岳岭片区的改造,二是上月塘片区改造暨601钻石中央商务区建设,三是红旗广场商贸圈建设,着力打造中心城区核心增长极。

1. 长株潭城铁综合交通枢纽中心暨南岳岭片区的改造。结合城际铁路及站前广场、铁东路建设,全面铺开南岳岭和上月塘两个片区旧城改造,促进沿线土地开发。建设铁东路核心段(新华路－石宋路)、城区客运枢纽站、公交汽车枢纽站等交通基础设施,基本建成现代大型城市商业综合体,逐步形成站北文化体验商业区、站前商务商贸综合枢纽、站南服饰展贸交易配套中心、月塘商业休闲区、东湖生态休闲居住区等5个功能区域,打造城区新名片。

2. 上月塘片区改造暨601钻石中央商务区建设。在发挥商贸流通业传统优势的基础上,以株硬集团“退二进三”工程与上月塘片区城市功能日趋完善的有利时机,推进钻石中央商务区、上月塘商住综合体、新华西路商务综合体建设,以高层次中央商务区、城市综合体为载体,形成区块内空间布局合理、均衡发展、多个集聚区极化效应和特色效应明显的高端商贸服务业集聚区。

3. 红旗广场商贸圈建设。以步步高总部落地为契机,推进红旗广场片区整体开发,做大做强步步高总部经济,辐射株洲中心汽车站、株齿、电焊条老厂区等,引进高端商贸服务业、总部经济、品质商住楼等业态,以高层次中央商务区、城市综合体为载体,形成区块内空间布局合理、均衡发展、多个集聚区极化效应和特色效应明显的高端商贸服务业集聚区。

“三线”主要是以2条纵贯东西的新华路—荷塘大道沿线、新塘路—新塘路过江隧道沿线和1条贯穿南北的红旗路—莲易高等级公路沿线为依托,串连沿线各个片区和集聚区组团式发展,引导和推动各种要素向“三线”集中,全力打造新的经济增长点,促进区域基础设施共建、资源共享、功能互补和

产业整合，实现区域经济的协同共赢发展。

1. 新华路—荷塘大道沿线。以西接中心广场，向东沿荷塘大道跨越沪昆高速、接通荷塘月色茶马线，纵贯东西的新华路为轴，充分发挥新华路—荷塘大道沿线城镇人口密集、基础设施发达、产业功能强大的有力条件，促进各项经济要素有序自由流动、资源高效配置和市场深度融合，深入推进核心城区城际交通枢纽、红旗商圈与金山新城片区的融城发展，建设集现代工业文明和商贸服务高度融合的产业和旅游经济带。

2. 新塘路—新塘路过江隧道沿线。以向西穿过江隧道接长江路，向东经红旗路、向阳路至金龙路的新塘路为轴，充分发挥新塘路北连云龙、西接天元的区位优势，串连上月塘片区改造暨601钻石中央商务区建设、汽车城提质和水竹湖开发、云龙职教城建设，加快推动区域融城发展，积极对接长株潭城市群，促进经济要素向新塘路沿线集中，打造集总部经济、高端商务、职业教育等于一体的新经济增长带。

3. 红旗路—莲易高等级公路沿线。以向南接莲易高等级公路，经新华路、新塘路北连时代大道的红旗路为轴，充分发挥对接长沙和株洲南四县交通中心优势，串连商贸城片区与红旗商圈、红港商圈的发展，进一步集聚经济要素，提升产业层次和竞争力，建设集商贸物流、汽车贸易和服饰加工等一体的现代服务业集聚区。

“四片区”是我区“十三五”的战略增长点，主要包括金山新城片区、水竹湖片区、商贸城片区（以太阳村、桐子坪村为主阵地）和荷塘月色片区。

1. 金山新城片区开发。按照规划引领的原则，着力打造新城发展核心区。引进一批实力强的现代商贸服务企业，建设商务星级酒店、城市综合体等重要商贸项目，发展新城服务水平；引进高品质的城市配套开发企业，建设国际学校、体育公园、专业特色医院、公交站场等主要设施，完善新城功能配套；积极引进轨道交通和医学健康产业，完整产业链条，初步形成两个产业的聚集“洼地”，提升新城产业能力。“十三五”期间片区实现投资80亿元以上，年销售收入150亿元以上，实现税收15亿元以上，实现人口10万以上，提供就业岗位2–3万个以上，基本建成“产城融合、生态宜居”的现代化新城区。

2. 水竹湖片区开发。规划建设商贸综合体、高端住宅群、配套安置房和精品公租房等，将其打造成区域带动力强的新兴商贸中心和功能设施完备的配套商住区。重点打造占地一千亩的东部美的城，涵盖低密度情景洋房、高层住宅、集中式商业街区、大型购物中心、星级酒店、小学、幼儿园、文化休闲公园、活动中心等多元业态，建设集商业配套、景观长廊体系、品质住宅于一体的综合社区。

3. 商贸城片区开发。以太阳村、桐子坪村为主阵地，按照“以市促贸、以商聚城、以港串园”的思路，按照“一城两谷、两港一园”的整体布局和核心区“一核两带、一街五片区”强化产业定位，发展特色商业、高档住宅、五星级酒店、文化休闲、商务办公、物流配送等业态，加快喜盈门家居建材广场建设，引进荷塘世纪新城、国际商业连锁、高端生态地产等大型项目，引进各类专业市场，将其建设成为株洲“宜商宜游宜居”的综合新区和辐射中南的商贸物流新中心。

4. 荷塘月色片区开发。进一步加强村镇规划，以仙庾镇省级新型城镇化为中心，着力推进农村生态人居、生态环境、生态经济、生态文化体系建设，把仙庾建设成为宜业宜居宜游的美好家园。全面启动提质荷塘月色的基础设施建设，完成孝文化园、高塘水库度假区、荷文化博物馆等休闲旅游建设，打造2–3个以“荷塘月色”为主题的文化产业园，基本建成以荷文化为主特征的，宜居宜业宜游的现代田园和完美乡村，成为全省新型城镇化和统筹城乡发展的典范，依托龙母河综合治理工程，搞好白石港荷塘段流域综合开发论证，按照“科学规划，分步实施”的原则，对荷塘段流域实施截污导污、河道整理、景观塑造和流域综合开发工程，整体开发项目，乘势推动城乡休闲、观光旅游，建设“城水共生、水清岸绿、人水相谐”的美丽乡村。

**二、加速创业升级，构建产业新格局**

产业是发展的基础，城市的依托，民生的保障。必须加速创业升级，着力构建以新型工业化为龙头，特色园区为载体，传统产业和高新技术产业“双轮驱动”的产业新格局。

(一) 推动园区集聚化发展。按照产业发展的统一布局，继续坚持园区医学健康、复合新材料和轨道交通配套三大产业定位不动摇，强化产业发展要素保障，完善产业基地配套设施，建好创新创业孵化平台，制定产业发展优惠政策，加大招商引资奖励力度，积极承接产业转移，推进产业转型升级，重点打造三大产业基地和创新创业孵化园。

1. 建设轨道交通产业基地。按照我市《轨道交通装备产业振兴行动计划》的布局，依托中车长江株洲分公司、车辆段检修基地等规模企业和平台，充分发挥铁路专线优势，加快推进南车时代电气轨道交通工程株洲制造基地、金城轨道交通配套标准厂房落户，积极对接中车集团及其延伸与配套产业，着力建设轨道工程检测车产业园、铁路货车与轨道工程机械产业园、轨道交通配套产业园3个千亩轨道产业板块。将金山新城南部的荷塘轨道交通产业基地打造成集轨道交通研发、制造、检修、零部件配套等于一体的国际一流轨道交通产业基地。该基地规划总占地6838亩，其中工业用地3451亩，商住配套用地897亩。力争“十三”五期间，引进3家以上大型轨道交通企业，承接20家以上中小微企业，实现轨道交通产业总产值达到80亿元。

## 专栏4：轨道交通产业基地重大工程

| | |
|---|---|
| 轨道工程检测车产业园 | 以铁路轨检车、安全综合检查车等轨道工程检测车辆作为主要产品，研发具有完全自主知识产权的全功能快速铁路轨道工程检测车辆 |
| 铁路货车与轨道工程机械产业园 | 以车体轻量化技术、制动装置创新技术等先进技术为突破口，形成比较完整的铁路货车先进制造技术研发平台 |
| 轨道交通车辆维保产业园 | 打造轨道交通检验与维护服务平台 |
| 配套产业园 | 依托龙头企业的引领与集聚作用，辐射带动相关企业入园与发展，构建完成产业链 |
| 孵化器与产业服务中心 | 组建轨道交通公共技术服务平台，实现大型试验检测设备资源共享，以及共性技术、投融资服务、知识产权交易等资源共享 |
| 生活配套区 | 为产业基区地解决吃、住、行、娱乐、购物、就医、教育等生活问题 |

2. 建设复合新材料产业基地。按照全省复合新材料产业发展规划的要求，依托我区亚洲最大的硬质合金生产基地，充分发挥“湖南省复合新材料特色产业园”的优势，用活政策，用好牌子，盘活存量，吸纳增量，重点建设国家硬质合金新材料产业园、株洲住宅新材料产业园、电子新材料产业园3大板块。将金山工业园一期打造成集研发、生产、检测、销售于一体的复合新材料产业基地。通过高

起点规划，高标准开发，高效率推进，重点发展先进合金、化工、住宅、电子等新材料产业，建成飞鹿二期、科能二期、药芯焊丝二期，完成省级复合新材料研发、检测、中试基地建设。启动株硬集团几大产业板块的搬迁及新基地建设，启动株洲住宅新材料产业园一期建设，逐步完善老企业的定向盘活与升级改造，力争“省级复合新材料特色产业园”具备一定规模，形成一定品牌，成为全省复合新材料的“洼地”。该基地规划总占地3平方公里，其中工业用地3694亩，商住配套用地1500亩。力争“十三”五期间，引进5家以上大型复合型新材料企业，承接20家以上中小微企业，实现复合型新材料产业总产值达到70亿元。

## 专栏5：复合新材料产业基地重大工程

| | |
|---|---|
| 国家OLED产业发展领跑区 | 规划面积322亩 |
| 国家硬质合金新材料产业示范区 | 包括现有金山工业园一期和天台拓展片区，总规划面积2425亩 |
| 商业服务配套区 | 该区分为两个部分，其中天台区1400亩，另一部分392亩 |
| 综合服务中心 | 在金城园投示范园三期，占地面积26亩 |
| 住宅产业化生产基地 | 位于天台片区，规划面积1000亩 |

3．建设医学健康产业基地。按照全省构建和打造“一园多基地”的医学健康发展格局，充分发挥好株洲医药、南华生物干细胞库、湖南宁康医药等已建的优势，立足“高端”，建设高端医院、兴建医药高等院校、引进医疗器械巨头企业、打造高端护理型养老社区；加快推进置信株洲医学健康城一期落户，重点推进千金湘江药业建设，建成高端药物制剂产业化基地和国家级药物研究中心，推动医学健康战略支柱产业尽快形成规模。将金山新城金龙路沿线打造成集“医、教、研、产”为一体的医学健康“一园一城一地”产业基地，该基地拟规划总占地面积17000亩，即医学健康产业园，位于园区主干道金塘大道两厢，总面积3000亩，是园区医药和医械产品生产和研发集中区；医药医械商贸物流城，位于园区主干道金龙东路和金塘大道旁，总面积500亩，是园区重要物流交易区和商品集散中心；康复养老基地，位于园区北部，沪昆高速以北，总面积13500亩，其中规划建设用地6000亩，符合株洲市土地利用总体规划和仙庾镇土地利用总体规划的面积2000亩，打造一个集健康疗养、康复养老于一体的省级养老康复基地中心。力争“十三”五期间，引进5家以上大型医疗健康企业，承接20家以上中小微企业，实现医疗健康产业总产值达到30亿元。

## 专栏6：医学健康产业基地重大工程

| | |
|---|---|
| 医学健康产业园 | 位于园区主干道和金塘大道旁，总面积3000亩，是园区医药和医械产品生产、研发集中区 |
| 医药医械商贸物流城 | 位于园区主干道金龙东路和金塘大道旁，总面积500亩，是园区重要物流交易区和商品集散中心 |
| 康复养老基地 | 位于园区北部，总面积13500亩，打造一个集健康疗养、康复养老于一体的省级养老康复基地中心。 |

4．建设创新创业孵化园。根据省“135”工程和市“146”工程规划布局，按照“一个基地一块标厂、一块标厂一种模式”的总体思路，规划近2平方公里，全力打造创新创业园。重点建设嘉德工业园，占地491亩，计划建设标准厂房40万平方米；金城国投新材料示范园，占地211亩，计划建设标准厂房15万平方米；金城华亿孵化园，占地197亩，计划建设标准厂房13万平方米。力争“十三五”期间，完成1000亩的开发建设，引进60家以上中小微企业，实现产业总产值达到30亿元。

（二）*推动服务业现代化发展*。紧紧抓住全市加快服务业集聚区发展的机遇，着力强化服务业的战略地位，推进服务业跨越式发展，依托交通区位优势、环境优势、市场优势，坚持生产性服务业、现代物流业和现代商贸业三大版块并重，推进服务业跨越式发展。重点打造6个重点服务集聚区，力争在“十三五”期间，实现全区商贸服务业增加值年均增长16%以上，到2020年商贸服务业增加值超过100亿元，商贸服务业增加值占全区GDP比重达到50%以上。

1．南岳岭综合枢纽商业商务集聚区。抢抓长株潭城际铁路综合枢纽建设机遇，全力推动城铁株洲站城市综合体，充分利用新火车站、城铁株洲站、有轨电车站、地铁站、长途汽车站、公交总站“六站合一”的优势，推进合泰市场群提质改造，提升改造南岳岭、上月塘片区现有商业设施，分离合泰市场群现有服饰加工和物流功能，把该区域无缝对接融入株洲市城市中心商业商务集聚区，打造集文化、休闲、娱乐、购物于一体的大型城市综合体。

2．荷塘商贸城集聚区。以莲易高等级公路改扩建为契机，主动融入东部新城、株醴都市圈、湘赣边际经济合作开发区，在红旗路沿线，加强整体规划布局，加快红旗广场地下商场、红旗广场西南角步步高城市综合体、红港广场、恒大御景湾等商贸建设步伐，加速株洲（国家）汽车城、向阳广场提质改造，着力打造涵盖家居建材、酒店办公、机电五金专业市场，中小微服饰产业加工、生产基地、配套服务综合商住等功能于一体的商贸集聚群。

3．新塘路高端商务集聚区。以新塘路建设为依托，重点加快推进新塘路过江隧道工程，加快水竹湖新城综合开发建设，抓紧布局东部美的城、钻石中央商务区等重点建设，大力推进高端写字楼改建、新建，吸引跨国公司、国内大企业集团在新塘路沿线设立地区总部、研发中心、营运中心、采购中心等，重点引进世界500强、中国500强的代理机构、地区总部入驻，着力打造高端商务、总部经济集聚区。

4．荷塘月色生态休闲集聚区。以荷塘月色为主体，以仙庾岭风景区为核心，以沪昆、平汝高速为轴线，形成云龙方特－仙庾岭－婆仙岭－大京－平汝自驾游专线，加快孝文化主题园建设，在沪昆高速以北重点发展医学健康养老产业，加速仙庾岭周边农家乐提质改造升级，打造集健康养老、亲子娱乐、文化创意、旅游休闲等多种形式为一体的文化旅游集聚区。

5．中南商贸物流集聚区。依托沪昆高速、东环路交通优势，沿辅道布局交通枢纽、物流中心、综合仓储和批发贸易，加快建设中南农副产品商贸物流中心、千金湘江医药物流等项目，引进国内外优势物流企业，积极推进现代电子商务交易平台、物流结算平台建设，建成集物流仓储、商贸批发的综合性现代物流集聚区。

6．荷塘工业集中区科技创新集聚区。依托株洲硬质合金国家级重点实验室、科能新材“省级院士工作站”，借助云龙职教城毗邻优势，结合金山新城建设，集聚更多的科技资源，以装备制造、新材料、新能源等行业为重点，积极培育第三方科技研发服务机构，大力发展科技咨询、技术成果转化、知识产权运营、产品检测检验等服务，完善技术服务产业链条，全面推广“孵化加创投”的孵化模式，打造科技服务产业集群。

## 专栏 7：服务业现代化重大项目

| | |
|---|---|
| 南岳岭集聚区 | 荷塘月色生态休闲集聚区 |
| 荷塘商贸城集聚区 | 中南商贸物流集聚区 |
| 新塘路高端商务集聚区 | 荷塘工业集中区科技创新集聚区 |

(三) 推动农业特色化发展。鼓励支持龙洲湾生态农庄农业、亭子前紫山虹淮山等品牌，加大投入农村合作社引导资金，推进区域性特色农业发展。因地制宜，依托资源优势，突出发展优势产业。在仙庾镇、荷塘月色大力发展创意农业、休闲农业，重点发展观光农业，加强特色农业基地以及农田水利设施建设，做大做强特色农业、设施农业、加工农业和外向农业；创新经营形式，鼓励开展规模化、专业化、特色化经营，积极推行“公司＋基地＋农户”“期货＋订单”等先进的经营模式；大力发展绿色生态有机农业，健全农产品质量安全检测、监管、诚信体系，推进农产品生产品牌化、标准化，创新农业经营方式，以互联网跨界整合为基地，以产业链整合为核心，大力培育家庭农场，通过示范引领、典型带动，促进移动互联网企业与农业产业化龙头企业及特色农业基地、家庭农场等业态对接，构建网络化的生产经营体系、扁平化的市场流通体系、平台化的商业服务体系。突出“发挥生态优势、依托区位优势、促进农业基地特色化”的发展思路，快速提升生态特色农业的品牌影响力，重点发展休闲体验农业，大力培育精品高端农产品，鼓励区内农业企业、合作社等探索互联网＋农业产业化发展，实现农业精品化、农民职业化、农村宜业化，建设我区乡村都市和都市乡村。加快建设耕食记创意农园等建设。加快旅游休闲产业发展。重点打造荷塘月色景区，加快推进老莱子及孝文化馆建设和流芳园改扩建工程。打造一批星级农家乐，促进婆仙岭旅游开发。策划组织丰富多彩和群众喜闻乐见的城郊休闲旅游节会活动，扩大荷塘旅游品牌影响。以仙庾村为核心区域打造仙庾农耕文化体验中心，以耕食记为支撑打造体验式休闲农业星级宾馆，以炎帝农耕文化和孝文化作为内核，打造农耕文化展示中心，提升仙庾农家乐“一店一品”，改造仙女湖垂钓中心，以仙女湖周边为核心区，打造观赏植被风光。

### 三、完善基础设施，拉开城市新框架

按照“外成环、内成网”的目标要求，坚持“内提外拓，全面开放”的思路，着力完善“五纵七横”路网建设，打通“北接长沙、南连醴陵、西到市中心、东至浏阳”的对外快速通道，深度融入长株潭城市群发展。

(一) 着力完善“五纵七横”的路网格局。

“五纵”：

(1) 新建升龙路。该道路平行于云龙大道、新塘路之间，贯穿金山新城片区、水竹湖片区和红港商圈。道路西起红旗路，自西向东依次串起向阳北路、北环路、金桥路、金龙路，向东跨越沪昆高速，接通待建的金瑞路。

(2) 贯通新华路。在向西连接中心广场的基础上，自西向东依次串起铁东路、红旗路、向阳路、北环路、金桥路、金龙路，沿荷塘大道跨越沪昆高速，接通荷塘月色茶马线，是纵贯东西的主干道之一，

对连接核心城区、金山新城片区和荷塘月色片区具有重要意义。

(3) 贯通新塘路。在新塘路一期、二期和三期的基础上，向西建设新塘西路，并穿过江隧道西接长江路，向东依次串起北环路、金桥路、金龙路，接通待建的金瑞路。该道路纵贯金山新城片区、水竹湖片区和核心城区的上月塘片区改造暨601钻石中央商务区，系“十三五”期间计划建设的纵贯东西的主干道。

(4)打通东环北路。在东环北路二期的基础上，加快东环北路与北环路连接段的建设，促进中环大道全线贯通。该路建成后，市民将可通过该条道路直达沪昆高速公路，从而绕开新华路相对拥堵的路段，出行更加快速和便捷。

(5) 新建金塘路。该路东起金山新城金精路，向西依次串起金桥路、向阳南路，跨越莲易高等级公路，与芦淞区对接。该道路纵贯金山新城、金山工业园一期、商贸城，系“十三五”期间计划建设的纵贯东西的主干道。

“七横”：

(1) 新建铁东路。该路南起石宋路，与新华路相交，北至红港路。铁东路南北贯穿河东老城区，是长株潭城际铁路株洲中心站与城市地块之间的客流集散通道，将成为一条新的南北交通干道，有效分流老城区红旗路和建设路的交通压力。铁东路的建设，将拉通南北向城市大动脉，优化交通网络，解决株洲市中心城区交通拥堵。

(2) 完善红旗路。以莲易高等级公路拓改工程为契机，加快推动红旗广场地下广场建设，逐步改善红旗路交通环境，打造北接长沙，南至株洲南四县的南北快速通道。

(3) 打通向阳路。向南打通与金塘路的连接，向北打通与云龙大道的连接，建成贯穿金山工业园一期、水竹湖片区的南北主干道。

(4) 新建北环路。新建南起东环北路，北至云龙大道，贯穿轨道交通制造基地、水竹湖片区的南北主干道。

(5) 新建金桥路。新建北起云龙大道，向南依次串起升龙路、新塘路、荷塘大道、金塘路，贯穿金山新城片区的南北主干道。

(6) 打通金龙路。向南打通与金塘路的连接，向北打通与云龙大道的连接，建成贯穿金山新城的南北主干道。

(7) 新建金瑞路。在沪昆高速以北，新建一条北起云龙大道，向南依次串起升龙路、新塘路，南至新华路(荷塘大道延伸段) 的南北主干道。

(二) 加快推进金山新城片区“四纵四横”路网建设。

四纵 :金塘大道、新华路延伸段(荷塘大道跨沪昆延伸段)、新塘路、升龙路。

四横 :金桥路、金城路、金龙路、金瑞路。

分阶段基本建成新华路延伸段(原荷塘大道)以东的小环路网，即新华路延伸段(原荷塘大道) —金龙东路—金塘大道—金城东路—新华路延伸段(原荷塘大道) 环道 ;打造环日月湖核心区的中环路网，启动金城西路，建成金龙路—金塘大道—金城路—新塘路(五期) —金龙路环道 ;启动金桥东路，搭建好园区内骨干大环路网，形成金龙路—金塘大道—金桥路—新塘路—金龙路环道。力争启动金瑞路，同时配套建设好道路次干道和支路，包括金精路、罗湾路、丽舍路、枫丹路、香榭路、悦舍路、象弯路以及余湾路等。

**四、深化重点改革，强化要素新支撑**

坚持把深化改革作为第一动力，着力从群众最期盼的领域改革，从制约经济社会发展最突出的问题改革，从社会各界最能达成共识的方面改革，以深化改革和创新机制促进发展，加快形成更具活力的发展环境。

(一)深化行政审批制度改革。进一步简政放权,重点推行“一门式”政务服务改革,建设覆盖区三级政务服务中心、群众和企业通过现场“一窗”能办多件事、通过多渠道的智能终端能自助办事的便捷、透明、亲和、智能和安全的“一门式”服务。建设综合服务信息平台,在保留现有部门各自系统的基础上,通过数据抓取和共享手段,实现行政服务事项“一个界面”受理。全面梳理区级审批事项,按照不同业务的具体需要优化电子政务流程,建立政府主动公开信息、政务办理痕迹信息和公共管理状态信息的实时共享机制,建立业务全面的标准体系,实现社区公共服务的跨部门业务协同。结合网上办事大厅、电子行政监察等现有的政务公共服务信息系统资源,依托现有的三级行政服务中心、服务热线和移动互联网,积极开发网上咨询办理、服务热线呼叫、现场自助查询等系统功能,为居民群众提供网络、电话和窗口服务关联组合的一体化社区公共服务,为政府决策提供科学依据。建立权力清单制度。清理和公布区政府工作部门权力清单、责任清单和负面清单。在建立权力清单基础上,编制政府部门责任清单,形成“横向到边,纵向到底”,进一步规范权力运行体系。优化组织机构。稳步推进机构改革,构建精干高效的政府组织体系。推进事业单位分类改革,严格按照标准合理划分现有事业单位类别,进一步规范和创新机构编制管理,落实省控编减编工作方案要求,实行机构编制实名制管理。

(二)推行完善产权制度改革。完善以管资本为主的,全面覆盖,权责明确,规范高效的国有资产管理体制,积极探索组建国有资本运营公司和资产经营管理公司,建立健全国有资本经营预算和收益上缴制度。积极发展混合所有制经济,支持非国有资本参股国有资本投资项目。坚持依法保护各类产权,确定公有和非公有产权享有平等法律地位,有效保障所有市场主体的平等法律地位和发展权利。出台和完善我区国有产权交易流转监管办法和实施细则,提高国有资产交易流转的规范性和透明度。进一步规范交易程序,促进多种形式的产权交易。

(三)强化投资融资体制改革。加强地方政府债务管理,妥善处理存量债务的置换。深化国有企业改革,扶持平台公司做大做强,平台公司充分运用资源资产化的理念,做大做实自身资产规模,提升公司综合盈利能力,增强公司市场综合竞争能力,以实体化经营为基础,通过市场化的第三方评级增信、资产证券化等有效方式紧密接轨资本市场,开拓直融通道。探索践行政府与社会资本合作(PPP)模式,合理引导和吸纳社会资本参与城市建设、公共服务等领域。

(四)实施深化财税体制改革。改进预算管理制度,完善全口径政府预算体系,全面推行财政信息公开,逐步建立跨年度预算平衡机制和项目预算机制。完善财政收入考核办法,突出收入质量考评。完善全过程财政预算绩效管理机制,规范财政专项资金管理,优化财政支出结构,深化政府采购改革。建立规范的政府债务管控制度,妥善处理存量债务,完善政府投融资管理及风险防范机制,建立规范合理的债务管理及风险预警机制。积极跟进国家税制改革。

(五)推进城乡统筹发展改革。开展国民经济与社会发展规划、城乡规划、土地利用总体规划、生态环境保护规划等“多规合一”试点。到2016年,区内村庄规划完成率达到100%。促进农村城市化、农民居民化,到2020年全区城镇化率≥90%,城镇基本公共服务常住人口覆盖率100%。推进完善撤乡并镇并村合理整合资源实现资源共享,加快市政管养改革,逐步将城镇设施维护、绿化保洁等领域向市场有序放开,进一步完善市场化运营模式。深入开展城乡环境卫生同治,形成推进农村环境综合整治的良好机制。制定农村土地承包经营权流转实施办法，健全土地流转交易平台，构建新型农业经营体系，培育新型农业经营主体，推动家庭经营、集体经营、合作经营、探索财政项目资金支持农民合作社发展机制。依法赋予农民更多财产权利，保障农村对集体资产股份的相关权益。

**五、发展民生事业，共享幸福新荷塘**

坚持以人为本，全面加强社会保障，协调发展社会事业，集中力量在解决事关群众切身利益的就业、上学、看病、住房、社保等民计民生问题上取得突破性进展，进一步提高共建共享水平，促进全区经济社会科学发展、和谐发展。

（一）社会保障工程。健全就业失业信息监测制度，做好高校毕业生、“4050”人员、零就业家庭成员、退役军人、妇女、残疾人、被征地农民、进城务工人员等重点人群职业教育和再就业技能培训，促进多种形式就业。建成金山科技工业园创业（孵化）基地、仙庾生态旅游创业基地服务平台。提升全区基层就业创业保障服务平台。抓好社保扩面征缴，重点搞好被征地农民即征即保。“十三五”期间，年均新增就业1万人以上，创业培训超过1500人次，建设就业创业平台17个。推动全民参保，促进社保由“政策全覆盖”向“惠民全覆盖”迈进。

（二）城乡安居工程。加快廉租、经济适用和公共租赁住房建设，基本满足城市低收入住房困难家庭住房需求。通过政府新建、配建、收购、改建、置换等途径，增加廉租住房供应。引导社会资金投入公租房运营建设，解决城市中等偏下收入家庭住房困难，并将新就业职工和外来务工人员纳入供应范围。扎实开展廉租住房租赁补贴，“十三五”时期补贴3500户以上。每年改造农村危旧房100户以上，优先解决残疾人、优抚对象、五保户住房改造。加快实施原区城建家属楼（华景怡园）、430厂女子宿舍、601生活区、市医药公司戴家岭棚户区等改造工程以及红旗中路城铁安置房、东环北路安置房、金桥园棚户区改造、外贸包装棚改、伟大集团市建二站综合区等建设工程。

（三）幸福社区工程。出台政府购买公共服务的实施意见，设立区级创新项目扶持资金。一要建设覆盖社区全部管理服务功能的综合信息平台，在政府部门、社区组织与居民之间建立联系纽带和沟通桥梁。二要推广10分钟便利服务圈。三要形成“一居一品”的特色。将社区服务用房作为公共配套设施纳入规划设计中，开发商要按照建筑面积1‰的标准无偿提供社区公共服务用房，有计划地改造老旧小区的基础设施。按要求1:1协辅警，逐年增加力量，加大群防群治的力度，提高居民自我安全防范意识。落实株洲市社区（村级组织活动场所）服务场所提质改造三年行动计划，通过夯实社区基层阵地、理顺社区体制机制、推进社区服务网格化、规范社区服务场所标识，探索和尝试政府购买公共服务、建立三社（社区、社团、社工）互动机制，使全区社区基本构建“一体三化”的治理模式，即建立健全社区党组织、社区居委会、社区服务站“三位一体”的治理机制，探索和完善以信息化支持、网络化治理、社会化服务为主要内容的社区治理服务体系。按照一年建框架、搞试点，两年全铺开、树品牌的时间步骤，全面提升服务水平，方便群众，建设管理有序、服务完善、环境优美、治安良好、生活便利、文化丰富、人际关系和谐的“幸福社区”。

（四）社会养老工程。区政府每年应设立一定数量的用于购买养老服务的专项预算资金，并随着财政收入的增加递增。区级福利彩票公益金，要将50%以上的资金用于支持发展养老服务业，并随老年人口的增加逐步提高投入比例。在增加资金投入时，应该加大对承接方（社会组织）的补助与扶持，建立养老护理员特岗补贴政策，加强劳动保护和职业防护，依法缴纳养老保险费等社会保险费，鼓励社会力量举办社区养老机构。采取民办公助、公办民营等方式，鼓励和支持民间组织、企业和个人，采取独资、合资、合作、联营、参股、租赁等方式创办养老机构，走市场化经营的道路。大力兴办邻里养老互助点，为老年人打造互帮互助、精神慰藉、休闲娱乐的平台。大力发展社区老年人日间照料、老年配餐送餐中心、家政服务公司等多种形式的养老服务实体，加强对养老服务机构和医护人员的管理、培训和业务指导监督。医疗机构、社区卫生服务机构应当为所在行政区域内的老年人建立健康档案，构建老年人健康信息网络，方便及时出诊。争取全省城区老年人日间照料中心示范区建设。"十三五"期间，新增省级、市级养老服务示范点各5个，建成区敬老院，全区农村幸福院覆盖率达到95%以上；新建城镇社区老年人协会30个以上、农村社区（村）老年协会30个以上；80%的社区建成社区居家养老服务中心（站）；引导和支持5家以上社会组织和家政、物业等企业和机构运营养老服务。

（五）教育发展工程。要多措并举解决城区学位问题，确保至2020年，全区小学、初中班额达到国家规定标准，改扩建、新建义务教育学校3－4所，完成桂花小学搬迁，重建博雅小学，新建金山新城、美的新城九年一贯制学校，基本解决城区小学"入学难"和大班额。合理调整义务教育学校布局，有序推进基础教育扩容工程。争取在全市职业教育布局调整中，预留部分辖区范围职业学校给荷塘区举办义务教育。提高聘任老师的待遇，维持聘任教育队伍的稳定。继续支持实施老师健康工程。全方位保障稳步推进"未来教育家成长工程"，同时培养引进教育领军人才。新建公办幼儿园，实现全区乡镇（街道）公办中心幼儿园全覆盖，并达到《湖南省幼儿园办园标准》和"四有"要求。加强普惠性民办幼儿园建设，积极落实购买民办幼儿园普惠性服务的专项补助经费。建成一定数量优质学前教育资源供老百姓就近选择，创建10所市级示范性幼儿园，公办幼儿园、普惠性民办幼儿园园位数达到70%以上，全区学前三年毛入园率达到98%以上。对全区幼儿园实施等级评价、管理，统一制定收费标准。维护全覆盖、零死角的园车监控平台。逐步完成幼儿园食堂标准化建设。促进教育公平，规范学前教育管理，提升从业人员持证上岗达标率，整体提高科学保教水平，推进区域教育优质均衡发展。对现有学校提质改造，选拔引进优秀教师，逐步消除临聘教师现象。实施"未来教育家成长工程"。实施教师信息技术应用能力提升培训。组建10个区级中小学名师工作室和名学科研究基地，培养一批骨干教师、品牌教师、名校长。加快推进职教城信息中心建设。

（六）公共设施工程。加快公共文化体育设施建设，以创建国家公共文化服务体系示范区为抓手，建立协调机制，着力推进区级综合文体健身中心建设，将铁路文化宫、市花鼓戏剧团演艺中心等辖区厂矿、企业俱乐部提质改造，增强辖区居民活动能力建设。加强公共文化设施建设，社区综合文化服务中心覆盖率100%；实现3个综合文化站100%免费开放；对39个农家书屋进行整合，并对党员远程教育系统、科普屋图书报刊进行升级、更新。加强文化协会、文艺团体和文化志愿者队伍建设，单项文化协会达20个，各村（社区）文艺团体1－2个，全区星级文艺团体20个。完善城市公园、广场建设，加强全民健身设施建设，全区体育设施用地占建设用地比例0.9%以上，人均公共体育场地面积1.8㎡以上。镇街道社区全民健身设施覆盖率100%、行政村健身设施覆盖率100%。公共体育设施开放率达80%以上。

（七）卫计服务工程。以全面打造健康荷塘为契机，加快基础建设，实现医卫综合大楼投入使用，区疾控中心达到"县级甲等"水平，妇幼保健所达省级标准，镇卫生院、社区卫生服务中心达国家标准卫生院、服务中心，村卫生室、社区卫康室全面达到标准化，合理布局社会诊所规范化建设。加快株洲国际医疗康复产业园建设，引进社会资本建设一座三甲专科或综合医院，加快恺德、市人民医院、新华医院等改扩建工程项目。加强医疗队伍建设，认真落实卫生三年行动计划，提高医技队伍能力与水平。加强卫计应急能力和机制建设。深化医药卫生体制改革，深入落实基本公共卫生服务、基本药物制度、新农合筹资及补偿等卫生惠民政策，努力提升城乡居民健康水平。健全食品药品监管体系，加强对弱势群体的关怀，建立区级弱残人员托养中心。加强城镇无障碍设施建设，切实保障残疾人权益。全面支持国家人口生育政策，提倡优生优育，维护保障妇女儿童权利。切实保障妇女合法权益，提高居民性别平等意识，构建权利公平、机会平等、规则公平为主要内容的社会公平保障体系。优化出生人口性别结构，坚决遏制出生人口性别比重超标问题，建立部门出生人口信息收集和共享机制，推广农村留守妇女互助组，为弱势妇女提供有效帮助。加强城乡妇女技能与教育培训，提高妇女综合素质，鼓励妇女自主创业和参与社会管理。关爱青少年健康成长。加强区疾病控制中心能力建设，特别加强技术队伍建设，加强基层医疗机构的能力建设，增加必要的基本医疗设备，维护与投入。加大政府的补助力度，

（八）绿色生态工程。以建设生态园林城市为目标，大力实施“城市绿荫三年行动”，加快推进城市林荫道路、公园和广场林荫景观、单位庭院小区绿化、林荫停车场、立体绿化、山体和水系生态修复建设等“六大工程”，力争城市建成区林荫道路的比例超过88%，林荫广场和停车场的比例超过75%，林荫小区和庭院的比例超过57%。突出抓好中心城区公共绿地、街头小游园建设和“三边”绿化，抓好街心花园建设，提升城市绿道系统，促进现有公园与居民、住宅区的对接融合，努力建设深呼吸生态花园城市。依托区域绿道、城市绿道、社区绿道，构建有效衔接，相互协调的三级绿道网络，真正让市民享受到“推窗见绿、出门赏景、起步闻香、湘水鹭影”的绿色生活。突出重点区域环境整治。加强生态保护区建设。积极开展小流域环境综合治理，控制和减少水土流失。完成金山新城污水处理厂建设，仙庾镇加快建成污水处理设施。启动城区生活垃圾分类收集工作，基本完成仙庾镇垃圾收运和转运工程建设。加快仙庾镇环境工作的整治。强化能源资源节约利用，开展全民节能减排行动，推广使用高效节能环保产品；推行企业节能低碳行动。鼓励居民、企业、单位等普遍采用节水设施设备，适时推广社区直饮水试点。支持湖南沐沐节能环保科技有限公司的两型惠民智能自助洗车机研发、制造、销售等项目，突出工业集约节约用地管理，合理调整园区投资强度，提倡建设多层标厂，提高单位面积土地产出率；加强农村宅基地管理和存量土地开发利用。积极开展生态环境保护。实施城镇绿荫行动，巩固和扩大森林城市建设成果。加强山、水、田、园、林、路综合整治，建设一批美丽宜居村庄。完成区内畜禽养殖、洗水企业的“关、停、并、转”。协助推进市餐厨废物利用和无害化处理项目。全力推进“十进十四”两型创建，到2020年，基本建成1个两型综合示范片区，涵盖园区、社区、景区、机关、学校、企业、家庭等多种创建类型。

（九）精准扶贫工程。持续精准扶贫，把基层党建与片区扶贫紧密结合起来，推进“一联二帮三促”。争取国家和省在投资、产业、人才、生态功能区建设等方面加大对贫困户的支持力度。继续推行区级领导挂帅制度，后盾单位帮扶，财政专项扶贫资金支持，后盾单位节约的“三公”经费可用于帮扶。重点包括：精准识别贫困对象；精准发力产业

发展；精准建设基础设施；精准施策农户脱贫。突出抓好水、电、路、业、房、环境整治“六到农家”和就医、就学、养老、低保、五保、村级集体经济发展“六件实事”。深入实施精准扶贫。突出抓好发展生产、健全公共服务和办好教育三件大事，扎实推进到户到人扶贫攻坚三年行动计划。积极开展产业扶贫，采取财政贴息、银行融资、资源整合等措施，支持产业扶贫建设和企业发展，加快构建支撑扶贫的产业体系。改善农村、偏远办学条件，落实贫困学生补助政策，决不让孩子因为贫困上不起学，坚持分类指导，重点办好扶贫示范点。

（十）人才开发工程。加大人力资源的开发投入，培养一批高素质、管理、产业、技术人才；全面实施教育强区行动计划，开辟人才“绿色通道”，加快博士后科研工作站、企业研发中心以及科技工业园等各类人才基地建设，加强协调与人才市场的合作，大力引进高层次紧缺人才，健全以品德、能力和业绩为重点的人才评价、选拔任用和激励保障机制。加快人才高地建设，放宽政策，设立人才培养基金，建立健全人才市场服务体系，推动人才资源整体开发。

**六、加强依法治区，提升荷塘新实力**

按照全面推进依法治国总要求，着重加强政府自身建设、强化推动形成依法办事、讲规矩、讲程序的社会氛围，通过推进依法治区促进社会和谐和社会安全，努力开创和谐发展新局面。

（一）加强政府自身建设。一是建设服务型政府。强化社会管理和公共服务职能，完善公共服务体系，优化公共资源配置。深化行政审批制度改革，推进政务服务标准化建设；合理调整财政支出结构，保障基本公共服务支出，扩大公共服务覆盖范围，将更多财政资金投向公共服务领域，重点向基层、困难群众倾斜。合理有效运用政策资金，集中力量提升扶贫帮困综合配套服务水平，切实解决我区贫困人口的衣食住行和就学就医就业。加大对区政府服务中心和社区便民服务中心建设的投入。二是建设效能型政府，严格落实首问责任制、限时办结制、服务承诺制；精简会议活动和文件简报；严格控制“三公”经费支出，全面完成公务用车制度改革；加强效能监督，实行更为严格的行政问责制度。三是建设廉洁型政府。持续深入改进作风，严格执行办公用房、公务接待、因公出国（境）等制度。强化行政监察和审计监督，加强对项目招投标、土地出让、政府采购、财政资金补助等重点领域和关键环节监管。严格收支两条线，推进财政预决算双公开，健全财务监管制度，规范全口径支出管理，确保专项资金专款专用。

（二）提升建设法治荷塘。规范行政决策程序，全面推行政府法律顾问制度，落实行政裁量权基准制度和行政执法责任制，加强监督制度体系建设，全面推进决策公开、执法公开、管理公开、服务公开、结果公开。推进依法行政，完善政府权力清单制度，推进政府事权规范化、法制化。全面推进政务公开。完善行政决策机制，严格执行行政决策法定程序，建立重大决策责任倒查机制。推进公正司法，确保依法独立公正行使司法权。加强队伍建设，推进法治专门队伍正规化、专业化、职业化。加强基层法律服务工作者、人民调解员、法律援助人员、司法鉴定人员队伍和法律服务志愿者等法律队伍建设。加强平安创建，打造无毒社区，加强基层派出所和人民内部矛盾阵地建设力度，做好站前（南岳岭）、茨菇塘、明照派出所等政法基础设施建设。落实社会治安综合治理各项措施，依法严厉打击各类违法犯罪行为。加强消防安全、生产安全、交通安全及食品、药品安全监督管理，突出抓好应急管理、防汛、防火等，切实保障群众生命财产安全，营造安定和谐、公平正义的社会环境。

（三）全面深化党的建设。“十三五”期间，重点坚持党建“四化”标准要求，通过进一步规范基层组织生活、深化党组核心作用、提高党员队伍素质、做实擦亮党建品牌，加强党的执政能力建设和先进性建设，努力提高科学执政、民主执政、依法执政水平，为荷塘区的经济社会发展提供强有力的政治保障。坚持法制化、规范化管理，建设优秀党员队伍，严格组织生活，明确党员责任，充分发挥党员对地方经济社会发展的模范带头作用。加强基层党组织领导班子书记队伍建设，创新选拔培养机制，采取上级选派、跟踪培养、群众推荐等方式，选拔党性强、能力强、改革意识强、服务意识强的党员担任党组织书记。深入开展以服务为主题的党建带工建、带团建、带妇建活动，充分发挥群众组织服务作用。充分运用共产党员网、农村党员干部现代远程教育网、党员干部手机信息系统平台，开展网络服务，推动基层党建信息化工作平台和网上民生服务平台的整合，加快全区党员信息库建设。培养文化素质较高、品德优良的基层党员进入机关、乡镇、村、社区党支部班子，建设一支理念先进、敢闯敢拼、善于领导科学发展的领导干部队伍。健全党员学习机制，组织党员参与学习。建立党员技能培训机制，以集中训练、远程教学、函授培训等方式，提升党员的知识素养和生产技术，为地方产业的发展提供技术支持，促进城乡居民增收致富。认真贯彻落实《中国共产党廉洁自律准则》和《中国共产党纪律处分条例》，把纪律挺在前面，规范党员行为，不断增强党组织的向心力。在党员干部中大兴亲民为民、求真务实、探索创新、民主团结和干净干事的良好风气，进一步密切党群、干群关系，使广大群众信任党组织，依靠党组织，自觉团结在党组织周围。建设好区级党员领导干部廉政教育警示基地能力建设，实行党员面对面服务制度，从群众最关心、最直接、最现实的利益问题入手，积极为群众办实事、做好事、解难事。

## 第四篇 保障措施

### 一、强化土地资源保障

（一）加强土地利用。抓好土地利用规划管理，加强土地预审的把关，控制指标的实施进度，确保指标的利用效率。抓紧抓实土地利用总体规划的调整完善，继续优化空间布局，确保“十三五”期间的重点项目顺利实施。优先支持重点工程、优势产业项目用地，稳妥推进增减挂钩试点和低效用地再开发试点，最大努力确保项目建设用地。

（二）加强资金导向。积极发挥财税、投资和土地等政策的作用，对优势产业或关键项目进行重点扶持。完善财政投入资金绩效评估体系，规范政府投资行为。积极引进社会资金，通过政府推动和项目带动，有效激活社会投资，实现投资主体多元化。创新招商理念，大力优化环境，坚持招商选资，招大引强，主抓医学健康、轨道交通和新材料三大产业和园区招商。发挥国有资产融资和区域担保机构桥梁作用，切实解决重点项目和重点企业的融资。

（三）加强多规融合。完善规划体系构建，进一步完善城镇布局，推进总体、专项、控制性详细、园区建设、集镇布局、村镇布局、集镇规划的编修，形成各层级协调统一的规划体系。以“规划引领、平台整合”为思路，注重顶层设计，加速多规融合步伐，推进经济社会发展、城镇发展、土地利用总体、生态环境保护规划等相互融合。

### 二、强化政策项目支撑

（一）形成推动机制。为切实保障规划顺利实施，必须坚持区委对“十三五”规划实施的统一领导，区政府切实履行职责，主动接受区人大、区政协对规划实施的指导和监督，确保“十三五”规划的全面落实。针对产业发展、资源环境、民生事业和改革创新等重点领域和有关重大项目，进一步制定、修改、完善相关配套政策，通过政策导向，吸引民间资本积极参与规划任务的实施，引导各种资源优化配置。对列入总体发展规划的重大项目，实行绿色通道，确保项目建设的顺利开展。增强各部门的服务意识，提高办事效率，为规划实施和项目建设提供便捷优质的服务。

（二）争取政策支持。深刻领会国家、省、市支持区域经济社会发展的重大政策，融入到湖南“一带一部”、长株潭自主创新示范区等重大规划建设中，争取国家和省、市在财政转移支付、重大政策性试点、统筹城乡试点、基础设施建设、重大科技推广、开发性金融合作、土地资源利用等方面的扶持政策，努力把各项重大政策转化为推动我区发展的思路和措施。

（三）实施项目带动。突出重大项目对规划实施的支撑作用，抓好重大项目开发、储备和建设。高度重视项目前期，加强前期考核，形成前期的合力。精心抓好调度，落实项目建设责任制，解决建设中的实际困难，促进早日开工、建设和投产见效。项目库实行动态管理，根据实施情况适当进行调整、补充，形成滚动开发机制。把项目建设作为“十三五”推进的重中之重，千方百计抓好重点建设，重点做实策划、招商和推进。

**三、强化实施监督监评**

（一）强化统筹协调。根据“十三五”规划确定的目标和任务，各级各部门要各司其职，互相协调，密切配合，制定具体实施方案和专项规划。发改部门要加强发展规划编制与实施的协调。按照专项发展规划服从总体发展规划，同级规划不得相互矛盾的原则，加强规划的衔接与协调。健全以五年规划为依据的年度计划实施机制，发挥规划的整体合力。

（二）强化实施目标。相关部门细化落实本规划提出的主要任务，并根据本规划制定、修改和调整年度工作计划，对主要指标应当设置年度目标和重点任务，并作为部门年度考核和领导干部任期考核重要参考依据。

（三）强化评估考核。完善规划的实施评估机制，实行规划中期评估制度，建立规划“编制—实施—评估—调整—实施”的滚动实施机制，加强规划实施的跟踪分析。发挥行政监察、组织人事、统计、审计等部门对规划实施的监督作用，完善向区人大、区政协的报告和沟通机制，充分听取区人大、区政协、社会各界人士的意见和建议。开展规划宣传和展示，及时公布规划的实施进展情况，让群众参与规划实施的监督，营造全区人民共同支持规划实施的社会氛围。

全区要更加紧密团结在以习近平同志为总书记的党中央周围，高举中国特色社会主义伟大旗帜，在区委、区政府的坚强领导下，同心同德、群策群力，锐意进取，努力开创“十三五”发展新局面，为打造“宜业宜居宜游”实力新荷塘，共同夺取全面建成小康社会决胜阶段的伟大胜利！

## 株洲市荷塘区人民政府办公室 关于印发《荷塘区中小微企业信贷风险补偿资金管理办法（试行）》的通知

株荷政办发〔2016〕3号

株洲金山科技工业园管委会、各乡镇人民政府、各街道办事处、合泰管理办公室、荷塘月色示范区管理委员会、区直相关部门（单位）、市直驻区相关分支机构：

《荷塘区中小微企业信贷风险补偿资金管理办法（试行）》已经区政府研究同意，现印发给你们，请认真贯彻落实。

附：荷塘区中小微企业信贷风险补偿资金管理办法（试行）

株洲市荷塘区人民政府办公室

2016年1月11日

# 荷塘区中小微企业
# 信贷风险补偿资金管理办法（试行）

## 第一章 总则

第一条 为完善辖区金融服务体系，充分发挥财政资金对我区中小微企业（以下简称中小微企业）的引导、支持作用，加大金融支持力度，促进我区经济结构转型升级，依据《荷塘区鼓励产业发展优惠政策》（株荷办发〔2014〕3号）、《荷塘区鼓励产业发展优惠政策实施细则》（株荷办发〔2015〕19号）、《2015年荷塘区服务企业工作实施方案》（株荷办发〔2015〕17号）等文件精神，区委、区政府决定设立株洲市荷塘区中小微企业信贷风险补偿资金（以下简称“风险补偿资金”）。为规范风险补偿资金的运用和管理，制定本办法。

第二条 株洲市荷塘区中小微企业信贷风险补偿资金是面向辖区中小微企业设立的“风险补偿资金＋金融产品”的服务体系。金融产品由金融机构提供并按照本办法确定的原则经过认证后确立。金融机构派驻专门的金融服务团队开展金融服务。

第三条 风险补偿资金参考基金的模式管控，采取市场化模式运作，在株洲市荷塘区建立决策体系，并委托专业管理机构进行业务管理。区金山工业园管理委员会是风险补偿资金的对口业务联络和管理机构，区财政局和审计局是风险补偿资金主要监管机构。

第四条 株洲市荷塘区中小微企业信贷风险补偿资金是用于引导金融机构为不完全具备贷款条件的中小微企业提供信贷支持，并对其信贷损失进行风险补偿的专项资金。

## 第二章 资金设立与管理

第五条 风险补偿资金由株洲市荷塘区人民政府出资设立，风险补偿资金规模初始规模为3000万元，根据风险补偿资金的运行情况分期到位。株洲市荷塘区调拨的风险补偿资金委托株洲高科火炬非融资性投资担保有限公司在合作金融机构设立专户进行存放和管理。

第六条 风险补偿资金设立领导小组，领导小组成员7人，由常务副区长、分管经济与金融的副区长、区经信局局长、区商务局局长、区国税局局长、区地税局局长、金山工业园管委会主任组成。领导小组在区金山工业园管委会设办公室负责具体业务的组织与备案，并指导委托管理机构按照本办法的规定管理风险补偿资金。

第七条 风险补偿资金设立监督小组，成员2人，由区财政局、区审计局负责人组成，风险补偿资金接受监督小组的监管和专项审计。

第八条 株洲市荷塘区人民政府委托专业金融服务机构进行业务管理，并以年度目标责任状的方式下达年度考核任务和目标，年底由监督小组指定审计机构对目标责任状完成情况进行审计，据此决定专业金融服务机构的当年托管管理费额度。风险补偿资金的利息、理财收益主要用于支付专业金融服务机构的托管管理费和风险补偿资金决策机构的工作经费支出。

## 第三章 支持对象

第九条 风险补偿资金支持具有较好市场前景和社会效益的中小微企业。支持对象应同时具备以下基本条件：

（一）在株洲市荷塘区进行工商注册和税务登记的独立法人企业；

（二）有固定的生产经营场所和符合规定比例的自有资金，信贷资金用途明确、合法，具备到期偿还信贷资金的能力；

（三）财务制度健全，自愿接受风险补偿资金各级管理机构、合作金融机构信贷和结算监督，无恶意不良信用记录；

（四）已经完成产品研发或产品投放，产品和服务具有较强的市场竞争力和成长性，持续经营或已取得有效业务订单；

（五）具备可持续技术创新能力，拥有良好的管理团队，研发人员占全体员工的比例、研发投入占销售收入的比例均在3%以上；

（六）企业上一个完整会计年度内销售收入在20000万元（含）以下；

（七）符合合作金融机构认可的其他信贷资质。

第十条 风险补偿资金优先重点支持以下企业：

（一）高新技术企业、创新型单位和自主知识产权示范企业；

（二）获得过国家、湖南省、株洲市创新基金和科技项目支持的企业；

（三）设立技术研发中心、进行技术改造和技术创新的科技型中小微企业；

（四）新三板、区域股权市场挂牌企业和完成股份制改造的中小微企业；

（五）产品填补国内外空白，产业示范带动作用明显的科技型中小微企业；

（六）注册地在株洲市荷塘区范围内，获得专业投资机构或投资基金投资的独立法人企业；

（七）符合株洲市荷塘区产业发展方向，株洲市荷塘区重点支持的园内企业或招商引资企业等。

## 第四章 业务运行方式

第十一条 风险补偿资金对辖区内中小微企业的信贷支持遵循“自主评审、市场运作、风险共担”的基本原则。

第十二条 风险补偿资金以在合作金融机构存放业务保证金和共同承担贷款损失风险的方式为中小微企业提供金融产品和服务。风险补偿资金也可以与株洲市产业园区小微工业企业信贷风险补偿基金、株洲高新区科技银行等机构联动合作，共同为辖区内中小微企业提供金融服务。

第十三条 业务开展的基本原则

（一）合作金融机构的准入

合作金融机构及合作金融产品原则上优先从株洲市产业园区小微工业企业信贷风险补偿基金、株洲高新区科技银行合作的金融机构和金融产品中筛选，合作金融机构的准入实行备案制，金融机构准入原则上需符合以下基本条件：

1. 合作金融机构承诺授信规模不低于存入业务保证金（含联动合作的株洲市、株洲高新区等市区机构提供的保证金）的10倍并同意按业务开展规模分批存入业务保证金；

2. 风险补偿资金承担的贷款损失补偿比例（含联动合作的株洲市、株洲高新区等市区机构承担的贷款损失）原则上不高于50%，纯信用类特色金融产品风险补偿资金承担的贷款损失补偿比例（含联动合作的株洲市、株洲高新区等市区机构承担的贷款损失）原则上不高于70%；

3、合作金融机构能够提供符合风险补偿资金业务操作特征、快速审批的金融服务产品（在授信准入门槛、授信额度、利率、贷款品种等方面有所体现）；

4、合作金融机构提供的金融产品综合成本低于8%/年（可以根据人民银行同期基准利率和信贷政策等的因素进行合理调整）。

（二）信贷支持范围

对于株洲市荷塘区工业类企业，主要支持流动资金贷款，贷款客户单户最大综合授信额度不超过500万，同一合作银行不同金融产品由风险补偿资金承担的最大风险损失补偿额不超过250万元。

（三）保证金

1. 原则上，风险补偿资金向贷款企业收取不高于授信额度 2% 的保证金，用于株洲高科火炬非融资性投资担保有限公司建立统一的市区级风险缓释资金池，统筹覆盖逾期贷款企业的垫付或代偿；

2. 株洲高科火炬非融资性投资担保有限公司制定风险缓释资金池运行方案并报领导小组办公室备案。

第十四条 中小微企业纳入补偿范围的基本流程：

（一）纳入风险补偿范围的中小微企业实行名录制管理。依据本办法第三章的规定，领导小组办公室组织区经信局等相关单位初步落实拟纳入名录内企业的基本生产、经营情况和融资意向，拟定纳入株洲市荷塘区中小微企业扶持名录的企业名单；

（二）风险补偿资金委托管理机构对名录内企业进行调研并对接合作金融机构，收集企业申请贷款资料；

（三）风险补偿资金委托管理机构根据调研情况及金融机构的对接情况形成明确的审核意见后向领导小组办公室报告或备案；

（四）风险补偿资金委托管理机构根据领导小组办公室的备案意见，对于准予备案的企业，向合作机构出具纳入到补偿范围的书面意见；

（五）风险补偿资金委托管理机构落实放款条件，并在放款后 5 个工作日内，将企业贷款情况向领导小组办公室备案。

## 第五章 补偿和核销流程

第十五条 企业贷款发生逾期或未到期实质性违约（以下统称为“违约”）15 个工作日内，合作金融机构应与领导小组办公室明确追偿方案，与风险补偿资金委托管理机构联动启动追偿程序，株洲高科火炬非融资性投资担保有限公司启动风险缓释资金池垫付或代偿程序。

第十六条 对违约企业的追偿，可以采取以下方式：

（一）如违约企业还款能力或还款意愿较差，无法恢复正常的生产经营，经领导小组办公室批准后，风险补偿资金委托管理机构应当与合作金融机构联动启动司法诉讼和执行程序；

（二）对于产业发展前景良好、具备恢复正常的生产经营条件但短期难以归还金融机构贷款的企业，经领导小组会议决定，补偿额可以采取债转股的方式进行追偿，债转股形成的股权由风险补偿资金委托管理机构进行管理，实现的股权收益转入风险补偿资金专户。

第十七条 追偿完成后（主要依据司法机关认定为执行中止或终结的裁定等法律文书进行判定），形成确定的贷款损失额，由风险补偿资金委托管理机构向领导小组办公室提出损失补偿申请，启动补偿程序：

（一）领导小组办公室对违约贷款追偿情况、垫付或代偿情况、贷款损失额的认定情况、申请补偿的金额及相关资料进行审核，初步拟定补偿意见；

（二）领导小组成员对是否同意补偿进行审议；

（三）风险补偿资金委托管理机构根据领导小组审议结果向相关合作机构进行通报，并通知株洲高科火炬非融资性投资担保有限公司拨付补偿资金。

第十八条 若违约企业破产、倒闭清算或依法对违约企业进行司法诉讼并裁定执行终结的情况下，由领导小组办公室提出申请，报请领导小组审批决定对补偿额予以核销。

## 第六章 监管要求

第十九条 监管机构与监管内容

（一）监管机构为监管小组或监督小组委托的第三方机构。

（二）监管内容主要包括风险补偿资金的业务运行情况是否合规；资金调拨是否合规；制度的规范性与合理性；评价和考核委托管理机构的工作等。

第二十条 资金监管

（一）预留印鉴。风险补偿资金拨付至株洲高科火炬非融资性投资担保有限公司后，应当在合作金融机构设立专户进行存放，并预留印鉴。

（二）资金存放。风险补偿资金原则上只存放于合作金融机构，其中：业务保证金按业务规模匹配拨付至合作金融机构，闲置资金原则上主要存放于上年度综合考评排名前两位的合作金融机构。

（三）资金调拨。风险补偿资金调拨分如下6种情形：

1. 拨付至合作金融机构的业务保证金，经领导小组办公室批准后，依据备案的风险补偿资金合作协议和业务开展情况调拨；

2. 存款和闲置资金理财，经领导小组办公室批准后，依据风险补偿资金委托管理机构的建议进行调拨；

3. 委托管理机构托管费用和工作经费支出，经领导小组办公室批准后，按与受托管理机构签订的委托管理协议和工作经费实际支出情况拨付；

4. 拨付的风险缓释资金，经领导小组办公室批准后，依据风险补偿资金委托管理机构的垫付（代偿）方案进行调拨；

5. 贷款损失补偿，依据领导小组决议进行拨付；

6. 除上述情形外，其他风险补偿资金调拨须征得领导小组批准。

第二十一条 专业委托管理机构要求

（一）专业委托管理机构应当为独立法人，依照混合所有制方式组建，具备市场化运作的决策机制，原则上优先从株洲市产业园区小微工业企业信贷风险补偿基金和株洲高新区科技银行的委托管理机构中进行选择；

（二）建立业务组长部门，配备不少于8名全职的业务人员；建立风险控制部门，配备不少于4名专业的风险控制人员；按拟定的业务制度、风险管理制度建立业务运行体系；

（三）建立授信企业档案，管理授信企业信息；

（四）委托管理机构根据本办法的规定提供风险补偿金融服务中不得向贷款企业收取任何费用。

## 第七章 其他

第二十二条 风险补偿资金应加强与株洲市产业园区小微工业企业信贷风险补偿基金、株洲高新区科技银行合作联动，放大资金的杠杆作用，降低风险补偿比例，扩大风险补偿资金的影响力，积极创新中小微企业的金融服务方式。

第二十三条 风险补偿资金适度放宽不良贷款容忍度，不良贷款率控制在10%以内。

第二十四条 由风险补偿资金支持的企业若违反财经纪律、弄虚作假或在日常管理中不按管理要求提供完整财务资料、项目进展报告等材料的，风险补偿资金委托管理机构应中止和追讨已发放贷款，并保留追究其法律责任的权利。

第二十五条 发生贷款损失补偿的企业，合作金融机构应按有关规定在人民银行征信系统登记企业和法定代表人或主要管理者个人的不良信用记录；对于发生贷款损失补偿后两年仍未收回补偿额的企业、企业实际控制人和企业主要股东，列入禁入类名单，不得申请任何各级政府科技项目评审、税收减免、各类政府优惠政策资助和风险补偿资金扶持贷款。

第二十六条 风险补偿资金委托管理机构按月度向领导小组办公室通报中小微企业信贷投放和管理情况、风险补偿资金的补偿情况、风险补偿资金的调拨情况，监督小组定期对风险补偿资金的运作进行监督，不断提升风险补偿资金的管理水平。

第二十七条 本办法自印发之日起施行，由领队小组办公室负责解释。

# 统计资料

## 2016年荷塘区主要综合经济指标完成情况表

| 指标名称 | 计量单位 | 2016 | 同比增减(±%) |
|---|---|---|---|
| **一、地区生产总值(GDP)** | 万元 | 2121616 | 8.4 |
| 第一产业 | 万元 | 42118 | 3.5 |
| 第二产业 | 万元 | 1061034 | 6.9 |
| 其中:高新技术产品增加值 | 万元 | 612646 | 26.8 |
| 第三产业 | 万元 | 1018464 | 10.5 |
| **二、规模工业增加值** | 万元 | 685954 | 7.5 |
| 其中:园区规模工业占全部规模工业比重 | (%) | – | 91.1 |
| **三、公共财政预算收入** | 万元 | 112010 | 9.2 |
| 其中:税收收入 | 万元 | 63966 | −0.2 |
| 其中:地方收入 | 万元 | 81753 | 12.1 |
| **四、财政支出** | 万元 | 135354 | 16.8 |
| 其中:财政八项支出 | 万元 | 133076 | 31.4 |
| **五、固定资产投资** | 万元 | 1871321 | 13.9 |
| **六、社会消费品零售总额** | 万元 | 643730 | 12.3 |
| 其中:批发业商品销售额 | 万元 | 358360 | 10.5 |
| 零售业商品销售额 | 万元 | 632357 | 16.4 |
| 住宿业营业额 | 万元 | 20088 | 4.2 |
| 餐饮业营业额 | 万元 | 108266 | 17.6 |
| **七、其他营利性服务业营业收入** | 万元 | 18386 | 32.3 |
| **八、进出口总额** | 万美元 | 13468 | −27.7 |
| **九、万元规模工业增加值能耗降低率** | % | – | −7.2 |
| **十、城镇居民人均可支配收入** | 元 | 38893 | 8.5 |
| **十一、农村居民人均可支配收入** | 元 | 25547 | 8.3 |

(左　峰)

# 2016年荷塘区重点规模工业企业生产情况表

单位：万元

| 企业名称 | 2016年 | 同比增减(±%) |
|---|---|---|
| 重点企业合计 | 2539192 | 3.6 |
| 1.湖南省电力公司株洲电业局 | 558506 | 6.6 |
| 2.株洲硬质合金集团有限公司 | 430573 | 0.8 |
| 3.南车长江车辆有限公司株洲分公司 | 381042 | −4.1 |
| 4.株洲湘江电焊条有限公司 | 232671 | 8.2 |
| 5.湖南千金湘江药业股份有限公司 | 153394 | 7.8 |
| 6.株洲齿轮有限责任公司 | 128116 | −16.1 |
| 7.株洲千金药业股份有限公司 | 111844 | 13.1 |
| 8.株洲斯威铁路产品有限公司 | 67371 | 6.5 |
| 9.株洲科盟车辆配件有限责任公司 | 58240 | 13.8 |
| 10.中材株洲水泥有限责任公司 | 55213 | 4.9 |
| 11.株洲科能新材料有限责任公司 | 49534 | 17.3 |
| 12.株洲市九洲四维实业有限公司 | 46313 | 15.7 |
| 13.株洲星联铁道车辆机电装备有限责任公司 | 40855 | 10.5 |
| 14.株洲春华实业有限责任公司 | 36057 | 7.4 |
| 15.湖南铁达能源科技有限公司 | 33964 | 15.1 |
| 16.株洲万德精锻有限责任公司 | 32739 | 159 |
| 17.株洲新通铁路装备有限公司 | 29841 | 11.5 |
| 18.株洲飞鹿高新材料技术股份有限公司 | 24306 | 15 |
| 19.株洲市九洲传动机械设备有限公司 | 19928 | 14 |
| 20.株洲市建兴混凝土有限公司 | 16880 | 10.3 |
| 21.株洲长江硬质合金工具有限公司 | 13546 | −13.1 |
| 22.株洲市硬质合金加工有限公司 | 10620 | −13 |
| 23.株洲市荷塘区瑞美包装有限公司 | 7639 | 23 |

（左　峰）

# 2016年荷塘区房地产项目投资情况表

单位：万元

| 项目名称 | 计划总投资 | 累计完成投资 | 本年完成投资 |
|---|---|---|---|
| **房地产项目** | **1277345** | **1002088** | **287963** |
| 东方时代广场6栋7栋 | 21972 | 2350 | 2350 |
| 东方时代广场5栋 | 22928 | 10001 | 1862 |
| 东方时代广场4栋 | 9500 | 5749 | 1892 |
| 蓝海卧龙湾项目一期 | 9500 | 7539 | 2431 |
| 泉盛金域半岛 | 95537 | 98881 | 13 |
| 尚格名城·岭秀天下 | 50000 | 53370 | 8791 |
| 荷塘观邸一期 | 34661 | 13629 | 6668 |
| 金色湖畔 | 7000 | 5500 | 5500 |
| 云海世纪城 | 16676 | 12467 | 12467 |
| 爱丁堡住宅小区 | 32000 | 28568 | 971 |
| 天天向上住宅小区 | 5400 | 1937 | 888 |
| 东湖阳光 | 12000 | 11210 | 1605 |
| 缤纷世家 | 42000 | 28837 | 4564 |
| 逸都花园二期 | 25000 | 6551 | 6551 |
| 逸都花园一期 | 25000 | 22169 | 22169 |
| 株洲中商·乐活城 | 54837 | 5623 | 1270 |
| 东部美的城一期 | 60200 | 38425 | 38425 |
| 东景钻石花园 | 9456 | 5843 | 5843 |
| 株浏公交基地服务大楼 | 10883 | 13080 | 2526 |
| 公交基地综合建设项目 | 28000 | 17327 | 2139 |
| 郦城项目A块地一期 | 75009 | 34005 | 34005 |
| 荷塘星城二期 | 140000 | 155889 | 22959 |
| 建华天润大厦 | 7000 | 10241 | 463 |
| 御景龙湾 | 41827 | 42515 | 4315 |
| 金科幸福365(宋家桥城际铁路安置房 )一期 | 63545 | 63130 | 24208 |
| 金科伴山溪谷(一期 ) | 81855 | 24179 | 24179 |
| 顺天金山家园 | 12000 | 5626 | 726 |
| 金山家园二期依山郡 | 10400 | 5626 | 726 |

| 项目名称 | 计划总投资 | 累计完成投资 | 本年完成投资 |
|---|---|---|---|
| 新桂广场新桂公馆 | 20520 | 20100 | 6000 |
| 亿都铂金时代 | 28000 | 31450 | 5000 |
| 亿都铂金中心 | 14802 | 9000 | 4000 |
| 香槟小镇住宅项目 | 25553 | 11901 | 8679 |
| 外海玫瑰名城 | 46500 | 78585 | 3583 |
| 湘润阳光雅苑 | 1275 | 1030 | 1030 |
| 银泰财富广场 | 35000 | 52892 | 3230 |
| 中房金色荷塘 | 60886 | 39071 | 372 |
| 三一歌雅郡三期 | 40623 | 27792 | 15563 |

（左　峰）

## 2016 年荷塘区重点商贸企业销售情况表

单位：万元

| 企业名称 | 2016 年 | 同比增减 (±%) |
|---|---|---|
| **1. 批发零售业** | | |
| 株洲赛洋服饰有限公司 | 3058 | 66.4% |
| 株洲华润万家生活超市有限公司 | 60872 | 13.7% |
| 株洲海联荣爵销售服务有限公司 | 4599 | 76.9% |
| 株洲华湘汽车销售服务有限公司 | 11895 | 63.1% |
| 株洲市兰天河东汽车销售有限公司 | 16582 | 13.7% |
| 株洲蓝马五菱汽车销售服务有限公司 | 29599 | 12.4% |
| 株洲海联汽车销售服务有限公司 | 35580 | 10.5% |
| 株洲蓝代汽车销售服务有限公司 | 28894 | 6.5% |
| 株洲宏福汽车销售服务有限公司 | 28459 | 5.7% |
| 株洲兰天凯天汽车销售服务有限公司 | 10914 | 97.4% |
| 株洲汽车城海联亚飞连锁有限公司 | 25100 | 14.0% |
| 株洲蓝马汽车销售服务有限公司 | 17862 | 21.4% |
| 株洲佳旺汽车有限公司 | 23709 | 72.7% |
| 株洲东都步步高商业连锁有限责任公司 | 158436 | 11.7% |
| **2. 住宿餐饮业** | | |
| 株洲刁家兄弟厨房餐饮管理有限公司 | 734 | 1.5% |
| 株洲盛世芙蓉耕食记河西餐饮有限责任公司 | 423 | −5.9% |

（左　峰）

# 株洲市县（市）区主要经济指标（一）

单位：万元

| 县（市）区名称 | 生产总值（GDP） | | 其中：第一产业 | | 第二产业 | | 第三产业 | | 固定资产投资 | | 社会消费品零售总额 | |
|---|---|---|---|---|---|---|---|---|---|---|---|---|
| | 2016 | 同比增减(%) | 2016 | 同比增减(%) | 2016 | 同比增减(%) | 2016 | 同比增减(%) | 2016 | 同比增减(%) | 2016 | 同比增减(%) |
| 荷塘区 | 2121616 | 8.4 | 42118 | 3.5 | 1061034 | 6.9 | 1018464 | 10.5 | 1871321 | 13.9 | 643730 | 12.3 |
| 芦淞区 | 3376569 | 8.4 | 63020 | 3.3 | 1328838 | 7.3 | 1984711 | 9.3 | 3194486 | 14.1 | 2449733 | 11.7 |
| 石峰区 | 3118437 | 3.1 | 20384 | 3.2 | 2359698 | 2.0 | 738355 | 9.7 | 1919669 | 13.6 | 516827 | 11.8 |
| 天元区 | 3008854 | 10.8 | 108713 | 3.1 | 1458473 | 11.3 | 1441668 | 10.8 | 4271757 | 13.6 | 1344610 | 10.0 |
| 云龙区 | 232114 | 8.1 | 34709 | 3.2 | 106021 | 6.1a | 91384 | 12.5 | 1755592 | 13.5 | 71725 | 11.7 |
| 城区合计 | 11905425 | 7.4 | 268945 | 3.3 | 6401555 | 5.8 | 5234926 | 10.1 | 13029169 | 13.6 | 5026624 | 11.3 |
| 株洲县 | 1270289 | 8.2 | 213762 | 3.7 | 665046 | 7.5 | 391480 | 11.8 | 1063656 | 14.0 | 414406 | 12.4 |
| 攸　县 | 3731018 | 8.1 | 526539 | 3.6 | 1917462 | 7.3 | 1287016 | 11.2 | 3020790 | 13.2 | 1247987 | 12.2 |
| 茶陵县 | 1737824 | 8.0 | 342741 | 2.7 | 685171 | 7.4 | 709912 | 11.2 | 1392176 | 13.2 | 655596 | 12.2 |
| 炎陵县 | 672522 | 8.0 | 87864 | 3.6 | 336482 | 7.3 | 248176 | 10.6 | 1050208 | 13.3 | 202860 | 12.4 |
| 醴陵市 | 5808067 | 8.5 | 531837 | 3.7 | 3629884 | 7.7 | 1646346 | 12.1 | 3902107 | 13.4 | 1837380 | 12.5 |
| 县域合计 | 13219719 | 8.3 | 1702743 | 3.5 | 7234045 | 7.5 | 4282931 | 11.6 | 10428937 | 13.4 | 4358230 | 12.3 |

（左　峰）

# 株洲市县（市）区主要经济指标（二）

单位：万元

| 县（市）区名称 | 高新技术产业增加值 | | 规模工业增加值 | | 其中：园区规模工业占全部规模工业比重（%） | 规模工业综合能源消费量同比（%） | 城镇居民人均可支配收入（元） | | 农村居民人均可支配收入（元） | |
|---|---|---|---|---|---|---|---|---|---|---|
| | 2016 | 同比增减(%) | 2016 | 同比增减(%) | 2016 | 2016 | 2016 | 同比增减(%) | 2016 | 同比增减(%) |
| 荷塘区 | 612646 | 26.8 | 685954 | 7.5 | 91.1 | −0.3 | 38893 | 8.5 | 25547 | 8.3 |
| 芦淞区 | 636017 | 29.7 | 523646 | 7.6 | 82.3 | −6.1 | 40567 | 8.6 | 23324 | 8.2 |
| 石峰区 | 1798283 | 0.1 | 2079640 | 1.9 | 93.4 | −0.2 | 39180 | 8.1 | 19208 | 7.3 |

| 县（市）区名称 | 高新技术产业增加值 | | 规模工业增加值 | | 其中：园区规模工业占全部规模工业比重(%) | 规模工业综合能源消费量同比(%) | 城镇居民人均可支配收入（元） | | 农村居民人均可支配收入（元） | |
|---|---|---|---|---|---|---|---|---|---|---|
| | 2016 | 同比增减(%) | 2016 | 同比增减(%) | 2016 | 2016 | 2016 | 同比增减(%) | 2016 | 同比增减(%) |
| 天元区 | 1140609 | 20.8 | 1280016 | 12.9 | 96.7 | −11.0 | 44887 | 8.2 | 23032 | 7.5 |
| 云龙区 | 63878 | 3.0 | 61743 | 7.4 | 33.3 | 1.4 | 39180 | 8.1 | 19208 | 7.3 |
| 城区合计 | 4251433 | 12.5 | 4630999 | 6.5 | 91.9 | −0.9 | – | – | – | – |
| 株洲县 | 173958 | 31.0 | 373771 | 8.0 | 74.4 | 20.4 | 29089 | 8.6 | 15982 | 8.9 |
| 攸　县 | 495794 | 22.6 | 1735795 | 7.8 | 36.6 | 54.9 | 33044 | 8.2 | 22183 | 8.0 |
| 茶陵县 | 41778 | 30.2 | 543416 | 7.8 | 58.4 | 1.9 | 28567 | 8.4 | 7916 | 8.9 |
| 炎陵县 | 46697 | 15.9 | 255093 | 7.9 | 71.2 | −0.5 | 24607 | 8.1 | 7362 | 9.5 |
| 醴陵市 | 1226387 | 31.7 | 3510502 | 8.1 | 70.1 | 3.6 | 33744 | 8.5 | 22419 | 8.1 |
| 县域合计 | 1984614 | 28.8 | 6418577 | 8.0 | 60.2 | 16.2 | – | – | – | – |

（左　峰）

# 索 引

**说明：**

1. 本索引采用分析索引方法，按索引词首字汉语拼音顺序排列（阿拉伯数字开头的索引词转成对应的汉语再按拼音顺序排列），首字母音序相同者，按第二音序排列，依次类推。

2. 类目、分目、人名作索引词的用加粗黑体字标明。

3. 索引词后的阿拉伯数字表示内容所在页码，拉丁字母 a、b、c 表示左、中、右栏，索引词后括注“表”字样的为表。

4. 特载、大事记、文件选登、统计资料未作索引。

## A



## B



## C

## D

## E



## F

## G



## H

## J

## M



## N



## O



## P



## Q

## R



## S

## T

## Y



## Z